2016—2017 世界商务发展动态

2016-2017 REPORT ON WORLD COMMERCIAL DEVELOPMENT

上 海 市 商 务 委 员 会
上海科学技术情报研究所　编著
Shanghai Municipal Commission of Commerce
Institute of Scientific and Technical Information of Shanghai

上海科学技术文献出版社
Shanghai Scientific and Technological Literature Press

图书在版编目（CIP）数据

2016—2017世界商务发展动态／上海市商务委员会，上海科学技术情报研究所编著. — 上海：上海科学技术文献出版社，2017

ISBN 978-7-5439-7544-6

Ⅰ. ①2… Ⅱ. ①上… ②上… Ⅲ. ①贸易发展—研究—世界—2016—2017 Ⅳ. ①F731

中国版本图书馆CIP数据核字（2017）第197255号

责任编辑：祝静怡 忻静芬

2016–2017世界商务发展动态

上 海 市 商 务 委 员 会
上海科学技术情报研究所 编著

出版发行：上海科学技术文献出版社

地　　址：上海市长乐路746号

邮政编码：200040

经　　销：全 国 新 华 书 店 经 销

印　　刷：上海市北印刷（集团）有限公司印刷

开　　本：787×1092　1/16

印　　张：24.5

字　　数：451 000

印　　数：1000

版　　次：2017年10月第1版　2017年10月第1次印刷

书　　号：ISBN 978-7-5439-7544-6

定　　价：180.00元

http://www.sstlp.com

编审委员会

顾　　　　问： 周　波

主　　　　编： 尚玉英

副　主　编： 盖国平　吴星宝　钟晓敏　申卫华　刘　敏　姜方平　杨　朝　张国华　顾嘉禾　桑　琦　徐文杰

执 行 主 编： 张国华

组 织 编 写： 盛弘彦　陈　晖　党倩娜　杨震华

研究编写成员：（按姓氏笔划顺序排列）

王德生　朱苏远　汪逸丰　张　耘　陈　煦　周　寅　祝　毓　姚恒美　党倩娜　倪炜瑜　徐　佳　曹　磊　崔晓文

研 究 单 位： 上海科学技术情报研究所

前 言

当今世界比以往任何时候都要繁荣,但也充满了更多不确定性和不安的情绪。一方面,技术、产业和商业模式的创新给人们生活带来极大的便利;另一方面,整个世界发展的图景并不如期望那样美好——在过去的一年里,全球贸易规模锐减、贸易保护主义抬头、民粹主义甚嚣尘上、英国脱欧等逆全球化日益严重,这些都削弱了全球经济复苏的基础。在全球经济重拾增长的过程中,发展中国家日益成为主要的贡献力量。近年来,我国倡议建立了亚洲基础设施投资银行(AIIB)、实施"一带一路"战略、推进"金砖国家"合作等,为探索新型的全球治理模式做了积极的努力,成为经济全球化的重要推动者。

目前,上海正处于将要基本建成"四个中心"和社会主义现代化国际大都市,步入全面深化改革、加快创新发展的新时期。在这一背景下,本轮"世界商务发展动态"研究继续结合上海商务发展的战略布局,对世界商务发展总体态势、重点商务领域动态,以及近期世界商务领域的热点问题进行跟踪。

本书分为三大部分。第一部分为总论,即第一章,阐述了世界商务总体发展态势,对商务领域的重点行业的发展动态作了综述。另外,考虑到近年来我国实施"走出去"战略,专列一节介绍近两年来国际投资领域的一些政策新动向。

第二部分包括九章(第 2～10 章),主要对一些重点商务领域的动态及其相关热点问题做了介绍,这些领域涉及货物贸易、服务贸易、商业批发零售贸易、电子商务、大宗商品贸易、现代物流、外国直接投资、会展服务,以及主题乐园等。相关的热点问题包括全球贸易中的保护主义、全球服务外包服务、新兴技术在商务活动中的应用（如区块链技术在大宗商品交易中的应用、3D 打印在物流服务中的应用）、会展城市品牌的营销等。

第三部分由三章组成，涉及三个专题。其一，研究分享经济下商务发展的新模式。分享经济是近年来的热点话题，也是利用新兴技术进行商务模式创新的典型例子之一，这里简要分析了分享经济的发展现状和趋势，总结其商业模式，并分析了分享经济对商务行业的渗透及影响。其二，讨论全球技术贸易的发展问题。技术是经济增长的关键动力之一，随着技术贸易的发展，相应的贸易方式也在不断创新，如专利许可使用权证券化成为新兴贸易模式；此外，国外的一些技术贸易展示交易平台的发展及其经验也值得我们关注。其三，研究全球贸易功能平台的发展问题。随着新兴技术的发展，商务模式的创新层出不穷，如出现了所谓的“平台经济”，日常消费品、大宗商品、知识产权等的交易，甚至数据的交易都通过不同的功能平台得以实现。这里重点介绍了全球贸易功能平台发展的现状与趋势，介绍了相关国家发展贸易功能平台的经验，以期对上海构建此类贸易功能平台有所裨益。

在本书的撰写过程中，研究人员尽可能收集并参考国内外的最新文献，希望能客观全面地反映世界商务发展的新动向和新特点，但囿于作者的研究能力和学术水平，报告中一定存在疏漏和讹谬之处，欢迎各方专家、学者提出宝贵意见，以助于我们在后续的研究中能够得以改善和提高。

编者

2017 年 6 月

Preface

The world today is more prosperous than ever, but it is also full of more uncertainty and unease. On the one hand, innovations of technologies, industries and business models bring great convenience to people's life. The whole picture of the world development, on the other hand, is not as good as expected. During the past year, the foundation of the global economic recovery had been weakened by the most severe anti-globalization with the Brexit, the shrinking of global trade scale, and the rising trade protectionism and populism. In the process of regaining the global economic growth, developing countries are becoming the main contributors. In recent years, China has made positive efforts to explore new model of global governance, and become the important drivers of economic globalization, with establishing the Asian Infrastructure Investment Bank (AIIB), implementing the strategy of "the Belt and Road", and promoting the cooperation among BRICS countries.

At present, Shanghai is stepping into a new era of comprehensive development through deepening reform and speeding up innovation. According to the development strategy of Shanghai business, "2016—2017 Report on World Commercial Development" continue to analyze new features and trends across all business sectors, and to offer a global vision for government decision-making and industrial development.

This annual report includes three parts, i.e. the general induction, the study of dynamic status of main industries in commerce, and some special topics about commerce. Chapter one, as the first part, describes the general status quo of world commerce, and the dynamic status of some commercial industries are also summarized. Moreover, considering the implementation of China's "going out" strategy in recent years, a special section introduces some new developments in international investment in the last two years.

There are nine chapters in the second part, covering the main commerce industries, such as international merchandise trade, international commercial services trade, conventional commerce sectors (wholesale trade and retail trade), e-commerce, bulk commodities trade, and modern logistics, foreign direct investment, global MICE (meetings, incentives, conventions, exhibitions) industry, and international theme parks. In each chapter, the author describes the general status quo of the topic industry, and analyzes respectively such issues as the market structure of each industry, the leading enterprises among the industry, emerging modes of business, industry policies. In addition, some hot issues in above-mentioned main commerce industries have also been discussed. These issues include trade protectionism, global service outsourcing, brand marketing for the MICE cities, and the application of emerging technologies in business activities, such as the technology blockchain's application in commodity trades and the using of 3D printing in logistics services.

The third part consists of three chapters, which involve three topics. Firstly, we study the new model of business development in the sharing economy. Being a hot topic in recent years, sharing economy is a typical example of innovation in business model through emerging technologies. We analyze briefly the development status and trend of the sharing economy, and summarize its business models. The penetration and influence of sharing economy to other commercial sectors are also analyzed. Secondly, we focus on the development of global technology trade. It's well known that technologies are one of the key drivers of economic growth. With the development of technology trade, the corresponding trade patterns are also being innovated, such as the securitization of patent licensing right being a new trade mode. In addition, experiences of platforms for technology trade and display in foreign countries are also worthy of learning from. Thirdly, the development of functional platforms for global trade is studied. With the emerging technologies, innovations in business models take place in succession. For example, exchange for daily goods, bulk commodity, intellectual properties, and even for data is implemented through different functional platforms. And so-called "platform economy" emerged. We introduce the present situation and trend of the development of global trade function platforms. The experiences of developing trade function platform in some countries are introduced, with hope to benefit building this kind of trade function platform in Shanghai.

In the process of study, we have made the best of collecting the latest reference resources in the hope of establishing the full, objective landscape of commerce development throughout the world. However, constrained by our research capabilities and academic ranks, this publication is bound to have some oversights, errors and omissions. Hence, the authors look forward to sharing and discussing our work and our findings, and sincerely welcome your comments and suggestions.

Editors

June 2017

目　录

Contents

第一章　世界商务总体发展动态

世界经济仍处于金融危机后深度调整阶段。据国际货币基金组织（IMF）2017 年 4 月发布的《世界经济展望》报告，2016 年世界经济以 3.1％低迷增长，为 2008—2009 年以来最弱，其中发达经济体增长 1.6％，发展中和新兴经济体增长 4.1％。展望未来两年，世界经济复苏仍然乏力，贸易和投资低迷，贸易保护主义升温，美国加息步伐加快，欧美政治不确定性加剧，经济下行风险依然存在。IMF 预测未来几年世界经济仍将低速增长，2017 年和 2018 年世界经济增速分别为 3.5％和 3.6％。发达经济体前景将改善，2016 年下半年经济活动已有所增强，且美国或将实施财政刺激；新兴市场和发展中经济体增长预期加快，但金融环境普遍收紧。预计中国 2017 年经济增速为 6.6％，2018 年为 6.2％，仍是世界经济发展的主要驱动力。联合国、世界银行、经合组织等主要国际机构也都对世界和主要经济体经济增长进行了预测，对世界经济增长形势总体乐观，认为 2017 年较 2016 年增长将小幅加快。虽然世界经济面临许多重大挑战，但也充满机遇，新一轮科技和产业革命正孕育兴起，全球供应链和价值链将深度重塑，赋予经济全球化新的内涵，给世界经济发展带来重大影响，也给各国和地区商务活动带来新的发展机会。

一、世界商务发展动态综述

（一） 2016 年世界贸易更加低迷

由于世界经济复苏乏力，自 2012 年以来，世界贸易处于持续低迷状态，2016 年更是成为金融危机以来世界贸易增速最慢的一年。根据世界贸易组织（WTO）2017 年

4 月公布的数据，2016 年世界货物贸易的增速仅为 1.3%，远低于 2016 年 4 月 2.8% 和 9 月 1.7%的预期，其中出口额为 15.5 万亿美元，进口额为 15.8 万亿美元。2016 年增速慢的主要原因在于年初出现的金融动荡，对中国及其他发展中经济体造成了影响，进口增长基本停滞。如果世界经济按预期速度复苏，并且政府采取正确的政策组合，2017 年世界货物贸易预计出现 2.4%的反弹，但由于政策存在高度不确定性，2017 年可能实现 1.8%～3.6%的增长，2018 年预计在 2.1%～4.0%。

世界贸易增速和 GDP 增速比值的数据也令人失望。长期来看，货物贸易增速通常是 GDP 增速的 1.5 倍，20 世纪 90 年代货物贸易增速甚至超过按市场汇率计算实际 GDP 增速的 2 倍。但 2011 年以来，该比例迅速下滑至 1∶1，低于 20 世纪 90 年代的峰值及长期以来的平均水平。2016 年货物贸易增速（1.3%）与 GDP 增速（2.2%）的比值为 0.6∶1，近 15 年来首次跌破 1∶1（图 1.1）。世界贸易增速和 GDP 增速之比下降有多个原因，包括进口需求的变化、贸易自由化的缺失、贸易保护主义抬头、全球价值链的收缩、数字经济和电子商务增长的作用等，而且这些拉低贸易增速的原因在中期还将继续存在。强劲的贸易增长历来是经济强劲增长的标志，因为贸易为发展中经济体和新兴经济体快速增长提供了一种方式，强劲的进口增长也与发达经济体更快增长密切相关。然而，重要贸易国家数量的增长以及贸易和 GDP 增长比值的转变使未来贸易增长更难预测。

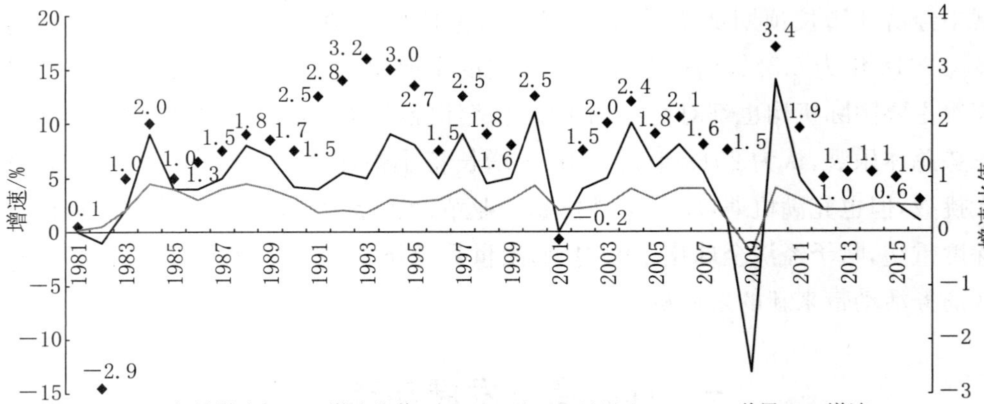

图 1.1 1981—2016 年世界货物贸易增速对 GDP 实际增速比值

资料来源：WTO. *Trade recovery expected in 2017 and 2018, amid policy uncertainty*. 2017.4.

分地区看，2016 年发达经济体的货物贸易进出口创 2013 年以来最低增速，一些大型发展中经济体的进出口仍在萎缩（表 1.1）。发达经济体（1.4%）和发展中经济体

(1.3%)出口均温和增长；进口方面，发展中经济体以0.2%的增速缓慢增长，而发达经济体则是2.0%。其中，出口下降幅度最大的是包括非洲、独联体国家和中东在内的其他地区，从2015年的2.5%降低到0.3%；北美洲、中南美洲、欧洲也出现不同程度的下降；亚洲则略有上升。由于较低的商品价格，中南美洲和其他地区进口仍是负增长，中南美洲下降的主要因素还由于巴西经济衰退加剧；北美洲、欧洲、亚洲进口都呈下降趋势。如果早期恢复活力，2017年世界贸易增长可能高达3.6%；若贸易增速与GDP增速比值持续走软，也可能低至1.8%。2017年，发达经济体贸易出口增长预计为1.9%～4.0%，发展中经济体为1.8%～3.4%；发达经济体贸易进口增长预计为2.2%～4.4%，发展中国家的增长在1.8%到3.3%之间。分国别看，中国、美国、德国、日本和荷兰位居2016年货物出口排名前5位，美国、中国、德国、英国和日本分居货物进口排名前5位，中国已连续8年保持世界第1货物贸易出口国和第2进口国地位。

表1.1 2013—2018年各地区GDP和货物贸易年度增长及预测

地区	年度增长率/%					
	2013年	2014年	2015年	2016年	2017年[a]	2018年[a]
货物贸易[b]	2.4	2.7	2.6	1.3	2.4(1.8—3.6)	2.1—4.0
出口						
发达经济体	1.7	2.4	2.7	1.4	2.8(1.9—4.0)	2.1—4.2
发展中经济体[c]	4.0	3.0	2.0	1.3	2.2(1.8—3.4)	2.0—4.0
北美洲	2.7	4.2	0.7	0.5	3.2(2.7—4.0)	3.7—4.7
中南美洲	1.7	−2.2	2.5	2.0	1.4(1.3—1.6)	2.2—2.6
欧洲	1.7	2.0	3.6	1.4	2.8(2.0—4.2)	1.9—4.1
亚洲	5.4	4.3	1.1	1.8	2.5(1.7—3.9)	1.9—4.4
其他地区[d]	0.5	0.9	4.3	0.3	0.8(1.1—2.0)	1.0—3.0
进口						
发达经济体	0.0	3.6	4.7	2.0	3.0(2.2—4.4)	2.0—4.0
发展中经济体	4.6	1.7	0.5	0.2	2.2(1.8—3.3)	2.5—4.3
北美洲	1.3	4.8	6.7	0.4	3.0(1.8—4.8)	2.5—5.1
中南美洲	4.5	−2.4	−5.8	−8.7	0.1(−0.6—1.0)	1.0—3.0
欧洲	−0.2	3.2	4.3	3.1	2.9(2.0—4.2)	1.6—3.6
亚洲	4.8	3.0	2.9	2.0	3.2(3.2—4.1)	2.8—4.6
其他地区	1.8	−0.9	−5.1	−2.4	0.5(−0.4—1.8)	2.5—3.0
按市场汇率的实际GDP	2.2	2.6	2.6	2.3	2.7	2.8
发达经济体	1.1	1.7	2.2	1.6	2.0	2.0
发展中经济体	4.6	4.2	3.5	3.5	4.0	4.2

续表

地　区	年度增长率/%					
	2013 年	2014 年	2015 年	2016 年	2017 年[a]	2018 年[a]
北美洲	1.7	2.4	2.5	1.6	2.3	2.7
中南美洲	3.3	0.6	−0.9	−2.0	1.0	2.0
欧洲	0.5	1.6	2.2	1.9	1.8	1.7
亚洲	4.4	4.0	4.2	4.1	4.3	4.0
其他地区	2.7	2.5	1.1	1.7	2.4	3.0

说明：a.为预测值；b 为进出口平均水平；c 包括独联体国家；d 包括非洲、独联体国家和中东。
资料来源：WTO. *Trade recovery expected in 2017 and 2018，amid policy uncertainty*. 2017.4.

一般而言，服务贸易比货物贸易波动性小，且增速要好于货物贸易，但近两年服务贸易也呈现疲弱态势。2016 年，世界商业服务出口额为 4.77 万亿美元，与 2015 年基本持平，进口额为 4.645 万亿美元。图 1.2 显示，2015 年世界商业服务出口同比下降 5.5%，其主要类别——运输服务、旅游服务、产品相关服务、其他商业服务（包括金融服务）都呈现不同程度的下降，其中运输服务下降幅度最大，达 9.5%。2016 年运输服务仍下降 4.7%，而其他类型的服务出口则略有增长。分地区看，2016 年，亚洲和北美两大地区商业服务出口分别增长 0.9%和 0.5%，中南美洲、欧洲和其他地区（包括非洲、中东和独联体）则略有下降。进口方面，亚洲、北美洲和欧洲分别增长 2.6%、2.2%和 1.1%，中南美洲和其他地区则有较大幅度下降（−4.8%和−7.4%）。分国别看，美国、英国、德国、法国和中国仍位居 2016 年商业服务出口排名前 5 位，美国、中国、德国、法国和爱尔兰分居商业服务进口排名前 5 位。

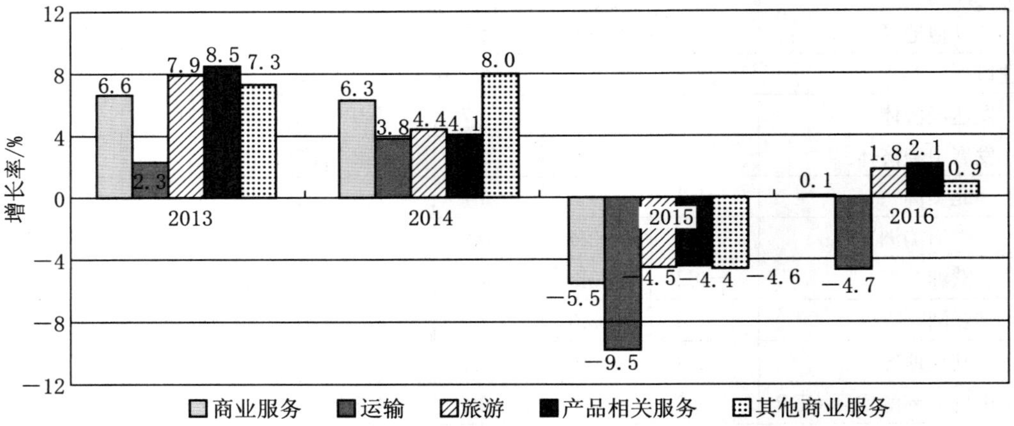

图 1.2　2013—2016 年世界商业服务按类别出口增长情况

资料来源：WTO. *Trade recovery expected in 2017 and 2018，amid policy uncertainty*. 2017.4.

虽然 WTO 对未来两年贸易前景乐观，但表示增长依然脆弱，下行风险仍很大，不确定性主要来自政治方面。如果政策制定者为保障本国就业而对进口采取严格限制措施，贸易不仅不能促进经济增长，甚至会制约经济复苏。此外，通货膨胀率高将推高利率，导致财政政策收紧，并促使各国实施限制贸易的措施，都可能在未来两年抑制贸易增长。

（二） 全球外国直接投资复苏之路依然曲折

由于世界经济持续低迷和贸易增长乏力，全球外商直接投资（FDI）流量在经历了 2015 年的强劲复苏后，2016 年预计有所下降。根据联合国贸发会议（UNCTAD）2017 年 2 月发布的《全球投资趋势监测报告》（*Global Investment Trends Monitor*）显示，2016 年全球外商直接投资（FDI）流量预计同比减少 13%，降至 1.52 万亿美元。2015 年 FDI 流量骤增的因素之一是跨境并购的推动，2016 年跨境并购虽仍保持活力，创全球金融危机以来的新高，达到 8 310 亿美元，但增速正逐渐放缓，同比增加 13%，与 2014 年 67% 和 2015 年 68% 的增长率相比相差甚远。绿地投资增长仍乏力，已宣布的绿地投资项目金额预计为 8 100 亿美元，较 2015 年增加 5%（表 1.2）。

表 1.2　2015 年和 2016 年主要地区 FDI 流入、跨境并购和绿地投资情况

地区/经济体	FDI 流入量/10 亿美元			跨境并购/10 亿美元			已宣布的绿地投资项目/10 亿美元		
	2015 年	2016 年[a]	增长率/%	2015 年	2016 年	增长率/%	2015 年	2016 年[a]	增长率/%
世界	1 750	1 525	−13	735	831	13	769	810	5
发达经济体	963	872	−9	642	779	21	276	243	−12
欧盟	475	389	−18	268	359	34	161	139	−14
北美	391	414	6	318	385	15	85	68	−19
发展中经济体	749	600	−20	83	47	−44	455	540	19
非洲	54	51	−5	20	10	−53	68	103	52
拉美和加勒比	166	135	−19	11	3	−71	73	75	3
发展中亚洲	527	413	−22	50	34	−32	314	361	15
转型经济体	38	52	38	10	5	−52	38	28	−26

说明：a 为初步估计。
资料来源：UNCTAD. *Global Investment Trends Monitor*. 2017.

从主要经济体看，发达经济体和发展中经济体 FDI 流入总量均下跌，转型经济体则出现回升(图 1.3)。

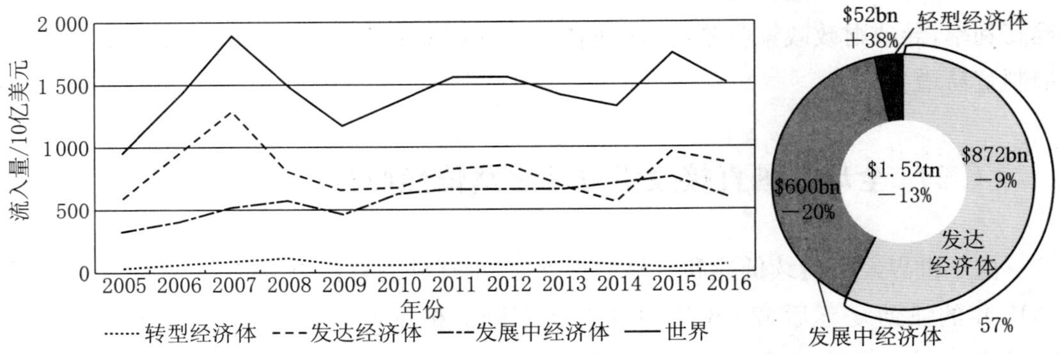

图 1.3　2005—2016 年主要经济体 FDI 流入量

说明：2016 年为初步估计；未包括加勒比离岸中心。

资料来源：UNCTAD, *Global Investment Trends Monitor*. 2017.

2016 年发达经济体吸收外国直接投资 8 720 亿美元，占全球 FDI 流量比重达 57%，但较 2015 年峰值减少 9%。其中欧盟 FDI 流入量下挫 18%，是导致发达经济体 FDI 流入总体下降的主要原因。尽管如此，2016 年发达经济体跨境并购交易额同比增长 21%，为 7 790 亿美元，以此推动股权投资增长势头总体依然强劲。其中欧盟跨境并购增长 34%，但北美增长则明显放缓，由 2015 年的 449%骤降到 15%。发达国家跨国企业内部跨境借款的变化对 FDI 流动带来下行压力。发达经济体绿地投资较 2015 年减少 12%，为 2 430 亿美元，表明跨国公司分支机构在这些市场的资本支出出现下降趋势。

经济增速放缓以及商品价格下跌对发展中经济体吸收 FDI 产生较大负面影响。2016 年发展中经济体吸收 FDI 总额较 2015 年减少 20%，亚洲发展中经济体、拉美和加勒比地区 FDI 流入量均大幅下滑。发展中经济体跨境并购交易额大幅下降 44%，且各发展中地区无论是 FDI 流入总量还是跨境并购额均普遍下降；已宣布的绿地投资额则上升了 19%，为 5 400 亿美元，主要是因为少数国家一些超大型投资项目的推动，绝大部分发展中国家的绿地投资额依然呈下降趋势。

2016 年流入转型经济体的 FDI 增长 38%，达到约 520 亿美元，很大程度上归功于哈萨克斯坦和俄罗斯 FDI 流入量的强劲上升。哈萨克斯坦 FDI 流量上升与矿业勘探活动强劲增加有关，俄罗斯的增长主要归因于国有资产私有化。如，俄罗斯政府以 110 亿美元将国有石油公司 Rosneft 19.5%的股权出售给瑞士 Glencore 公司及卡塔尔主权基金组成的财团。但转型经济体的跨境并购和绿地投资额均出现下滑，分别下降 52%和 26%。

从 FDI 流入国和地区看，美国仍然是全球最大的 FDI 接收国，吸收投资额 3 850 亿美元；英国紧随其后，为 1 790 亿美元，由 2015 年的第 12 名跃至第 2 名；中国内地排名第 3，达 1 390 亿美元。位居 4 至 10 名的依次为中国香港、新加坡、巴西、法国、荷兰、澳大利亚、印度。

2017 年全球经济增长预计有所加快，将从 2016 年的 3.1%危机后的低谷上升到 3.4%，贸易增长预计从 2016 年的 1.3%上升到 2.4%。在经济基本面的支持下，投资活动也会加速发展，2017 年全球 FDI 有望出现反弹，预计增长 10%左右。尽管如此，仍然有很多不确定因素会对 FDI 增长势头及幅度产生重大影响。首先，在经历了近十年的前所未有的低利率之后，美国货币政策的"正常化"将会使全球资本流动发生重大变化，进而对全球特别是发展中经济体的汇率和金融体系产生影响。资金成本的增加也会阻碍已经背负大量债务的跨国公司对外投资。其次，近期各经济体政策，特别是发达经济体的经济政策，存在很大的不确定性，也可能影响外国直接投资。政治领域的一些新动向都加剧了这些不确定性，如英国脱欧，美国新一届政府宣布重新谈判北美自由贸易协定（NAFTA）和退出跨太平洋伙伴关系协定（TPP），还有欧洲国家选举。对新兴以及发展中经济体而言，如果发达国家投资者长期面临不确定性，将削弱这些国家 FDI 流动的增长。

（三） 发达经济体在贸易促进方面表现突出

世界经济论坛（WEF）每两年向全球公开发布《全球贸易促进报告》（*The Global Enabling Trade Report*, GETR），通过贸易促进指数（enabling trade index, ETI）对全球各经济体促进贸易发展的表现进行评估。ETI 包括 4 个方面的分类指标：市场准入、边境管理、基础设施、运营环境。4 个分指标又细分为 7 个领域：国内市场准入、国际市场准入、边境管理的效率和透明度、交通基础设施的有效性和质量、运输服务的有效性和质量、信息通信技术的拥有和使用、运营环境。

2016 年 11 月，世界经济论坛和全球贸易便利化联盟共同发布《2016 年全球贸易促进报告》，对全球 136 个经济体促进贸易发展的表现做出评估及排名，结果显示，新加坡、荷兰和中国香港位列前三，在促进贸易便利化方面表现突出。其中新加坡已是第 5 次在贸易促进指数排名中位列全球第 1，有 5 个领域排名前 3。新加坡的国内市场被评价为全球最开放的市场之一，99.7%的货物可以免税入境。新加坡的通关程序也是全球最佳，边境管理的效率和透明度排名第 1，其海关在 30 年前就在全球首个实现单一窗口系统。优异的交通运输设施和服务、高效的运营环境以及受人信赖的公共机构，也是新加坡夺得排行榜首位的原因。由表 1.3 可以看出,发达经济体排名显著高于发展中经济体,排名前 10 的全部为发达经济体;排名前 20 的经济体中,19 个为发达经济体,且多集中于北欧和西欧地区。然而,全球贸易促进指数排名前 10 的经济体仅拥有全世界 3%的人口,而贸易促进指数排名靠后的经济体却有超过一半的人口,可见市场准入高门槛和保护性贸易支出,依旧在阻止全球绝大多数人受益于国际贸易。

表 1.3　2016 年贸易促进指数(ETI)排名前 10 及领域排名前 5 的经济体

贸易促进指数(ETI)排名前 10 的国家/经济体								
国家/经济体	ETI 排名	国内市场准入	国际市场准入	边境管理的效率和透明度	交通基础设施的有效性和质量	运输服务的有效性和质量	信息通信技术的拥有和使用	运营环境
新加坡	1	2	84	1	3	3	13	2
荷　兰	2	62	35	2	9	4	3	11
中国香港	3	1	130	12	1	2	14	1
卢森堡	4	33	36	8	26	1	12	3
瑞　典	5	54	77	3	21	5	2	6
芬　兰	6	40	87	4	18	12	5	4
奥地利	7	26	53	5	24	8	18	12
英　国	8	60	90	6	10	11	1	16
德　国	9	51	69	14	8	6	17	19
比利时	10	53	42	13	15	7	26	13
贸易促进指数(ETI)领域排名前 5 的其他经济体								
瑞　士	11							5
丹　麦	12						4	
法　国	13				4			
日　本	16				5			
智　利	21	3						
阿联酋	23				2			
毛里求斯	39	4						
危地马拉	69	5						
莱索托	80		2					
乌干达	84		3					
柬埔寨	98		5					
尼泊尔	108		1					
马达加斯加	109		4					

资料来源:*The Global Enabling Trade Report 2016*.

中国 ETI 排名第 61 位，远超印度、巴西、俄罗斯等金砖国家，这些国家排名均在百位之外，南非排名第 55 位。中国的市场准入、边境管理、基础设施、运营环境 4 个分指标分别排在全球第 128、52、27、42 位，从中可以看出中国在基础设施和运营环境方面表现良好，尤其是交通基础设施的有效性和质量排第 12 位，运输服务的有效性和质量排第 32 位。《2016 年全球贸易促进报告》的 7 个领域分为 57 个细分指标，中国部分细分指标排名全球领先，如班轮运输联通性指数排名第 1，航空运输密度第 4，海运的便捷性和可提供性第 12，铁路运输基础设施质量第 14，公路质量指数第 17。但中国在国内外市场准入方面的效率明显不足，仍是最封闭的市场之一，贸易总成本居高不下，其中国内市场准入排在第 101 位，国外市场准入排在第 124 位。中国全球排名 100 之后的细分指标主要包括：关税税率（第 117 位）、东道国关税税率（第 114 位）、目标市场优惠边际指数（第 129 位）、进口时间（101 位）、进口成本（第 120 位）、出口成本（第 108 位）、每百人移动电话拥有量（103 位）。与新加坡、荷兰、中国香港等经济体相比，中国内地在市场准入、边境管理和运营环境等方面都存在很大改善空间。

（四） 全球营商环境便利度持续提升

世界银行每年发布的《营商环境报告》，通过搜集和分析全面的定量数据，以开办企业、办理施工许可证、获得电力、登记财产、获得信贷、保护少数投资者、纳税、跨境贸易、执行合同、办理破产共 10 项指标对各经济体的营商监管环境进行比较和评估，旨在鼓励各国提高监管效率、改善营商环境。

2016 年 10 月，世界银行发布的《2017 年营商环境报告：人人机会平等》（*Doing Business 2017 Equal Opportunity for All*）比较了 190 个经济体在便利营商方面的整体表现，结果显示，截至 2016 年 6 月，有 137 个经济体实行了关键性的营商改革，全球营商环境便利度持续提升。营商环境便利度排名前 10 的经济体依次为新西兰、新加坡、丹麦、中国香港、韩国、挪威、英国、美国、瑞典、马其顿共和国，除第 10 位由马其顿共和国代替芬兰外，其余 9 个仍是 2015 年的国家和地区，只是排名座次稍有变化，其中新西兰由第 2 名升至榜首，打破新加坡连续 10 年排名第 1 的纪录。在排名前 20 的经济体中，欧洲国家占比最多，其次是东亚与太平洋地区（表 1.4）。排名全球改革数量最多的前 10 个经济体分别是：文莱、哈萨克斯坦、肯尼亚、白俄罗斯、印度尼西亚、塞尔维亚、格鲁吉亚、巴基斯坦、阿拉伯联合酋长国和巴林。就“金砖国家”来看，营商便利度最高的是俄罗斯，从 2015 年的第 51 位升至第 40 位；其次是南非，排在第 74 位；中国排在第 78 位，排名上升 6 位，属于中等偏上水平；巴西排名第 123 位，较

2015 年下降 7 位；印度排第 130 位，与 2015 年度持平。

表 1.4 截至 2016 年 6 月全球经济体营商环境便利度前 20 强排名及其分项指标排名

排名	经济体	开办企业	办理施工许可证	获得电力	登记财产	获得信贷	保护少数投资者	纳税	跨境贸易	执行合同	办理破产
1	新西兰	1	1	34	1	1	1	11	55	13	34
2	新加坡	6	10	10	19	20	1	8	41	2	29
3	丹 麦	24	6	14	12	32	19	7	1	24	8
4	中国香港	3	5	3	61	20	3	3	42	21	28
5	韩 国	11	31	1	39	44	13	23	32	1	4
6	挪 威	21	43	12	14	75	9	26	22	4	6
7	英 国	16	17	17	47	20	6	10	28	31	13
8	美 国	51	39	36	36	2	41	36	35	20	5
9	瑞 典	15	25	6	10	75	19	28	18	22	19
10	马其顿共和国	4	11	29	48	16	13	9	27	36	32
11	中国台湾	19	3	2	17	62	22	30	68	14	22
12	爱沙尼亚	14	9	38	6	32	53	21	17	11	42
13	芬 兰	28	40	18	20	44	70	13	33	30	1
14	拉脱维亚	22	23	42	23	7	42	15	25	23	44
15	澳大利亚	7	2	41	45	5	63	25	91	3	21
16	格鲁吉亚	8	8	39	3	7	7	22	54	16	106
17	德 国	114	12	5	79	32	23	48	38	17	3
18	爱尔兰	10	38	33	41	32	13	5	47	90	17
19	奥地利	111	49	20	30	62	32	42	1	10	20
20	冰 岛	34	70	9	15	62	22	29	66	32	14

说明：表中数字为营商环境便利度前 20 强经济体的总体排名及 10 个分项指标排名。
资料来源：World Bank. *Doing Business 2017 Equal Opportunity for All*.

中国在 10 个分项指标中，排名最靠前的是"执行合同"，在全球排第 5 位；在"登记财产""办理破产"和"获得信贷"方面分别排在第 42、第 53 和第 62 位，在"跨境贸易"和"获得电力"方面分别排在第 96 和第 97 位；排名全球 100 位之后的有 4 项，分别是"保护少数投资者"（第 123 位）、"开办企业"（第 127 位）、"纳税"（第 131 位）、"办理施工许可证”(第177位,全球倒数第14)。与2015年相比,中国内地总体排名和绝大多数分项指标排名都有所上升,总体得分也由62.93提高到64.28,显示中国内地整体营商环境有所改善,但与排名前五的新西兰(87.01)、新加坡(85.05)、丹麦(84.87)、中国香港(84.21)、韩国(84.07)相比,差距仍很大。如在中国内地开办企业需要28.9天、9个手续,而新西兰、中国香港分别仅需0.5天和1.5天,1个和2个手续;中国内地办理施工许可证需244.3天、22个手续,而新西兰和中国香港分别只需93天和72天、10个和11个手续。

(五) 伦敦位居全球城市发展机遇榜首

自2007年以来,普华永道每两年发布《机遇之都》报告,对全球30个具有代表性的商业中心城市进行考察,截至2016年共发布7期。其2016年发布的《机遇之都7》,沿用往期“智力资本和创新”“技术成熟度”“门户城市”“交通和基础设施”“健康、安全和治安”“可持续发展和自然环境”“人口结构和宜居性”“经济影响力”“宜商环境”和“成本”10个维度,衡量30个城市的经济和社会发展表现。这30个城市包括16个成熟城市和14个新兴城市,每个城市均是国家或地区的金融和商业中心。

从总体排名看,伦敦夺魁,新加坡位居第2,多伦多、巴黎和阿姆斯特丹分别位列第3、第4和第5。其中伦敦在多个维度表现卓越,“智力资本和创新”“门户城市”和“经济影响力”3个维度排名第1,“技术成熟度”排名第2,“人口结构和宜居性”“宜商环境”2个维度排名第3,总体实力持续提升。新加坡近几年综合排名一直保持上升趋势,且在“技术成熟度”“交通和基础设施”和“宜商环境”3个维度排名第1。入选的中国城市有北京、上海及香港,其中香港排名第9位,在“宜商环境”“门户城市”和“技术成熟度”维度表现出色;北京列第19位,“经济影响力”和“门户城市”维度排名第3,但“健康、安全和治安”“可持续发展和自然环境”“宜商环境”和“成本”维度排名较低,尤其是“成本”排第30位,排名垫底;上海排名第21位,“门户城市”和“经济影响力”维度位列第7,但“宜商环境”和“成本”维度排名较低。

《机遇之都7》的10个维度涵盖67个变量,其中“宜商环境”维度包括8个变量,分别是:创业便利性、解决破产、出入境便捷(豁免签证国家的数量)、外国大使馆或领事馆数量、小股东保护、运营风险应对、员工管理风险、税收效率。从“宜商环境”维度排名看,前三名依次是新加坡、香港、伦敦(图1.4)。新加坡有5个变量在30个城市中排名第2,分别是创业便利性、出入境便捷、小股东保护、运营风险应对和员工管理风险,税收效率排名第3;香港的小股东保护和运营风险2个变量排名第1,税收效率排名第 2,出入境便捷排第 3。“宜商环境”维度其他变量排第 1 的城市分别是:伦敦(外国大使馆或领事馆数量),多伦多(创业便利性),纽约(员工管理风险),吉隆坡(出入境便捷),东京(解决破产),迪拜(税收效率)。中国内地两个入选城市的“营商环境”排名都很低,北京位列第 24(倒数第 7),上海仅在第 27 位(倒数第 4)。从与宜商环境相关的几个变量看,上海和北京劣势非常明显,如两个城市的小股东保护并列第 29 位(倒数第 2),出入境便捷并列第 28 位(倒数第 3)。还有多项指标也位列最后 10 名,包括创业便利性、解决破产、运营风险应对等,从而也说明其整体上升空间巨大。

图 1.4 国际城市宜商环境排名[1](最高分为 30 分,最低分为 1 分)

资料来源:普华永道.《机遇之都 7》.2016。

城市需要做到社会实力与经济实力的均衡发展,才能在当今复杂的都市生态圈中获得机遇。总体排名前几位的城市在多个维度实力分布均衡,伦敦有 3 个维度排名第 1, 1 个维度排第 2, 2 个维度排第 3,遥遥领先于其他城市。新加坡有 3 个维度排名第 1,多伦多、巴黎、纽约、斯德哥尔摩均有至少两个维度跻身前三甲,这些城市的其他绝大多数维度排名也都良好。相对而言,北京和上海在 10 个维度上的实力不均,虽然两个城市在“经济影响力”和“门户城市”维度的排名较靠前,“智力资本和创新”“技术成熟度”位列中游,但在“成本”“宜商环境”“健康、安全和治安”“可持续发展和自然环境”“交通和基础设施”“人口结构和宜居性”等多个维度上表现较差,与发达城市差距较大,这无疑会成为企业在北京和上海开展业务的障碍,甚至抵消两个城市在全球“经济影响力”上的多个竞争优势。

[1] 普华永道从高到低对 30 座城市进行打分,最高分为 30 分(表现最好),最低分为 1 分(表现最差)。

（六） 新一轮产业革命带来机遇和挑战

尽管技术进步和产业变革是推动世界经济繁荣的重要动力，但在一定时期内可能引发收入不平等和两极分化等，从而加剧全球风险。世界经济论坛（WEF）每年发布《全球风险报告》，其2017年1月发布的报告通过对全球750名专家和决策者的调研，就全球涉及环境、地缘政治、社会、经济以及技术等五大领域中的30项风险和13个重大趋势对未来可能产生的影响做出了评估。报告认为，尽管全球经济预期在2017年将继续增长，但是保护主义将成为长期的风险，对未来10年全球发展具有最深刻影响的三大趋势为：收入和财富日益悬殊、社会两极分化、日益严峻的环境风险。此外，社会发展落后于技术变革，“第四次工业革命”可能加剧全球风险。

“第四次工业革命”是由物联网技术、大数据与云计算以及人工智能、3D打印技术推动，以互联网产业化、工业智能化、工业一体化为代表的全新革命。在2016年的达沃斯世界经济论坛上，就以“第四次工业革命”为主题，探讨机器人、人工智能、物联网与巨量数据等关键技术带来的影响和剧变，参会者通过对话和合作共同寻求解决之道。2017年的《全球风险报告》除了社会和政治问题，特别对“第四次工业革命”进行分析，探讨过快的技术发展与社会适应性之间的矛盾。报告介绍了12项新兴技术：3D打印；先进材料和纳米科技；人工智能和机器人；生物科技；能源获取、存储和运输；区块链和分布式财务统计；地质工程；无所不在的传感；神经科学；新型计算技术；空间技术；虚拟现实和增强现实，分析了它们的正负效应（图1.5），其中人工智能和机器人虽然潜在效益最大，但也最有可能带来负面影响，也最需要改善治理。报告认为，人工智能有助于更有效解决当代一些重大问题，例如气候变化和人口增长等，对人工智能的投资比5年前多出10倍，因此人工智能取得了迅速进展，而随着人们对人工智能的依赖加深，将极大加大诸如网络安全等风险。

“第四次工业革命”结合了各种新兴技术，将对世界经济、商业、社会和个人带来前所未有的改变。然而，新兴技术还存在潜在的负面影响或风险，主要有：(1)产生治理困境。技术快速崛起，可能给社会带来很多不适应性和风险，政策上需要严苛的管理和控制，但投资者可能因为禁令望而却步，减少甚至撤回技术研发资金。(2)对就业的威胁。新技术应用将导致就业市场分化，出现“低技能、低收入”和“高技能、高收入”两个极端，如果缺乏有效管理和再训练的工人，新技术将直接导致低技能人员失业，进而引发政府社保难题。(3)对社会稳定的挑战。技术变革的破坏性，如自动驾驶、分享经济对于现有汽车产业和市场需求具有一定破坏性，产业滞后可能造成市场

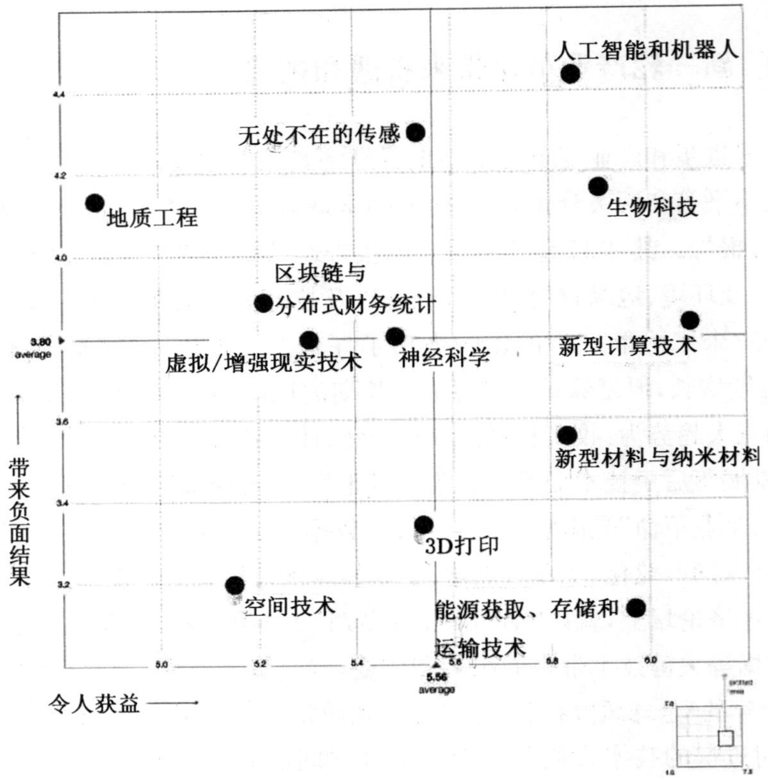

图 1.5　12 项新兴技术的正负效应

资料来源：WEF. *The Global Risks Report 2017*. 2017.1.

动荡，从而对劳动力市场等带来影响，加剧社会关系的紧张。因此，需要及时出台相应解决措施，构建新的规则、规范、标准，完善激励、社会保障等机制，以应对各种可能面临的风险。

在“第四次工业革命”浪潮下，伴随着科技的快速发展及成本门槛的大幅下降，产业结构与就业结构将产生巨大转变，未来商业环境势必面临剧烈变革。与此同时，新技术的涌现和应用也为商业模式创新提供了条件。只有紧紧抓住新一轮科技和产业革命的机遇，积极应对社会经济转变趋势，使商业模式创新与技术创新形成合力，才能推动社会不断进步，并带来一系列的新机会。

（七）分享经济重构未来商业新模式

“第四次工业革命”不仅带来技术的巨大进步，还改变了生产方式和生产关系，衍生出新的经济形态——分享经济(sharing economy)。分享经济是通过网络的沟通与协调，让供需双方得以互取所需的创新模式，具有平台化、网络化、社会化及充分利用闲置资源的特点。作为一种新型经济形态，分享经济正在快速成长，将成为未来经济的新增长点。2015 年，全球分享经济的规模为 150 亿美元。普华永道预计，到 2025 年，全球仅 P2P 借贷和众筹、人力共享、在线 P2P 短租、出行共享、音乐视频共享等五大领域的分享经济规模就将增长到 3 350 亿美元。

分享经济的商业模式正在向全行业渗透。据经济调研公司 Crowd Companies 统计，截至 2014 年 5 月，分享经济主要涉及空间、交通、食品、资金、物品、服务 6 个领域。2014 年底，分享经济又形成了众多细分市场，新增 6 个领域，即市政、教育、健康、设备、物流、社团，所渗透的领域已增加到 12 个(表 1.5)。在空间、交通服务领域，分享经济占据市场的半壁江山。截至 2016 年 2 月，全球价值在 10 亿美元以上的私营公司有 151 家，而且这些公司创业时间多数不到 5 年就达到上亿甚至上百亿美元的市场估值。其中有分享汽车的滴滴出行、Uber、Lyft，分享房屋的 Airbnb、途家网，分享办公空间的 WeWork 等。分享经济还在以极快的速度和想象力迅速铺开，2016 年 3 月，Crowd Companies 预计分享经济渗透的领域将再扩大 4 个，达到 16 个，4 个新领域分别是信誉和数据、劳动者支持、移动服务以及美容行业。

表 1.5 分享经济主要涉及的领域

领 域	特 征	代表企业
空 间	出租或分享闲置住所或办公区域	Airbnb；LoveHomeSwap；SnareDesk
交 通	交通工具租赁；拼车出行	Uber；Lyft；ZipCar；Hailo
食 品	提供专业厨师上门服务；团购餐点；分享食品	VizEat；Feastly；Olio
资 金	众筹；货币借贷	KickStarter；Kiva；Zopa
物 品	分享、出借或租赁物品；二手交易	Etsy；eBay；Craigslist；SnapGoods
服 务	匹配兼职工作的供需市场	ToskRabbit；Freelance.com；Fiverr
市 政	政府设施分享	自行车分享计划；Munirent
教 育	提供免费课程；分享教材和课程资料	可汗学院；Coursera；chegg；Fufurelearn
健 康	分享健康、医疗专业知识和资源	Macmillan Team Up；kindly
设 备	分享通信和能源	Mosaic；Fon
物 流	分享仓库；本地交付、运输	Sharemystorage.com；UberRUSH
社 团	将分享服务集中起来	Compare and Share

资料来源：腾讯研究院.英国商务部最新分享经济调查报告，2016.上海科学技术情报研究所(ISTIS)整理。

分享经济通过第三方平台，使需求者和供给者之间实现成本最低、沟通最快捷和最便利的获取或给予。其商业模式在于彻底重构连接，将消费者碎片化的时间和资产整合，以打破痛点创造颠覆性的体验，在消费者感到安全和一致的时候，最终实现价值的释放。①重构连接，实现交易双方的高效匹配。分享经济基于需求和供给形成动态的生态圈，连接服务的提供方和接受方。消费者既可以是生态圈中以供给为形式的外围组成，也可以随时转化成为以需求为核心的中心，每个消费者或企业都有可能是产品和服务的供给者或需求方。②重构体验，实现颠覆式提升。分享经济模式下的价值和信息流动以社交方式进行，这种点对点的交易侧重个体化、定制化，真正符合新阶段消费者的需求。例如私家车拼车平台 Lyft 使消费者按一下按键就可以参与，且一个星期能实际使用多次，并且价格实惠。③重构价值，对原有价值进行充分释放。分享经济整合碎片化时间和闲置资产，能够真正释放时间价值和资产价值。如 Uber 和 Airbnb 分别很好地利用了车子和房子的价值；专业厨师闲暇之余为他人提供美食，同时也可以获得收入，创造了意想不到的价值。

二、重点行业发展动态综述

商务活动所涉行业领域繁多，本节主要选择这次重点研究的几个行业，综述其近期发展动态[1]。

（一） 批发及零售业：消费观念升级和技术进步颠覆传统业态

在经济低迷的大背景下，全球投资贸易环境极不稳定，也给未来零售批发商的发展带来更多不确定性。据德勤 2017 全球零售力量报告，2015 财年（截至 2016 年 6 月）各零售商按零售收入排名，大型超市在 10 强中占得 7 席，但普遍增长放缓；零售电商在线销售收入增长有所减缓，但仍然高于整体销售增长速度；电商亚马逊首次进入零售商前 10。

从批发及零售业发展趋势看，消费者越来越偏好定制化、少而精的产品，消费观念升级与新兴技术发展，制造、批发和零售的流程可能会被颠覆，从商对客（B2C）模式进化为新型的按需定制（C2B）模式，零售商掌握了零售端的消费者后，需要向价值链的上游——供应链延伸，通过买手、产品设计、个性化制造来完善他们面向消费者

[1] 本节系根据重点行业各章作者所提供的摘要编写而成。

的服务能力。零售业本身也正在经历巨大的变革，跨界融合让零售界限模糊，零售商开始向新的业务领域延伸，原本不相关的行业则可能在技术进步的情况下对生态系统中的零售商构成威胁，新兴的非传统型零售商应消费者需求而开发的新型模式会颠覆原有零售商并带来爆发式增长。此外，2016 年零售业一大趋势为零售＋IP（知识产权），借势成熟知识产权带动销售，为零售带来文化附加值。

从国家和地区看，2016 年不少发展中国家放松外商投资限制以吸引外资，其中包括零售和电子商务领域。全球市场中，亚洲地区拥有更多零售“潜力股”国家。美国 2017 年零售业增长趋缓，批发贸易由于存销比下降，去库存压力减轻等原因开始触底反弹。美国零售企业依然在全球处于领先位置，但全球化程度较低。新政府成立后若边境税实施或将给零售企业带来负面影响。欧洲零售企业在 250 强名单中占比下降，但全球化程度相对较高。英国脱欧，脱离欧盟单一市场概率较大，脱欧由于关税和农产品补贴减少导致商品成本上升，让英国零售商面临涨价压力。

从热点业态看，购物中心依然是消费者做出消费决定的关键环节，现代化的购物中心在业态配比上更重体验，致力于通过技术创新提升消费者效率。不同地区购物中心发展情况不同，欧美的购物中心总体上健康发展，在美国，特殊用途中心更受消费者欢迎。相对而言，发展中国家购物中心渗透率较低，仍有较大增长潜力。热点业态另一领域药品批发和分销行业竞争激烈，市场持续增长，药品加速创新，生物仿制药从 2015 年起开始发力，有较好的前景。药品批发与分销企业呈现很高的市场集中度，向着批零合作的趋势发展，生存下来的企业大多是微利化高效运营的批发分销商。政府监管上，除了美国和欧洲利用供应链可追溯信息技术保证药品安全，其他国家大都尚未形成较成熟的药品追溯体系。

（二） 电子商务：成为全球经济亮点，展现出强大创新能力

2016 年全球电子商务市场规模继续扩大，电商零售额预计达 1.915 万亿美元，比上年增长 23.7％，占总零售额的比重为 8.7％。预计未来几年全球电商零售继续保持两位数的增长率，到 2020 年将达到 4.058 万亿美元，占总零售额比重的 14.6％。其中，亚太地区仍然是全球最大的电商零售市场，北美地区位居第二。中国在全球电子商务市场中的份额将继续扩大，2016 年中国占全球比重为 47％，2020 年将上升到 59.5％。

未来几年，电子商务领域有以下几种趋势值得关注。一是新智能零售时代到来，是以数字流通链为基础的数据驱动型的泛零售时代；二是场景消费模式正在形成，

AR/VR 等虚拟消费的产业链正在形成；三是新型电商服务模式出现，无人送货、众包物流、社区型物流平台等电商物流模式，非接触式支付及电商孵化器等多种模式出现。此外，电子商务欺诈问题也日益引起关注。

美国电子商务市场持续增长，2016 年美国电子商务(B2C)规模将达到 3 938 亿美元，比上年增长 15.2%。占全部零售市场的比重提升为 8.3%。其中，移动电商增长迅猛，达到 33.7%。近年涌现了较多的新模式，如会员制电商、分享电商等。而亚马逊是产业竞争的引领者。欧盟地区电子商务市场增幅略有下降，欧元区电子商务占企业收益的比重为 15%，欧洲地区的消费者加大了跨境消费的力度，电商企业也开始加大全球布局；值得关注的是欧洲能源电商的兴起，如法国成立燃油电商，提供燃油订购和送达服务以及增值信息服务。东南亚电子商务开始加速起飞，预计市场规模将从 2016 年的 14 亿美元攀升至 2020 年的 31.80 亿美元，社交电子商务崛起，将占电子商务销售额的 30%，其发展潜力吸引了大量的电商巨头，但仍面临着本土特点和法律规范的挑战。

亚马逊是发达国家中全球领先的电子商务企业的典型。2016 财年，亚马逊净利润获得惊人增长，为 23.71 亿美元，比上年大幅增长了 3 倍多。这主要得益于亚马逊销售额的全面增长，尤其是国际部分和云计算部分。近年亚马逊力推会员制，在全球化、品类、渠道等方面持续进行多重变革，开设新型零售实体店，进行线上和线下融合，进一步加强开放式平台的建设。

阿里巴巴是发展中国家中全球领先的电子商务企业。阿里巴巴业绩正超预期地高速增长，2017 财年收入预计将增长 53%，但其主要收入来源于中国，占全部业务的 76.6%。阿里巴巴提出进一步实施“五新”战略，即新零售、新金融、新制造、新技术和新能源战略，并提出了两大新理念：电子世界贸易平台(eWTP)、新零售，以深入其全球化理念和战略，提升整个价值链的效率。

传统零售巨头沃尔玛收益连续两年出现下滑，加速进行战略调整，一方面在全球开始关闭部分实体店，另一方面对全球电商加大并购，并在管理结构、服务、技术、合作等方面进行变革，全面实施电商追赶策略。

（三） 大宗商品：价格指数波动较大，交易领域不断创新

2015 年全球大宗商品价格普遍下跌，主要大宗商品价格指数低于 2008—2009 年全球金融危机期间水平，至 11 年来低点。国际大宗商品价格走势主要受到以下因素影响：从供给侧看，全球供给持续过剩，高库存压力短期难以破解；从需求侧看，全球

经济复苏乏力,新兴市场国家增速放缓;大宗商品市场还受到了美元维持走强的影响。国际货币基金组织(IMF)编制的2015年初级产品价格指数比2014年同期大幅下跌31%。其中,以石油为代表的能源类产品跌幅最大,达到39%;其次为金属类产品,下跌29%;食品饮料类和农产品类分别下跌15%和17%。进入2016年,大宗商品价格企稳回升,出现较为明显的反弹,主要动力来自周期性补库存需求和美元指数高位回落等短期性因素。虽然国际政治形势跌宕起伏,黑天鹅事件频发,大宗商品市场受此影响出现了大幅波动,但2016年大宗商品价格整体仍上行。

2015年全球期货及场内衍生品成交一改前几年微弱增长的态势,在亚洲地区成交强劲的带动下,成交总量取得较大幅度的增长。根据美国期货业协会(FIA)对全球78家交易所中期货与场内衍生品成交量统计结果显示,2015年全球交易所合约成交量同比增长13.48%,达到247.76亿手,接近2011年250亿手的峰值水平。

分类来看,农产品合约2015年继续强势表现,且仍由中国市场主导。在农产品成交量排名前20的合约中,一半在中国的期货交易所上市交易,其中前五名最活跃的合约均出自中国。非贵金属也保持活跃表现,年增长率达到47%。其中,中国再次发挥关键作用,上海期货交易所的螺纹钢期货持续强势,成交量上涨32.6%,至5.4亿手,位居金属类首位;大连商品交易所的铁矿石期货合约年成交26亿手,大涨169.4%,排名第二;另外,上海期货交易所2015年新上市的镍期货合约年成交6 359万手,一跃跻身前五的行列。能源市场实现反转,2015年整体成交量攀升21.2%,莫斯科交易所的布伦特原油期货成交量暴涨1472.7%,成交量达到1.1亿手,跃居能源板块第3位。国际市场原油期货两大基准合约,纽约商业交易所(NYMEX)的轻质低硫原油期货(WTI)和欧洲洲际期货交易所(ICE)的北海布伦特期货(Brent)仍然保持在能源类合约成交量的前2位。

从全球期货与场内衍生品成交量地域分布看,北美与亚太两个地区在市场争夺上异常激烈,2015年亚太地区成交量大幅增长33.69%,至97.02亿手,占全球市场份额的39.16%,再次超越北美成为榜首。总体来看,亚太市场的高增长覆盖面较广,无论是增长的主力——中国内地和印度市场,还是表现较为平淡的中国香港地区和台湾地区、新加坡,或是低迷的日本市场,2015年均取得较好表现。

大宗商品交易市场正在向多种市场交易方式和拓展市场深度转型。创新的交易方式能进一步优化线上线下服务、促进服务一体化,实现线上线下的打通与互动,促进产业模式创新与升级。2016年,上海期货交易所计划推出一个大宗商品交易平台,为期货相关的现货与场外衍生品提供服务,如仓单交易、现货合约、远期、掉期、价差交易等,并从标准场内业务逐渐向非标场外业务拓展。而香港交易及结算所正计划在内地探索建立大宗商品现货交易及融资平台，结合伦敦金属交易所(LME)全球700多家仓库的成熟现货市场运营经验，进一步推进中国大宗商品趋向“实体化”。另一方面，金融科技(fintech)不断深入金融行业各个领域，已经成为当今行业新生态，并颠覆大宗商品传统交易方式，特别是正在崛起的区块链技术。区块链技术可运用行业的方方面面，包括交易报告、交易记录等，而监管者也可以实时获取准确数据，快速完成结算、清算等。

（四）物流业：市场表现虽低迷，但新模式、新概念层出不穷

受世界经济大环境影响，物流业总体发展平淡，海运、陆运、空运都表现出低迷状态。2015年世界航空货运业较往年疲弱，其中北美仅增加0.1%，亚太地区增长2.3%，欧洲下滑0.1%，拉丁美洲则下滑达6%。世界海运业仍处于低迷状态，集装箱运输运能过剩问题日甚，市场对集装箱船订造需求大减，2016年船队运能增长估计仅4.6%，波罗的海干散货指数在2015年创出新低。铁路和第三方物流也表现不佳，2015年全球铁路行业总产值同比仅增长约1.9%，第三方物流业总收入较前一年减少4.27%。企业兼并活动方面，全球物流运输企业的兼并活动数量呈现趋减的趋势，但是交易总额仍趋稳定，亚太地区已经占据最大规模，尤其在交易额度方面呈现骤增态势。

从物流发展的区域来看，美国和中国已成为物流市场发展的主要推动力。2015年，美、中两国物流总成本分别占全球物流总成本的17.01%和23.65%，第三方物流收入分别占全球第三方物流收入的22.36%和22.72%，成为全球物流业发展的领头羊。从物流实力、基建能力、物流效率等方面来看，欧美国家仍然占据了领先地位。2016年国际物流表现指数显示，物流总排名前20位的国家或地区中，有14个位于欧美地区；2015年收入最多的前20家第三方物流企业也以欧美公司居多。而从发展潜力看，发展中国家在物流业明显萎缩态势下，表现出逆势增长的态势。2015年全球物流总成本同比下降5.76%，中国、印度、越南、阿根廷等国却表现良好，物流总成本和第三方物流均有所增长，显示出较好的发展态势。

物流界新模式、新概念层出不穷。单个批量物流、需求响应配送、智能能源物流、管道物流等概念不断出现，3D打印、现实增强、云物流等一系列技术也在飞速发展，给传统物流业带来机遇和挑战。3D打印虽然是制造技术的革新，但其对物流行业却有着举足轻重的影响。由于3D技术对传统制造业的颠覆，传统物流的需求将萎缩，流程将受到改革，但同时3D打印也可能使未来物流实现零件弹性仓储、

个性化部件直接制造、生产延迟服务和出现3D打印商店等。已经有相当部分企业已经或正在考虑使用3D打印技术，UPS公司在3D打印的物流应用较早，并取得了阶段性成果。

冷链物流作为物流的重要组成部分，随着科技进步以及制冷技术的发展而快速壮大，具有巨大增长潜力。全球冷链物流总体发展稳定，预计2019年前全球冷链市场将以年均16%的增速增长。欧美国家发展较为成熟，美国冷链仓储和物流企业在市场上占据了较大份额，在全球处于领先地位；发展中国家则有较大的上升空间，中国、印度等国家近年来发展迅速。

（五）会展业：热点城市集聚效应减弱，会展城市注重品牌营销

全球会展业总体呈温和增长态势。展览市场2015年收入增长1.7%，较上一年（2014年增幅4.2%）有所下降，整体增速减缓。新兴市场表现活跃，印度成为亚洲成长最快速的展览市场，展览销售面积增幅达7.8%。总体而言，在场馆规模和组展实力方面，欧洲地区仍具有明显优势，德国的场馆数量和规模位居前列，英国公司继续占据全球组展商排名前两位。发达国家会展市场展会的观众满意度超过发展中国家，然而，发展中会展市场观众再度参观的意向更为浓厚，中东和非洲地区的再度观展率最高。随着整体经济环境改善，预计到2020年全球展览市场年复合增长率有望达到4.6%。在会议方面，2015年全球共举办12 076场ICCA认证的国际会议，较2014年的11 505场增加571场，会议数量创历年新高，呈现恢复性增长态势。欧洲仍是国际会议举办的主要区域，柏林在2015年全球会议举办城市排名中跃居榜首。统计数据显示，热点城市的会议集聚效应有所减弱，会议正逐步均衡地流入各个会议目的地。全球正逐步重视会议产业在推动经济发展以及促进经济多样化、促进学术与行业交流、拉动内部投资方面发挥的作用。但是，国际恐怖袭击、地区政局动荡等安全事件对会议产业带来的潜在威胁依然存在。

完善的会展设施是吸引会展活动、成功争取国际会议主办权的首要条件，近几年全球投资场馆和展览设施的热情高涨。2015年全球室内展览面积10万平方米以上（含）的超大型展馆已达到55家，总面积948.54万平方米。展览中心前期投入大、投入产出周期较长，且日常维护费用高、相关配套服务体系庞大，因此大部分采取政府投资兴建，少数由民间自行投资。营运管理上为求达到专业化，大多成立专门机构来负责。较为常见的有以德国为代表的场馆运营与自办展结合的政府主导型模式，以法国为代表的纯场馆运营的市场主导型模式，以美国为代表的政府和市场结合型模

式。主要运营方式包括:场地租赁、自行筹办展览、提供增值服务和管理顾问服务。

会展城市品牌是全球化竞争中的营销利器,结合当地优势产业、自然、人文、休闲等有利因素发展会展活动,可源源不断地吸引参展商和观众,建立长期的城市竞争优势。新加坡鼓励多元文化创新融合,展览注重区域性,安排紧凑,并与会议关联,促进贸易的同时更关注思想领导内容和知识的交流;首尔展览业国际化、智能化进程加快,跨国办展规模扩大,首尔展览馆加速"智能化"硬件配置;曼谷定位亚洲会展枢纽,锁定高端会展客户群,着力提升细分行业展会品质;东京结合当地历史建筑、文化设施、学术科研等特色资源大力发展 MICE 产业,力争成为世界前三大 MICE 举办城市。5G 通信、人工智能、物联网、大数据、虚拟现实、增强现实等新兴技术不仅是会议与展览的热门主题内容,也逐渐应用在会展周边服务中,成为推动城市会展产业创新的动力。

三、近两年国际投资政策动向

近两年,国际投资政策方面出台了一揽子投资促进组合,以进一步强化可持续发展的投资环境。

(一) 投资政策继续向投资自由化和投资促进方向发展

2008 年金融危机以来,各国在投资政策上采取了积极的、前瞻性的、有效的举措,全球投资政策向投资自由化和投资促进方向发展。近两年,大多数投资政策继续致力于投资自由化和投资促进。

国家投资政策方面,联合国贸发会议的数据显示,2015 年共有 46 个国家和经济体采取了至少 96 项影响外商投资的政策措施,其中 71 项涉及投资自由化和投资促进,只有 13 项涉及对外资加强限制或监管,另外 12 项则为中性性质的措施(表 1.6)。促进投资自由化和投资促进政策的占比达到了 85%,高于近 5 年的平均水平(76%),监管性或限制性政策占比为 15%。新的投资便利化和自由化主要是发展中国家扩大投资准入范围,亚洲两个最大的新兴经济体——中国和印度,在各行业向外国投资者开放方面也最突出,都在进一步拓宽对外资开放的领域。如,中国允许外国公司设立银行卡清算机构并放松对房地产市场的外资限制,印度引入一揽子 FDI 自由化计划并放松包括农业、民用航空业、国防等在内的 15 个"主要部门"的 FDI 规定。

表 1.6 2005—2015 年国家投资政策变化

项　目	2005—2015 年政策变化										
	2005	2006	2007	2008	2009	2010	2011	2012	2013	2014	2015
改革国家数/个	77	70	49	40	46	54	51	57	60	41	46
改革数/项	144	126	79	68	89	116	86	92	88	72	96
其中：自由化/促进	118	104	58	51	61	77	62	65	64	52	71
限制/监管	25	22	19	15	24	33	21	21	21	11	13
中性/不确定	1	—	2	2	4	6	3	6	3	9	12

资料来源：UNCTAD. *World Investment Report 2016*.

国际投资政策方面，在多边投资框架缺失的背景下，各国继续签订新的双边及区域投资协定，国际投资协定的数量和影响继续扩大。2015 年新增 31 项国际投资协定(international investment agreements，IIAs)，其中 20 项是双边投资协定(bilateral investment treaties，BITs)，11 项是投资条约规定(treaties with investment provisions，TIPs)。截至 2015 年，全球累计 IIAs 达到了 3 304 项，其中 BITs 2 946 项、TIPs 358 项。尽管年度新增 IIAs 的数量在持续减少，但是一些条款涉及更多参与方，从而产生了显著的经济和政治影响力。最新签订的 IIAs 遵循了不同的协定范本，且各区域协定也大多规定缔约方已有的双边协定继续有效，使得投资规则体系的复杂程度不断加深。截至 2016 年 5 月，近 150 个经济体致力于至少 57 个新的 IIAs 谈判事宜。

2015 年投资者—东道国争端解决机制(investor-state dispute settlement，ISDS)创造了新的纪录，达 70 项。考虑到有的仲裁案可以在一定条件下保密，因此实际争端案数目可能更高。截至 2016 年 1 月，ISDS 仲裁案件总计达到 696 个，涉及 107 个国家。近年来，针对发达国家的争端案件呈上升趋势。2015 年针对发达国家政府的争端案占比高达 40%，其中包括欧洲投资者对一些欧盟成员国政府提起的案件。2015 年公开的各项仲裁决议结果也不尽相同，在诉讼程序的司法管辖权判定阶段，东道国通常占有优势；当案件进入实体及法律依据的审查阶段后，则多为投资者获胜。如何改革投资者—东道国争端解决机制，提高争端解决的效率及公正性，对发展中国家和发达国家都日益重要。

综合这些政策条款看，国际投资政策的趋势是，各国/地区、诸多区域组织及大型跨国企业越来越倾向于打开国家/地区间壁垒，充分进行自由贸易。

（二）投资者“国籍”挑战外资政策

跨国企业(multi-national enterprises，MNEs)经常通过涉及多个实体的多层次所有权结构网络控制其海外分支机构。联合国贸发会议涵盖 450 万家外资企业的数据库显示，全球跨国企业超过 40%的海外分支机构由其母公司通过复杂的跨境股权结构持有，这些跨境股权链平均涉及 3 个国家或地区。这些分支机构的规模倾向于比那些被直接控制的分支机构(多为较小的 MNEs 的一部分)大，其收入约占总收入的 50%(图 1.6)。另外，大型跨国企业更倾向于采用复杂的股权控制结构。在联合国贸发会议跨国经营指数排名前 100 位的大型跨国企业中，每家公司平均在 50 多个国家拥有 500 多家分支机构，平均层级深度是 7 层(即联结各分支机构的所有权链可能跨越 6 个边境)，平均拥有约 20 家控股公司，平均在离岸金融及投资中心拥有近 70 个实体。

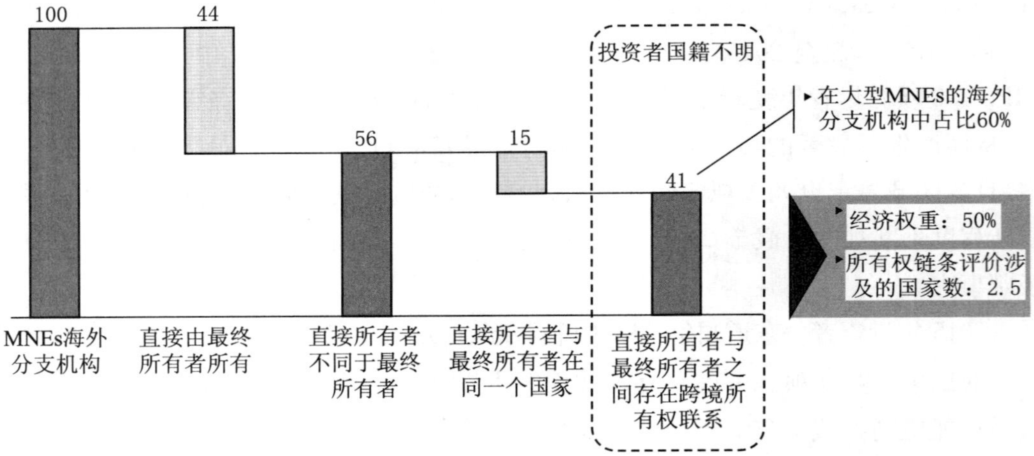

图 1.6　MNEs 海外分支机构的复杂所有权(海外分支机构比重,%)

说明：分析基于有 72 万个海外分支机构的全球样本。相应的经济权重由公布的收入计算。在大型 MNEs 的海外分支机构中占比 60%，这一数值是基于 UNCTAD 前 100 强的海外分支机构计算得出(按大型跨国公司国际化经营指数排名，即外国资产、海外销售和外国就业)。

资料来源：UNCTAD. *World Investment Report 2016*.

在复杂的所有权架构下，外资企业直接所有者与最终所有者的国籍可能不同，跨国企业超过 40%的子公司及其他海外分支机构存在这一问题。其中相当数量的外资子公司或分支机构由跨国公司通过东道国当地子公司间接持有，有不少分支机构系由跨国公司在第三国的中转投资形成的子公司持有，还有一些是通过海外子公司以“外资”的形式在本国设立的子公司。跨国企业通过冗长复杂的跨境所有权链条、第三地控股以及交叉持股、循环持股等手段，可以用远低于50%的少数股权控制海外实体，从而形成“事实上的控制”。

跨国企业所有权结构复杂的原因不尽相同，或为业务扩大自然形成，或为企业海外上市、融资、税收等方面需要而有意设计。公司的国籍，以及相伴而来的投资者与海外分支机构所有者的国籍正变得日益模糊，不仅让政策制定者难以厘清如此复杂的所有权结构，也使得主权国家的投资政策和法规在执行和操作中缺乏实效，甚至大打折扣，对外资政策和外资监管都提出了挑战。

虽然绝大多数国家推行投资规则和投资激励政策，但这些规则和政策取决于投资的所有权和国籍。根据联合国贸发会议的统计，80%的国家至少在一个产业内对外资有股权限制，其中发达国家为90%，发展中国家为76%。服务业特别是传媒、交通运输、通信、公共设施、金融以及商业服务业对外资的股权限制相对更多。在国际投资协定方面，现有的3 304个IIAs中90%是双边协定，余下的区域协定中，协定优惠措施也明确限定于协定缔约国投资者。因此，投资者国籍变得越来越模糊对国内和国际投资政策都有重要影响。如果国内占多数股权的所有者被其他外国投资者所有，那么外商所有权限制措施的有效性就会成为问题；如果投资协定的优惠待遇事实上能够适用于多个国家的投资者，那么基于双边谈判的国际协定就会失去针对性。

针对上述挑战，专家建议政策制定者在制定国内投资政策和进行国际协定谈判时，要认真考虑以所有权为基础的措施的有效性及适用性，还要考虑适用并执行这些措施将产生的实际影响。一是提高信息披露要求与批准程序透明度，更好掌握投资的最终所有者，加强对通过防范虚假公司或对滥用市场权力等间接控制本国企业的监管，保障基于所有权投资政策的有效实施。二是重新评估基于所有权的国内及国际投资政策的作用及效果，在可行的情况下可考虑使用竞争、税收、产业发展、公共服务等政策，替代基于所有权的投资政策。三是在国际投资协定中引入新的条款，如“利益拒绝条款”“实质性商业活动要求”等，防止外国投资者利用壳公司或复杂的所有权结构滥用国际协定给予外国投资者的权利。四是加强国际协调，特别是在有关“实际控制”、构成实质性商业活动的标准等问题上达成共识，并在甄别投资最终所有者等问题上加强合作，降低IIAs覆盖范围的不确定性。此外，各国应加强对投资、税收政策等方面的协调，鼓励并推动跨国企业采取更加简单、透明的所有权结构。不管采取什么政策手段，投资政策决策者都必须在投资自由化及监管之间寻求适度的平衡,从而发挥投资对可持续发展的积极作用。

(三) 改革国际投资体制,优化全球投资规则

针对目前国际投资体制的种种缺陷和缺失,2016 年国际社会进一步推动国际投资体制改革、优化政策环境。

1. 改革国际投资协定体制

以可持续发展为导向的国际投资协定(IIAs)改革是国际投资政策制定的主流,联合国贸发会议的投资政策架构及其国际投资协定改革路线图(图 1.7)塑造了改革的目标和方法。

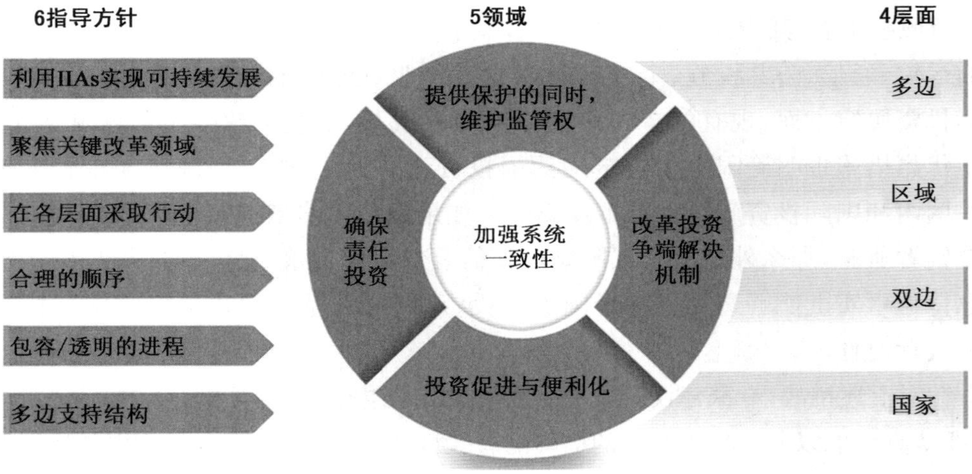

图 1.7 UNCTAD IIAs 改革路线图

资料来源:UNCTAD. *World Investment Report 2016*.

在改革的第一阶段,各国已对改革必要性达成共识,确立了改革的领域和路径,很多国家通过制订新的投资协定范本或商签新的投资协定,制订新一代国际投资规则。在国家层面,近 100 个国家已使用联合国贸发会议的相关政策工具对其现有的 IIAs 体系进行审查,其中约 60 个国家据此修订或起草了新的双边投资协定范本。在双边层面,一些国家已经开始商谈新一代的 IIAs,引入新的条款,如投资促进及可持续发展友好条款等。在区域层面,正在重新评估一些原有的区域投资协定,几个超大型区域投资协定的谈判已经完成或正在推进。在多边层面,相关改革活动也在加紧推进。

尽管国际投资体制改革已取得重要进展，但仍有许多问题亟待解决，如何应对现有的数量庞大的国际投资协定及其日益碎片化是关键挑战。在不断强化和收获第一阶段的具体成果的同时，第二阶段的改革要求各国更加关注已签订的现有协定，不仅要继续签订新一代的投资协定，也要梳理、修订或重新谈判现有的数量庞大的国际投资协定，提高这些协定的质量和水平。与第一阶段中将改革重心置于国家层面有所不同，在改革的第二阶段，各缔约方将更加重视区域投资政策的协调与整合，在国家、双边、区域和多边等各个维度协同行动，建立稳定、透明和可预测的国际投资协定体制，以符合全部利益相关方的目标，解决现有协定在政策上的不连贯性和碎片化倾向。

2. 制定《全球投资政策指导原则》

截至 2015 年底，全球已签署国际投资协定 3 304 个，然而，这些协定不仅形式多样、条款各异，而且相互交织、重叠，严重碎片化，有些甚至相互矛盾，投资政策的不确定性和不可预测性也是导致全球外国直接投资增速降低的主要原因。另外，现有国际投资协定在给予投资者保护的同时，普遍未能对投资者应尽的义务包括企业社会责任做出规定，造成国家与投资者权利义务的失衡，也是造成近年投资者—东道国争端大幅上升的重要原因。2015 年，新增投资者—东道国争端国际仲裁案达 70 项，创造了新的历史纪录。因此，亟须营造开放、透明和有益的全球投资政策环境，为投资决策提供更高的预见性和确定性。

2016 年，G20 杭州峰会通过了《全球投资政策指导原则》，提出了指导国际直接投资政策的九条原则，这是国际社会首次在多边机制内就全球投资规则达成共识。其宗旨有三个：推动建立一个开放、透明，更有利于投资的全球政策环境；促进各国投资政策及国际投资政策的协调；推动包容性经济增长及可持续发展。九条原则主要内容包括：①反对投资保护主义原则。认识到全球投资作为经济增长引擎的关键作用，政府应避免与跨境投资有关的保护主义。②非歧视原则。投资政策应设置开放、非歧视、透明和可预见的投资条件。③投资保护原则。投资政策应为投资者和投资（包括有形、无形资产）提供明确的法律保障和强有力的保护，包括可使用有效的争端预防机制、争端解决机制和实施程序。争端解决机制应公平、开放、透明，有适当的保障措施防止滥用权利。④透明度原则。投资相关规则的制定应保证透明及所有利益相关方有机会参与，并将其纳入以法律为基础的机制性框架。⑤可持续发展原则。投资及对投资产生影响的政策应在国际、国内层面保持协调，以促进投资为宗旨，与可持续发展和包容性增长的目标相一致。⑥政府对投资的监管权原则。政府应有权为合法公共政策目的而管理投资。⑦投资促进及便利化原则。投资促进政策应使经济效益最大化，具备效用和效率，以吸引、维持投资为目标，同时与透明的便利化举措相配合，有助于投资者开创、经营并扩大业务。⑧企业社会责任及公司治理原则。投资政策应促进和便利投资者遵循负责任商业行为和公司治理方面的国际最佳范例。⑨国际合作原则。国际社会应继续合作，开展对话，以维护开放、有益的投资政策环境，解决共同面临的投资政策挑战。

上述九条原则是相互关联的整体，涵盖了国际投资体制的所有核心要素，是普遍适用的高水平的指导原则，不仅为各国协调制定国内投资政策和商谈对外投资协定提供重要指导，也为未来国际投资体制框架奠定了重要基础。

3. 发布新的投资便利化建议

投资便利化是 UNCTAD 国际投资协定改革路线图列出的五大改革领域之一。虽然投资便利化已成为国际投资政策领域的热点，但目前国家和国际层面的投资便利化政策都存在严重的偏差或缺陷。在国家层面，2010—2015 年世界各地新的投资促进政策中只有 23%涉及投资便利化，各国政府更热衷于为外资提供各种优惠政策，包括财政税收激励措施，而对于外资流入的主要障碍，如模糊的法律规定及程序、对外企经营活动的烦琐要求以及外资经营环境存在的问题，则缺乏实际有效的举措。在国际层面，现有的 3 304 个国际投资协定中，涉及投资便利化的条款比例很少，即使有也很少含有切实有效的便利化措施。

为更好地利用国际投资服务于可持续发展，2016 年联合国贸发会议推出了新的《投资便利化行动指南》，以帮助政府采取更加透明、更加有效的投资管理和支持政策。该行动指南基于联合国贸发会议的《可持续发展投资政策框架》制定而成，其 2012 年首版提出了投资便利化行动，并借鉴过去几十年联合国贸发会议在全球投资促进和投资便利化过程中所积累的丰富经验和实践。

《投资便利化行动指南》涵盖 10 个行动方案和 40 多项政策选择，既包括可供各国单边实施的行动，也包括可引导国际合作或可被纳入国际投资协定的行动选项。10 个行动方案分别是：①促进投资政策、法规及程序制订的透明度。②提高投资政策执行的可预见性及连贯性。③提高外资监管程序的效率及有效性。④与相关各方建立良好的沟通与合作。⑤成立专门机构或申诉专员解决外国投资者申诉、听取投资者意见。⑥建立跟踪、审评投资便利化措施实施情况的机制。⑦促进投资便利化领域的国际合作。⑧加强发展中国家在投资便利化领域的能力建设。⑨帮助发展中国家改进投资政策与投资促进工作。⑩推动在国际投资协定中增加投资便利化条款。

参考文献

[1] IMF. *World Economic Outlook*[R]. 2017.4.

[2] WTO. *Trade recovery expected in 2017 and 2018, amid policy uncertainty*[R]. 2017.4.

[3] UNCTAD. *Global Investment Trends Monitor*[R]. 2017.2.

[4] UNCTAD. *World Invest Report* 2016[R]. 2016.6.

[5] World Bank. *Doing Business 2017: Equal Opportunity for All*[R]. 2016.10.

[6] WEF. The Global Enabling Trade Report 2016[R]. 2016.11.

[7] WEF. The Global Risks Report 2017[R]. 2017.1.

[8] 普华永道.机遇之都 7[R].2016.9.

[9] 腾讯研究院.英国商务部最新分享经济调查报告[R]. 2016.2.

[10] 你还没搞懂共享经济　他们已经在讨论下一个风口了 http://36kr.com/p/5058662.html.

[11] 冼国明,葛顺奇,联合国贸易和发展组织.世界投资报告 2016:投资者国籍及其政策挑战[M].2016.

[12] 詹晓宁.全球投资治理新路径——解读《G20 全球投资政策指导原则》世界经济与政治[J].2016.10:4—18.

本章撰写:崔晓文

第二章　世界货物贸易发展动态

一、世界货物贸易总体发展态势

受全球经济放缓、国际需求不振影响，2015 年世界货物贸易增长缓慢。据世界贸易组织统计，2015 年，世界贸易量增长 2.7%，连续第 4 年低于 3%，并且连续第 4 年低于世界经济增速（图 2.1）；贸易额从 2014 年的 19 万亿美元大幅下降 14%至 16 万亿美元。

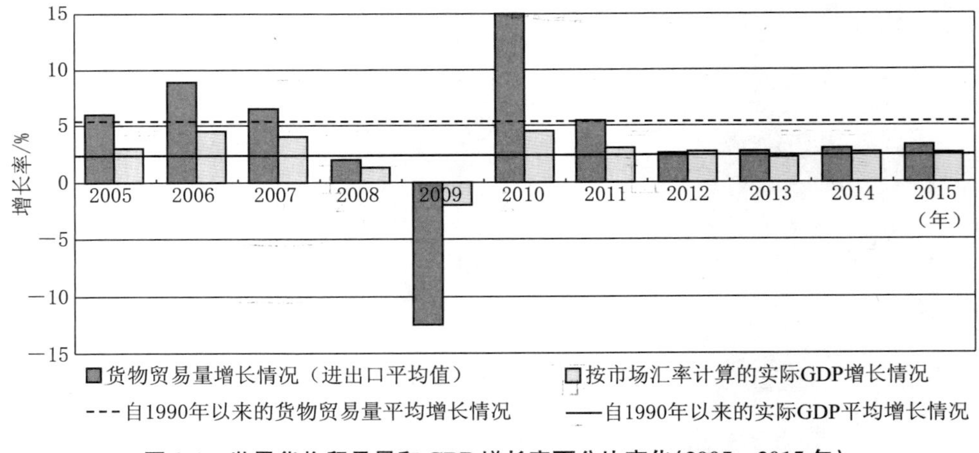

图 2.1　世界货物贸易量和 GDP 增长率百分比变化（2005—2015 年）

资料来源：WTO. *World Trade Statistical Review 2016*.

2016 年，国际市场需求持续低迷，贸易保护主义、逆全球化思潮蔓延，恐怖袭击频发、难民问题和英国脱欧等地缘政治风险上升，据世界贸易组织（WTO）的数据显示，2016 年上半年全球货物贸易量同比下降 0.3%，其中一季度同比下降 1.1%，二季度仅微弱增长 0.3%，均低于预期。在 2016 年 9 月 27 日发布的贸易展望报告中，WTO 预测，2016 年全球货物贸易量增速为 1.7%，远低于 4 月份 2.8%的预期值，与此同时，对 2017 年全球贸易量增长的预测也从先前的 3.1%下降至 1.8%～3.1%，而 2016 年的全球 GDP 增长则预计为 2.2%，WTO 进一步指出，2016 年的贸易和产出增长有可能会成为 2009 年国际金融危机以来的最低水平。

2017 年 2 月，世界银行最新发布的《全球贸易观察：2016 年贸易发展》等报告指出，全球贸易连续第 5 年增长缓慢，2016 年是自 2008—2009 年全球金融危机以来表现最弱的一年。根据世行的新报告，初步数据显示，2016 年世界商品贸易增长仅略高于 1%，低于 2015 年的 2%和 2014 年的 2.7%。其中，政治变数引发的经济政策不确定性陡增，成为导致 2016 年世界贸易增长下降的重要因素。当前，国际政治变数的问题并没有缓解，特朗普新政不确定性增大，法国等欧洲国家也将举行大选，外界担心选举过程也可能出现类似英国脱欧、特朗普当选美国总统等偏离预期的情形。种种迹象表明政治变数短期较难缓解，由此可能构成对全球贸易的较大冲击。

（一）发达经济体进出口表现良好，发展中经济体进口增长乏力

2015 年，出口量方面，发达经济体的增长率为 2.8%，比去年增加了 0.4 个百分点，发展中经济体的增长率为 3.2%，同比增加了 0.1 个百分点。进口量方面，发达经济体的增长率为 4.6%，同比增加了 1.1 个百分点，发展中经济体的增长率为 1.1%，同比下降了 1.8 个百分点（表 2.1）。

表 2.1　2014—2017 年世界贸易增长趋势

项　　目	增长率/%			
	2014 年	2015 年	2016 年	2017 年
世界货物贸易量	2.8	2.7	1.7	1.8～3.1
出口：发达国家	2.4	2.8	2.1	1.7～2.9
发展中国家	3.1	3.2	1.2	1.9～3.4
进口：发达国家	3.5	4.6	2.6	1.7～2.9
发展中国家	2.9	1.1	0.4	1.8～3.1

说明：2016 年和 2017 年为预测值。
资料来源：WTO，贸易快讯，2016 年 9 月 27 日。

WTO 还对 2016 年和 2017 年的世界货物贸易进出口量增长情况进行了预测，从表中可以看出，2016 年发达经济体和发展中经济体的进出口量增长率均有不同程度

回落。发达经济体的出口增长放缓，从 2.8%降至 2.1%，进口增幅收窄显著，从 4.6%降至 2.6%。同样，发展中经济体的进出口增长率在 2015 年的基础上有所回落，分别为 0.4%和 1.2%。2017 年，发达经济体的进出口量增长率预计为 1.7%～2.9%，发展中经济体的出口量增长率预计为 1.9%～3.4%，进口量增长率预计为 1.8%～3.1%。此外，世界银行的《全球贸易观察:2016 年贸易发展》年度报告则认为，虽然在过去几年贸易增长缓慢或者集中于高收入国家，或者集中于发展中国家，但 2016 年这两类经济体均已呈现出贸易增长疲弱的特征。

（二） 中国出口占国际市场份额扩大，2016 年货物贸易额被美国反超

2015 年，在国际市场不景气、世界贸易深度下滑的背景下，中国货物贸易进出口和出口额稳居世界第一，国际市场份额进一步扩大，贸易结构持续优化。2015 年，中国货物贸易进出口总值 24.55 万亿元人民币，比 2014 年下降 7.0%。其中，出口 14.12 万亿元，下降 1.9%；进口 10.44 万亿元，下降 13.1%；贸易顺差 3.68 万亿元，扩大 56.4%。受全球贸易额大幅下降等因素影响，中国出口震荡下滑。但从国际比较看，中国出口情况仍好于其他主要经济体，出口占国际市场份额升至 13.8%，比 2014 年提高 1.5 个百分点，是改革开放以来提高最快的一年。由于国内工业生产和固定资产投资增速下滑，加上国际市场大宗商品价格下跌拖累，2015 年中国进口额下降较多。然而据海关统计，2016 年，我国货物贸易进出口总值 24.33 万亿元人民币，比 2015 年下降 0.9%。其中，出口 13.84 万亿元，下降 2%；进口 10.49 万亿元，增长 0.6%；贸易顺差 3.35 万亿元，收窄 9.1%。2016 年全年美国进出口贸易额比中国多出 200 多亿美元，世界第一大货物贸易国的地位被美国反超。

（三） 大宗商品市场需求持续走低，起伏震荡中呈温和回暖趋势

2015 年，世界经济和国际贸易增长放缓，产业投资活动低迷，大宗商品需求疲软，而主要品种供应量持续增长，国际大宗商品市场弱势格局进一步强化。至 2015 年 12 月，主要大宗商品价格指数已低于 2008—2009 年全球金融危机期间水平，至 11 年来低点。国际货币基金组织编制的初级产品价格指数比 2014 年同期大幅下跌 31%，其中，以石油为代表的能源类产品跌幅最大，达 39%；其次为金属类产品，下跌 29%；食品饮料类和工业用农产品分别下跌 15%和 17%（图 2.2）。其他大宗商品指

数亦全面下跌，路透商品研究局指数(RJ/CRB)全年下跌 23%，标普高盛商品指数(GSCI)下跌 33%，道琼斯商品期货指数(DJAIG)下跌 24%。

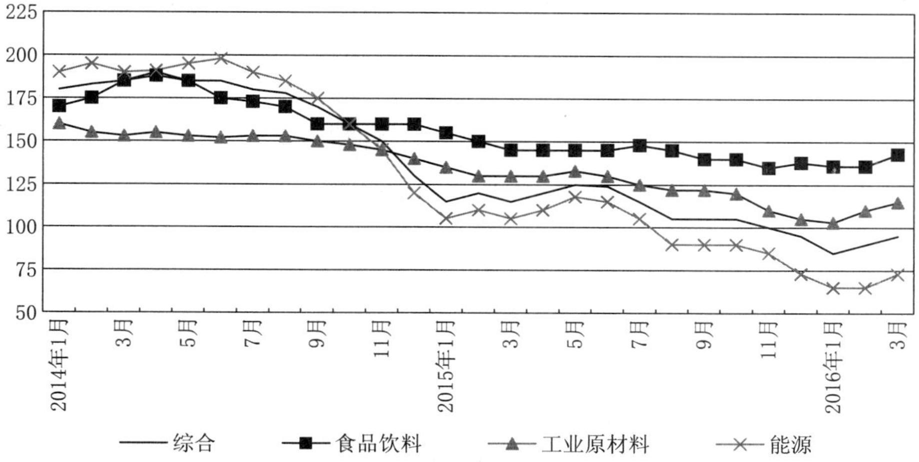

图 2.2　国际大宗商品市场低位震荡

说明：纵轴为国际货币基金组织初级产品价格指数，以美元计较，设定 2005 年的值为 100。
资料来源：国际货币基金组织，初级产品价格指数，2016 年 4 月。

2016 年，国际大宗商品市场需求温和回暖，总体价格经历了由快速上升到回落走稳的过程，供方博弈仍在继续，突发事件、资金流动等因素成为引发市场震荡的主要力量，商品价格总体水平在区间波动中呈现出温和回升的局面。截至 2016 年 9 月末，IMF 编制的初级产品价格指数比 2015 年末上涨 12.6%(图 2.3)。路透商品研究

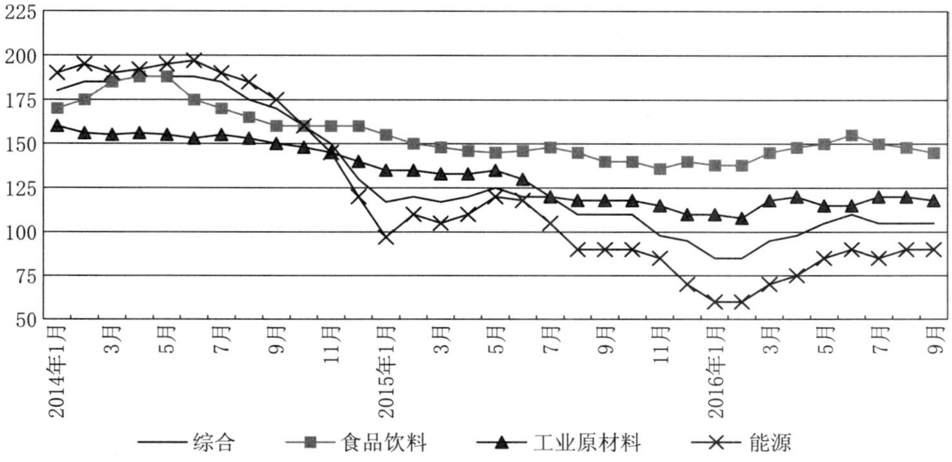

图 2.3　国际市场大宗商品价格温和回升

说明：纵轴为国际货币基金组织初级产品价格指数，以美元计较，设定 2005 年的值为 100。
资料来源：国际货币基金组织，初级产品价格指数，2016 年 10 月。

局指数(RJ/CRB)和标普高盛商品指数(GSCI)分别上涨 3.9%和 4.7%,道琼斯商品期货指数(DJAIG)和现货指数分别上涨 7.8%和 17.6%。这也反映出,在全球经济趋稳的同时,一些风险因素持续存在,没有得到根本解决。展望 2017 年,世界经济贸易形势依然严峻复杂,不确定性因素增多,商品市场价格将延续在震荡中缓慢抬升的态势。

(四) 各国保护主义卷土重来严重阻碍全球贸易自由化进程

多哈回合谈判历时 15 年之久,成果寥寥,严重损害了多边贸易组织的权威和公信力。与此同时,贸易限制措施有增无减。根据世界贸易组织的报告,2008 年 10 月以来,世贸组织成员已经出台了 2 557 项贸易限制措施,到 2015 年底,仍然有效的措施还有 1 915 项。从 2015 年 10 月至 2016 年 5 月,20 国集团出台的各项贸易保护主义措施多达 145 项,相当于每周出台 5 项限制举措。频率之快、数量之多,为 2008 年国际金融危机以来所罕见。2016 年发生的英国公投脱欧、特朗普当选美国总统后退出 TPP 等事件表明,内顾倾向的政策取向越来越有市场,支持开放型经济的力量在减弱。美国一直高喊自由贸易,但现在已成为全世界高举贸易保护主义的旗手。根据《全球贸易预警报告》,从 2008 年 11 月至 2015 年 5 月,美国采取的贸易保护措施达到了 636 项,这一数字远远超过了 20 国集团其他成员国,成为限制自由贸易的头号国家。

二、主要地区和国家的货物贸易发展

《2016 世界贸易统计回顾》(*World Trade Statistical Review 2016*)指出,2005 年至 2015 年的 10 年间,亚洲、欧洲和北美洲在 WTO 成员中的货物贸易总量占比达到 88%,发展中经济体的货物出口份额从 2005 年的 33%上升到 2015 年的 42%。发展中经济体之间的货物贸易在其全球贸易中的占比也在过去的 10 年里从 41%上升到 52%。2015 年排名前 10 的货物贸易国在世界贸易总量中的占比达到 52%。来自世界贸易组织 2016 年 9 月的报告显示,2015 年至 2016 年期间,发达经济体和发展中经济体的进出口量呈现不同程度的增幅收窄局面。其中,发展中经济体的出口量和发达经济体的进口量两者增长放缓显著。具体来看,出口方面,2016 年仅中南美洲的增长幅度较 2015 年进一步扩大,北美、欧洲、亚洲和其他地区的增长率均有所下跌;进口方面,中南美洲和其他地区的货物贸易自 2014 年以来已连续 3 年呈现负增长,北美、欧洲和亚洲的增长率均有所下降，且北美地区尤为显著(表 2.2)。

表 2.2　2012—2017 年世界货物贸易量进出口和 GDP 增长情况(年百分比变化)

地　区	增长率/%					
	2012	2013	2014	2015	2016P	2017P
世界商品贸易量	2.2	2.4	2.8	2.7	1.7	1.8～3.1
出口						
发达经济体	1.1	1.7	2.4	2.8	2.1	1.7～2.9
发展中经济体	3.8	3.8	3.1	3.2	1.2	1.9～3.4
北美	4.5	2.8	4.1	0.8	0.7	1.6～2.9
南美及中美	0.9	1.2	−1.8	1.3	4.4	3.1～5.5
欧洲	0.8	1.7	2	3.7	2.8	1.8～3.1
亚洲	2.7	5	4.8	3.1	0.3	1.8～3.2
其他地区[b]	3.9	0.6	−0.1	3.9	2.5	1.5～2.6
进口						
发达经济体	−0.1	−0.2	3.5	4.6	2.6	1.7～2.9
发展中经济体	4.8	5.6	2.9	1.1	0.4	1.8～3.1
北美	3.2	1.2	4.7	6.5	1.9	1.9～3.1
南美及中美	0.7	3.6	−2.2	−5.8	−8.3	2.2～3.7
欧洲	−1.8	−0.3	3.2	4.3	3.7	1.8～3.1
亚洲	3.7	4.8	3.3	1.8	1.6	2.0～3.3
其他地区[b]	9.9	3.5	−0.5	−6	−2.8	0.6～1.0
在市场汇率的真是 GDP	2.3	2.2	2.5	2.4	2.2	2.5
发达经济体	1.1	1	1.7	1.9	1.5	1.7
发展中经济体	4.7	4.5	4.2	3.4	3.4	4.1
北美	2.3	1.5	2.4	2.3	1.6	2.3
南美及中美	2.9	3.4	1	−1	−1.6	1.4
欧洲	−0.2	0.5	1.5	1.9	1.7	1.5
亚洲	4.4	4.3	4	4	3.9	3.9
其他地区[b]	3.9	2.6	2.6	0.9	1.4	2.6

说明：(a)2016 年和 2017 年为预测值；(b)其他地区包括非洲，独联体国家和中东地区；(c) P 表示为预估值。

资料来源：贸易数据来自 WTO 秘书处，GDP 数据为普遍估算。

（一）欧盟向中美等国出口不同程度下降，贵金属及制品出口增幅尤为显著

据欧盟统计局统计，2015 年，欧盟 27 国货物进出口额为 39 151.9 亿美元，比上年同期（下同）减少 13.4%。其中，出口 19 964.8 亿美元，下降 12.1%；进口 19 187.1 亿美元，减少 14.7%。贸易顺差 777.7 亿美元，增长 263.8%。2016 年 1—9 月，欧盟 27 国货物进出口额为 28 511.4 亿美元，比上年同期（下同）减少 3.0%。其中，出口 14 355.4亿美元，下降 3.6%；进口 14 156.0 亿美元，减少 2.4%。贸易顺差 199.4 亿美元，减少 49.3%。分国别（地区）看，2016 年 1—9 月欧盟对美国、中国、瑞士、土耳其和俄罗斯的出口额分别为 2 981.1 亿美元、1 362.2 亿美元、1 127.8 亿美元、636.5 亿美元和 584.1 亿美元，分别减少 2.8%、2.8%、7.5%、3.5%和 3.2%；自中国、美国、瑞士、俄罗斯和日本的进口额分别为 2 815.9 亿美元、2 051.8 亿美元、1 054.1 亿美元、862.2 亿美元和 552.2 亿美元，分别为减少 2.0%、增长 0.2%、增长 25.0%、减少 18.0%和增长 11.3%。

机电产品、运输设备和化工产品是欧盟 27 国的主要出口产品，2016 年 1—9 月出口额分别占欧盟出口总额的 25.7%、16.7%和 16.2%，为 3 693.5 亿美元、2 390.7 亿美元和 2 325.6 亿美元，分别减少 1.9%、2.1%和 0.9%。其中，贵金属及制品的出口额降幅较大，下降 33.8%。机电产品、矿产品和化工产品是欧盟进口的前三大类商品，2016 年 1—9 月进口额分别为 3 396.0 亿美元、2 242.6 亿美元和 1 386.2 亿美元，分别为增长 0.2%、减少 26.2%和增长 0.3%。另外，贵金属及制品的进口额增幅较多，增长 70.6%。

（二）美国自中国的进口保持稳步增长，轻工类产品市场占有率较高

据美国商务部统计，2015 年美国货物进出口额为 37 462.6 亿美元，比上年下降 5.6%。其中，出口 15 046.0 亿美元，下降 7.2%；进口 22 416.6 亿美元，下降 4.5%。贸易逆差 7 370.7 亿美元，增长 1.4%。2016 年美国货物进出口额为 36 429.0 亿美元，比上年下降 2.9%。其中，出口 14 537.2 亿美元，下降 3.3%；进口 21 891.8 亿美元，下降 2.6%。贸易逆差 7 354.6 亿美元，下降 1.4%。2016 年美国对加拿大、墨西哥、中国和日本的出口额分别为 2 659.6 亿美元、2 309.6 亿美元、1 157.8 亿美元和 632.6 亿美

元，增长率分别为－5.2%、－2.0%、－0.3%和1.3%；自中国、墨西哥、加拿大和日本的进口额分别为4 628.1亿美元、2 941.5亿美元、2 780.7亿美元和1 322.0亿美元，增长率分别为－4.2%、－0.8%、－6.1%和0.6%。截止到2016年12月，中国仍然是美国第一大贸易伙伴、第三大出口市场和第一大进口来源地。

美国自中国的进口商品以机电产品为主，2016年进口额2 264.2亿美元，占美国自中国进口总额的48.9%，下降4.6%。其中，电机和电气产品进口1 290.1亿美元，下降3.1%；机械设备进口974.1亿美元，下降6.5%。家具玩具、纺织品及原料和贱金属及制品分别居美国自中国进口商品的第2、第3和第4位，2016年进口额561.9亿美元、395.0亿美元和232.6亿美元，占美国自中国进口总额的12.1%、8.5%和5.0%，增长率1.0%、－7.3%和－6.9%。中国的家具玩具、鞋靴伞等轻工产品和皮革制品箱包占美国进口市场的59.3%、60.2%和55.0%，具有绝对竞争优势，中国的竞争者主要来自墨西哥、越南和意大利等国家。中国同时也是美国机电产品、纺织品及原料、贱金属及制品和塑料橡胶的首位来源国，具有较强的竞争优势。

（三） 日本对英国出口呈现大幅增长，机电矿产类商品进口均出现下滑

据日本海关统计，2015年日本货物进出口12 736.4亿美元，较上年下降15.3%。其中，出口6 250.4亿美元，下降9.5%；进口6 486.0亿美元，下降20.2%。贸易逆差235.6亿美元，下降80.7%。2016年日本货物进出口额为12 521.4亿美元，比上年下降1.6%。其中，出口6 450.9亿美元，增长3.2%；进口6 070.5亿美元，下降6.3%。贸易顺差380.3亿美元，下降264.0%。2016年美国、中国和韩国是日本前三大出口贸易伙伴，日本对三国出口额分别为1 301.1亿美元、1 138.9亿美元和462.5亿美元，增长3.4%、4.3%和5.0%，占日本出口总额的20.2%、17.7%和7.2%。2016年日本对英国出口出现27.3%的大幅增长。日本进口排名靠前的国家依次是中国、美国和澳大利亚，2016年日本自三国进口1 566.1亿美元、673.4亿美元和304.1亿美元，占日本进口总额的25.8%、11.1%和5.0%，其中，来自中国和澳大利亚的进口下降了2.5%和12.7%，来自美国的进口则增长了1.1%。

日本的主要出口商品为机电产品、运输设备和贱金属及制品，2016年出口额为2 222.7亿美元、1 610.4亿美元和489.8亿美元，机电产品、运输设备增长4.2%、6.3%，贱金属及制品下降8.4%，占日本出口总额的34.5%、25.0%和7.6%。机电产

品、矿产品和化工产品是日本的前三大类进口商品，2016 年进口额为 1 493.4 亿美元、1 294.6 亿美元和 572.9 亿美元，机电产品、矿产品下降 0.3%、25.1%，化工产品增长 2.5%，占日本进口总额的 24.6%、21.3%和 9.4%。

（四）中东地区等贸易商品范围受限，非洲出口收入美元值下跌显著

全球贸易中，中东地区，中南美洲和独联体国家的交易情况仍然在很大程度上局限于农产品、能源和其他商品，所以这些地区的贸易流很容易受到国际市场价格波动的影响。2015 年，前述地区出口总额分别为 8 410 亿美元，5 400 亿美元和 5 000 亿美元。与 2014 年相比，分别下降了 35%，21%和 32%。以美元计算，2015 年非洲的出口经历了 30%的大幅下降。占该地区出口约 40%的撒哈拉以南地区石油出口国，如赤道几内亚、刚果，明显受到油价 60%跌幅的影响。以美元计算的尼日利亚出口收入下降近 50%。这一疲软的现象也是由各种其他因素所共同造成的，包括北非和国内的缓慢增长和政治动荡。

南非的贸易增长与该地区的平均水平相比较好些，其出口值的下降幅度较小。据南非国税局统计，2016 年南非货物进出口额为 1 518 亿美元，比上年（下同）下降 9.3%。其中，出口 766.9 亿美元，下降 6.1%；进口 751.1 亿美元，下降 12.4%。贸易顺差 15.8 亿美元。从商品看，矿产品、贵金属及制品和运输设备是南非的主要出口商品，2016 年出口额为 154.8 亿美元、140.6 亿美元和 101.9 亿美元，三类产品占南非出口总额的 20.2%、18.3%和 13.3%。进口方面，机电产品、矿产品和化工产品是南非的前三大类进口商品，2016 年进口 183.8 亿美元、105.1 亿美元和 78.1 亿美元，分别占南非进口总额的 24.5%、14%和 10.4%。

（五）中国对外贸易市场多元化显著，民营企业发展迅猛挑起出口大梁

2015 年，欧盟、美国、东盟为中国前三大贸易伙伴，双边贸易额分别为 5 647.5 亿美元、5 582.8 亿美元和 4 721.6 亿美元。其中，中国内地对美国出口增长 3.4%，对欧盟、日本、中国香港出口分别下降 4.0%、9.2%和 8.9%。中国对部分新兴经济体出口增长较快，其中对印度、泰国、越南出口分别增长 7.4%、11.6%和 3.9%（图 2.4）。

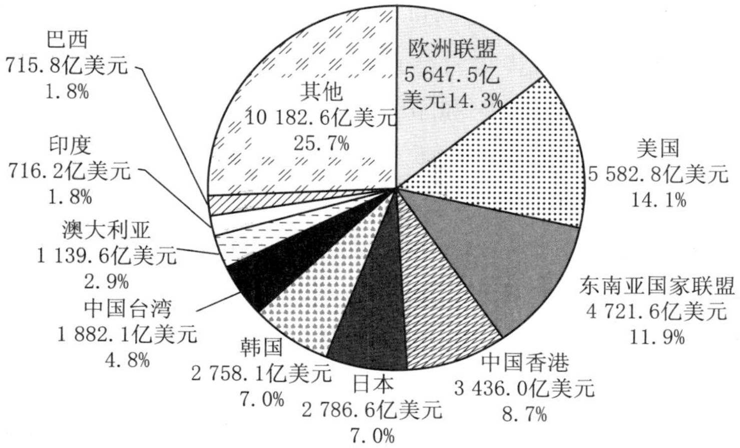

图 2.4　2015 年中国大陆与前十大贸易伙伴贸易额及占比

资料来源：商务部综合司。

据海关统计数据显示，2016 年，我国货物贸易进出口总值 24.33 万亿元人民币，比 2015 年(下同)下降 0.9%。其中，出口 13.84 万亿元，下降 2%；进口 10.49 万亿元，增长 0.6%；贸易顺差 3.35 万亿元，收窄 9.1%。2016 年，我国进出口呈现前低后高、逐季回稳向好态势。其中，第一季度，我国进出口、出口和进口值分别下降 8.2%、7.9%和 8.6%；第二季度，进出口、出口、进口值分别下降 1.1%、0.8%和 1.5%；第三季度，进出口和进口值分别增长 0.8%和 2.3%，出口值下降 0.3%；第四季度，进出口、出口、进口值分别增长 3.8%、0.3%和 8.7%(图 2.5)。

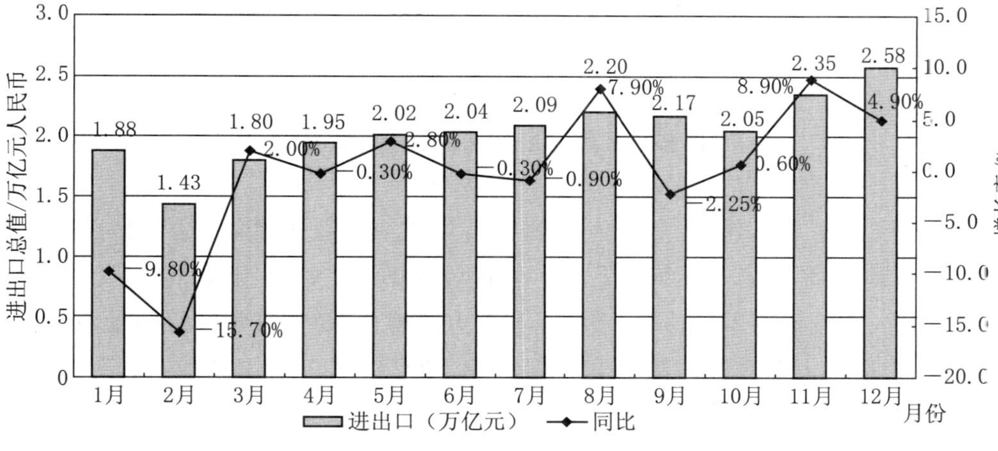

图 2.5　2016 年 1—12 月中国货物贸易进出口情况

资料来源：中国海关统计。

具体来看,2016 年我国一般贸易进出口 13.39 万亿元,增长 0.9%,占我国进出口总值的 55%,比 2015 年提升 1 个百分点,贸易方式结构有所优化。2016 年,我国对巴基斯坦、俄罗斯、波兰、孟加拉国和印度等"一带一路"沿线国家出口显著增长,分别增长 11%、14.1%、11.8%、9%和 6.5%。同期,我国对欧盟出口增长 1.2%、对美国出口微增 0.1%、对东盟出口下降 2%,三者合计占我国出口总值的 46.7%。产品方面,2016 年,我国机电产品出口 7.98 万亿元,下降 1.9%,占我国出口总值的 57.7%。同期,传统劳动密集型产品合计出口 2.88 万亿元,下降 1.7%,占出口总值的 20.8%。其中,纺织品、玩具和塑料制品出口增长,依然保持良好的竞争优势。铁矿石、原油、铜等大宗商品进口量保持增长,主要进口商品价格仍处于低位但跌幅收窄。2016 年,我国进口铁矿石 10.24 亿吨,增长 7.5%;原油 3.81 亿吨,增长 13.6%;煤 2.56 亿吨,增长 25.2%;钢材 1 321 万吨,增长 3.4%;铜 495 万吨,增长 2.9%;成品油 2 784 万吨,下降 6.5%。同期,我国进口价格总体下跌 2.1%。其中,铁矿石进口均价同比下跌0.5%,原油下跌 18.6%,成品油下跌 10.8%,煤下跌 0.1%,铜下跌 6%,钢材下跌 5.5%,跌幅较上半年、前三季度收窄。

民营企业经营机制灵活,适应环境能力强,在严峻复杂的形势下仍实现了出口正增长,在中国外贸中的地位和作用进一步提升。2015 年中国民营企业出口 1.03 万亿美元,同比增长 1.8%,比 2014 年提高 2.1 个百分点,占出口总额的比重为 45.2%,占比第一次超过外资企业。外资企业出口 1 万亿美元,同比下降 6.5%,占出口总额的比重为 44.2%。国有企业出口 2 424 亿美元,同比下降 5.5%,占出口总额的比重为 10.6%。2016 年,我国民营企业进出口 9.28 万亿元,增长 2.2%,占我国外贸总值的 38.1%。其中,出口 6.35 万亿元,下降 0.2%,占出口总值的 45.9%,继续保持出口份额居首的地位;进口增长 8.1%。

三、主要商品贸易及市场发展动态

自 2014 年下半年开始,全球大宗商品市场进入下跌周期,商品价格逐月下跌。进入 2015 年,商品市场上半年与下半年表现截然不同。2015 年上半年,美国经济数据表现良好、市场预期乐观,同时俄罗斯与西方对峙、伊朗核谈判进程前景不明、中东地区恐怖主义势力上升等地缘冲突事件频发,商品市场多次震荡上行,1—6 月国际货币基金组织综合指数一度扭转 2014 年的持续下跌态势,回升 7%。然而由于世界经济复苏缓慢、国际市场需求疲软、商品产能过剩突出等基本面因素没有改变,大宗商品市场价格下跌的大势难有根本性改观。在经历上半年的温和走强后,第 3 季度开始大宗商品价格再度普遍下跌，进入第 4 季度，能源、金属、工业原材料、粮农产品等品种呈全面加速下跌之势，7—12 月，国际货币基金组织综合指数下跌 21%。

2016 年开年之初，大宗商品市场延续 2015 年价格下滑走势，但自 1 月下旬开始，在美元加息预期减弱、市场流动性充裕、部分商品进入补库存周期等因素共同作用下，商品价格从低谷快速回升，且呈普涨之势。1—3 月份，IMF 编制的初级产品价格指数上涨 11.2%，其中，石油领衔的能源类产品涨幅最大，达 18.3%；其次为金属类产品，上涨 11.8%；食品饮料类和工业用农产品分别上涨 3.5%和 7.2%。第 2 季度是北半球传统生产旺季和能源需求高峰，世界石油需求日增量达 140 万桶，油价进一步得到强有力支撑。6 月初纽约原油期货价格突破了 50 美元/桶关口。IMF 能源类价格指数第 2 季度涨幅达 23.3%，带动初级产品价格综合指数上涨 14.2%。石油市场的强劲表现，在一定程度上掩盖了大宗商品市场的整体弱势。与此同时，工业原材料价格指数与一季度末相比已有微弱下滑，其中金属类价格指数更回落 2.1%。进入第 3 季度，供需再度趋于平衡。一方面，以能源资源出口国为代表的部分新兴市场和发展中国家经济有回暖迹象，需求有所好转；另一方面，供应方或为抓住时机守住市场份额、或因对未来形势过于乐观，一些停滞的产能重又投入生产。同时，美联储一再推迟加息时间，欧元区、日本等经济体延续宽松政策，商品市场的资金流出压力大为缓解。多种因素作用下，大宗商品价格有所回稳。9 月份，IMF 综合价格指数比 6 月份回落 3%，其中食品饮料和能源类商品价格指数分别回落 7.6%和 2.8%，工业原材料则上升 3%。

（一） 多方因素影响导致粮价持续下跌，农产品受拖累表现相对弱势

近年来，全球天气状况总体良好，连续多年粮食收成较好，库存水平居高不下。油价走低大大降低了农业生产成本，也抑制了市场对生物燃料的需求。这些因素导致了 2015 年农产品价格下跌较多(图 2.6)。

2016 年以来，受粮价拖累，农产品成为表现相对弱势的大宗商品。2016 年前三季度，联合国粮农组织（FAO）编制的食品价格指数上涨 14.5%，其中糖、油、奶、肉类产品价格指数分别上涨 52.9%、23.7%、21.3%、12.6%，粮食价格指数下跌 5.5%(图 2.7)。粮价同时受到供应、需求、成本等多方面因素打压。供给方面，世界粮食生产连续丰产丰收，全球粮食库存水平居高不下。需求方面，油价偏低使得石油竞争优势提升，生物燃料生产受到影响，粮农产品的能源需求大大收缩；同时，大宗商品价格持续低迷，严重削弱了能源资源出口依赖型发展中国家的粮食购买力。成本方面，低

能源价格和技术进步降低了农业生产成本。多重因素影响下，粮食成为农产品中唯一价格下跌的商品类别。

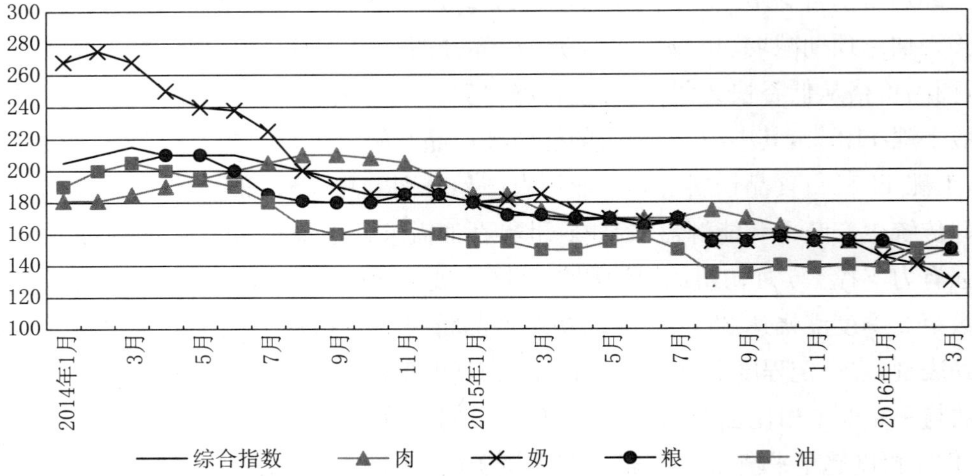

图 2.6　主要农产品价格持续下跌

说明：纵轴为联合国粮农组织食品价格指数，设定 2002—2004 年的平均价格指数为基准值 100。
资料来源：联合国粮农组织食品价格指数，2016 年 4 月。

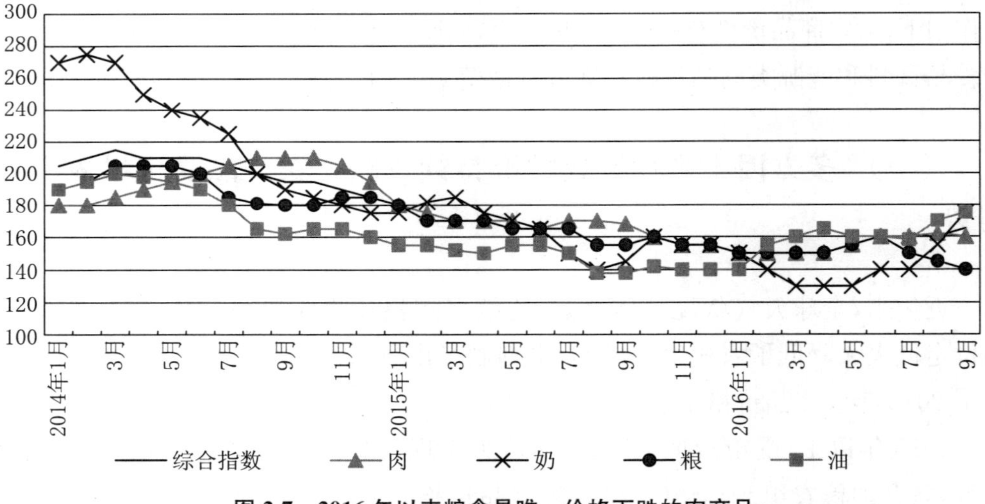

图 2.7　2016 年以来粮食是唯一价格下跌的农产品

说明：纵轴为联合国粮农组织食品价格指数，设定 2002—2004 年的平均价格指数为基准值 100。
资料来源：FAO 食品价格指数，2016 年 10 月。

展望后市，2016 年全年粮食收成预期乐观。厄尔尼诺现象对粮食生产的影响有限，FAO 多次调高粮食产量预估。10 月的报告预计，2016 年世界谷物产量将增产 1.5%至 25.69 亿吨，再次刷新历史纪录。其中，小麦主产地美国、欧盟、俄罗斯、印度等均收成良好，预计世界总产量将再创新高，达到 7.42 亿吨；稻米产量也将达到创纪录的 4.98 亿吨；美国玉米产量有望刷新历史最高纪录，拉动世界粗粮总产量，比 2015 年回升 1.8%，至 13.29 亿吨。FAO 预计，2016 到 2017 年度全球粮食消耗将增长 1.6%，大致与产量增长同步。然而，受制于前些年累计的高库存影响，粮价仍将比其他大宗商品承受更多压力。

（二）国际石油市场需求低迷供应过剩，有色金属价格呈现震荡上行

近两年全球石油需求增长依然低迷，国际原油市场一直面临供应过剩的压力。持续低价打压了投资热情，2015 年，以美国为首的非 OPEC 产油国产能大幅收缩。进入 2016 年后，产能削减基本已到极限，下半年更随油价回升而开始反弹。据国际能源署（IEA）统计，2016 年 8 月非 OPEC 国家合计日产量比 2015 年同期仅减少 30 万桶（图 2.8）。此外，由于需求依然没有大的起色，美国经济好转对原油需求的拉动力有限，经合组织（OECD）国家的石油总库存在 2016 年 7 月创下历史新高。新兴经济体的经济增长和商品需求也不尽如人意。IEA 预计，2016 年世界石油需求日增量为 130 万桶，2017 年将进一步放缓至 120 万桶。未来一段时间，世界石油供需平衡格局有望改善。一方面，目前较高的库存水平将抑制油价的上涨空间；另一方面，一旦需求有所回暖，供应方很可能有相应的增产行动，这是制约油价上涨的最主要因素。

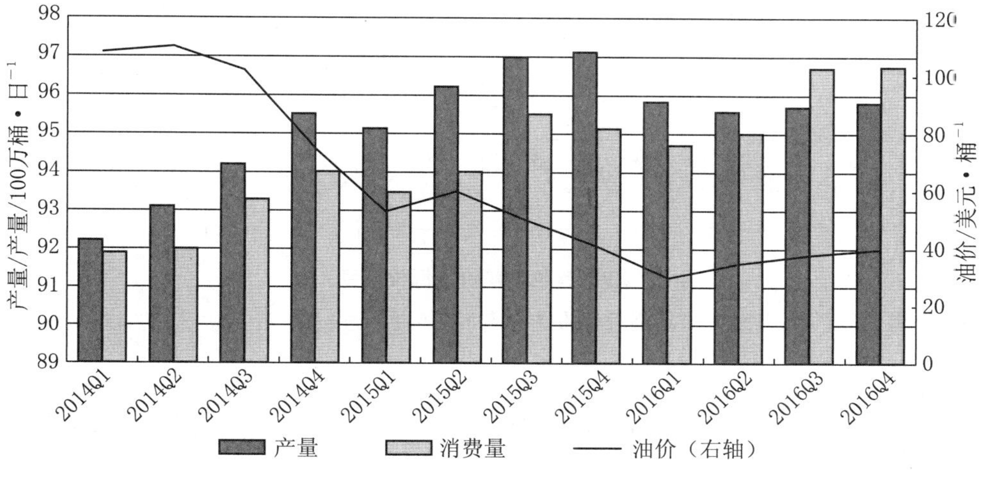

图 2.8 世界石油市场供应过剩

资料来源：产量与消费量数据来自：国际能源署，石油市场报告，2016 年 3 月；价格数据来自：国际货币基金组织，大宗商品价格预测，2016 年 3 月。

2015 年，有色金属市场大幅震荡，伦敦金属交易所多个品种跌至危机后新低。在持续低价压力下，大型矿商纷纷开始减产，同时一些主要经济体实行以基建投资拉动增长的刺激政策，加之宽松资金的推动，能源原材料需求得到提振，有色金属供应过剩局面有所缓解，一些品种甚至出现短缺。2016 年以来，有色金属价格普遍上涨，部分品种价格大幅飙升，成为除能源外涨势最为明显的大类品种。其中，以嘉能可为主的矿业巨头陆续关闭锌矿，2016 年以来关闭的锌精矿产能总计占世界产量的 10%左右，推动锌库存持续下滑，预计全年将由过剩转为出现 35 万吨左右的供应缺口，使得锌成为 2016 年以来涨幅最大的有色金属和大宗商品；锡主产国印尼在限制出口的政策影响下，供应大幅下滑，致使伦敦金属交易所(LME)的锡库存降至近 8 年来低点，价格涨幅居前；相比之下，铜作为一向活跃的指标性金属，因其精矿供应充足，库存水平相对稳定，供求基本平衡，价格表现反而相对平淡。前三季度，LME 铜、铝、铅、锌、镍和锡的价格涨幅分别达到 2.4%、9.7%、13%、47.1%、21.5%和 37.7%(图 2.9)。2016 年年内，有色金属价格维持上涨行情，但在世界经济总体形势不明朗、需求转旺的趋势未能确立的情况下，出现持续大幅上涨的可能性较小，总体表现为震荡上行。

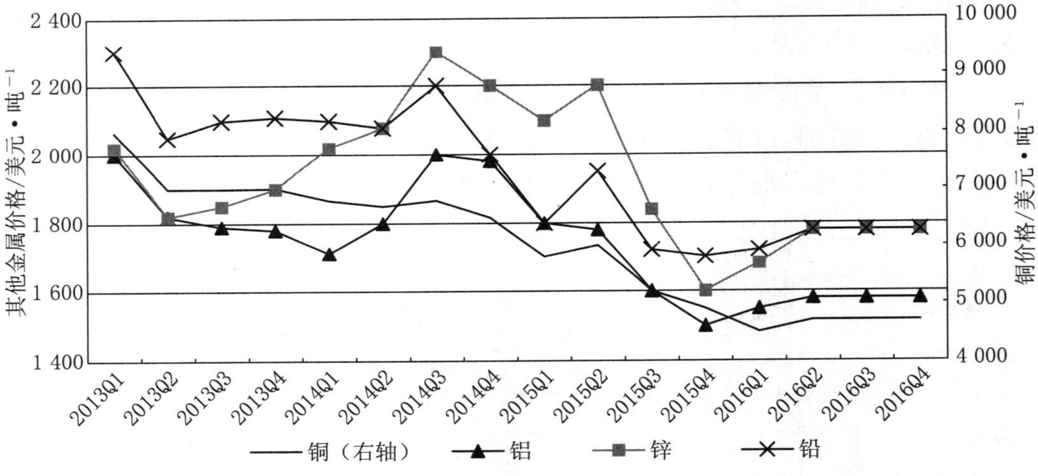

图 2.9　有色金属价格低位企稳

资料来源：国际货币基金组织，大宗商品价格预测，2016 年 3 月。

（三）钢铁行业普遍面临产能过剩，基建投资扩大带动机械设备市场复苏

2015 年，全球钢材市场需求低迷，各地区、各品种钢材价格均呈持续大幅下跌之

势。国际钢价指数显示，全年全球钢材价格平均下跌27.1%，其中扁平材和长材分别下跌25.4%和28.5%，北美、亚洲、欧洲分别下跌34.3%、28.9%和19%。2016年一季度，受美国经济增长总体稳定、中国房地产去库存导致需求预期改善、全球流动性再度泛滥等因素叠加影响，国际钢铁市场出现一波较大的反弹行情。但这种基于局部政策干预形成的预期和由投机资金主导的反弹缺乏坚实的支撑，上升走势难以持久。从当前宏观环境看，全球经济并没有明显改善，结构调整仍在进行，市场需求持续低迷，潜在风险依然突出，钢铁行业过剩的产能和高企的库存仍有待进一步消化。

近年来随着全球经济放缓，钢铁产能过剩问题突出，钢价持续下跌。在市场压力下，减产和收缩投资已成为钢厂的共同选择，据国际钢铁协会统计，2015年全球钢铁企业的产能利用率呈逐月下降趋势，至年末已降至不足65%(图2.10)。同时，内需不足导致出口激增，国际市场竞争白热化，引发贸易限制措施前所未有地增多。例如，美国先后对澳大利亚、巴西、中国、印度、日本、荷兰、俄罗斯、韩国、土耳其、英国等发起了钢材的反倾销或反补贴调查。中国是全球第一产钢大国，既面临削减产能的压力，也是国外贸易限制措施的主要目标，对中国钢铁产品开展贸易救济调查的不仅有欧盟、美国、加拿大、澳大利亚等发达国家，也有巴西、哥伦比亚、多米尼加等发展中国家，涉及板材、线材、管材等各种高中低端钢铁产品。产能过剩是全球钢铁行业共同面临的问题，需要协同应对，通过对话和磋商妥善解决国际市场竞争冲突，创造公平、公正、可预期的市场环境，来保障货物贸易和产业合作顺利开展，促进全球钢铁业持续健康发展。

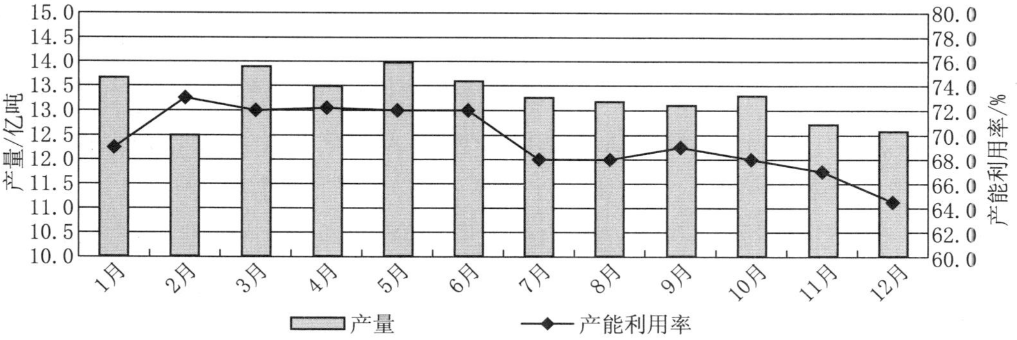

图2.10 2015年全球钢铁业压缩产量和产能

资料来源：国际钢铁协会，2016年3月。

随着全球范围内钢铁生产收缩，钢铁主要原材料铁矿石市场也随之进入了一个增长放缓、价格走低、矿业公司利润率受到挤压的阶段(图2.11)。据澳大利亚发布的数据，2015年全球铁矿石贸易量同比仅增长1.8%，增速为21世纪以来最低。另据联合国贸发会议报告，2015年世界粗钢产量估计为17.63亿吨，比2014年减少2.9%，而铁矿石产量为 19.48 亿吨，下降了 6%。在持续低价压力下，一些竞争力不足的矿山陆续停产，几大主要矿山也在调整投资和生产计划，全球铁矿石产能扩张的幅度在缩小，预计 2016 年新增产能将比 2015 年减少 1/3。然而，需求低迷的状况短期难有实质性好转，未来几年铁矿石市场都将存在实际或潜在的供应过剩，即使钢材市场回暖，也难以刺激铁矿石价格回升到之前的高水平。

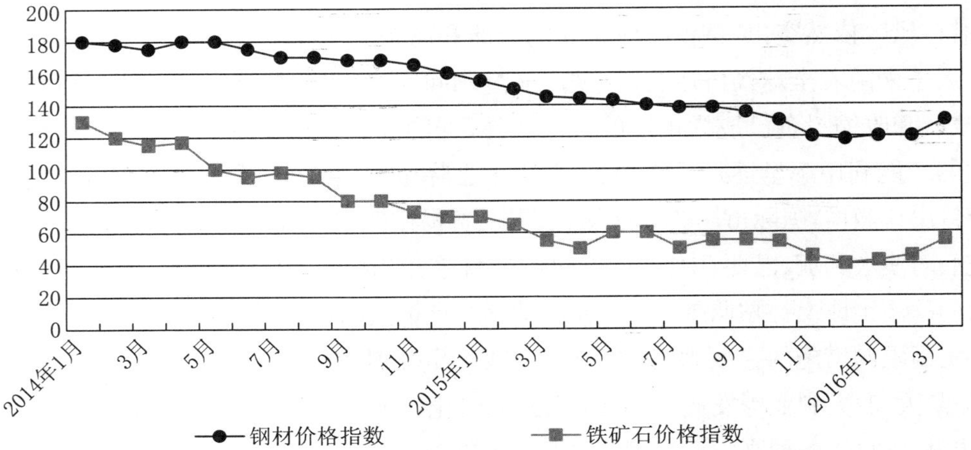

图 2.11　铁矿石价格与钢材价格同步变化

资料来源：铁矿石价格指数数据来自国际货币基金组织，中国进口，天津港到岸价；钢材价格指数数据来自：我的钢铁网，全球综合指数。

2016 年 5 月，钢材价格和粗钢产量均达到年内高点，“我的钢铁”网编制的钢材价格综合指数比年初大幅上涨 30%，世界粗钢月度产量比 1 月增长 10%。然而，实际需求并未如预期乐观，钢材市场从三季度开始进入调整分化阶段，价格回落盘整(图 2.12)。9 月钢材价格综合指数比 5 月高点下跌 4%，同比增幅收窄至 15%。全球钢铁企业在产能过剩以及钢铁价格疲弱的重压下负债沉重，经营困难，一方面试图通过并购、出售不动产等经营活动改善财务状况，另一方面在难以达成削减产能共识的情况下，贸易保护大战日趋白热化，钢铁生产大国之间的贸易摩擦成为常态。在世界经济和钢铁需求没有根本性改善的背景下，钢铁价格回升难以持久，结构调整将成为全球钢铁行业需要长期共同面对解决的问题。不同地区分化形势将更加明显，亚洲市场主要受部分国家经济结构调整影响，可能震荡走弱；欧洲、北美的调整将先行开始并先行结束，后市表现将相对好于亚洲市场。世界钢铁协会 2016 年 10 月 11 日发布预测称，2017 年全球钢材需求将较 2015 年增长 0.5%，达到 15.9 亿吨，为时隔三年首次实现正增长。

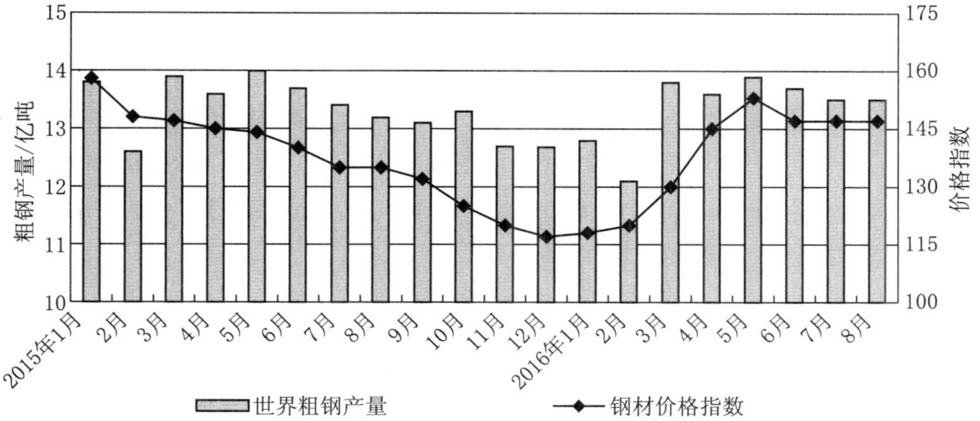

图 2.12 2016 年以来全球钢产量与价格双双走高

资料来源：粗钢产量数据来自：国际钢铁协会，2016 年 9 月；钢材价格指数数据来自：我的钢铁网，全球综合指数，2016 年 10 月。

世界经济低速增长、国际贸易和跨国投资活动萎缩，机电产品市场总体需求依然低迷，国际竞争日趋激烈。但随着经济筑底，需求开始局部回暖，不同行业表现分化。受各经济体普遍推行刺激政策影响，水利、电力、通信、交通、物流等领域基础设施建设投资有所扩大，带动工程机械、包装机械、电力设备、农业机械等市场温和好转。德国机械和设备制造业协会数据显示，尽管受到中国等新兴市场疲软的不利影响，但由于美国和欧盟市场需求旺盛，2015 年德国机械设备出口额比 2014 年增长 2.6%。其中，对美国出口增长 11.2%，对欧盟其他成员国出口增长 6.7%。美国设备融资租赁协会最新发布的季度报告表示，考虑到全球经济疲弱和商品价格低迷可能削弱投资信心，将 2016 年美国机械设备投资额增速预测下调 1.7 个百分点至 2.7%，比 2015 年增速低 1.1 个百分点，新一轮投资将更多倾向于智能化、数字化等高科技设备、机电一体化设备及解决方案等。

（四） 电子类产品出货量显著下滑，各地汽车市场发展冷热不同

来自市场研究公司 Gartner 的数据显示，2015 年全球 IT 支出比 2014 年减少 5.8%，是有记录以来下降幅度最大的一年。持续低迷的经济对消费类电子产品市场的抑制作用日益显现。2016 年以来，电脑、平板电脑、手机等几乎所有移动终端的出货量都呈现下滑趋势。据市场研究公司 Gartner 预计，2016 年全年，因消费意愿不强、换机周期拉长以及市场发展方向不明确，个人电脑出货量将萎缩 8%；手机出货量预计减少1.6%，其中智能手机仍保持增长，但因市场逐渐成熟，增长速度将大大低于

往年。据该公司进一步预测，2019 年前市场规模不会超过 2014 年水平。其中，设备市场(PC、便携 PC、手机、平板电脑和打印机等)预计将萎缩 1.9%，数据中心系统将增长 3%，软件将增长 5.3%。受 PC 萎缩、智能手机增长见顶的影响，2015 年半导体行业也陷入了增长乏力的困局。车用电子有望成为下一个半导体应用市场的增长点，在车载娱乐系统、先进驾驶辅助系统、动力系统、车身及车间网络、卫星导航等领域，半导体都将发挥越来越重要的作用。

2015 年全球汽车市场增长继续减速，全年轻型车销量同比增长 2.2%，增速为 2009 年以来最低。各地区市场延续分化态势，欧美市场仍是主要增长动力，受低油价、低利率以及消费者信心增强等因素推动，2015 年美国轻型车新车销售 1 747 万辆，创历史新高，同比增长 5.7%；欧洲地区销量增长 3.5%至 1 880 万辆。中国等亚洲市场共售出 3 860 万辆汽车，同比增长 3.7%，比之前几年的高速增长大为放缓，且前景堪忧。巴西、俄罗斯等其他新兴经济体市场兼具规模和潜力，曾被汽车工业寄予厚望，但受经济萎缩影响，汽车需求不断下滑，巴西、俄罗斯的轻型车销量同比分别下降 26.6%和 35.7%(图 2.13)。今后一两年，虽然整车市场放缓，但上游零部件市场、下游"汽车后市场"依然有较大发展空间，行业将呈现纵向扩张(原材料供应商向下游扩张)、横向联合(企业间兼并整合加速)、跨领域融合(智能汽车、环保汽车、汽车电子、汽车化工、汽车内饰领域等相互融合)的趋势。

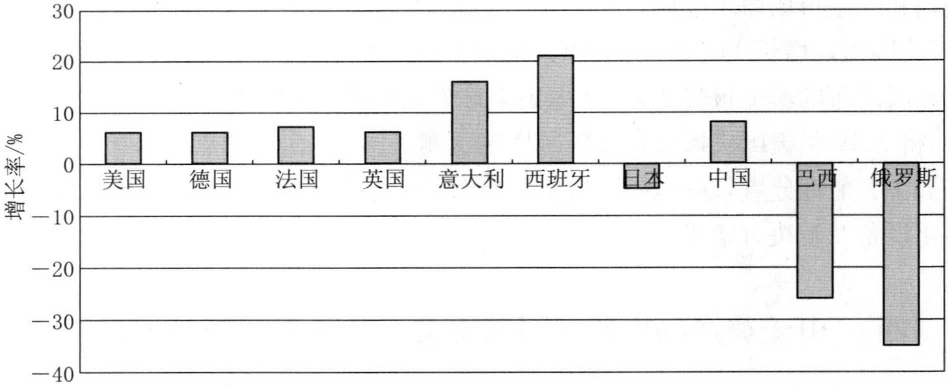

图 2.13　世界汽车市场冷暖不一

资料来源：盖世汽车网。

2016 年，全球汽车市场普遍回暖，中国及欧洲主要国家增长势头好于 2015 年，日本汽车市场止跌回升，巴西、俄罗斯汽车销量虽依然下降，但降幅大大收窄，印度汽车销售增势强劲，2016 年 1—8 月增速约为 15%～20%；但美国汽车销售平淡，显示出消费增长势头不如预期。另据 Jato Dynamics 公布的数据显示，2016 年全球 52 个市场汽车销量达 8 424 万辆，同比攀升 5.6%。中国、印度以及欧洲市场的销量增长拉动了全球销量实现增长（图 2.14）。前十大单一市场中，九国车市均取得了上涨，巴西因政治经济环境动荡不稳，2016 年汽车销量下跌超 2 成。中国市场遥遥领先其他国家车市，千万辆级别汽车市场还是只有中美两家。

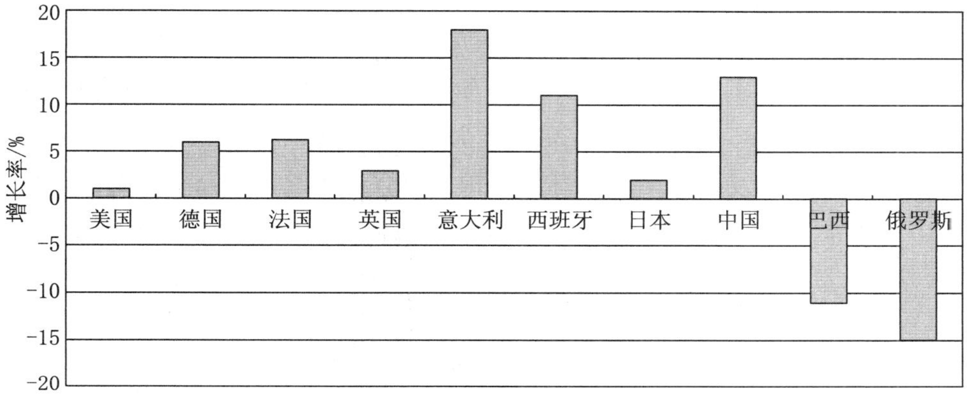

图 2.14　2016 年 1—8 月全球汽车销售市场普遍回暖

资料来源：盖世汽车网、中国汽车工业协会。

四、全球贸易中的贸易保护主义新动向及特征

随着 2008 年美国次贷危机形成的全球金融危机影响日益加深，世界各个国家内部需求疲软，再加上国际市场萎缩的现实，争夺国际、国内市场的双重压力成为各国企业必须要应对的问题。在这种情况下，各个国家都出台了形式多样的贸易保护政策，以保护和扶持国内产业的发展。特别是一些发达国家，实施了形形色色的新的贸易保护措施，逃避世界多边贸易制度的约束。全球贸易保护主义的重新抬头，无疑对经济全球化进程产生了重要的阻碍作用，尤其是影响了金融危机以来全球贸易的复苏和增长。国际货币基金组织于 2016 年 10 月发布《世界经济展望》，其研究发现，2012—2015 年的贸易增长相较于 2003—2007 年经历了更深层的减弱，其中原因之一正是贸易保护主义措施的增加。

（一） 全球经济增速放缓促使贸易保护主义重新抬头

英国智库经济政策研究中心最新发布的《全球贸易预警（GTA）报告》指出，在全

球经济增长乏力的背景下，各国正加速实施“以邻为壑”的贸易保护措施。从以往“一视同仁”向“圈子化”的歧视性保护方向发展。当前，WTO 主导的全球多边贸易谈判受阻，而各种形式的区域贸易协定却如火如荼地发展，充分说明了这种变化趋势。不论原因和动机如何，全球多边贸易体制向区域性的合作机制方向演变的倾向，将意味着贸易保护措施更具歧视性。

2015 年全球实施的贸易限制措施数量为 736 个，较 2014 年增加了 50%，是此期间实施的促进自由贸易措施的 3 倍。2016 年前 4 个月实施了 150 个，而此前每年前 4 个月的这一数值仅为 50～100 个。2008 年全球金融危机之后，发达经济体转向贸易保护主义的态势表现更为显著。全球贸易预警组织经济政策研究中心的统计数据显示，2016 年前 3 个季度，采取贸易救济措施最多的国家分别为美国、德国、法国、英国、意大利等发达经济体。作为全球第一大经济体的美国，从 2008 年到 2016 年对其他国家采取了 600 多项贸易保护措施，仅 2015 年就采取了 90 项，位居各国之首。随着世界经济增长显著放缓，全球范围内的贸易保护主义倾向变得日益严重，贸易保护主义升级势头十分明显。目前，部分国家实施的贸易歧视性措施主要有：政府补贴、贸易救济、进口关税、政府采购本土化、投资保护、出口鼓励、非关税措施等。其中，紧急贸易救助、贸易保护措施、增加进口关税及本地化需求等 4 项政策性措施占到全部歧视性措施的 6 成以上。

（二） 各类隐蔽型限制举措加剧国际贸易投资环境恶化

“隐蔽型”的贸易保护与“公开型”相对，通常，在 WTO 条件下发达资本主义国家的“公开型”贸易保护的手段有两种：一是运用高关税限制进口；二是利用各种各样的非关税壁垒。国内的价格支持就是常见的公开型保护措施之一。国内支持的名目繁多，例如国内补贴、价格管理、出口补贴等等。而“隐蔽型”的贸易保护则以“反倾销壁垒”为代表，还包括“技术壁垒”“绿色壁垒”等。“隐蔽型”的贸易保护的手段包括两类：一是征收高额关税。如加征高额反倾销税、反补贴税；二是禁止进口甚至就地销毁，这主要是不符合国家的检验检疫标准、环保标准等而采取的措施。

由于全球金融危机的持续影响，一些国家为防止本国实施贸易保护政策后引起其他国家实施反制措施，造成经济进一步恶化，在实施贸易保护措施时，一些国家越来越注重表达形式的软化和隐蔽，如进口商品提高标准、加大本国行业的补贴力度、利用区域性经济一体化集团实施新贸易保护，鼓励当地消费者购买本国产品，鼓励本国制造业在本国投资等。或是采取由传统关税和非关税壁垒转向知识产权等其他隐蔽措施，如中美贸易中曾经多次发生的知识产权之争，中国企业和公司屡遭美国贸易法“特别301条款”和“337条款”调查，即为典型实例。根据美国公司强制性游说披露报告，自从2009年开始，游说在贸易问题中的角色越来越重要，从而成为贸易保护措施的一种新形式。与此同时，贸易保护的对象也从商品市场向就业和金融市场扩展。国际劳工组织评估2009年底全球就业情况的数据显示，金融危机爆发后已导致全球新增失业2 000万人，一些国家从新兴市场抽离资本以保护本国的银行应对危机，并通过劳动和就业的一系列不平等政策，来实现贸易保护主义的目的。对资本的跨境进行超乎寻常的限制和监管，同时竞相贬值货币，以及采取负利率的货币政策为本国的宏观经济复苏创造条件，这些都成为贸易保护主义在金融领域的表现，显得更为隐蔽。

（三） 通过国家立法机制和行政干预手段实施贸易管制主义

传统的贸易保护主要以保护本国处于弱势竞争地位的幼稚产业为主，一旦这些产业发展成熟便取消保护，这是符合WTO基本原则的。而新一轮贸易保护主义的目的则趋于多样化。当前除了提高关税、进口管制、反倾销等直接的保护，也出现了货币贬值、政府补贴等变相保护，还有以政府指令或压力形式出现的干预型保护。在实施手段上，欧美等国家往往通过立法或者行政干预手段来实施贸易保护。2009年2月13日，在美国国会通过的振兴经济方案中提出了“购买美国货”条款，条款规定经济刺激计划支持的工程项目中必须使用美国国产钢铁和其他制成品，限制使用进口钢材。在行政手段方面，发达国家通过限制政府经费用途等方式限制相关产品进口，如2009年2月25日，美国众议院通过的综合拨款法案727条款就通过限制政府经费用途的方式，不允许美国相关政府部门开展自中国进口禽肉产品的解禁工作，限制了中国禽肉产品对美国的出口，造成中美禽肉贸易的巨大不平衡。

欧美国家作为世界主要经济体和贸易强国，在其贸易实践中已经形成了一套系统的管制保护主义的做法。所谓管制保护主义，就是指进口国政府为保护本国市场和相关利益群体的利益，以加强行政监管的方式对外国出口企业采取具有歧视性或增加其商业成本的行政监管政策，从而达到限制特定的外国产品进入本国市场的一种对外贸易政策。一般而言，管制保护主义政策出台往往是基于社会公益，如公共道德、公众健康、食品安全等的考虑。而且此类管制保护主义政策出台之前，一般均会得到一些国内外的非政府组织（NGO）以及本国社会活动分子（social activists）的强烈支持，并形成一定的舆论优势，从而使得政策的出台具有道德上的优势和政治上的正当性。从实践来看，欧美的管制保护主义政策还会经过国内的正当立法程序，通过法律或行政法令等发布严格的产品安全或技术标准，或对进口产品采取特殊的审查和审批程序等。因此，在其国内法上具有完全的合法性。管制保护主义作为新贸易保护主义的组成部分，因而也具有新贸易保护主义所普遍存在的隐蔽性特点。

参考文献

[1] 郭恒丞.经济全球化条件下的新贸易保护主义研究[J].经贸实践，2016(07)：63.
[2] 陆燕，于鹏.当前全球贸易保护主义发展新动向[J].对外经贸实务，2016(09)：4—8.
[3] 牛少华.经济全球化背景下新贸易保护主义的特点、危害及对策[J].西南大学学报：自然科学版，2016(08)，32(4).
[4] 彭芸.欧盟保护性贸易政策分析及我国对策[J].现代商业，2009(04)：107.
[5] 世界经济增长显著放缓，贸易保护主义抬头引人忧虑[N].中国报告网，2016-12-23.
[6] 吴峰.管制保护主义：欧美贸易保护新动向及其原因探讨[J].对外经贸实务，2014(01)：42—45.
[7] 张二震，戴翔.全球贸易保护主义新趋势[J].人民论坛，2017(03)：130—131.
[8] 中华人民共和国商务部综合司.中国对外贸易形势报告(2016 年春季)[R].2016-05-10.
[9] 中华人民共和国商务部综合司.中国对外贸易形势报告(2016 年秋季)[R].2016-11-02.
[10] 中商产业研究院.2016 年全国货物贸易进出口总值 24.33 万亿元[N].中商情报网，2017-01-13.
[11] Centre for Economic Policy Research. *Global Trade Alert*[R]. WTO, 2017.
[12] World Bank Group. *Global Trade Watch: Trade Developments in 2016: Policy Uncertainty Weighs on World Trade*[N]. WBG, 2017-02-21.
[13] World Trade Organization. *Trade statistics and outlook: Trade in 2016 to grow at slowest pace since the financial crisis*[N]. WTO, 2016-09-27.
[14] World Trade Organization. *World Trade Statistical Review 2016* [R]. WTO, 2016.

本章撰写：倪炜瑜

第三章　世界服务贸易发展动态

一、世界服务贸易总体发展态势

由于美元汇率波动，2015 年，以美元计价的世界贸易总额呈负增长。其中，货物贸易总额较上年下滑 13%，服务贸易总额下滑 6.4%；服务贸易占世界贸易比重较 2014 年提高 1.1 个百分点，上升至 22.2%。

（一）全球服务贸易呈现疲弱态势

世贸组织发布了《世界贸易统计数据报告》，从贸易额看，由于出口价格下滑 15%，货物贸易出口金额（以美元计）下降了 14%至 16 万亿美元；世界服务贸易出口额为 4.75 万亿美元，同比下降了 6%。服务贸易进口额为 4.61 万亿美元，同比下降 6%。2015 年世界贸易的疲弱主要由于部分国家和地区经济下滑、原油等商品价格大幅下降以及汇率的不稳定等。从整体来看，亚洲以及资源型经济体进口需求放缓，美国、欧盟进口需求增强。从服务贸易的出口额来看，服务贸易各领域中，全球运输出口下滑 9.9%，旅游、其他商业服务和货物出口相关服务出口分别下降 5.4%、5.5%和 5.9%，低于 6.4%的服务贸易出口平均跌幅。从各地区服务贸易的出口来看（表 3.1），独联体地区出口大幅减少，降幅达 16%，其中与货物相关的服务贸易、旅游、其他服务贸易等均下降 17%。欧洲的服务贸易出口额也呈下降态势，降幅为 10%，其中与货物相关的服务贸易、交通运输、旅游服务贸易降幅均超过 10%。中南美、非洲、亚洲、北美等地区也都出现了不同程度的下降。

表 3.1　2015 年全球服务贸易出口各地区变化情况

项　目	增长率/%							
	全　球	北　美	中南美	欧　洲	独联体	非　洲	中　东	亚　洲
服务贸易								
2005—2010 年	8	8	9	6	12	9	—	12
2014 年	7	3	2	7	−9	6	6	—
2015 年	−6	−1	−5	−10	−16	−3	5	−3
与货物贸易相关的服务贸易								
2005—2010 年	10	12	−12	9	11	16	19	15
2014 年	2	19	7	2	−22	16	15	−2
2015 年	−9	8	−2	−17	−17	−14	2	−1
交通运输服务贸易								
2005—2010 年	7	6	8	6	12	10	9	9
2014 年	3	2	−3	4	−5	3	9	4
2015 年	−10	−7	−12	−13	−14	2	6	−9
旅游服务贸易								
2005—2010 年	7	5	6	4	9	8	15	13
2014 年	8	3	6	4	−13	5	10	—
2015 年	−5	0	3	−13	−17	−5	9	−1
其他服务贸易								
2005—2010 年	9	10	17	7	16	11	—	13
2014 年	8	2	1	9	−7	4	−1	12
2015 年	−5	−1	−8	−7	−17	−3	0	−2

资料来源：World Trade Statistical Review 2016(November 8，2016).

（二） 发展中国家服务贸易份额扩大

发达国家服务贸易额整体呈现停滞状态。2015 年前十名的服务贸易出口国与前十名进口国基本一致，排名有所不同（表 3.2）。服务贸易出口前三位国家分别为美国、英国和中国，进口额前三位国家分别为美国、中国和德国，前十位国家服务贸易额占据全球服务贸易总额的 53%。美国的服务贸易保持其作为世界领先的地位。虽然美国出口额停滞，进口则增长了3%，反映其持续的经济复苏。欧洲服务贸易总额有所下降，法国服务贸易出口额大幅下降13%，德国的进口服务贸易额下降12%。而爱尔兰得益于商业服务和特许经营费出口额的增长，服务贸易的出口总额增长4%。

表3.2 2015年世界服务贸易的情况(前40位)

出口					进口				
排名	国家(或地区)	金额/10亿美元	占比/%	增长率/%	排名	国家(或地区)	金额/10亿美元	占比/%	增长率/%
1	美国	690	14.5	0	1	美国	469	10.2	3
2	英国	345	7.3	−5	2	中国内地	466	10.1	3
3	中国内地	285	6.0	2	3	德国	289	6.3	−12
4	德国	247	5.2	−9	4	法国	228	4.9	−9
5	法国	240	5.0	−13	5	英国	208	4.5	−1
6	荷兰	178	3.7	−9	6	日本	174	3.8	−9
7	日本	158	3.3	0	7	荷兰	157	3.4	−9
8	印度	155	3.3	0	8	爱尔兰	152	3.3	4
9	新加坡	139	2.9	−7	9	新加坡	143	3.1	−8
10	爱尔兰	128	2.7	−5	10	印度	122	2.7	−4
11	西班牙	117	2.5	−11	11	韩国	112	2.4	−2
12	比利时	109	2.3	−10	12	比利时	106	2.3	−10
13	瑞士	108	2.3	−7	13	意大利	99	2.2	−13
14	中国香港	104	2.2	−2	14	加拿大	95	2.1	−11
15	意大利	99	2.1	−14	15	瑞士	92	2.0	−6
16	韩国	97	2.0	−13	16	俄罗斯	87	1.9	−27
17	卢森堡	95	2.0	−4	17	中国香港	74	1.6	0
18	加拿大	76	1.6	−10	18	卢森堡	72	1.6	−7
19	瑞典	71	1.5	−6	19	巴西	69	1.5	−20
20	丹麦	61	1.3	−16	20	阿拉伯联合酋长国	66	1.4	3
21	泰国	60	1.3	10	21	西班牙	65	1.4	−5
22	奥地利	58	1.2	−13	22	瑞典	60	1.3	−10
23	中国台北	56	1.2	0	23	沙特阿拉伯王国	57	1.2	−10
24	俄罗斯	51	1.1	−21	24	澳大利亚	54	1.2	−14

续表

出口					进口				
排名	国家（或地区）	金额/10 亿美元	占比/%	增长率/%	排名	国家（或地区）	金额/10 亿美元	占比/%	增长率/%
25	澳大利亚	48	1.0	−9	25	丹　麦	54	1.2	−14
26	土耳其	46	1.0	−10	26	泰　国	50	1.1	−5
27	波　兰	43	0.9	−10	27	中国台北	47	1.0	4
28	挪　威	40	0.8	−18	28	挪　威	46	1.0	−18
29	中国澳门	40	0.8	−25	29	奥地利	46	1.0	−14
30	马来西亚	35	0.7	−17	30	马来西亚	40	0.9	−12
31	以色列	34	0.7	−3	31	波　兰	32	0.7	−11
32	巴　西	33	0.7	−16	32	印度尼西亚	30	0.7	−9
33	希　腊	31	0.6	−25	33	墨西哥	29	0.6	−3
34	菲律宾	28	0.6	10	34	卡塔尔	28	0.6	−5
35	葡萄牙	28	0.6	−11	35	芬　兰	26	0.6	−16
36	阿拉伯联合酋长国	26	0.6	15	36	菲律宾	24	0.5	15
37	芬　兰	24	0.5	−13	37	科威特州	23	0.5	3
38	捷克共和国	23	0.5	−9	38	以色列	22	0.5	0
39	墨西哥	23	0.5	7	39	土耳其	21	0.5	−10
40	匈牙利	21	0.5	−12	40	捷克共和国	20	0.4	−12
前 40 位合计		4 255	89.5	—	前 40 位合计		4 055	87.9	—
总　计		**4 755**	**100.0**	**−6**	**总　计**		**4 610**	**100.0**	**−6**

资料来源：*World Trade Statistical Review 2016*（November 8, 2016）.

发展中国家服务贸易额增幅放缓，在国际服务贸易总额中份额继续加大。2015 年发展中国家在全球服务贸易总额中占比上升至 36%，其中，服务贸易出口额占比为 39.4%，服务贸易出口占比为 32%（图 3.1）。服务贸易占比的增长主要收益于亚洲地区，中国内地和香港、印度、韩国和泰国是主要的贡献者，2015 年占世界服务出口额 22.4%；亚洲地区进口额的市场份额扩大至 25.4%。中国是第二大服务贸易出口国，占全球服务贸易出口总额 6%的份额。尽管中国服务贸易出口和进口额均有所增长，分别增长 2%和 3%，但服务贸易仍存在较大的逆差，主要是由于近几年其旅游进口的快速增长。

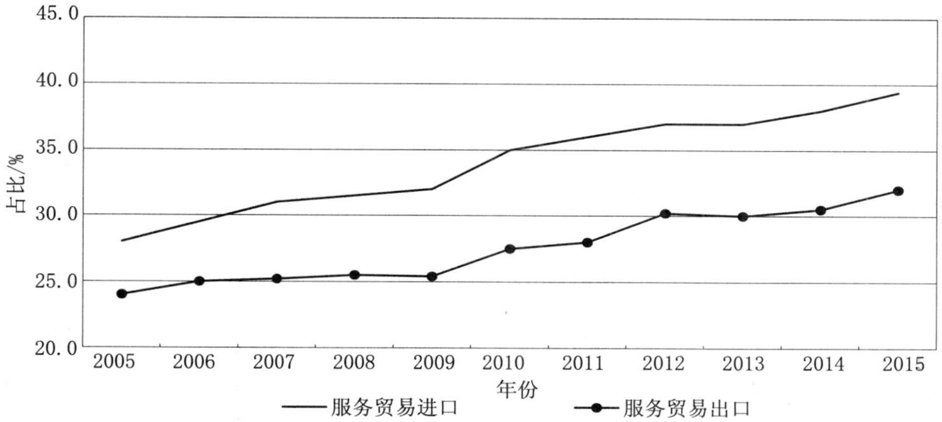

图 3.1　2005—2015 年发展中国家服务贸易占全球服务贸易比重

资料来源：World Trade Statistical Review 2016(November 8, 2016).

（三） 计算机和信息服务、金融服务、专利权和特许费出口发展较为平稳

在服务贸易三大类统计中，各细项的服务贸易出口均出现了不同程度的下降，运输服务下降 10%，旅游服务下降 5%，其他服务在服务贸易出口中的占比最高，达一半以上，总体也呈下滑态势。其他服务包括通信服务、建筑服务、保险服务、金融服务、计算机和信息服务、专利权使用费和特许费、其他商业服务、个人艺术和娱乐服务、政府服务等 9 类。2015 年，其他服务统计中，计算机和信息服务、金融服务、专利权和特许费贸易出口额三项略有下降，保持平稳发展(图 3.2)。下降较为明显的是建筑服务业，降幅为 15%，其次为个人艺术和娱乐服务，下降 9%，保险服务则下降 7%。

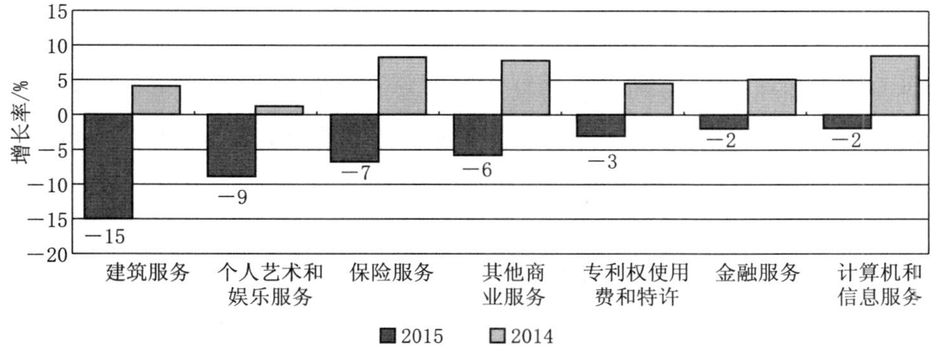

图 3.2　2015 年其他服务贸易各项出口额变化情况

资料来源：*World Trade Statistical Review 2016*(November 8, 2016).

（四） 新技术推动服务外包产业升级转型

随着新技术的发展，服务外包与各产业的融合不断加剧，商业模式持续创新。以金融服务贸易为例，服务外包是实现区块链、大数据、云技术、互联网金融等新技术与传统金融业融合的有效接口，延伸了金融业的价值链，形成新的业务增长点，创新金融服务新模式，引领金融行业创新发展，塑造一个共生共赢的金融生态体系。另外，以“互联网＋服务外包”为例，在优化资源配置的基础上极大地扩张了被服务方业务拓展的可能性，特别是对传统企业和小微企业而言，通过“互联网＋服务外包”，不仅能够补充其面临的技术短板和人力资源短板，同时通过服务外包平台以及其他 IT 外包业务，将促进其与互联网的进一步融合，优化产业之间、地区之间的资源配置，促进这些传统企业和小微企业的转型升级。

二、服务贸易重点行业发展动态

（一） 运输服务贸易

1. 运输服务业贸易额下降

运输服务业在 2015 年经历了困难的一年。世界运输出口额下跌 10％至 8 750 亿美元，大部分地区大幅下跌（表 3.3）。在独联体（CIS）由于航空运输服务下降 26％，出口额下降 14％。欧洲国际海运出口下降了 17％导致出口额下降了 13％。中南美洲的运输出口下降了 12％。2015 年，全球运输服务贸易的进口额为 10 900 亿美元，比 2014 年同期下降 10％，独联体（CIS）地区运输服务进口额连续两年下跌，2015 年跌幅为 21％，中南美地区、欧洲、亚洲等地区的进口跌幅均超过了 10％。由于发展中国家经济需求较低，集装箱航运价格大幅下降，航运业遭受产能过剩。全球航空货运量放缓，特别是在亚洲和欧洲，反映商品贸易流通量减少。相比之下，由于全球机票价格便宜而导致国际航空客运量上升了 6.5％，但其不足以抵消货运出口所带来的负面影响。

2. 主要经济体运输服务贸易表现不均

2015 年全球十五大运输服务出口国（或地区）的出口额为 7 400 亿美元，占全球运输服务出口的 84.5％（表 3.4）。欧盟、美国、新加坡是全球三大运输服务出口国（或地区），分别占全球份额的 41.7％、9.6％和 5.4％。十五大运输服务出口国（或地区）中，仅阿拉伯联合酋长国和中国出口额有所增长，增幅分别为 15％、1％，其余国家和地区出现不同程度的下降，跌幅最大的是印度，下降 23％，其次为挪威和瑞士，均下降 21％。

表 3.3　2015 年世界运输服务贸易各地区情况

项　　目	贸易额/10 亿美元	占比/%		增长率/%			
	2015 年	2010 年	2015 年	2010—2015 年	2013 年	2014 年	2015 年
出口							
全球	**875**	**100.0**	**100.0**	**1**	**3**	**3**	**−10**
北美	98	10.3	11.1	3	3	2	−7
中南美	26	3.0	3.0	1	5	−3	−12
欧洲	412	48.4	47.1	1	6	4	−13
独联体	35	3.9	4.0	2	6	−5	−14
非洲	30	2.9	3.4	4	2	3	2
中东	36	2.8	4.1	9	7	9	6
亚洲	240	28.7	27.4	0	−3	4	−9
进口							
全球	**1 090**	**100.0**	**100.0**	**2**	**3**	**2**	**−10**
北美	130	10.9	11.9	4	5	4	−1
中南美	45	4.6	4.2	0	0	−5	−14
欧洲	357	35.9	32.8	0	6	3	−12
独联体	22	2.4	2.0	−1	4	−12	−21
非洲	64	5.7	5.9	3	1	4	−9
中东	107	7.4	9.8	8	1	4	−2
亚洲	364	33.1	33.4	2	−1	3	−11

资料来源：*World Trade Statistical Review 2016*（November 8，2016）.

表 3.4　2015 年全球十五大运输服务贸易额国家（或地区）

项　　目	贸易额/10 亿美元	占比/%		增长率/%			
	2015 年	2010 年	2015 年	2010—2015 年	2013 年	2014 年	2015 年
出口							
欧盟(28)	365.5	43.4	41.7	0	5	4	−13
美国	84.2	8.7	9.6	3	4	3	−6
新加坡	47.3	4.7	5.4	4	1	13	−8
中国内地	38.6	4.1	4.4	2	−3	2	1
日本	35.5	5.1	4.0	−3	−8	0	−10

续表

项目	贸易额/10 亿美元	占比/%		增长率/%			
	2015 年	2010 年	2015 年	2010—2015 年	2013 年	2014 年	2015 年
韩国	32.7	4.7	3.7	−4	−9	1	−15
中国香港	29.8	3.6	3.4	0	−2	2	−7
挪威	17.9	2.2	2.0	0	5	5	−21
俄罗斯	16.8	1.8	1.9	3	8	−1	−18
印度	14.3	1.6	1.6	2	−3	10	−23
土耳其	14.3	1.1	1.6	9	13	10	−9
加拿大	11.9	1.5	1.4	−1	0	−4	−12
瑞士	10.9	1.3	1.2	1	5	4	−21
中国台北	10.4	1.2	1.2	1	1	10	−7
阿拉伯联合酋长国	10.3	0.3	1.2	33	84	12	15
15 强合计	**740.0**	**85.3**	**84.5**	—	—	—	—
进口							
欧盟(28)	327.3	32.7	30.0	0	6	4	−11
美国	96.9	7.6	8.9	5	7	4	3
中国内地	75.6	6.5	6.9	4	10	2	−21
印度	52.3	4.8	4.8	2	−6	3	−11
新加坡	44.1	3.0	4.0	8	7	20	−4
阿拉伯联合酋长国	43.4	2.6	4.0	11	0	4	2
日本	41.0	4.7	3.8	−2	−15	−2	−11
韩国	29.6	3.1	2.7	−1	−3	6	−8
泰国	23.8	2.3	2.2	1	−1	−6	−11
加拿大	20.0	2.2	1.8	−1	−2	−4	−11
沙特阿拉伯王国	19.6	1.3	1.8	9	8	4	−2
中国香港	17.7	1.6	1.6	2	−1	1	−4
澳大利亚	13.2	1.4	1.2	0	−4	−9	−13
墨西哥	12.8	1.1	1.2	4	5	16	−13
俄罗斯	11.7	1.2	1.1	0	6	−12	−24
15 强合计	**830.0**	**76.1**	**76.1**	—	—	—	—

资料来源：*World Trade Statistical Review 2016*（November 8，2016）.

2015 年全球十五大运输服务进口国(或地区)的进口额为 8 300 亿美元,占全球运输服务进口的 76.1%。全球三大运输服务进口国(或地区)分别是欧盟、中国和美国,分别占全球份额的 30.0%、8.9%和 6.9%。全球十五大运输服务进口国(或地区)中,美国和阿拉伯联合酋长国进口额小幅增长,增幅为 3%和 2%,进口跌幅最大的是俄罗斯,下降 24%,中国紧随其后,下降 21%,澳大利亚和墨西哥均下降 13%。

(二) 旅游服务贸易

1. 外汇波动导致旅游服务贸易出口减少

2015 年世界旅游服务贸易出口额 12 300 亿美元,下降 5%(表 3.5),这主要是由于剧烈的汇率波动,特别是美国美元对世界主要货币的升值,而不是国际旅游需求下降。尽管部分地区的安全问题和地缘政治紧张局势加剧,全球国际游客人数依然增长了 4%,超过达到 11 亿。

2015 年,欧洲的国际游客人次数上升了 5%,增加了 2 400 万人次,与 2014 年同期相比,欧洲酒店业的入住率增幅最高。然而,按美元计算,欧洲的旅游收入下降了 13%。同样,在独联体国家,国际游客增长了 5%,旅游出口却下降了 17%。中南美由于美国游客的增长,出口额增长 3%。非洲地区受到恐怖袭击和埃博拉病毒的影响,国际游客量下降,导致旅游出口额有所下降。

表 3.5 2015 年世界旅游服务贸易额分地区情况

项目	贸易额/10 亿美元	占比/%		增长率/%			
	2015 年	2010 年	2015 年	2010—2015 年	2013 年	2014 年	2015 年
出口							
全球	**1 230**	**100.0**	**100.0**	**5**	**7**	**8**	**−5**
北美	212	17.2	17.2	5	7	3	0
中南美	57	4.5	4.6	6	4	6	3
欧洲	422	40.9	34.3	1	8	4	−13
欧盟(28)	368	36.0	29.9	1	8	4	−13
独联体	19	1.8	1.5	2	9	−13	−17
非洲	41	4.5	3.3	−1	−7	5	−5
中东	60	4.9	4.9	5	7	10	9
亚洲	419	…	34.1	…	10	…	−1

续表

项　　目	贸易额/10亿美元	占比/%		增长率/%			
	2015年	2010年	2015年	2010—2015年	2013年	2014年	2015年
进口							
全球	**1 215**	**100.0**	**100.0**	**7**	**8**	**14**	**−2**
北美	160	14.4	13.2	5	3	4	4
中南美	42	4.0	3.4	4	11	2	−17
欧洲	377	42.0	31.0	1	6	6	−13
欧盟(28)	337	38.1	27.7	1	6	6	−13
独联体	48	4.1	4.0	7	22	−5	−26
非洲	26	3.0	2.1	0	0	−3	1
中东	81	7.5	6.6	5	4	17	−4
亚洲	482	25.1	39.7	17	10	35	12

资料来源:World Trade Statistical Review 2016(November 8, 2016).

2. 亚洲旅游服务贸易发展较为迅速

2015年全球十五大旅游出口国(或地区)的出口额为9 650亿美元,占全球旅游出口的78.4%。欧盟、美国、中国内地是全球三大旅游服务出口国(或地区),分别占全球份额的29.9%、14.5%和9.3%。旅游服务贸易出口额增长最快是日本,增幅高达35%,其次为泰国和阿拉伯联合酋长国,分别增长16%和15%。出口下降较快的前三位国家(或地区)依次为中国澳门、马来西亚、欧盟,降幅分别为26%、22%、13%。亚洲国家中进入前十五位的国家(或地区)有9席,合计占比26.8%(表3.6),其中泰国、日本、阿拉伯联合酋长国、中国香港等国家或地区近五年的平均增幅均超过两位数,发展速度较快。

表3.6　2015年全球十五大旅游进出口国(或地区)

项　　目	贸易额/10亿美元	占比/%		增长率/%			
	2015年	2010年	2015年	2010—2015年	2013年	2014年	2015年
出口							
欧盟(28)	367.7	36.0	29.9	1	8	4	−13
美国	178.3	14.3	14.5	5	7	3	1
中国内地	114.1	…	9.3	…	3	…	8
泰国	44.5	2.1	3.6	17	23	−8	16
中国澳门	37.5	2.9	3.1	6	18	−2	−26
中国香港	35.9	2.3	2.9	10	18	−1	−7

续表

项　目	贸易额/10亿美元	占比/%		增长率/%			
	2015年	2010年	2015年	2010—2015年	2013年	2014年	2015年
澳大利亚	29.7	3.0	2.4	1	−2	2	−7
土耳其	26.6	2.4	2.2	3	10	6	−10
日本	25.5	1.4	2.1	14	4	25	35
印度	21.0	1.5	1.7	8	2	7	7
马来西亚	17.7	1.9	1.4	−1	6	5	−22
墨西哥	17.5	1.3	1.4	8	9	16	8
新加坡	16.7	1.5	1.4	3	2	0	−12
瑞士	16.2	1.5	1.3	2	4	4	−7
阿拉伯联合酋长国	16.0	0.9	1.3	13	13	13	15
15强合计	**965.0**	…	**78.4**	—	—	—	—
进口							
欧盟(28)	336.5	38.1	27.7	1	6	6	−13
中国内地	292.2	6.4	24.0	40	26	83	25
美国	120.5	10.1	9.9	7	4	6	9
俄罗斯	34.9	3.1	2.9	6	25	−6	−31
加拿大	29.4	3.5	2.4	0	0	−4	−13
韩国	25.0	2.2	2.1	6	5	7	8
中国香港	22.9	2.0	1.9	6	6	4	4
新加坡	22.1	2.2	1.8	3	6	−1	−9
澳大利亚	21.9	2.6	1.8	−1	2	−8	−17
沙特阿拉伯王国	20.7	2.5	1.7	0	4	37	−14
巴西	17.4	1.9	1.4	2	14	2	−32
瑞士	16.0	1.3	1.3	7	6	6	−7
日本	15.9	3.2	1.3	−11	−22	−12	−17
挪威	15.8	1.6	1.3	3	11	2	−16
中国台北	15.5	1.1	1.3	11	16	14	11
15强合计	**1 005.0**	**81.6**	**82.7**	—	—	—	—

资料来源：*World Trade Statistical Review 2016*（November 8，2016）.

2015 年全球十五大旅游进口国(或地区)的进口额为 9 550 亿美元,占全球旅游进口的 82%。全球三大旅游服务进口国(或地区)分别是欧盟、中国和美国,分别占全球份额的 27.7%、24.0%和 9.9%。中国大陆旅游贸易需求的强势增长,旅游服务进口额大幅上涨 25%,中国台北和美国紧随其后,分别增长 11%和 9%。旅游服务进口额下降较快的国家为巴西和俄罗斯,分别下降 32%、31%,澳大利亚和日本均下降 17%。

(三) 金融服务贸易

1. 金融服务贸易发展较为平稳

2015 年全球金融服务贸易出口总额为 4 150 亿美元,同比下降 2%。其中,全球十大金融服务出口国(或地区)贸易额为 3 977 亿美元,比上年下降 2%(表 3.7)。欧盟、美国、瑞士是全球三大金融服务出口国(或地区)。在十大金融服务出口国(或地区)中,欧盟占比超过一半(57%),其次是美国(21.4%)、瑞士(5.4%)。日本金融服务贸易出口连续两年保持较快增长,2015 年增长 41%,2014 年增长 59%。中国金融服务贸易出口额大幅下降,降幅为 48%,其次为瑞士和印度,降幅均为 8%。

2015 年全球十大金融服务进口国(或地区)进口额为 1 691 亿美元。全球三大金融服务进口国(或地区)分别为欧盟、美国和加拿大。在十大金融服务进口国(或地区)中,欧盟占比最高,高达 69.7%,其次是美国(10.8%)、加拿大(3.3%)。2015 年金融服务进口增速最高的是加拿大,增幅为 15%;紧随其后的是日本,增幅为 14%。中国金融服务贸易进口额也呈现大幅下降的态势,降幅为 46%,接下来依次为印度和俄罗斯,降幅分别为 25%和 17%。

表 3.7 2015 年全球十大金融服务进出口国(或地区)

项目	贸易额/百万美元	占比/%		增长率/%			
	2014 年	2015 年	2014 年	2010—2014 年	2013 年	2014 年	2015 年
出口							
欧盟(28)	231 915	222 911	57.0	6	7	5	−4
美国	87 290	86 286	21.4	5	10	4	−1
瑞士	22 133	20 717	5.4	−1	2	−1	−6
新加坡	20 352	20 262	5.0	14	10	11	0
中国香港	17 399	19 067	4.3	7	6	6	10
加拿大	7 702	7 706	1.9	9	5	−1	0

续表

项　　目	贸易额/百万美元	占比/%		增长率/%			
	2014 年	2015 年	2014 年	2010—2014 年	2013 年	2014 年	2015 年
日本	7 235	10 173	1.8	19	−2	59	41
印度	5 645	5 331	1.4	−1	19	−11	−6
中国内地	4 531	2 334	1.1	36	69	42	−48
澳大利亚	3 000	2 956	0.7	35	40	19	−1
10 强合计	**407 200**	**397 740**	**100.0**	—	—	—	—
进口							
欧盟(28)	126 433	115 373	69.7	8	15	7	−9
美国	19 503	20 134	10.8	6	11	5	3
加拿大	5 967	6 870	3.3	2	13	5	15
日本	5 274	6 002	2.9	14	12	46	14
中国内地	4 940	2 645	2.7	37	92	34	−46
中国香港	4 434	4 763	2.4	6	7	5	7
新加坡	4 310	4 467	2.4	14	11	19	4
印度	4 115	3 100	2.3	−12	10	−30	−25
瑞士	3 923	3 772	2.2	−6	−1	6	−4
俄罗斯	2 400	1 998	1.3	−3	22	−29	−17
10 强合计	**181 300**	**169 125**	**100.0**	—	—	—	—

资料来源:*World Trade Statistical Review 2016*(November 8, 2016).

2. 金融贸易面临数字科技的挑战

数字科技和互联网正改变全球金融系统。那些使用电子设备进行网上商业交易的新一代数字消费者引领消费行为的改变,催生了新形式的金融服务,这些变化进一步推动了全球金融系统的改变。传统金融服务公司正改变着他们提供服务的方式。除此之外,很多公司正面临着来自非银行金融技术公司(互联网金融)的强大竞争压力。数字科技也改变了像银行业务、保险和证券服务这些行业。例如核保和定价等保险活动越来越自动化操作,并渐渐转变为网上平台,减少了规模的传统优势。证券服务供应商也面临着网上数据和信息便利化带来的竞争挑战,包括财富管理项目和网上贸易。

(四) 信息技术服务贸易

1. 欧盟在信息和计算机服务贸易中占据 6 成以上份额

2015 年全球信息和计算机服务贸易出口总额为 4 750 亿美元,同比下降 2%。其中，全球十大计算机和信息服务出口国(或地区)出口额为 4 239 亿美元。全球三大出口国(或地区)分别是欧盟、印度和美国，在十国(或地区)中的占比分别为 64.3%、12.8%、8.2%(表 3.8)。2015 年计算机和信息服务出口增速最快的是中国，增幅为 22%，接下来依次为瑞士和印度，分别增长 9%、4%。计算机和信息服务出口降幅较大的国家为加拿大和俄罗斯，分别下降 15%和 12%。

2015 年全球十大计算机和信息服务进口国(或地区)进口额为 2 426 亿美元。全球三大进口国(或地区)分别是欧盟、美国、瑞士。在十国(或地区)进口总额中的占比分别为 62.9%、12.7%和 5.3%。全球十大计算机和信息服务进口国(或地区)进口额整体呈现萎缩，除中国进口额增长 6%，美国和瑞士进口额基本与 2014 年持平，其他国家(或地区)均有所下降，其中，俄罗斯进口额下降 19%，印度和欧盟分别下降 12%、11%。

表 3.8　2015 年全球十大通信和计算机服务贸易国家(或地区)

项　目	贸易额/100 万美元	占比/%		增长率/%			
	2014 年	2015 年	2014 年	2010—2014 年	2013 年	2014 年	2015 年
出口							
欧盟(28)	279 647	261 919	64.3	10	9	12	−6
印度	55 666	57 661	12.8	8	8	5	4
美国	35 885	36 990	8.2	9	8	2	3
中国	20 173	24 549	4.6	18	5	18	22
瑞士	12 634	13 826	2.9	12	8	15	9
以色列	9 417	9 274	2.2	21	4	15	−2
加拿大	8 704	7 434	2.0	1	−8	−9	−15
新加坡	4 896	4 829	1.1	8	15	1	−1
俄罗斯	4 504	3 971	1.0	14	19	8	−12
菲律宾	3 472	3 461	0.8	12	11	4	0
10 强合计	**435 000**	**423 915**	**100.0**	—	—	—	—
进口							
欧盟(28)	165 342	147 626	62.9	6	11	4	−11
美国	33 314	33 158	12.7	4	3	−1	0
瑞士	13 854	13 803	5.3	8	15	6	0
日本	11 457	11 311	4.4	26	12	80	−1

续表

项目	贸易额/100 万美元	占比/%		增长率/%			
	2014 年	2015 年	2014 年	2010—2014 年	2013 年	2014 年	2015 年
中国	10 748	11 409	4.1	27	39	41	6
新加坡	8 205	7 935	3.1	23	27	19	−3
俄罗斯	6 854	5 520	2.6	15	18	13	−19
加拿大	5 092	4 794	1.9	2	−14	1	−6
印度	4 318	3 782	1.6	5	8	15	−12
巴西	3 670	3 340	1.4	−1	10	−30	−9
10 强合计	**262 855**	**242 680**	**100.0**	—	—	—	—

资料来源：*World Trade Statistical Review 2016*(November 8, 2016).

2. 计算机服务业出口在新兴经济体迅速扩张

信息服务是最具弹性的服务业，主要原因是各个行业对高效信息技术的和创新软件的需求日益加深，如制造业，金融，保险，医疗保健和教育等行业，迫切需要解决IT 安全问题。因此，计算机服务出口在许多新兴经济体迅速扩张。2015 年，计算机服务贸易出口增长最快的十个国家中，来自发展中国家的占据 8 个(图 3.3)。其中，中南美洲的第三大计算机服务供应商哥斯达黎加信息服务出口增长了 43%，韩国位于第二位，增长了 25%，其他 6 个进入前十位的国家分别是白俄罗斯、巴西、阿根廷、乌克兰、斯里兰卡和印度。

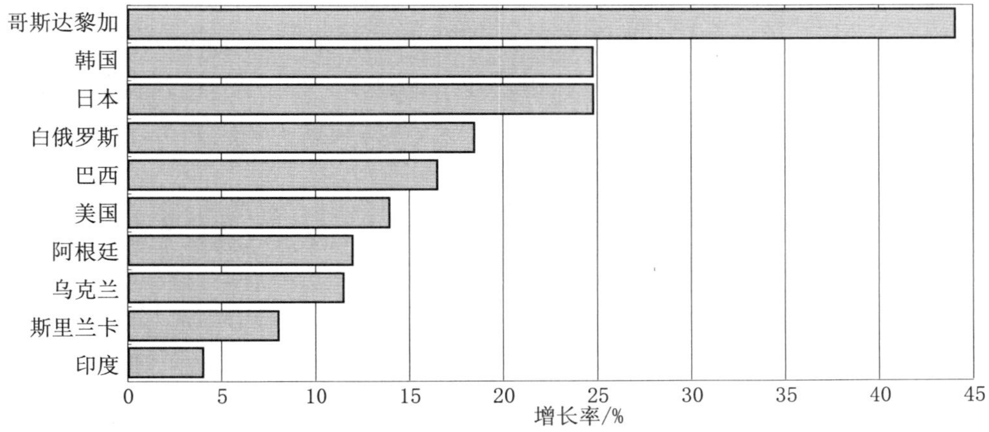

图 3.3 计算机服务出口增长较快的前 10 位国家(地区)

资料来源：*World Trade Statistical Review 2016*(November 8, 2016).

三、主要国家和地区服务贸易发展态势

（一） 美国

1. 服务贸易产生巨大贸易顺差

美国商务部经济分析局（BEA）发布了 2015 年全年美国对外服务贸易情况。美国在 2014 年跨境私营服务出口总额达 6 901 亿美元，而美国进口则仅为 4 533 亿美元，贸易顺差为 2 369 亿美元。2015 年数据展示了美国服务业进出口的增长。2015 年服务业出口为 7 306 亿美元，而进口为 4 671 亿美元，产生了 2 635 亿美元顺差，贸易顺差呈扩大趋势。美国服务贸易主要的出口市场是加拿大、英国、日本，这 3 个国家占了美国跨境服务出口的 25%。英国（11%）、加拿大（7%）、日本（6%）和德国（6%）是向美国出口的主要国家。

美国企业在海外的关联企业提供服务是很多美国服务商向国外市场输送服务的主要渠道，其增长了 3 个百分点略微超过了 2013 年的 1.3 万亿美元。根据该报告的最新数据，美国企业海外附属企业的主要海外市场是英国（14%）、加拿大（10%）和爱尔兰（7%）。欧盟作为一个整体在 2013 年占了美国企业海外附属企业此类销售的 42%。主要供应国是日本（17%），其次是英国和德国关联企业（各占 14%）。总体而言，美国从国外附属企业的 51%的贸易额都是来自欧盟的附属企业。

2. 银行服务业是美国金融服务跨境贸易的中流砥柱

2015 年，美国私有金融服务部门对美国 GDP 的贡献达 1.2 万亿美元，占美国 GDP 总量近 9%。保险和银行服务都各占 2015 年美国金融服务对私营部门 GDP 贡献的 1/3，接下来是证券业（17.6%）和租赁业（16.4%）。2015 年，美国金融服务跨境出口总额达 1 196 亿美元，进口总额 729 亿美元，贸易顺差 467 亿美元，占据美国服务贸易出口顺差的 1/5。

从金融服务的细项分析，银行服务（包括除了零售银行以外的金融管理，信用卡处理，和信用相关服务）出口额 742 亿美元，较 2014 年下降了 5%，占 2015 年美国金融服务出口总额的 62%，进口额为 179 亿美元，占金融服务进口总额的 25%（图 3.4）。低利率和迅速变化的监管环境阻碍了美国银行服务出口的发展。美国银行服务业主要的贸易伙伴依然是英国、澳大利亚、加拿大、中国和德国。

美国是全球最大的证券服务市场，占了股票市值的一半以上。2015 年，美国证券服务出口额达 282 亿美元，占 2015 年美国金融服务出口的 24%，包括 118 亿美元

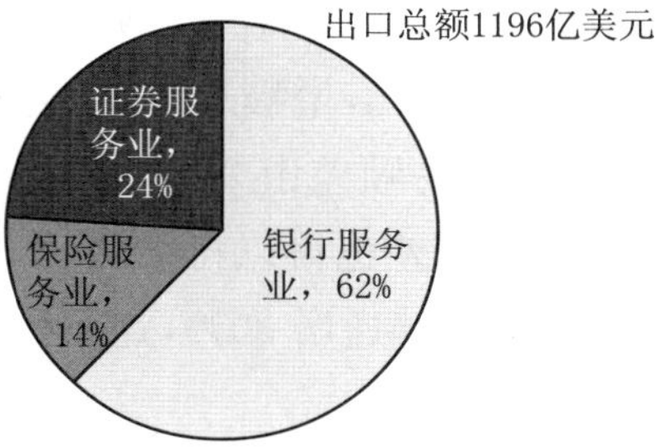

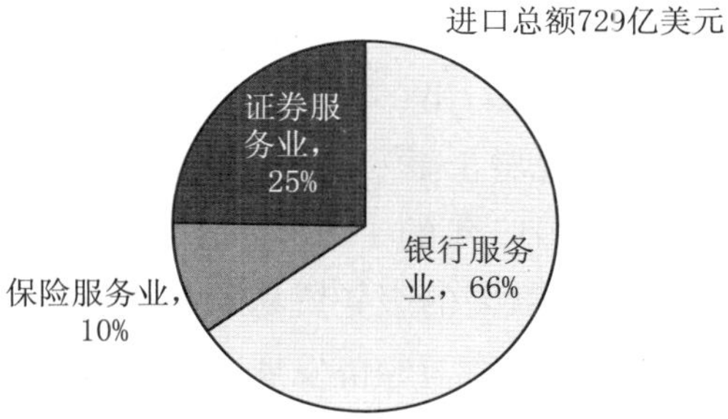

图 3.4　2015 年美国金融服务各细项进出口额占比

资料来源:美国商务部经济分析局(BEA)。

的佣金和精算服务,以及证券借贷和电子转账服务的 164 亿美元。美国证券服务进口额达 72 亿美元,占服务贸易进口总额的 10%,包括 44 亿美元的佣金和精算服务,以及证券借贷和电子转账服务的 28 亿美元。2015 年证券服务跨境贸易顺差 209 亿美元。证券服务绝大部分是通过关联交易而非跨境贸易进行的。2013 年,美国公司境外关联企业在境外销售了 102 亿美元,而外国企业在美国的关联企业贸易额达 620 亿美元。相比于 2012 年,这代表了美国境外关联企业销售额 3%的增长,以及外国企业在美国贸易额 16%的增长。尽管美国境外关联企业的销售额还未恢复到 2010 年峰值时的 1 280 亿美元,2013 年外国企业在美国购买额则达到了历史新高,占关联交易销售额的 29%,超过了对欧洲总销售额的一半。加拿大和日本也是重要市场,分别占了关联交易销售额的 6%和 5%。

美国是全球最大的保险市场,其 5 530 亿美元的寿险保费和 7 640 亿美元的财险收入占据了全球保费的 1/4。2015 年美国保险服务贸易出口额为 171 亿美元,占金融服务出口总额的 14%;保险服务贸易进口额 478 亿美元,占金融服务进口总额的 66%。美国保险的关联销售(美国企业在国外市场关联企业的销售)利润远远高于保险的跨境贸易。尽管保险业服务贸易赤字已经缩小至了 2006 年以来的最低,美国在 2015 年持续在跨境保险贸易上依然有较大亏损,这主要是由于再保险的进口。自 2011 年开始,国外企业在美国关联交易的购买量也略超过美国企业在国外的关联企业。美国保险服务的出口市场前 3 位分别是百慕大(20%)、加拿大(17%)和英国(11%)。

(二) 欧盟

1. 服务贸易占贸易总额比重加大

欧盟统计局数据显示,2015 年欧盟服务贸易的进出口额增长较快,增幅达到

10.7%。2010 年至 2015 年,欧盟服务贸易额连续 6 年平稳增长,增幅是同期货物贸易额的近两倍,其中,出口额从 5 690 亿欧元增长至 8 110 亿欧元,增幅达 42%;进口额从4 620亿欧元增长至 6 600 亿欧元,增幅为 43%,服务贸易顺差由 2010 年的 1 080 亿欧元增至 2015 年的 1 510 亿欧元(图 3.5)。服务贸易顺差也得以持续增长,2000 年至 2015 年,欧盟的服务贸易顺差增长了近 10 倍,平均每年递增 30%,这充分表明国际服务贸易在欧盟经济发展中占据越来越重要的地位。

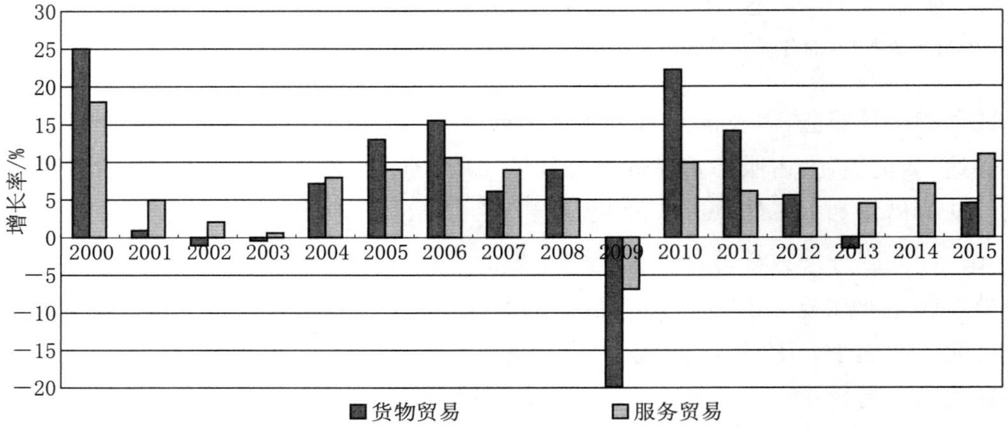

图 3.5　2000—2015 年欧盟贸易额变化趋势图

资料来源:欧盟统计局。

2. 欧盟服务贸易盈余增幅放缓

欧盟服务贸易顺差在 2010 年至 2013 年间持续增长,但随后两年则逐年缩减。2015 年服务贸易顺差 1 507 亿欧元,主要来源于电信、计算机和信息服务(顺差 589 亿欧元)以及金融服务(顺差 423 亿欧元)。而知识产权使用费则是欧盟服务贸易主要的逆差来源(逆差 431 亿欧元)。

2015 年,欧盟服务贸易最大出口对象国仍旧是美国,贸易额达 21 020 亿欧元,占欧盟总出口的 26%,随后是瑞士,占总出口额的 14%,接下来依次为中国(占总出口额的 4%)、俄罗斯(占总出口额的 3%)、加拿大、印度和巴西(占总出口额的 2%),这 8 个国家占据了欧盟非成员国服务贸易出口总额的 57%(图 3.6)。欧盟最大的进口贸易国伙伴也是美国,进口贸易额为 2 030 亿美元,占总进口额的 31%,随后同样是瑞士(占总进口额的 10%)和中国(占总进口额的 4%),进口贸易的前 8 位目的地与出口贸易大致相同,8 个国家合计为进口贸易总额的 54%。同期,欧盟最大的服务贸易顺差出口对象是瑞士,贸易顺差为 483 亿欧元。

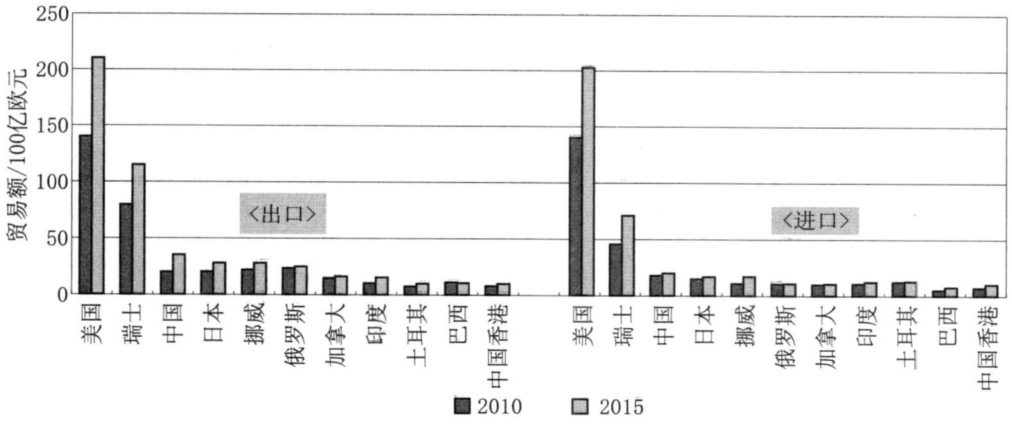

图 3.6　2010、2015 年欧盟服务贸易进出口前 10 位国家(地区)

资料来源:欧盟统计局。

服务贸易出口方面,欧盟服务贸易出口的最大细项为其他商业服务贸易,2015 年出口额为 2 230 亿欧元,占总出口的 27%,比 2010 年增长 3 个百分点(图 3.7)。

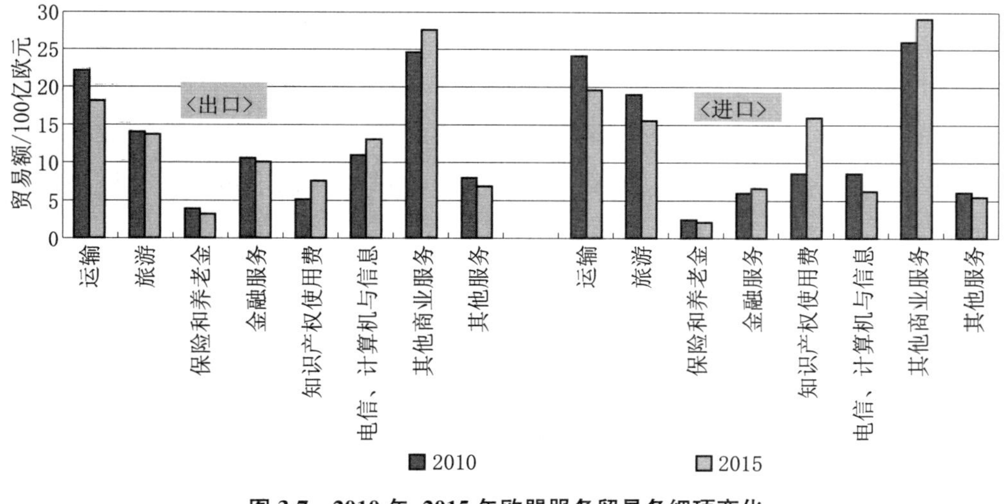

图 3.7　2010 年、2015 年欧盟服务贸易各细项变化

资料来源:欧盟统计局。

欧盟的其他商业服务主要包括研发服务、专业咨询服务、技术贸易服务、建筑、工程和科学服务、废物处理、农业和采矿业服务、传输服务(如水、天然气、石油的配送、配点服务等)、空调供应、安全和调查服务、翻译、摄影服务、楼宇保洁、房地产等其他服务。运输服务业是欧盟服务贸易出口来源的第二大细项,出口额为 1 440 亿欧元,占总出口额的 18%，比 2010 年下降 4 个百分点。接下来依次为旅游服务贸易、计算机和信息服务和金融服务，出口额占比分别为 14%、12%、10%。进口贸易的来源与出口贸易类似，其他商业服务同样占据最大份额 29%，进口额为 1 920 亿欧元，比 2010 年增长 26%。运输服务业列第二位，进口额占比 19%，比 2010 年下降 23%；其中海运占据交通运输出口额的 53%，进口额的 44%；空运占交通运输出口额的 31%，进口额的 37%；陆路运输占交通运输出口额的 8%，进口额的 9%。第三位是知识产权使用费，进口额占比 16%，比 2010 年增长 9%；随后是旅游服务，进口额占比 15%，比 2010 年下降 19%；其中商务旅游占旅游服务贸易出口额的 17%，进口额的 23%；个人旅游仍占据了旅游服务贸易的绝大部分。

（三） 新加坡

1. 服务贸易总额温和增长

根据新加坡 2016 年 12 月发布的服务贸易报告，2015 年新加坡服务贸易总额为 4 167 亿美元，增长 5.1%。服务贸易出口额为 2 043 亿美元，增长 5.1%。服务贸易进口额为 2 124 亿美元，增长 5.2%（图 3.8）。服务贸易逆差为 81 亿美元，比上年略有增长，逆差的增长主要是源于运输服务贸易由 2014 年贸易顺差 69 亿美元变为 2015 年贸易逆差 13 亿美元。2015 年新加坡服务贸易的主要贸易伙伴依次为欧盟、美国、东盟国家（ASEAN）、日本、澳大利亚和中国。这 6 个国家和地区占据新加坡服务贸易出口额和进口额的比重分别为 63%、60.3%。

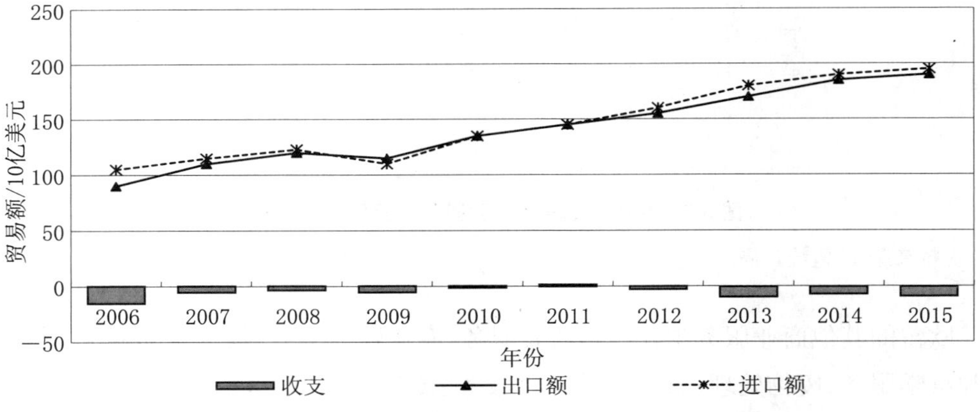

图 3.8　2006—2015 年新加坡服务贸易进出口贸易额变化趋势图

资料来源：新加坡服务贸易报告 2015。

欧盟仍然是新加坡服务贸易最大出口目的地。2015 年新加坡对欧盟贸易出口额为 267 亿美元，基本与上年持平。接下来依次为美国、东盟国家(ASEAN)、日本、澳大利亚。其中对日本的贸易出口额获得最大增长，增幅为 24.1%，其次为东盟国家，增长 7.9%。

美国连续两年超过欧盟成为新加坡服务贸易最大进口国。2015 年新加坡对美国贸易进口额为 372 亿美元，同比增长 6.5%。随后依次为欧盟、中国、东盟国家(ASEAN)、日本、澳大利亚。除对澳大利亚进口额下降 2.7%之外，其余 4 个国家和地区的进口额增幅介于 3.8%～11.4%之间。

2. 知识产权使用费、保险、金融等新兴贸易获得强劲增长

运输服务、旅游服务、商务管理服务和金融服务是新加坡服务贸易的主要来源，这 4 项合计占贸易出口额、进口额比重分别为 67.6%、57.3%(图 3.9)。2015 年，运输服务贸易的出口额为 665 亿美元，同比下降 1%，进口额增长 12.8%达到 668 亿美元，运输收入的减少和运输成本的不断增长造成运输服务贸易首次出现赤字。旅游服务贸易进出口额均有所下降，其中出口额为 228 亿美元，减少 6.1%，进口额为 3C4 亿美元，旅游服务贸易的逆差额由 2014 年 66 亿美元上升至 76 亿美元。商务管理服务出口额为 209 亿美元，增长 4.7%，进口额为 183 亿美元，同比增长 7.6%。银行服务收入的增长推动金融服务贸易出口增长 8.1%，达到 290 亿美元，金融服务贸易进口增长 9.1%，为 61 亿美元，金融服务贸易的顺差由 2014 年 212 亿美元增至 2015 年 229 亿美元。

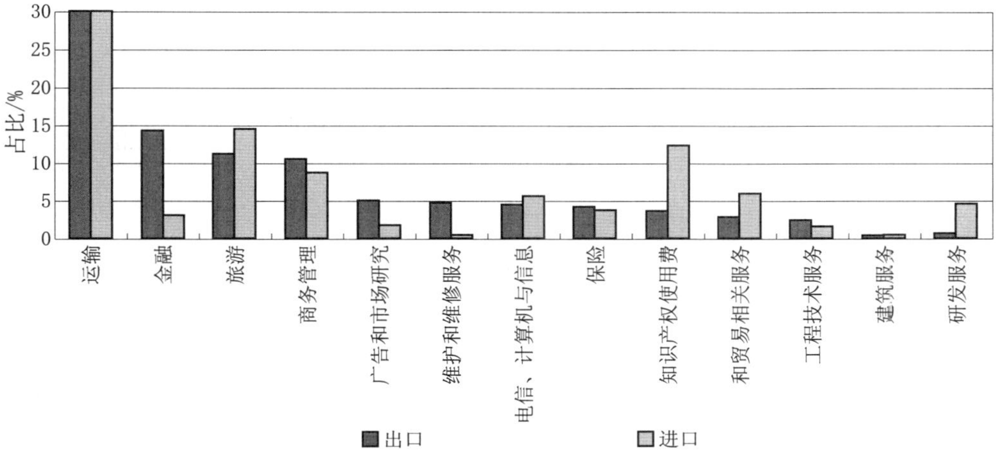

图 3.9　2015 年新加坡服务贸易各细项进出口贸易额占比

资料来源：新加坡服务贸易报告 2015。

2015 年,新加坡服务贸易出口中特许经营权费用获得较大增长,增幅为 48.5%,主要是由于专利、工业设计、专有技术以及制造权等所收取的知识产权费用较高。接下来依次为通信服务、计算机和信息服务、保险、广告和市场研究服务,增幅分别为 33.8%、32.8%和 30.6%。进口贸易中,保险服务贸易额取得较快增长,进口额增长 41.6%,为 75 亿美元,这主要得益于较高的再保险和保费收入。

(四) 印度

1. 服务贸易额总体呈现快速上升趋势

近年来,印度服务贸易总额迅速增长。根据世界贸易组织的数据显示,2015 年印度服务贸易进出口总额达到 2 775 亿美元,比 2014 年历史最高峰略有下降(图 3.10)。出口方面,2006 年出口额为 692 亿美元,此后除 2009 年以外保持连年递增态势,2015 年出口额增至 1 553 亿美元。出口增速最高年份为 2010 年,较上一年增长 26%。进口方面,服务贸易进口额由 2006 年的 189 亿美元增至 2015 年的 1 222 亿美元,增速最高的年份是 2010 年,达到 43.2%,年平均增速为 8.6%。

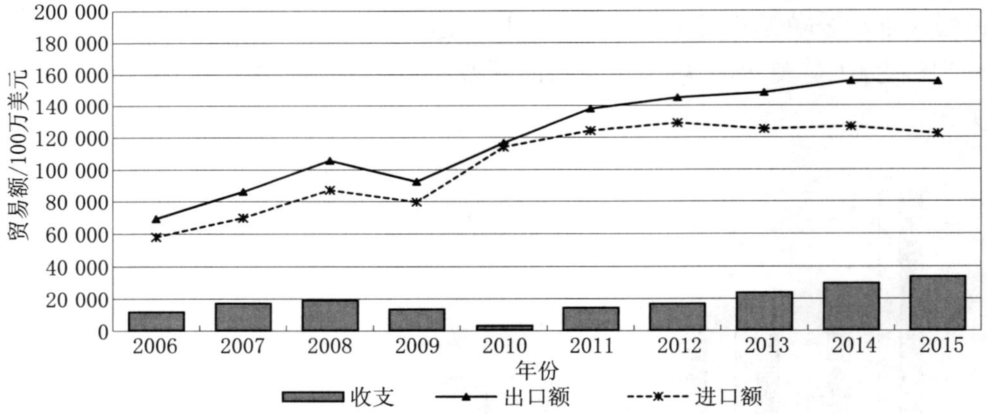

图 3.10　2006—2015 印度服务贸易的情况

资料来源:WTO Statistics database.

2004 年以前印度服务贸易处于逆差地位,但逆差额逐年减少,自 2004 年起始终保持着顺差。2009 年以前,印度的顺差额处于快速上升期。2010 年增速放缓,其后基本保持稳定,2015 年印度服务贸易顺差额为 330 亿美元。服务贸易出现大幅下跌的年份是 2009 年,服务贸易总额跌至 1 718 亿美元。与此同时,2009 年印度服务贸易顺差额也开始下降。究其原因，主要是受国际金融危机的冲击，印度服务外包业因此面临前所未有的挑战。同时，服务外包业被许多国家视为重点发展的行业之一。菲律宾、乌克兰、俄罗斯、巴西、墨西哥等国家都在大力发展自己的服务外包业。受此影响，全球服务外包业市场份额正被各国“瓜分”，印度服务外包业面临着越来越激烈的国际竞争。

2. 印度服务贸易商品出口结构较为单一

印度服务产品出口以计算机和信息服务、旅游、运输以及其他商业服务为主，2015 年这四类服务产品出口占印度出口总额的 91.1%。由此可以看出，印度服务产品的出口集中度较高。从单项产品来看，计算机和信息服务一直是支撑印度服务出口的主要方面，其比重基本保持在 30%以上。尤其是自 2012 年以来，比重持续加大，2015 年达到峰值，占比为 37.1%，是出口的第一大类产品。其次是其他商业服务，近十年占比基本保持在 30%左右，从整体来看保持平稳发展。作为传统服务业的运输和旅游在印度服务产品出口中占比均达到 10%以上，运输服务出口波动较大，2015 年占比跌至 9.2%；旅游服务出口相比比较平稳，2015 年比重为 13.5%，较上年有所上升。数据表明，2006 年以来，印度服务贸易出口商品结构变化不明显，“印度软件”始终是出口的主要支柱产品，出口商品结构单一。

表 3.9 印度服务贸易出口商品结构

服务类别	占比/%									
	2006 年	2007 年	2008 年	2009 年	2010 年	2011 年	2012 年	2013 年	2014 年	2015 年
运输	10.9	10.4	10.8	12.2	10.7	12.7	12.1	11.4	12.0	9.2
旅游	12.4	12.4	11.1	12.1	11.5	12.8	12.6	12.4	12.7	13.5
通信	3.1	2.7	2.3	1.8	1.3	1.2	1.2	1.5	1.4	1.3
金融	3.4	3.9	4.0	3.9	4.7	4.5	3.9	4.3	3.6	3.4
计算机和信息服务	30.7	31.7	33.6	35.1	32.6	31.8	33.6	35.7	35.8	37.1
其他商业服务	36.3	35.5	35.1	29.6	28.3	28.8	32.0	31.3	30.4	31.3

资料来源：WTO Statistics database.

2006 年以来，印度进口服务产品前三项为运输服务、其他商业服务和旅游，三项占比接近 80%。其中，运输服务贸易占据了进口贸易额的四成，2011—2014 年，运输服务进口基本都保持在占比 45%以上，2015 年进口额有所下滑，占比有所下跌至 42.8%。其他商业服务近年来总体保持回升，2015 年占比 24.5%，为近五年来的高位，但仍低于 2006 年占比 30.6%的峰值（表 3.10）。旅游服务进口 2011—2013 年呈下降趋势，但 2014 年以来，旅游服务贸易进口额稳步上升，2015 年占比达到了 12.2%。印度服务贸易进口商品结构也同样呈现出单一化状态，而且从现有数据来看，短期内改善的可能性较小。

表 3.10　印度服务贸易进口商品结构

服务类别	占比/%									
	2006 年	2007 年	2008 年	2009 年	2010 年	2011 年	2012 年	2013 年	2014 年	2015 年
运　　输	42.7	43.8	48.6	44.5	39.7	45.8	46.2	45.6	46.5	42.8
旅　　游	11.8	11.7	10.9	11.7	9.1	11.1	9.7	9.2	11.5	12.2
保　　险	4.6	4.5	4.9	5.1	4.3	4.9	4.9	4.7	4.7	4.3
金　　融	3.4	4.6	4.0	4.7	5.8	6.6	4.3	4.7	3.2	2.5
计算机和信息服务	3.4	5.1	4.3	2.9	2.2	1.5	2.0	3.0	3.4	3.1
其他商业服务	30.2	26.1	23.1	21.2	22.0	20.6	23.8	22.3	21.2	24.5

资料来源：WTO Statistics database.

四、全球服务外包发展态势

（一）全球服务外包发展有所放缓

信息服务集团（ISG）2016 年 1 月发布的数据显示，以年度总合同额 2 500 万美元以上业务为统计对象，2015 年全球外包合同总额为 889 亿美元，同比下跌 21%，其中信息技术外包（ITO）为 635 亿美元，同比下跌 23%，业务流程外包（BPO）为 254 亿美元，同比下跌 15%。2015 年美洲地区合同总额为 320 亿美元，同比下跌 23%；EMEA（欧洲、中东和非洲）地区合同总额为 483 亿美元，同比下跌 14%；亚太地区合同总额为 86 亿美元，同比下跌 41%。

以单个签约额在 500 万美金以上的大额合同为统计对象，2015 年全球大额合同额为 237 亿美元，同比下降 8%，其中 ITO 为 172 亿美元，同比下降 12%，BPO 为 66 亿美元，同比上升 6%。2015 年美洲地区大额合同签约额为 98 亿美元，与 2014 年持平；EMEA（欧洲、中东和非洲）地区大额合同签约额为 117 亿美元，同比下降 8%；亚太地区大额合同签约额为 22 亿美元，同比下降 33%。

2015 年全球大额外包合同的缔约期间和缔约金额双双呈现下降。云技术、数字化和自动化的推广应用使得企业更倾向于总价低、期限短、更灵活的合同。2015 年全球大额合同平均金额比2012年下降了20%，超大额合同数量也跌到近十年最低水平。

（二）全球主要发包方和接包方市场的发展现状

1. 全球主要发包方市场由美日欧等发达国家主导

全球外包业务的离岸发包市场由美国、欧洲和日本等发达国家或地区主导，这些国家或地区离岸业务发包规模占全球发包市场的近9成。2015年，全球软件外包市场规模达到1 267.8亿美元，同比2014年增长9.2%（图3.11）。其中，美国是全球最主要的软件发包国家，2015年发包规模占全球市场的55.3%，成本和创新是企业外部的主要动因，金融、会计、医疗健康方面的外包潜力巨大。欧洲占据第2位，市场份额为25.5%，成本和人才是企业外包的主要动因，IT、研发是主要的外包领域。日本是离岸发包市场增长最快的，约占全球发包份额的10%。

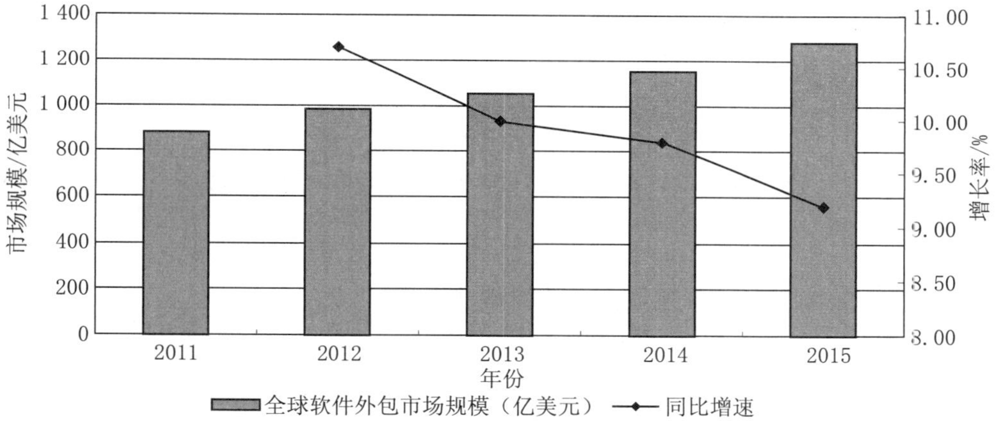

图3.11　2011—2015年全球软件外包市场规模

资料来源：中国产业信息网。

2. 全球主要接包方市场竞争日趋激烈

由于离岸外包是全球化的竞争，竞争的主体参与者虽然是企业，但国家的整体竞争力至关重要。很多发包商往往是先考虑目的地国家，再考虑目标企业。由于相对低成本，发展中国家在全球竞争中具有一定的比较优势。但由于发包商进行发包选择时，考虑的是综合投入产出比，而不仅仅是成本的降低，发包商会考虑项目的质量，即在获得同等质量的前提下选择总体成本最低。另外，除了人员工资等直接成本，发包商还需要考虑沟通成本、管理成本等需要投入的间接成本。发展中国家应该通过提升项目价值和降低间接管理、沟通成本，协助实现发包企业投入产出的最大化，以及自身利润的最大化，从而提升自身的比较优势。

全球离岸接包市场竞争较为激烈，印度、爱尔兰、加拿大和中国组成了软件接包国家的第一梯队，合计市场占有率约为 66.9%；菲律宾、墨西哥和俄罗斯组成了第二梯队，合计市场占有率约为 12.7%；澳大利亚、新西兰和马来西亚等国家组成了第三梯队，合计市场占有率约为 7.9%(图 3.12)。

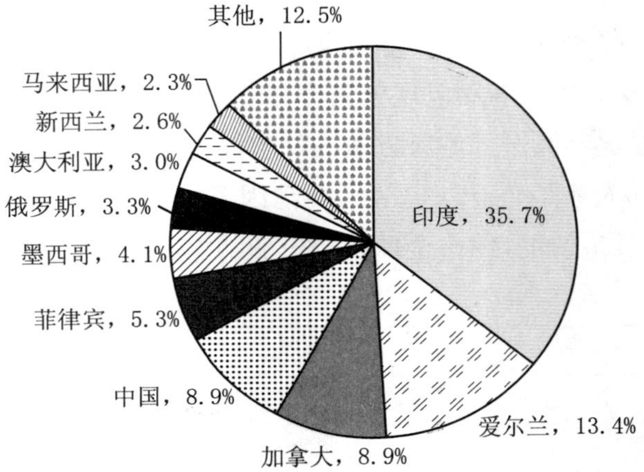

图 3.12　2015 年全球主要软件外包接包国家或地区格局

资料来源：中国产业信息网。

(1) 亚太地区离岸服务外包占据绝对优势

科尔尼公司发布了全球离岸服务外包的目的地 2016 年指数，数据主要来源于遍布 55 个国家的三个主要类别指标：财务吸引力，从业人员技能和数量，商业环境。

离岸服务外包的目的地指数前 20 位国家有 8 个来自亚太地区(图 3.13)。印度仍然是外包领域的首选。该国在财务吸引力方面得分很高，并且拥有强大的技能基础。印度作为全球最大的离岸服务接包国，近年逐渐向服务外包产业高端攀升。印度软件和服务业企业协会在 2013 年将服务外包从 IT-BPO 更名为 IT-BPM(IT 业务流程管理)，体现了印度服务外包供应商从被动的外包商角色转型为主动的管理服务上角色。2014 年印度 IT-BPM 产业继续保持两位数增长，离岸服务外包额占全球的 55%。印度服务外包企业率先推出面向大客户的全球交付模式，切入长期持续咨询和 IT 基础设施管理的业务领域，利用信息技术为全球客户提供差异化和高附加值服务，实现“非线性增长”。2015 年印度的 IT-BPM 产业将达到 1 460 亿美元，占 GDP

比例达到 9.5%。

中国因金融管理改善和金融市场自由化等因素位居第二,但其知识产权保护方面仍有待加强。马来西亚稳定在第三位,尽管从各项指标不是最佳,但该国仍凭借知识产权的安全性和政府的补助等使综合排名领先。例如马衡达信息技术公司在吉隆坡承接谷歌技术研发中心的业务,马来西亚政府还计划于 2020 年在与泰国槟城 160 公里交界的地方打造一个外包产业园,可以提供 21 000 个新的就业岗位。孟加拉国排名上升 4 位,位列第 22,其中金融吸引力指标(满分 4 分)得分 3.34,在 55 个经济体中仅次于斯里兰卡排名第 2,劳动力技能和可用性指标(满分 3 分)得分 1.1,商业环境指标(满分 3 分)得分 0.87。后两个指标对孟加拉国总体排名造成拖累,为此政府需采取务实措施,提高劳动力整体素质和技能水平,发展 IT 和业务流程外包行业,不断改善商业环境,更多吸引外商直接投资。

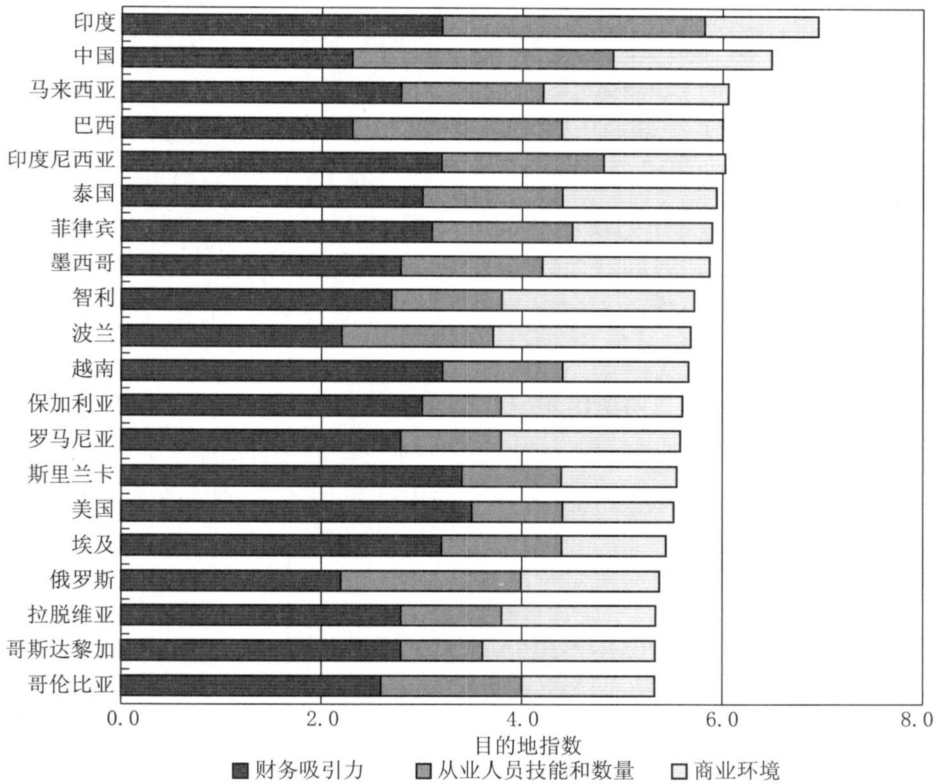

图 3.13　2016 年科尔尼(A.T.Kearney)全球服务外包目的地指数前 20 位

资料来源:A. T. Kearney. The Shifting Geography of Offshoring—The 2016 A. T. Kearney GSLI. https://www.atkearney.com/strategic-it/global-services-location-index.

(2) 拉丁美洲和加勒比地区离岸服务外包发展势头迅猛

拉丁美洲有 5 个国家进入离岸服务外包的目的地指数前 20 位，主要得益于劳动力的技能不断提升。尽管巴西汇率的变动导致 BPO 分值下降，但其仍位于该榜单的第四位。墨西哥位于榜单第八位，拥有许多优势，是美国公司最喜欢的近岸目的地：发达的电信基础设施，大量的人口信息和通信技术（ICT）和工程专业人员，以及越来越多的英语人才。哥斯达黎加重返前 20 名，得益于该国的基础设施得分。哥斯达黎加在经济基础设施方面的投资占其国内生产总值（GDP）的比重高于拉丁美洲的任何一个国家，哥斯达黎加的劳动力规模较小，相对其他地区的劳动力相对昂贵，但社会凝聚力高，商业环境友好，工人工作质量弥补了成本差异。

(3) 东欧地区良好的商业环境推动离岸服务外包发展

离岸服务外包的目的地指数前 20 位国家中，东欧地区因良好的商业环境有 5 个国家进入该榜单。尽管监管成本、IT 和流程业务外包的经验值得分略有下降，但由于薪酬成本的有力改善，波兰进入前 10 位。根据波兰商业服务协会的数据，到 2015 年底，该国的商业服务的员工数将达到 17 万名。如瑞士银行、瑞士信贷和梅隆等金融服务业将产生约 5 000 个新的后台就业岗位。众多的复合型商业中心使波兰在东欧占据相当大的优势。此外，大量的波兰人曾在海外工作，熟悉各种语言和文化是劳动力的另一个优势。2015 年因地缘政治的影响，大量乌克兰的 IT 和业务流程外包企业和人才流往中东欧地区的波兰、保加利亚、罗马尼亚、斯洛文尼亚等国家。许多大型离岸外包业务不仅在华沙，而且在克拉科夫、弗罗茨瓦夫、卡托维兹、罗兹等多个地区落户。

罗马尼亚上升了 5 位列榜单第 13 位。罗马尼亚的劳动力成本低于波兰，但商业环境仍在努力追赶。根据罗马尼亚软件和服务业协会的统计，国际大型 IT 厂商目前经营约 50 个中心，其中大部分与 IT 和业务流程外包相关，服务外包从业人员达到 5 万人。

（三） 全球服务外包市场的新趋势和新业态

1. 全球服务外包市场的新趋势

(1) 服务外包从成本驱动向价值导向转移

寻找低价劳动力是服务外包最初始的目的，然而随着服务专业性的提升，服务外包的诉求逐渐多元化，开拓市场、提高效率、缓解资本压力、提升技术水平、降低运营风险、探索转型发展等成为企业发包的重要考量因素，服务外包的价值逐渐提升。跨国公司外包的内容已不再局限于非核心业务环节，关键技术研发、财务、人力等核心业务环节的外包活动日益增多，其中高附加值的知识流程外包与提供商业解决方案的业务流程外包占比日益增大，服务外包供需双方不再是单纯的合同关系，而是建立长期、深度的战略合作伙伴关系。

(2) 信息技术推动服务外包变革

在大数据、云计算、移动互联网为代表的新技术变革驱使下，技术模式、服务模式、运营交易模式、交付定价模式、商业模式等都将发生颠覆性的变化，这种服务外包范式的转变将对服务贸易外包行业产生颠覆性的"破坏"，会挤压、替代部分传统的服务外包业务，其中人工智能的影响最为深刻，未来十年内，ITO领域应用开发程序员、测试工程师等的部分岗位将被机器程序员代替。另一方面，随着云计算、物联网、大数据及人工智能等新技术的发展和更新换代，将推动服务外包企业在技术创新、人力资源、商务模式等方面增加投入，形成了新的外包内容、业务流程和交付模式，为服务外包产业发展提供了新的动力。

(3) 发展中国家的接包市场竞争更加激烈

金融危机后，全球众多国家都走上了加快结构调整的步伐，发展服务业和服务贸易成为服务经济时代的共同选择。以印度为例，有些外包企业已达到十几万、二十几万人的规模，前10家公司就占了整个印度IT收入的40%以上。企业规模的扩大带来了行业的垄断和集中，对于中小企业以及业务初期发展中国家和地区，产生了一定的影响。印度外包业务的成功，为更多的国家树立了典范，围绕服务外包的竞争更加激烈。菲律宾、马来西亚、泰国等东南亚国家服务外包产业凭借低成本等优势正在加速崛起，产业成长迅速。传统外包业务已经不足以在目前的业务竞争格局中取胜。一方面，一国的特色和另一国几乎相同，于是其近岸外包地区之间的差别也就微乎其微。另一方面，客户公司的关注点从只注重成本节约转变为更加强调合作伙伴关系、服务价值链定位和技能，外包产业的焦点正在转移到能够提供更高价值的地区。

越来越多的发包商尤其是美国发包商，要求服务外包企业必须具备本土就近服务的能力和交付中心。服务外包企业需要在当地设立分公司或收购当地企业，以提供现地服务，快速响应并高效满足发包方需求。随着经济全球化的发展，服务外包承接方从中等发达国家向新兴发展中国家和地区扩展，也从近岸向远岸国家和地区扩展，服务外包承接国数量急剧增多，几乎遍及全球。同时服务外包多元化发展趋势明显，部分跨国公司在拓展自身业务时，把眼光转向服务外包本身，开拓服务外包业务。如IBM通过一系列兼并重组，从传统计算机制造企业转型为大量承接IT专业外包业务的巨型服务型公司。随着服务外包企业的规模日益扩大，大型服务外包企业占据了大量市场份额，马太效应明显，大者恒大。

(4) 数字贸易规则将成发包目的地选择的重要因素

当前一些国家对数据实施本地化政策，要求服务供应商的数据服务器须在本国领土内，数据在本国数据中心存储、优先选择本国服务供应商。对于国际发包企业而言，数据能否跨境自由流动已经成为其发包考虑的重要因素。减少数据本地化、对数据跨境流动的合理限制的数字贸易规则的落地实施将对国际服务外包发包目的地选择产生深远影响。

当前虽然 TTP 和 TTIP 能否落地实施尚无定论，但以 TPP 为代表的在保护个人信息等合法公共政策目标得到保障的前提下，确保全球信息和数据自由流动的贸易规则，代表了数字贸易规则的发展方向。一旦类似数字贸易规则在局部国家间的达成，国际服务外包发包目的地的选择因素将增加第四个重大因素，即发包国家和接包国家是否有受共同的数字贸易规则约束，发包企业将更愿意与本国签署贸易协定的接包国家的企业合作。

2. 服务外包创新金融服务新业态

(1) 价值链延长使服务外包获得更多的嵌入空间

在数字化技术的支持下，一个金融服务环节往往能够带动和延伸出许多其他潜在的金融服务环节，这就使得金融服务的价值链条被大大拉伸了。以大数据、物联网、移动互联网、云计算为代表的新一代信息技术正在加速与传统产业融合发展，推动服务外包模式创新，提高服务效率。随着越来越多的企业将内部应用和基础设施转移到云端，基于云计算的服务模式被广泛认可，传统服务外包也将会大量采用云端交付模式，交付模式的创新有助于服务效率的大幅提升。伴随数字化金融的发展，不论精准的金融服务营销、个性化的金融产品设计，还是智能化的客户信用分析和保险审核等，都离不开海量数据和分析手段的支撑。当前金融业对数据的重视已经达到前所未有的程度，与之相关的数据存储、数据处理、数据分析挖掘等金融外包服务也获得了空前的发展机会。

(2) 数字贸易的发展将促进服务外包合作模式和内容将更趋多样

数字经济社会中的企业顺互联网大势而为，用互联网思维来进行企业产品和服务的创新。企业的互联网转型将带使得发包企业在能力和合作模式方面对接包商有不同以往的新要求。数字贸易的发展丰富了服务外包的合作模式和内容，服务外包形式将更趋多样。以驱动互联网和数字经济发展为目标的数字贸易规则比如 TPP 协定第 14 章，对电子认证和电子签名、电子商务网络的接入和使用原则、通过电子方式跨境传输信息、互联网互通费用分摊、计算设施的位置、源代码等诸多方面都有详细约定。数字贸易的这些规则将有力激发新型服务外包业务内容和合作模式的产生，并为其发展壮大提供机制保障。

(3) 中小型外包企业创新服务外包获得更多机会

中小型供应商将会得到更多的重视、青睐与机会。无论是技术的发展，还是全球化深入导致的市场变化，全球服务外包买家将更看重服务商的灵活度、行业经验和解决方案能力。目前，具有行业经验与行业解决方案的服务外包供应商将会最受追捧，而服务外包企业的规模大小、外包团队技能的多样性、Ramp-Up/Ramp-Down 的可适性等将慢慢退出买家评估供应商体系中的核心评估要素，中小型企业在创新优化流程、提高交付灵活性、应用新技术、提高人力资源效能等方面能较快反应，未来可能获得更多机会。企业的员工数量不再是供应商实力的绝对标志。企业人数甚至成为评估供应商实力的制约因素：员工多了意味着企业的成本上升，进而导致接包项目要价较高。

(4) 围绕客户关系维护的金融外包服务获得新的发展

数字化金融的普及性，改变的不仅是价值实现手段，还包括价值的来源。对金融机构来说，不仅是传统优质大客户具有价值，客户规模、客户的稳定性所产生的价值也不可忽视。尤其是在金融业市场化程度日益提升、竞争愈加激烈的情况下，现代金融业正在由供方市场向需方市场转变，传统的精英式客户维护模式受到挑战，拥有 IT 技术手段的金融外包服务商在大规模、社交化客户维护方面的优势得到显现。

参考文献

[1] 徐清军.2014 年世界贸易主要特点及 2015 年发展走向[J].国际贸易，2015(5)：14—18.

[2] NASSCOM. *Indian IT-BPM Industry FY16 Performance and FY17 Outlook* [R]. NASSCOM. 2016.2.

[3] Singapore Department of Statistics. *SINGAPORE'S INTERNATIONAL TRADE IN SERVICES 2015* [R]. Department of Statistics. 2016.12.

[4] WTO. *World Trade Statistical Review 2016* [R]. WTO. 2016.5.

[5] United States International Trade Commission. *Recent Trends in U.S.Services Trade: 2016 Annual Report* [R]. United States International Trade Commission, 2016.11.

本章撰写：张　耘

第四章　世界批发及零售商业发展动态

在全球经济低迷的大环境下，全球投资步伐放缓，贸易增长疲弱，生产率增长缓慢，债务水平偏高。同时，民粹主义正在兴起，从中东开始，蔓延至欧洲和美国，英国的意外脱欧、美国大选特朗普爆冷胜选等，导致全球的投资贸易环境极不稳定，给未来全球零售批发商的发展带来了更多不确定性。尽管如此，由于美国去库存周期的结束和日本采取更积极的政策举措，发达经济体 2017 年国内生产总值增长预期会加速；新兴经济体特别是东亚和南亚的经济总量也将重拾增长态势。在这种全球环境下，本章回溯近两年来世界批发零售商业发展动态。

一、世界批发零售商业总体发展态势

（一）传统零售增长放缓，电商首次进入零售前十位

据德勤《2017 全球零售力量报告》，零售业的前四位保持不变，但是由于并购、资产剥离和汇率浮动，榜单中的其他公司遭遇洗牌。前三名中沃尔玛的零售额小幅下降，好市多和克罗格的增长速度也相对缓慢。大型商超在十强中占得 7 席，其他上榜的有美国连锁药店沃博联，该公司在并购后排名较去年上升 5 位；家居建材零售商家得宝，排名第 6 位，较去年上升 3 位。

与传统零售巨头相对应的是，纯电商零售亚马逊以远高于其他零售巨头的年复合增长率（20.8%）首次闯入前十位。整体来看，电子商务和并购依然是 250 强零售商的主要增长引擎，其中增长速度最快的 3 家零售商分别是电商唯品会（增长速度184.6%）、京东（增长速度 81.3%）和美国大型超市艾柏森（Albertsons）（增长速度 74.1%）。

2014 年 Albertsons 以 94 亿美元买下美国第二大的连锁超市喜互惠(Safeway),力图以扩大规模增强竞争优势。尽管从事电子商务的零售商在线销售收入增长有所放缓,但是仍然高于整体销售增长速度。50 家最大电子零售商中有 80%位列 250 强零售商榜单。前十位零售商的零售收入占到了前 250 位零售商收入总额的 30.4%(表 4.1)。

(二) 全球"零售化",跨界融合让零售界限模糊

创客运动、分享经济和其他因素使得零售商越来越难以定义。一方面,零售商与不同领域实现产业融合,进一步丰富业务组合,如,苹果公司开发出 apple pay 进军支付领域;亚马逊允许大件商品分月付款(日立金融提供支持);英国百货零售商 Argos 为店内的家庭产品提供保险购买服务;欧洲电子产品零售商 Dixons Carphcne 为消费者提供手机及电脑的配置服务。零售商还能自主拓展其业务领域,如,欧洲电子零售商 Dixons Carphone 构建了名为 iD 的手机网络,在欧洲市场上与传统电信运营商竞争;阿里巴巴利用其对客户财务状况的了解,开展消费者贷款业务,这对亚洲的银行业逐渐构成威胁。

另一方面,零售商也可能被其他跨界行业"抢生意",汽车制造商能够利用顾客的车内时间引导其进行远程浏览和购买,公共服务公司能够直接获得消费者家中能源使用情况,电信运营商能够积累大量移动数据端的消费者数据,这些看似不相关的行业都有可能在整个商业生态系统中对零售商构成威胁。

此外,非传统型零售商应消费者需求而开发的诸如订阅服务和高度定制化服务等新型服务模式呈现爆发式增长。如,会员式的剃须刀片商 Dollar Shave Club 提出,客户每月只要 1 美元即可享受全新剃须刀直送到家门口的服务,这种创新的订购方式直接颠覆了吉列剃须刀过去巨额研发投入、大量广告宣传、零售商货架展示和销售的传统零售批发模式。类似的例子还有在每周五的 5 点快递寄送手工饮品的 DeskBeers,定制衣物快递服务公司 Trunk Club,杂货和食品半成品快递公司 Blue Apron 等。

(三) IP 为零售带来文化附加值,"追随式"经济推动销售

从商业和资本的角度,知识产权(IP)的内涵已经有了无限的外延,现已被引申为"可供多维度开发的文化产业产品"。美国漫威、迪士尼、日本熊本熊、韩国 LINE FRIENDS 就是最佳案例。2016 年全球零售行业中不少零售商借着 IP 的东风吸引

表 4.1　2015 财年排名前十位的零售商

排　名	排名变化	公　　司	主营业务	国家	2015 财年零售收入/100 万美元	2015 财年零售收入增长率/%	2015 财年销售净利润率/%	2015 财年资产收益率/%	2010—2015 财年零售收入年复合增长率/%	经营的国家数量/个	境外经营的零售收入占比/%
1		沃尔玛(Wal-Mart)	商超	美国	482 130	−0.7	3.1	3.5	2.7	30	25.8
2		好市多 (Costco Wholesale)	商超	美国	116 199	3.2	2.1	1.9	8.3	10	27.4
3		克罗格(The Kroger)	商超	美国	109 830	1.3	1.9	1.6	6.0	1	0.0
4		施瓦茨集团(Schwarz Unternehmenstre uhand)	商超	德国	94 448	8.1	n/a	n/a	7.4	26	61.3
5	+5	沃博联(Walgreens Boots Alliance)	药品	美国	89 631	17.3	4.1	2.7	5.9	10	9.7%
6	+3	家得宝 (The Home Depot)	家居建材	美国	88 519	6.4	7.9	7.6	5.4	4	9.0
7	−1	家乐福(Carrefour)	商超	法国	84 856	3.1	1.4	1.8	−3.1	35	52.9
8	−1	奥乐齐(ALDI)	商超	德国	82 164e	11.5	n/a	n/a	8.0	17	66.2
9	−4	乐购(Tesco)	商超	英国	81 019	−12.7	0.6	−9.3	−2.3	10	19.1
10	+2	亚马逊(Amazon)	电商	美国	79 268	13.1	0.6	−0.3	20.8	14	38.0
前 10 零售商					1 308 065	2.9	2.8	5.9	4.2	15.7	28.7
前 250 零售商					4 308 416	5.2	3.0	4.6	5.0	10.1	22.8

说明：e=预估数额，n/a=暂无数据。
资料来源：德勤.2017 全球零售力量。

消费者，提升销量。服装零售品牌结合当下热点 IP 推出“合作款”“限量款”服装，为服装设计增添新意，如美特斯邦威曾将魔兽系列 MTEE 在聚划算首发，开启了聚划算首例与 IP 授权产品合作的活动。

此外，商圈和大型购物商场也举办各种 IP 的主题展览，甚至打造主题购物中心，利用柯南、史努比、米老鼠和凯蒂猫等经典 IP 形象吸引顾客光顾。

除了借势成熟 IP，还有部分零售商定制自己的原创 IP，如国内的坚果零售商三只松鼠，通过培训员工使用统一的接待用语（如称呼顾客为“主人”），场景化的店内布置，将品牌形象拟人化，给消费者留下深刻的印象，同时向消费者传达企业自身的文化，从而与消费者建立更为紧密的情感连接，强化消费者忠诚度。未来，零售企业甚至能够围绕自营 IP 拓展业务范围，发展 IP 周边产品。

在 IP 的背后，其实也是另一种“追随式”经济，消费者“追随”社交媒体上的意见领袖（key opinion leader, KOL）或“网红”品牌做出购买决定；IP 的忠诚粉丝“追随”IP，光顾并购买零售商的产品。另外，“零售＋IP”模式的良好体验还会让消费者主动在社交网络分享产品，自发为品牌宣传。德勤《2017 全球零售力量报告》指出，消费者寻求能够在社交媒体上体现个人品牌的个性化商品和体验，那些可以为消费者提供真正的、可分享的购物体验的零售商将会培育一个极其忠诚的客户群体。

（四） 全球贸易保护主义抬头，新兴市场放松零售投资限制

2016 年全球贸易保护主义有所抬头。发展中国家如印度、印度尼西亚和秘鲁政府为吸引投资，实行改革，减少外商投资限制，促进零售商进入新兴市场的意愿。全球市场中，亚洲地区拥有更多零售“潜力股”国家。

英国智库经济政策研究中心最新发布的《全球贸易预警（GTA）报告》指出，在全球经济增长乏力的背景下，2015 年全球实施的贸易限制措施数量为 736 个，较 2014 年增加了 50%，是此期间实施的促进自由贸易措施的 3 倍。2016 年前 4 个月实施了 150 个，而此前每年前 4 个月的这一数值仅为 50～100。尽管全球贸易保护主义略有抬头，不少发展中国家却放松外商投资限制以吸引外资，其中包括零售和电子商务领域。2016 年，印度宣布全面改革外商直接投资规则，在电子商务和食品行业允许外商持股，并放宽高科技产品采购条件等。印度尼西亚政府在将近 50 个领域开放市场允许外商投资，其中包括了零售和电子商务，并制定了电子商务五年计划。秘鲁作为拉丁美洲零售发展指数排名最高的国家，在拉丁美洲地区拥有最高的消费者信心指

数，其政府一直致力于开放经济促进自由贸易。政策和市场因素的双重作用下，印度、印尼和秘鲁在2016年的零售发展指数排行中分别较上年上升了15位、12位和16位，上榜全球零售发展潜力最高前十位。值得一提的是，零售发展指数前5名中亚洲国家占得4席，显示亚洲地区巨大的零售潜力。

表 4.2　2016 全球零售发展指数排名(前十位)

排名	变化	国　家	市场规模(占总分25%)	国家风险(占总分25%)	市场饱和度(占总分25%)	时间紧迫性(占总分25%)	GRDI分数	人口/百万	人均GDP(按购买力平价计算)	零售额/100万美元
1	0	中　国	100	61.2	36.2	92.5	72.5	1 372	14 190	3 046
2	15	印　度	53.7	54.3	75.8	100	71	1 314	6 209	1 009
3	9	马来西亚	81.2	83.4	23.5	50.4	59.6	31	26 141	93
4	13	哈萨克斯坦	56.4	37.3	61.9	70.2	56.6	18	24 346	48
5	12	印度尼西亚	64.3	38.9	50.2	68.9	55.6	256	11 112	324
6	11	土耳其	85.9	46.4	31.9	53.1	54.3	78	20 277	241
7	7	阿联酋	95.2	100	1.3	18	53.6	10	66 997	69
8	17	沙特阿拉伯	91.2	64.9	21.3	31.5	52.2	32	53 565	109
9	16	秘　鲁	47.3	52.8	50.4	57.2	51.9	31	12 077	70
10	22	阿塞拜疆	33.9	30.8	80.9	59.3	51.2	10	18 512	17

说明：市场规模、国家风险、市场饱和度和时间紧迫性4个指标范围为0—100。0＝市场规模吸引力小、高风险、市场饱和、时间不紧迫；100＝市场规模吸引力大、低风险、市场尚有发展空间(不饱和)、进入市场的时间紧迫。

资料来源：科尔尼.2016 全球零售发展指数。

(五)　消费观念升级与新兴技术发展，C2B 趋势初露端倪

德勤《2017 全球零售力量报告》指出，消费者偏好正在发生改变、个性化的物品和体验已经变得比所拥有的数量更重要，消费者从“高频，低价”转向“更优，更精”的商品。如，快时尚零售商 H&M 顺应消费者需求发布“H&M Conscious”，将会每年推出一个限量的高端、环保的产品系列。这有别于建立在消费者低价多买基础上的传统的快时尚商业模式。

上述消费者偏好的转变加上3D打印、人工智能等新科技的发展，一旦大规模生产向“定制化”转变的各项条件成熟，就有可能颠覆整个制造、批发和零售的流程，从

"商对客(B2C)"模式进化为新型的"按需定制(C2B)"模式。零售商掌握了零售端的消费者后,需要向价值链的上游——供应链延伸,通过买手、产品设计、个性化制造来完善他们面向消费者的服务能力,仅仅停留在零售端这个单点上是不够的。对批发商而言,过去批发是从生产环节开始批发到消费,现在却是从消费到生产,批发渠道的流向正在发生变化。知名鞋类零售商 Clarks 就利用 iPad 精准测量并搜集年轻用户的脚部尺寸,分析这些脚部尺寸数据,并将其与制造流程直接关联。

个性化的设计和生产为代表的定制化一旦成为主流发展趋势,制造商甚至可以直接面对消费者,批发商和零售商如不及时转型则面临被踢出局的风险。未来最强大的零售公司可能是平台型的科技公司,也许就是谷歌、IBM 这样的科技公司,它们可以通过平台和基本架构来连接生产者、设计师以及消费者。现在,零售企业如何正确定位,利用好自身的生态优势显得更加重要。亚马逊的创始人杰夫·贝索斯(Jeff Bezos)就坚持认为亚马逊不是一个零售公司,而是一个科技公司。马云也曾表示虽然阿里巴巴是全球最大的零售平台,但阿里不是零售公司,是一家数据公司。目前,亚马逊在云计算等科技领域领先,未来亚马逊很有可能通过技术方面的优势,开拓基础架构方面的业务,从而改变商业模式。

(六) 批发商核心竞争力从商品向服务转移

由于物流业的快速发展,批发商的核心竞争力将从商品流通转移到服务能力上,传统的批发是以现货商品为主,未来的批发渠道,将更多以订单、样品和相关的商品服务为主。以药品批发与分销行业为例,目前企业主要的投资领域大多集中在订单管理、网络订购系统、冷链/温度敏感型的专门技术和电子谱系和序列化技术等。不少药品分销企业同时也为零售商提供库存管理、药物知识培训、订单追踪服务。未来批发商为了在同质化竞争中脱颖而出,则必须在流程和售后服务能力上有所提升。

二、主要国家和地区的批发与零售商业动态

(一) 美国

1. 零售业增长趋缓,批发贸易触底反弹

美国就业增长,工资增长加快(特别是低收入层)带来强劲的现金流、更少的负债

以及更高的借贷能力。但持续的收入不平等可能会导致消费增长缓慢，2016 年美国个人消费估算比上年增长 2.5%，预计 2017 年将会增长 2%（图 4.1）。受消费影响，美国零售业增长趋缓，美国人口普查局的年度零售报告显示，2015 年零售额增长仅为 1.9%，是 2009 年金融危机以来的最低增长率，除了 2014 年销售额增长率小幅上升，2010 年以来增长率持续下降（图 4.2）。最新月度零售统计数据显示，2016 年及 2017 年初零售额相较 2015 年并无太大变化，基本持平，零售发展略有停滞（图 4.3）。

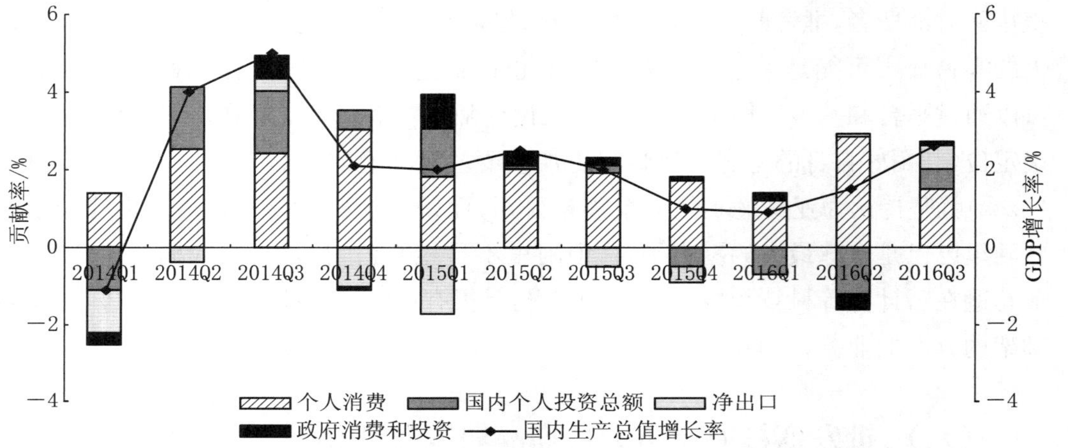

图 4.1　2014 第一季度到 2016 第三季度期间美国各项目对国内生产总值增长的贡献

资料来源：US Bureau of Economic Analysis.

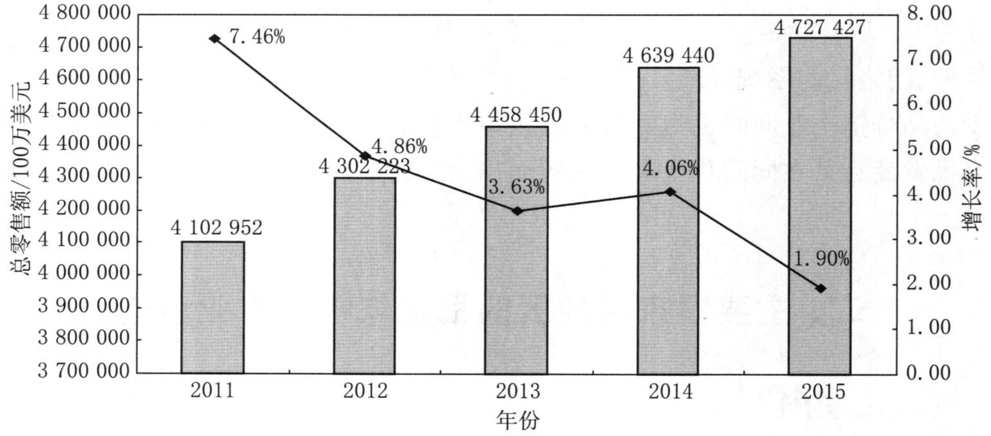

图 4.2　美国 2011—2015 年总零售额及增长率

说明：2014 年及以前是核校后数据，可能与上一年报告有出入。

资料来源：美国人口普查统计局.年度零售贸易报告 https://www.census.gov/retail/index.html.

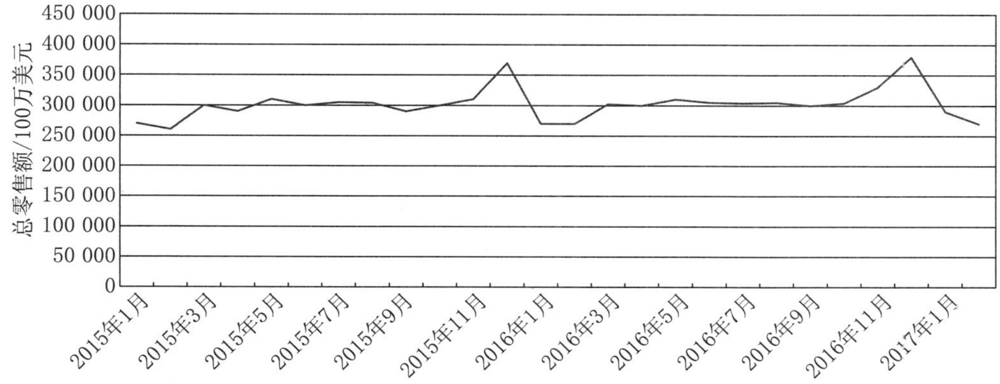

图 4.3 美国 2015—2017 年月度总零售额变化

说明：图中总零售额中不包括汽车及其零部件贸易的数据；2017 年 2 月为预测数据。
资料来源：美国人口普查统计局.月度零售贸易报告 https://www.census.gov/retail/index.html.

2015 年，美国批发额出现金融危机以来第一次大幅下降，批发额较 2014 年减少 5.28%，与 2014 年 2.95%的增长率一正一反相差近 8%(图 4.4)。从月度统计数据看，2015 年至 2016 年初批发额持续下降，2016 年 2 月达到总批发额最低点，之后开始出现上升迹象并持续稳定上升(图 4.5)。从存销比看，美国批发存销比从 2016 年 1 月最高的 1.36 持续下降，到 2017 年 1 月存销比降为 1.28，后期去库存压力逐渐减轻，若无外部因素刺激，预计 2017 年美国批发贸易将保持上升趋势。

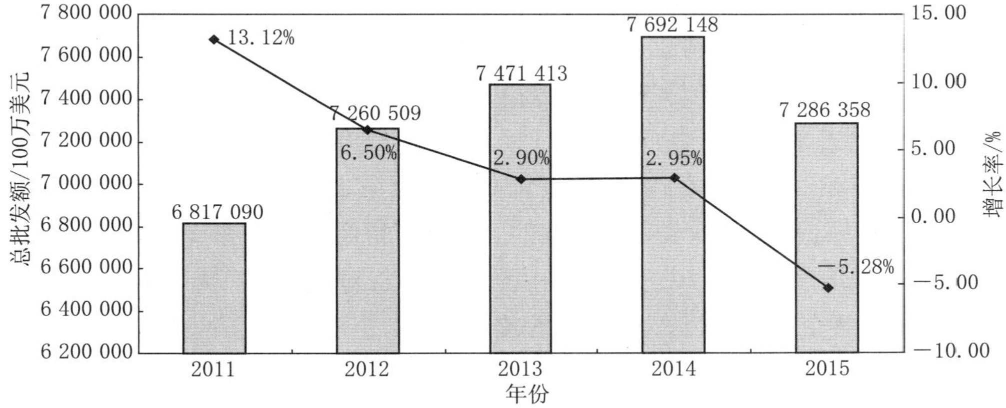

图 4.4 美国 2011—2015 年总批发额及增长率

说明：2014 年及以前是核校后数据，可能与上一年报告有出入。
资料来源：美国人口普查统计局.年度批发贸易报告 https://www.census.gov/retail/index.html.

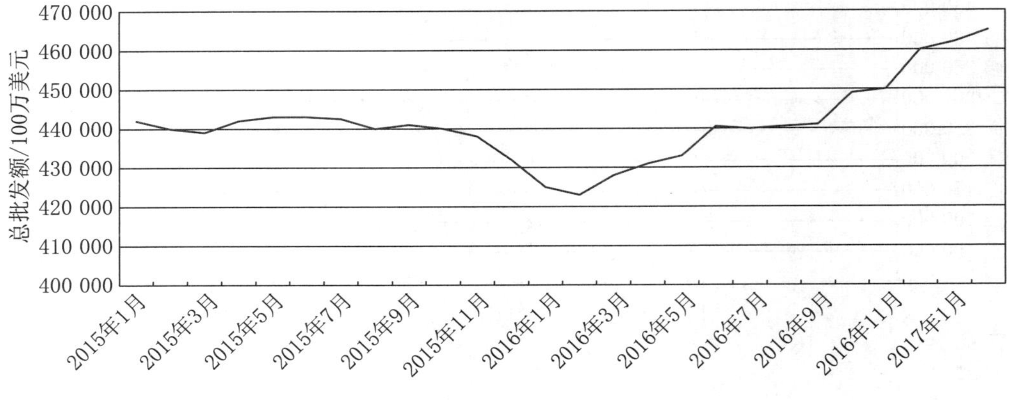

图 4.5　美国 2015—2017 月度总批发额变化

说明：总批发额不包括制造商销售部门及办事处方面的数据。
资料来源：美国人口普查统计局.月度批发贸易报告 https://www.census.gov/retail/index.html.

2. 若边境税实施或将给零售商带来负面影响

特朗普上台后为促进制造业回流美国、增加就业并收窄贸易赤字，实现美国经济复兴，推出一整套税改计划。对于零售商而言，这一计划喜忧参半。一方面，特朗普提出大幅削减个人和企业所得税，减少个人所得税有助于刺激消费，而对部分百货连锁商店如梅西百货而言，削减企业所得税可以大大增加公司的现金流，缓解销售下降带来的股东分红压力。另一方面，特朗普表示，或将征收边境调节税（border-adjustment tax），将其作为整个税改计划的一部分。边境税将对美国销售的海外制造商品征收 20%的税，同时给予美国制造的出口商品免税。这项政策将对零售产业链的几乎每个环节都造成影响，不仅仅是那些在海外制造美国销售的国际零售品牌，销售这些商品的百货购物中心等终端环节也会有成本转嫁的风险。各种零售业态中，服饰零售商预计受影响最大，因为它们过去大多选择在亚洲生产；相对而言，以本土商品为主的零售商（如超市）受到的影响相对较小。总体来说，零售商很大程度上依赖进口，边境税带来的负面影响将远远大于降低企业税带来的益处。大型零售商百思买和 Target 表示，就算企业所得税从 35%降低到 20%，也不足以弥补边境税对企业所造成的损伤。

3. 美国零售企业持续领先，全球化程度较低

从企业层面看，美国的零售业依然在全球处于领先位置。德勤《2017 全球零售力量报告》中，全球 250 强零售企业名单上美国的零售企业的数量占到将近 1/3，北美地区入选 250 强的 88 家零售商中美国占到了 82 家。从零售收入角度来看，美国零售企业的零售收入占到了全球 250 强总收入的一半，5.2%的复合收入增长和 3.2%的净利润率与前 250 强零售商的整体业绩相符。不过，今年美国零售商在利用资产获

得收益率方面表现异常突出，综合资产收益率达到 6.4%。北美地区零售商的全球化程度相对较低，尽管平均有 9.2 个境外经营的国家，但只有 13.6%的综合零售收入来自境外，该地区有超过 40%的零售商只在一个国家经营，这部分原因在于美国本身是一个规模较大的市场，零售商只要在美国占据一定的市场份额，充分挖掘本土市场潜力，就能获得较好的收益(表 4.3)。

表 4.3　全球零售 250 强企业分布概况

项　目	2015 年国家/地区概况				2005 年国家/地区全球化程度		
	公司数量	平均零售收入/100 万美元	250 强公司数量占比/%	250 强公司零售收入占比/%	境外经营的零售收入占比/%	平均国家数量	单个国家经营零售商占比/%
全球零售 250 强	250	17 234	100.0	100.0	22.8	10.1	33.2
非洲/中东	9	6 734	3.6	1.4	35.1	11.3	0.0
亚太	59	10 545	23.6	14.4	10.7	3.8	45.8
中国内地和香港	14	11 341	5.6	3.7	17.1	4.1	57.1
日本	30	9 337	12.0	6.5	10.4	4.4	40.0
其他亚太地区	15	12 219	6.0	4.3	6.4	2.4	46.7
欧洲	85	17 727	34.0	35.0	39.6	16.0	17.6
法国	12	29 522	4.8	8.2	46.0	30.8	0.0
德国	17	24 762	6.8	9.8	47.0	15.9	5.9
英国	15	16 619	6.0	5.8	16.6	15.7	20.0
欧洲其他地区	41	11 762	16.4	11.2	40.6	11.9	26.8
拉丁美洲	9	7 615	3.6	1.6	23.7	2.7	33.3
北美	88	23 300	35.2	47.6	13.6	9.2	43.2
美国	82	23 974	32.8	45.6	13.8	9.7	41.5

说明：零售商的国家/地区按照其总部位置划分。
资料来源：德勤.2017 全球零售力量。

（二） 欧盟

1. 欧洲零售企业在 250 强名单中占比下降，全球化程度相对较高

近年来，尽管欧洲央行采取积极的货币政策，但其收效并不明显，失业率仍然保持高位，投资依旧低迷，消费疲软。欧元区的主要国家，如法国和意大利增长乏力，但西班牙、爱尔兰和德国保持较为强劲的增长态势。在零售领域，欧洲地区排名前 250 位的零售商数量从去年的 93 家下降到了 85 家。欧洲地区的综合零售收入同比增长

3.7%，在 2010 年至 2015 年的 5 年期间复合增长率为 3.8%。与其他地区相比，欧洲地区有更大比例的零售商 2015 财年的收入出现负增长(85 家中的 23 家)。虽然欧洲地区上榜 250 强的零售商增长速度依然落后，但与去年同期相比有所改善，2014 年是自 2009 年以来该地区增长速度最慢的一年。3.1%的综合净利润率与去年同期相比也有所改善(图 4.6)。英国零售商对该地区的业绩产生不利影响，英国零售商的收入连续第 2 年呈负增长，利润也相对较少。2015 年德国前 250 名零售商的增长速度加快，是自 2010 年以来的最高增速。尽管德国的综合净利润率仍然低于 1%，但 17 家上榜德国公司中有 13 家是私人持股，因此无法得知其利润。法国零售商落后于欧洲同行，营收增长幅度较小，但在赢利方面表现较优。

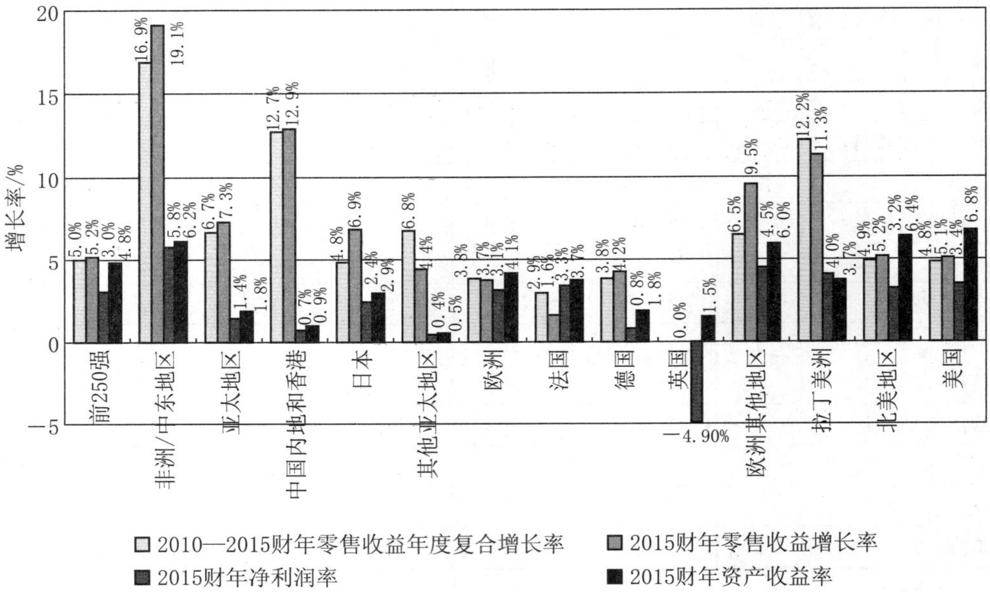

图 4.6　2015 财年各国/地区零售收益的成长与收益率

资料来源:德勤.2017 全球零售力量。

欧洲零售商仍然是全球范围最活跃的零售商，持续在自己成熟的国内市场以外寻求增长。2015 财年其综合收入的近 40%是来自国外业务，几乎是 250 强整体平均比例的两倍。该地区 80%以上的公司是国际化运营的公司，平均在 16 个国家发展业务，法国和德国零售商拥有最全球化的零售网络。

2. 英国脱离欧盟单一市场概率较大，中美是欧盟以外的主要进口国

德勤《2017 全球零售力量报告》认为，英国脱欧之后，经济会迅速恢复。英镑贬值会对消费和经济增长带来负面影响，对汽车、金融服务和医药行业有潜在影响。

英国脱欧有两种可能性，一种是离开欧盟，但依然留在欧盟单一市场；另一种为彻底脱欧，离开欧盟并退出欧盟单一市场。目前来看后者的可能性极大，2017 年 2 月 2 日，英国脱欧白皮书明确英国将脱离单一市场，退出至少部分海关同盟，提出单独的关税法案和移民法案。尽管 2 月 27 日，英国上议院部分议员提出保留英国与欧盟目前贸易关系的修改意见，但被上议院议员以 299∶136 的票数否决，大多数议员认为投票支持留在单一市场、欧洲经济区或关税同盟都意味着"根本没有退出欧盟"。退出单一市场这一举动对英国及欧盟的零售批发业都将造成巨大影响。英国零售协会正在积极争取，一旦政府采取"强硬脱欧"政策，协会要为零售企业和行业争取尽可能多的补贴。

根据英国零售协会统计，欧盟占到英国总进口额的 40%，60%为欧盟以外的其他国家。其中中美两国的进口额在所有其他国家中最多，但目前均未和两国签订特殊贸易协定(图 4.7，表 4.4)。

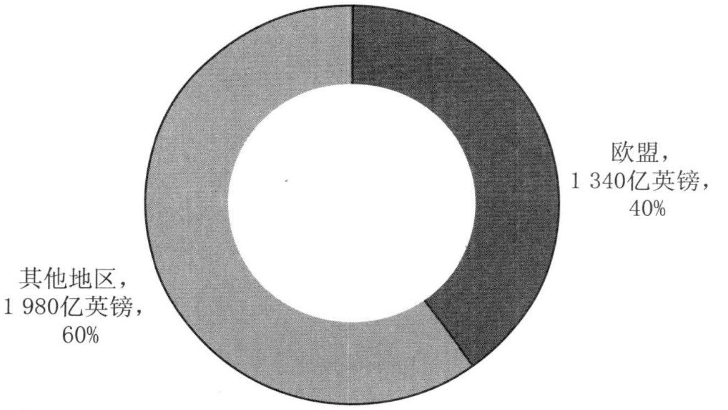

图 4.7　2015 年英国进口额

资料来源：BRC-which way out? a fair brexit for consumers，Oct. 2016，http://brc.org.uk/media/45932/brc-which-way-out-a-fair-brexit-for-consumers.pdf.

表 4.4　英国 2015 进口额及贸易协议情况

国家/地区	英国 2015 进口额/10 亿英镑	特殊贸易协议	国家/地区	英国 2015 进口额/10 亿英镑	特殊贸易协议
中国内地	36	无	土耳其	7.5	有
美　国	35	无	日　本	7	无
挪　威	13	有	中国香港	6.5	无
加拿大	9.5	有	印　度	6	无
瑞　士	9	有	韩　国	4	有

资料来源：BRC-which way out? a fair brexit for consumers，Oct. 2016，http://brc.org.uk/media/45932/brc-which-way-out-a-fair-brexit-for-consumers.pdf.

出口到英国的国家中，爱尔兰、比利时、荷兰 3 个国家的英国出口额分别占到本国 GDP 的 8.4%，6.6%，6.3%。这 3 个国家预计将受到较大影响(图 4.8)。

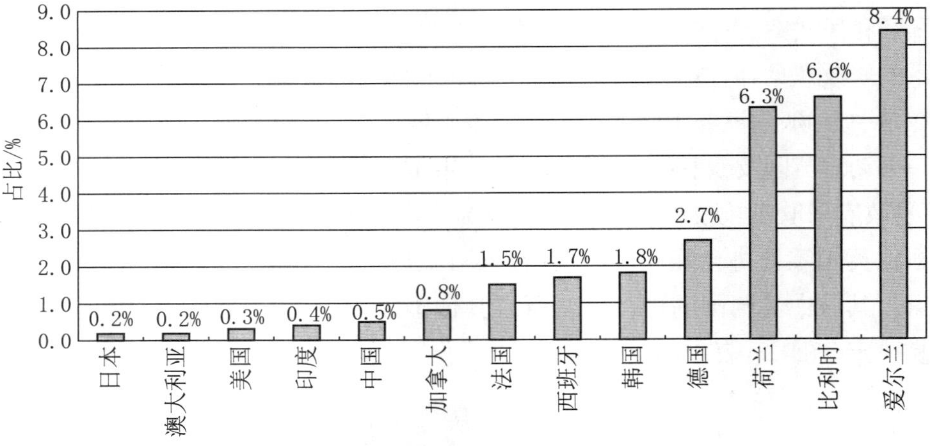

图 4.8　2015 年各国的英国出口额占本国 GDP 比例

资料来源:国际货币基金组织(IMF)。

3. 脱欧后成本上升让英国零售商面临“两难”

英国零售商协会(British Retail Consortium，BRC)在 2016 年 10 月发布报告称，在脱欧公投结束后，商店价格和零售支出并没有明显受到投票结果影响的迹象。但是由于英镑贬值，一些零售商在与国外供应商签订新合同时面临成本上升的压力(表 4.5)。相关的进口数据显示，尤其在非食品领域，进口价格有明显上升。英国零售商面临两难困境，一方面，汇率波动让本就面临租金和人力成本上涨的零售商有强烈的意愿通过涨价转嫁成本压力；但另一方面，激烈的竞争环境让零售商不得不一再压缩利润消化成本以保持市场份额。该报告预计，脱欧之后，在汇率影响下，英国的商品价格会有所上升，但幅度不会有汇率变动直接带来的那么大。长期来看，后期脱欧谈判过程中可能增加的关税也是商品价格上涨的一大因素。目前，英国所有从欧盟的进口都是免税的，如果英国在脱欧后未能和欧盟协商一致，纺织物进口会面临高达 12%的关税，牛肉和乳制品的关税为 40%～50%。

除了关税造成的涨价压力，零售商还面临本土供应商的涨价压力。对于英国政府来说，英国离开欧盟是一笔省钱的“生意”——每年能够节省 80 亿英镑的支出(如果留在单一市场，英国则仍然需要给欠发达成员国补贴至少 20 亿英镑)。如果英国没有引进任何新的农业支持措施来替代之前欧盟的共同农业政策(CAP)给农民一定的价格支持和收入支持，政府每年能进一步节省超过 30 亿英镑。如果这样的话，少了政府的补贴与支持，食品零售商和在食品供应链上的其他环节可能会面临农民为了弥补收入损失而涨价的压力。

表 4.5　英国脱欧对商品价格的影响

<table>
<tr><th>项　　目</th><th>关税同盟</th><th>单一市场</th><th>自由贸易协定</th><th>WTO 规则</th></tr>
<tr><td>从欧盟进口非食品的关税</td><td colspan="2">所有从欧盟进口到英国的都免税</td><td rowspan="2">根据贸易协定有可能免税，在非食品领域更可能达到免税或税费减免</td><td rowspan="2">从欧盟进口需要全额征税，服装与非食品关税高于 16%，食品则更高</td></tr>
<tr><td>从欧盟进口食品的关税</td><td colspan="2">食品需要全额征税，通常为 20%，肉类和乳品类更高</td></tr>
<tr><td>与其他国家的自由贸易</td><td>英国不能自行和他国签订协议</td><td colspan="3">英国可以同他国签订协议降低从发展中国家进口的关税，或降低所谓的 WTO 规则的进口关税</td></tr>
<tr><td>海关手续</td><td colspan="4">无论哪种情况，脱欧后欧盟的海关手续都会重新设定，在关税同盟和单一市场的情况下，海关方面的手续会比其他情况更简单</td></tr>
<tr><td>现有的进口偏好（从非欧盟国家）</td><td>英国会继续履行之前欧盟达成的关税偏好</td><td colspan="3">退出关税同盟，则英国无法享受欧盟贸易的优惠条款</td></tr>
<tr><td>原产地规则</td><td>没有更加严格的原产地规则</td><td colspan="2">如果想要获得减税或零税，会面临更加严格的原产地规则</td><td>没有更加严格的原产地规则</td></tr>
</table>

说明：白色条件不会影响到商品价格，浅灰会对商品价格造成一些压力，深灰对商品价格造成较大压力。

资料来源：BRC-which way out? a fair brexit forconsumers, Oct. 2016, http://brc.org.uk/media/45932/brc-which-way-out-a-fair-brexit-for-consumers.pdf.

（三） 新兴国家和地区

1. 亚太地区

得益于庞大的人口基数和部分国家放宽的外商直接投资政策，2016 年亚太地区零售市场发展良好。在科尔尼《2016 全球零售发展指数（GRDI）》前 5 名中亚洲国家占据 4 席，分别为中国（第一），印度（第二），马来西亚（第三）和印度尼西亚（第五）。除中国蝉联全球最佳零售市场，印度、马来西亚和印度尼西亚的排名较去年均有大幅度上升。

2015 年，中国零售业市场增速 8.1%，超过了 GDP 增速（6.9%），整体零售市场价值约 3.05 万亿美元。由于降低部分产品进口关税、加大跨境电商扶持力度、设立免税商店、放宽生育等政策的支持，以及中产阶级群体扩大、消费意识提高等因素推动，中国零售业未来 10 年的发展前景可观，中国的经济发展模式正逐渐从基础设施投资驱动转型为消费者消费驱动。在科尔尼公司的《2016 外商直接投资信心指数报告》中，中国排名第二，继续保持对外资强大吸引力。2016 年各类零售商的际遇大相径庭，在奢侈品行业，受到经济增长减缓和国内反腐行动影响，高端零售商如路易威登、古驰和 Hugo Boss 在 2015 年关闭部分门店。杂货领域，便利店由于其高增长高利润被广泛看好，家乐福正在中国逐步拓展其 Easy Carrefour 的便利店业务，大型超市受电商冲击举步维艰。一些实体零售商和购物中心通过加强线上下业务融合和店内体验吸引消费者，也有部分超市和服饰商将目标转向二三线市场。如何在收入相对较低的人群中保持价格竞争优势是他们面临的严峻课题。中国的电商零售依旧领跑全球，2015 年中国网上零售额 6 720 亿美元，同比增长 42%，电商销售占到了零售销售总额的 15.9%（美国的这一数值为 7.3%），到 2018 年这一比例可能达到 30%。移动商务增长 140%，达到 3 340 亿美元，占所有线上销售额的一半左右。

印度拥有 13.1 亿人口，整体零售市场价值预计 1.01 万亿美元，2013 年至 2015 年，复合年增长率为 8.8%。外商直接投资规定的透明化、越来越好的经商环境刺激印度经济发展，而城镇化发展、中产阶级增加、女性从业壮大等因素让印度的零售需求日益旺盛。2016 年，印度宣布全面改革外商直接投资规则，零售领域投资也有所放松。首先，放宽零售业本地采购的规定。之前印度出于保护本土零售业的目的，要求外资设立分销零售点注册登记前必须采购 30%以上的本地零部件。现在将原先所规定的采购宽限期放宽到 3 年，即外资只需要在设立印度零售点 3 年之内满足 30%的本地要求即可。如果属于印度政府认可的高新科技或新兴产业，采购期限可以审批延长到 5 年，这类政策可能会吸引苹果、小米这类高科技公司在印度开设门店。第二，取消食品行业外资持股的限制。印度不仅取消对外商投资食品行业的审批，而且允许外资独资经营，只要食品是印度生产并加工的。这项规定有利于沃尔玛和乐购开展业务，前者目前仅限现购自运业务，后者则与 Tata 合资经营。据悉，亚马逊已经计划在印度投 5 亿美元，向用户销售生鲜食品。在电子商务领域，政策允许 100%外商直接投资进入以刺激其在线消费市场发展，2015 年印度已经超过美国，成为世界上第二大网购市场，仅次于中国。美国电子商务市场研究公司预测，到 2020 年，印度电商市场销售额将从 2015 年的 100 亿美元升至 470 亿美元。不过目前印度大多数网上零售商还是严重依靠投资人的资本运营，或者通过低价折扣来推动业务，基本没有获得利润，阿里巴巴在 2016 年部署进军印度市场。随着印度投资环境的改善，包括苹果、H&M、宜家、华为、小米、联想、伟创、富士康、三星、LG、日立等跨国企业都已针对印度开展了新一轮的外商直接投资，餐饮、运动、便利店等领域也有大量品牌进入。除去政策"松绑"，印度市场依然复杂且充满挑战，印度有29个邦，每个邦都有权利自行选择是否参加外商直接投资改革，从每个邦的层面了解市场动态至关重要。印度还存在部分基础设施瓶颈，如过时的劳动法、复杂的规章制度、高劳动流失率和有限的高质量零售空间等。

马来西亚是东南亚地区经商环境最友好的国家，在世界银行发布的营商便利指数中排名18，尽管在市场规模和发展速度上稍稍逊色，2013到2015年零售额复合年增长率为－3.4%，零售商依然对其市场潜力保持乐观。大型综合超市和便利店尤其活跃，电商零售也积极扩张。

印度尼西亚2013年到2015年零售复合年增长率为－2.3%。2016年政府在将近50个领域开放市场允许外商投资，其中包括了零售和电子商务，并制定了电子商务五年计划，包括修订法规，每年认定并支持200家科技公司等。政府还计划在未来4年内完成30项基础设施项目，包括急需的公共交通和发电厂，以上都推动了本土和国际零售商在印尼的扩张步伐。

由出口和外商直接投资带动，加上低劳动成本和地理优势，越南GDP增长率居上榜东南亚国家第一，2015年零售额增长9.5%，零售面积增长22%。值得一提的是，在大多城市，超过80%的越南人不在家里吃饭，他们更愿意为星罗棋布的并在任何时间都提供服务的便利店支付额外费用，所以便利店在越南获得现象级的增长，数量从2012年至今增长了260%，全家、7-11和本土便利店Vingroup集团均积极增加门店。

斯里兰卡受经济增长、工资上升、投资和旅游等因素刺激，预计未来两年人均零售额将每年上升6%。新政府正从公共基础设施投资转向私营部门主导的发展模式，一方面降低外商投资门槛，一方面积极寻求与印度、美国和英国的商业合作，以降低对中国的依赖，中国现大约资助了斯里兰卡70%的基础设施项目。目前斯里兰卡的零售版图主要被本土零售商占据，高质量的零售空间供应紧张，需求远大于供应，其最大的城市及商业中心科伦坡的租金在2015年下半年上涨30%。在科伦坡以外地区零售的发展速度相对更快。尽管零售增长空间依然很大，2015年进入斯里兰卡市场的国际零售商屈指可数，有美国冰激凌零售商圣酷石、Zara和星巴克等品牌的特许经营商Mitra Adiperkasa等。

菲律宾的外包产业促进了经济增长，零售预期乐观，预计到2025年，零售产业将会占到全国生产总值的1/5。传统中，菲律宾人往往在一种叫sari-sari的店里购物，这种店售卖各式各样的商品，从食物到衣服，再到家居用品，无所不包。不过，随着国际零售巨头进入菲律宾进行投资，菲律宾零售业态正在不断的现代化，竞争也在不断加剧，国内和地区零售商家相继制定扩张计划。2015 年菲律宾的现代化零售面积增加了 13%，本土财团 Robinsons 集团计划投资 1 亿美元在 2020 年前建成 10 个全新的社区型商场。

此外，亚洲地区的日本在 2014 年全国消费税上调之后，零售额持续下滑。2015 年，由于之前被抑制的潜在需求，该国 250 强零售商的综合收入增长回升至 2011 年度的 6.9%。大部分日本零售商的赢利能力有所提高，综合净利润率为 2.4%。

2. 中亚和东欧地区

经济增长放缓，货币贬值一定程度上限制了该地区零售业的发展。其中哈萨克斯坦的零售发展指数排名第 4，较 2015 年上升 9 名。土耳其由于经济增长稳固，及其年轻的都市消费群体排名升至前十，不过上升的失业率，有限的可支配收入和最近的安全问题制约了其零售进一步发展。尽管油价将会暴跌，得益于其旅游业的快速增长，阿塞拜疆依然是奢侈品购物的热门之选。俄罗斯混乱继续，卢布的微弱走势对奢侈品零售行业起到部分刺激作用。

哈萨克斯坦拥有 1 800 万人口，总零售销售额为 480 亿美元，哈萨克斯坦零售市场的中期发展较为乐观，国际零售商纷纷进入市场。为了让零售商看到长期商机，政府成立了专门办公室，以吸引投资和国际品牌的入驻，目前办公室正在和欧尚、宜家协商。家乐福、梅林、肯德基、麦当劳、星巴克和 H&M 都在哈萨克斯坦有所动作。

持续的安全问题导致土耳其零售短期环境不利，受此影响其旅游业下降了 12 亿美元。进口附加费和货币贬值进一步压缩零售商的利润，法国时尚女装品牌 Promod、法国家居品牌 Habitat、Industrie Denim 和加拿大内衣品牌 La Senza 纷纷放弃与本土零售商的竞争撤出市场。从长期来看土耳其零售市场有较大开发余地，传统零售商占到了整个零售收入的 2/3，新增的零售面积和连锁店的不断进入，将不断的刺激现代化零售发展。在 2015 年，土耳其新增 20 家商场，商场总数达到 360 家，其中 150 家集中在伊斯坦布尔；而土耳其的东部靠近中东政治乱局，相对收入也较低，对零售商的吸引力有限。

阿塞拜疆的旅游产业驱动经济发展，政府大力宣传吸引游客光顾，利用货币贬值的优势，把首都巴库定位为奢侈品购物的目的地。2016 年阿塞拜疆举办了众多大型活动，包括 F1 方程式、帆船世界锦标赛、17 岁以下欧洲足球冠军联赛。服饰零售商增长减缓，一些服饰零售商关闭部分门店，尽管如此，奢侈品零售依然坚挺，这主要归因于奢侈品销售主要靠旅游产业拉动,对经济环境本身并不敏感。在杂货领域,主要是中型现代零售商和传统零售商主导,2015 年首个大型国际杂货零售商 SPAR 进入阿塞拜疆,计划在未来 3 年内开张 30 家门店。

2015 年俄罗斯的实际可支配收入下降了 4%,零售贸易营业额达 27.5 万亿卢布,增速放缓至 4.5%。2016 年前 5 个月与 2015 年同期相比,俄罗斯零售贸易额增长 2.4%。由于卢布走弱但相对稳定,连锁零售商可借此机会发展新的业务或收购资产,不过对短期销售的预期不可太高。根据高力国际的数据,2015 年底空置的零售面积比前一年同期翻了一番,达到 14%,大小零售商都在缩减规模。尽管如此,在过去一年中依然有约 40 家国际零售商进入俄罗斯市场。爱马仕在莫斯科开设欧洲第二大门店,其他奢侈品牌也纷纷在莫斯科开设门店,一方面卢布的贬值吸引了国外游客前往俄罗斯购买奢侈品,另一方面俄罗斯本国民众也通过购买奢侈品来应对货币贬值。此外,本地的杂货类零售行业也在扩张中,规模、价格和商品种类是在俄罗斯成功的关键,大型零售连锁店通过略高于成本的定价获得市场份额。马格尼特零售连锁超市在俄罗斯零售贸易额居于领先地位,2015 年该公司的零售贸易额增长近 25%,公司计划以每年 1 000 家的速度开店,新的店铺针对不同程度的收入人群。

3. 中东和北非地区

由于两大重要经济体——阿联酋和沙特阿拉伯均受到不同程度的打击,尽管整体销售依然在增长,投资者在波斯湾地区投资变得更加谨慎,并将目光转向埃及等非洲北部市场。

受油价下跌、欧元贬值以及中国俄罗斯游客数量下降等多重因素影响,2015 年阿联酋零售业发展速度由前一年度的 8%回落至 6%,整体市场价值预计 690 亿美元,2013 至 2015 年,阿联酋零售业符合年增长率为 7.0%。阿联酋零售市场趋于饱和,但成熟的市场体系以及低风险优势依旧对零售商充满吸引力。

沙特阿拉伯受油价下跌影响,GDP 收缩了 15 个百分点,但是 2015 年零售额较去年上涨了 5%。这主要归因于沙特有利的人口结构,沙特阿拉伯约有超过 70%的人口小于 30 岁,是国内家具、白色家电和儿童用品消费市场的中坚力量。2015 年,沙特政府为吸引外国投资,实现经济多元化,提出将取消对外商投资批发和零售行业的限制,允许外商在上述行业独资经营。尽管具体实施的时间和速递还不确定,但无疑会受到希望实现本土制造的国际零售商的欢迎。

埃及近几年来社会秩序趋于稳定,再次登榜科尔尼零售发展指数,排名 30。埃及人口规模在中东和北非地区最大,有 8 900 万人,预计在 2020 年可达到 1 亿人口。该国的中产阶级也在高速增长，贸易市场远远没有邻国饱和，预计零售额可在 2021 年翻一番。尽管埃及中远期的零售前景乐观，但宏观经济局势和市场条件给零售投资者蒙上了一层阴影。埃及开始征收增值税，进一步加剧了国内持续的通胀（在过去几年通胀超过 10%），埃及统计局公布的数据显示，2017 年 1 月，由于食品和饮料价格上涨，该国的年化城镇通货膨胀率增至 28.1%。另据央行数据，埃及 2016 年 12 月的整体通胀水平为 23.3%，高于 11 月的 19.4%。此外，零售商进入市场还不得不面对四分五裂的市场和极其复杂的社会环境。埃及镑贬值、恐怖袭击等会进一步引发通胀并给国民消费增加压力。

4. 拉丁美洲

除了乌拉圭、哥斯达黎加和巴拿马等人口总数小于 500 万的传统“小宝石国家”，拉丁美洲依然是吸引零售商投资的活跃市场。

秘鲁在自由贸易政策推动下进一步开放经济，吸引外商投资，经济稳步增长刺激了个人消费，消费者信心指数在拉丁美洲国家中最高。零售商开始在其二线和新兴城市寻求发展机会，但目前仍以城镇地区发展为主。商场和购物中心是秘鲁 2016 零售发展的主旋律，秘鲁有 75 家商场，2016 将会有 6 家在建中的商场投入运营。

巴西之前并未持续很久的市场繁荣受到经济衰退和政治变局重挫，零售吸引力下降。通胀指数达到 10.7%，失业率上升至 7.6%，消费者信心下降，零售销售下降了 4.3%，杂货和服饰领域受打击最为严重。由于货币贬值和上升的国际交易税，高收入的巴西人减少了出国旅行，反而导致国内进口奢侈品销售上升，圣保罗一家奢侈品购物中心的销售额同比上升 25%。

2016 年智利和墨西哥从科尔尼全球零售发展指数中“毕业”，不再被列为新兴市场，两者现代化零售市场发展成熟，零售渗透率也接近发达国家。智利从 2001 年解除外商直接投资限制后一直受国际零售商的青睐，连续 15 年排名全球零售发展指数前 10。在过去 5 年智利的零售面积增长了超过 40%，平均每千人零售面积 248 平方米。墨西哥一直是美国零售商（如沃尔玛）进入拉丁美洲的门户，2016 年其零售密度为每千人 210 平方米零售面积，并购与电子商务是近年墨西哥零售界的主旋律，2015 年有两宗重要本土并购业务，另一方面亚马逊的在线销售高速增长，耐克、Petco 宠物店、沃尔玛山姆会员店纷纷转型电子商务。

5. 撒哈拉以南非洲

家庭收入增加、国家城镇化建设加快、中产阶级崛起使得该地区零售市场充满潜力，不够正规化的贸易条件给零售商进入该地区增加了重重阻力。从地区上看，撒哈拉以南非洲是个非常多样化的市场，零售商在不同市场际遇各不相同。尼日利亚有1.8亿人口，但是商业环境充满挑战，长期以来贸易市场不正规，让进军市场成为一项高风险高回报的赌注。南非则高度发展并城镇化，拥有超过1 000万平方米的零售面积，但近来经济踯躅前行，消费者支出减少，零售市场趋于饱和，还有在当地有着深厚根基的本土零售商参与竞争。科特迪瓦、赞比亚、加纳等国家，经济稳定性有所上升，对现代化零售模式的需求也更加迫切。

肯尼亚是紧随南非后的第二大正规零售市场，稳定的经济发展、上升的消费者信心、健全的消费品部门和成熟的供应链让肯尼亚成为零售商的主要战场，尤其是内罗毕和蒙巴萨两个肯尼亚最大的城市。尽管国际零售商积极扩张，但肯尼亚的杂货零售仍主要被传统商店和街边市场占据，现代化的门店主要由城市的中产消费者光顾。此外，肯尼亚的快餐业拓展尤其迅速，肯德基、赛百味和达美乐比萨都在其首都内罗毕开设新店。

三、商业热点业态发展趋势

零售批发既可以从其运营的商业形态来分类，如便利店、大型超市、购物中心、免税店和电子商务等；也可以从其销售的产品性质来分类，如书籍、药品、服饰、生鲜、快速消费品和奢侈品等。2016年11月，国务院办公厅发布关于推动实体零售创新转型的意见，购物中心等传统的实体零售店也面临转型的机遇和挑战。本章从上述两种分类方式入手零售与批发各选其一，分别选取购物中心这一实体零售的重要形态和药品批发与分销做详细分析。

（一）购物中心

1. 购物中心的分类和特点

根据美国国际购物中心协会（ICSC）最新发布的报告，协会将购物中心分为10类，分别为超区域型购物、区域型购物中心、社区型购物中心、邻里购物中心、带状或便利型购物中心、能量型购物中心、生活方式型购物中心、工厂折扣型购物中心、主题或节日型购物中心和机场零售店。2017年1月，全美各购物中心的数量、租赁面积等情况如表4.6所示。

表 4.6　美国购物中心分类及重要参数

购物中心种类	概　　念	数量/家	平均规模/(英尺^2)	总租赁面积/(英尺^2)	总租赁面积占比/%	典型的租赁面积范围/(英尺^2)	英亩	主力店数量/家	主力店租赁面积占比/%	典型的租户数量/家	典型的主力店	交易区域规模/英里
多用途中心		**112 520**										
超区域型中心	同区域型购物中心的概念相似，但拥有更多产品种类和多样化商品	620	1 255 382	778 336 548	10.20	800 000＋	60～120	3＋	50～70	—	全线品类齐全的百货商店或品种有限的小型百货商店，大型商户，折扣百货商店或时尚服饰类商店	5～25
区域型中心	出售日用百货或者时尚类商品，通常是由一条走道内部连接各商铺的封闭式的商场，停车场位于商场四周	600	589 659	353 795 548	4.70	400 000～800 000	40～100	2＋	50～70	40～80	全线品类齐全的百货商店或品种有限的小型百货商店，大型商户，折扣百货商店或时尚服饰类商店	5～15
社区型中心(大型邻里中心)	出售日用百货或者便利型商品，比邻里购物中心有更多种类的衣物和非耐用品。根据选址和设计，往往是一直线、L形、U形的带状中心	9 776	197 509	1 930 849 736	25.40	125 000～400 000	10～40	2＋	40～60	15～40	折扣店、超市、药店、大型专卖折扣店（玩具、书、电子产品、家居装饰、家具或运动商品等）	3～6
邻里型中心	以便利性为主	32 588	71 827	2 340 711 371	30.80	30 000～125 000	3～5	1＋	30～50	5～20	超市	3

续表

购物中心种类	概　念	数量/家	平均规模/(英尺^2)	总租赁面积/(英尺^2)	总租赁面积占比/%	典型的租赁面积范围/(英尺^2)	英亩	主力店数量/家	主力店租赁面积占比/%	典型的租户数量/家	典型的主力店	交易区域规模/英里
带状/便利型中心	一整排商店或服务性门店作为一个一致的零售整体，停车位通常就是商店门口。商店门口可能有开放式的顶棚链接店铺前门，但带状中心没有封闭的走道连接商铺，点状中心可以是一直线、L形或U形。便利型中心是所有中心类型中最小的，商户仅为有限的区域提供少数商品和个人服务。	68 936	13 218	911 202 922	12.00	<30 000	<3	没有主力店或者一家小型便利店	—	—	便利店，如迷你卖场	<1
特殊用途中心		**3 275**										
能量型中心	特定品类的主力商店，包括折扣百货商店、廉价商店、会员制仓储式大卖场等，仅有少量小型商铺	2 258	438 626	990 416 667	13.00	250 000～600 000	25～80	3+	70～90	—	品类杀手，如家居装饰、折扣百货店、会员制仓储式大卖场和廉价商店	5～10
生活方式型中心	高档全球连锁的专卖店，有户外布置的餐饮和娱乐	491	335 852	164 903 247	2.20	150 000～500 000	10～40	0～2	0～50	—	大型的高端专卖店	8～12

续表

购物中心种类	概念	数量/家	平均规模/(英尺^2)	总租赁面积/(英尺^2)	总租赁面积占比/%	典型的租赁面积范围/(英尺^2)	英亩	主力店数量/家	主力店租赁面积占比/%	典型的租户数量/家	典型的主力店	交易区域规模/英里
工厂折扣型中心	制造商或者零售商的工厂直销店	367	238 060	87 368 113	1.20	50 000～400 000	10～50	—	—	—	制造商和零售商的直销店	25～75
主题/节日型中心	拥有共同主题的休闲、观光、零售和服务性娱乐项目，通常在城区，有时由老的历史建筑改建或是综合项目的一部分	159	147 791	23 498 769	0.30	80 000～250 000	5～20	未作规定	—	—	饭店，娱乐	25～75
有限用途的地产		**62**										
机场零售店	在商业机场中的零售实体店	62	249 240	15 452 860	0.20	75 000～300 000	—	—	—	—	没有主力店，零售包括了专卖零售和饭店	—
总　计	传统＋专卖＋特定用途	115 857	65 568	7 596 535 781	100.00							

注：1 英尺 ＝ 0.304 8 米；1 英亩 ＝ 4 046.856 米^2；1 英里 ＝ 1 609.344 米

资料来源：ICSC Research and CoStar Realty Information, Inc.(www.costar.com)，上海科学技术情报研究所(ISTIS)编译整理。

专栏 4.1 美国购物中心发展简史

1800—1900 年：美国购物中心开始

1828 美国的第一个室内购物中心，威斯敏斯特商场，在普罗维登斯市中心开业。

1896 巴尔的摩的豪华罗兰公园郊区有一排商店，店铺门口的空间可以让客人停车。

1900 靠近街道路面的电车路线上，零售商聚集成为小型便利店集群带，向通勤者售卖杂货。

1916 富裕的居民和投资者在伊利诺伊州森林湖，资助建立市场广场，国家的第一个计划购物区。

1920—1945 年：郊区购物带与市中心竞争

1922 企业家 J.C.Nichols 创造“购物中心(Shopping Center)”一词来描述需开车访问的零售站点。他在堪萨斯城一个富裕的乡村俱乐部住宅区建立了一个乡村俱乐部广场。它常被认作世界上第一个完全成熟的购物中心，虽然它的商店有好几个地点，并被公共街道对分。

1928 在俄亥俄州 Grandview Heights 的 Grandview Avenue 购物中心成为第一个拥有综合性停车场的美国地区购物中心。

1931 Highland Park 购物村在达拉斯是第一个只占据一个地点的零售中心，店面远离街道。

1940 末期—1950 年代：购物中心建设加快速度

1949—1951 第一批大规模地区性购物中心出现：Cameron Village 在罗利，北卡罗来纳州(1949)；Northgate 在西雅图(1950)；波士顿附近的 Shoppers World (1951)，是市区购物中心最早的激烈竞争。

1954 在底特律边缘的露天 Northland Center，成为世界上最大的购物中心，拥有 110 家商店和一个庞大的停车场。改革税法使得开发商能迅速注销建筑成本，区域购物中心在三年内增长了 500%。

1956 年开发商开放 25 个地方购物广场，比前一年建成的数量增加了一倍以上。Southdale Center 是美国的第一个封闭的郊区购物中心，在明尼苏达州的埃迪纳开业。“商场(Mall)”一词被创造出来定义大型封闭式郊区购物中心。

1959 开发商建造 206 所各类购物中心，总建筑面积为 3 200 万平方英尺，是 1954 年的两倍。密歇根州卡拉马祖是第一个关闭一些主要的市中心街道，把它们变成步行购物中心的城市。

1960 年代—1970 年代：商场越来越大，竞争变得更加激烈

1962 在纽约州罗切斯特的中城广场开业，在市中心建设城市封闭型购物中心以振兴城市发展的趋势开始显现。该商场于 2008 年关闭。

1976 开发商 James Rouse 将波士顿历史悠久的 Faneuil Hall 改造成了一个“节日市场”，专注于食品和特色商店。他的创新推动了全国各地类似的城市重建项目。水塔广场，国家的第一个垂直的购物中心首次亮相芝加哥，它是一个建在有限的空间的多层购物中心，位于密集的城市空间中。

1980 年代—1990 年代：超大商场，能量型中心和工厂直销商场出现

1980 年封闭的购物中心的创始人维克多·格林(Victor Gruen)去世。两年前，他评价他的发明：“我拒绝为购物中心的野蛮生长埋单，它毁了我们的城市。”

1985 西部开发公司(现为 Mills Corp.)将购物中心与特价商店结合起来，建立了位于华盛顿州伍德布里奇的第一家大型直销商场。到 1987 年，美国已经有 108 家工厂直销商场。

1986 第一个拥有众多如 Toys R Us 和 Bed, Bath & Beyond 的大型商店的“能量型中心”在加利福尼亚州的科尔马市(旧金山郊区)开设。

1989—1993 年购物中心建设下降近 70%，主要是为了应对储蓄和贷款危机。

1992 美国购物中心在明尼苏达州布卢明顿被拆毁的大都会体育场开业，它仍然是美国最大的购物中心。

2000 至今：越来越多传统商场走向衰落

2000 年 Peter Blackbird 和布莱恩佛罗伦萨创造了 DeadMalls.com，实时跟踪破产的商场。

2002 The Grove 在洛杉矶开业，为露天购物中心的重生创造了一个高端的模式，现在被称为“生活方式中心”。

2008 年美国陷入了深刻的经济危机。180 年的 Westminster Arcade 在普罗维登斯关闭。它在 2012 年被重建为一个提供微型公寓的住宅建筑。区域商场的每平方英尺销售降至历史最低点，在之后的 8 年又开始稳步增长。

2009 年 General Growth Properties，美国第二大商场运营商，申请破产。这是当时美国历史上最大的房地产破产。

2010—2016 购物中心奋力生存

2010 年室内区域购物中心在经济上优于所有其他类型的购物中心。

2014 年，位于佛罗里达州萨拉索塔的大学城中心的商场是自 2006 年以来在美国开设的第一个传统的室内商场。西田集团在旧金山市中心的购物中心为创业公司们提供了一个联合办公空间 Bespoke，将零售和技术社区聚集在一起。

2015 年 Green Street Advisors 报告说，自 2011 年以来已关闭了 20 多个购物中心，另有 60 个即将死亡。

2016 United Parcel Service 调查显示，购物者在网上购物首次超过在商店购物。

资料来源：ISTIS 编译整理，SAGE BUSINESS RESEARCHER，http://businessresearcher.sagepub.com/sbr-1775-100682-2747282/20160829/shopping-malls.

2. 发展中国家购物中心渗透率较低，仍有较大增长潜力

迄今，美国购物中心的总数为 3 810 家，平均每百万人口有 12 家购物中心，法国总数为 1 570 家，平均每百万人口将近 24 家，韩国虽然购物中心总数较少，平均每百万人口为 7.3 家。相较之下，中国的购物中心总数虽多，但人均拥有的购物中心数远远低于法国、美国和韩国，还有较大开发潜力(图 4.9)。

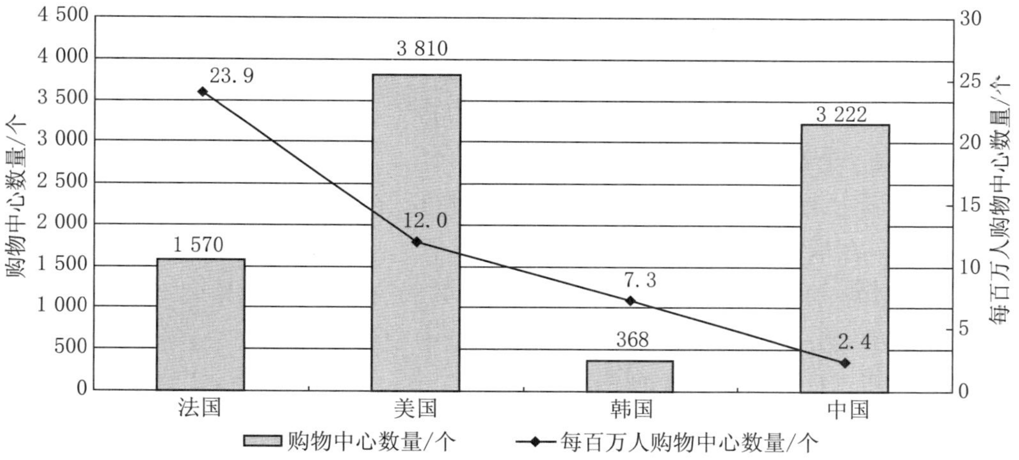

图 4.9 各国购物中心渗透率

资料来源：法国统计局，韩国统计局，美国经济管理局，中国国家统计局，阿里巴巴。

从另外一份欧洲地区的购物中心市场报告来看，西欧地区，挪威、卢森堡、瑞典、芬兰和荷兰几个国家的购物中心渗透率相对较高，希腊、比利时、德国、意大利和西班牙这 5 个国家的购物中心渗透率则相对较低。在中东欧地区，爱沙尼亚购物中心渗透率最高，土耳其，保加利亚，罗马尼亚相对较低(表 4.7)。

表 4.7　欧洲购物中心渗透率前 5 位和后 5 位

地　区	平均前 5 位		平均后 5 位	
	国　家	渗透率/米^2 · (1 000 人)$^{-1}$	国　家	渗透率/米^2 · (1 000 人)$^{-1}$
西　欧	挪　威	913.7	希　腊	57.4
	卢森堡	519	比利时	120.2
	瑞　典	436.1	德　国	179.6
	芬　兰	417.9	意大利	228.6
	荷　兰	361.4	西班牙	245.8
中欧和东欧	爱沙尼亚	636.1	波　黑	74.3
	斯洛文尼亚	379.9	塞尔维亚	74.6
	立陶宛	328	罗马尼亚	97.1
	拉脱维亚	318.4	保加利亚	100.4
	克罗地亚	311.5	土耳其	116.8

资料来源：European Shopping Centre Development Report，A Crushman & Wakefield Research Publication.

3. 欧美购物中心总体健康发展，美国特殊用途中心更受欢迎

2016 年上半年，欧洲新增将近 130 万米^2 购物中心面积，比 2015 年同期减少了 7%。在欧洲地区，俄罗斯和土耳其是近年来购物中心增长较为活跃的两个国家，占到 2016 年第一季度欧洲购物中心完成量的 40%。2016 年第一季度欧洲新增购物中心的国家排名为土耳其、俄罗斯、法国、意大利和罗马尼亚，分别为 28.75 万米^2、25.75 万米^2、14.17 万米^2、9.2 万米^2、8.29 万米^2。

2016 年第一季度，美国新增的零售面积总数约为 3 185 万(英尺^2)。将所有购物中心分为四类，第一类为生活方式中心、区域型中心和超区域中心；第二类是主要由大型折扣百货店构成的室外大型购物商场；第三类包括了社区中心、邻里中心和带状中心；第四类特殊中心包括了机场零售、工厂直销中心和主题/部落中心，那么其中第三类社区中心、邻里中心和带状中心这一类增加面积最多。这意味着美国的地产企业更倾向于投资布局离消费者更近、更便利的小型购物中心(图 4.10)。

尽管美国目前第三类在建面积最大，但统计发现这一类的平均空置率最高，在 8%～10%之间，而其他类型的购物中心空置率相对低很多，尤其和第二类和第四类购物中心(图 4.11)。这与近期机场零售购物中心、主题购物中心、奥特莱斯等工厂直销店等特色购物中心的升温趋势相吻合。商业地产信息商 CoStar 的调查显示，美国封闭式式购物中心中约 80%的商场空置率低于 10%，测评为健康，将近 20%的封闭式购物中心有10%的临街店铺为空置，而仅有3.4%的封闭式购物中心空置率超过了40%，这个比例意味着这些中心已经在等待关门。

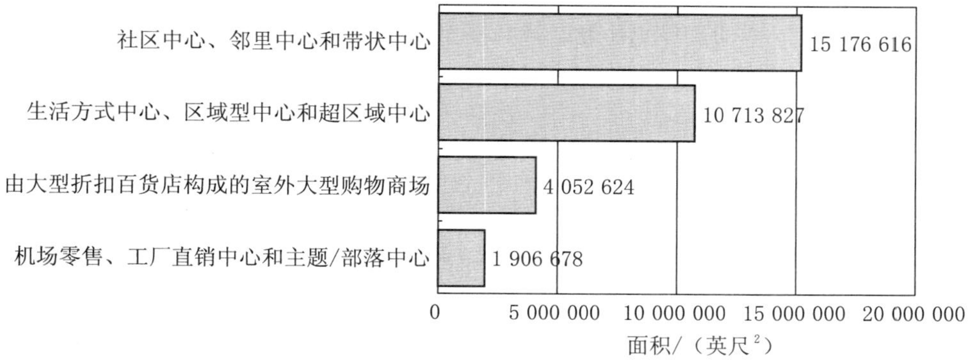

图 4.10 美国 2016 第一季度在建零售面积

资料来源：The CoStar Retail Report，First Quarter，2016，National Retail Market，2016.

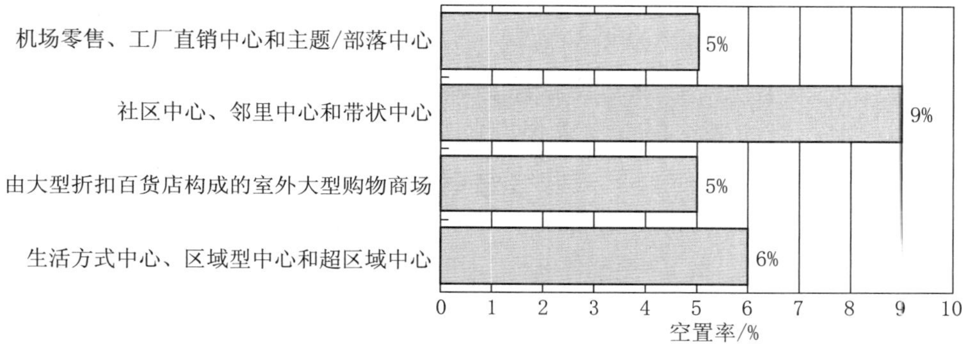

图 4.11 美国 2016 第一季度各类型购物中心空置率比较

资料来源：The CoStar Retail Report，first quarter，2016，National Retail Market，2016.

4. 购物中心依然是消费者做出消费决定的关键环节

电子商务、主力商店的“关门潮”、变化的人口特征、购物中心趋于“饱和”等一系列的因素，都冲击着购物中心零售业的发展。其中以电子商务对实体购物中心的影响被最多提及。国际购物中心协会的报告显示，尽管电子商务零售额在美国的增长速度为17%，几乎是实体店零售额增长速度(3.5%)的5倍，但是电子商务零售额的基数远远小于实体店，所以从增量上来说，电子商务零售额的17%为380亿美元，而实体店的3.5%为1 440亿美元。2016年，总部在澳大利亚的全球第四大购物中心开发商西田集团做了一项调查，调查显示45%的美国消费者仍然把传统商场作为他们更偏好的零售目的地。有着 150 多年历史的大型零售百货企业约翰路易斯(John Lewis)在 2015 年取得了线上销售 40%的比例,其数据显示 75%的交易都是线上线下整合交融完成的,即消费者网上看好到店内购买,或店内看好到网上购买。科尔尼调查则发现,超过一半的网购消费者是在实体商店被“圈粉”并决定购买该商品的,2/3 在网上购物的消费者会在购买前后访问实体店,所以零售的未来不存在实体与数字之分,是两者的全面结合。

此外,MIT 此前发布一项调查研究,发现网上零售的价格常常和实体店里相同,而有趣的是,药店的价格常常比线上要高出不少,但是消费者仍然由于便利性愿意在药店购买药物并支付溢价。可见,过去电子商务价格低的优势已经不存在,而另一方面,对一些消费者急于想要购买使用的商品,价格的高低并不是消费者选择购买渠道的主要因素。

5. 业态配比更重体验,技术创新提升效率

在过去的 2～3 年中,与消费“物品”相比,消费“体验”成为消费过程中更重要的元素,绝大多数购物中心顺应这一趋势,业态配比发生了有意思的变化,即越来越接近人均生活消费中各类消费的占比,这一点社区购物中心和区域购物中心尤甚。相比之下,只有极少数地理位置优越、能辐射全区甚至全市且营运特别出色的优质购物中心才能继续保持高零售占比,也就是说,由于人均商业面积趋于饱和,再加上消费升级,只有 20%的购物中心项目有机会脱颖而出,维持较高的名品服饰等零售业态占比,多数项目已趋近于生活方式中心,不能再简单称之为购物中心。

国际购物中心协会在 2017 年 2 月实施的零售技术调查中发现,到 2020 年 62%的消费者希望能在不需要任何销售人员的情况下,在店里找到自己想要的产品和尺码,55%的购物者希望在店里通过虚拟图像看到家具和饰品在家中的实际样子。54%的消费者希望只要在商场的应用软件上编写购物清单,就可以收到定位商品的地图。调查显示,消费者希望获取店内的更多信息。那些通过技术和创新为消费者提供准确的信息,让消费者体验更高效的零售商,会赢在起跑线上。

(二) 药品批发与分销

1. 药品行业竞争激烈,批发及分销市场持续增长

根据世界卫生组织(WHO)统计,全球药物市场的价值在 3 000 亿美元左右,并将持续增长,美国(6 家)和欧洲(4 家)的 10 家大型药品公司占据了超过 1/3 的市场。

统计还显示，药品公司在市场营销上的投入占到了其公司收入的1/3，是药品公司研发投入的2倍，这意味着药品行业的竞争异常激烈。由于对高药价的监管加强及竞争加剧，整个医药供应链，包括药物分销商和制药商的利润空间受到挤压。

药品批发与分销的过程包括了药品从制造工厂到批发商再到医院、诊所和病人的流动过程，中间还包括药品存储。据英国著名的市场调研公司Technavio统计和预测，2014年，全球药品批发及分销市场规模达到7 520亿美元，并预计在未来5年内保持6.82%的平均增长率，在2019年达到10 460亿美元。增长的主要驱动力之一是药品行业的快速增长，由于人口增长、购买力上升和健康意识增强，对药品和基础健康服务的需求也明显上升。从地区看，药品批发及分销市场中美洲地区占比最大，占到市场份额的42.78%，接下来依次为亚太地区(30.62%)、欧洲(19.86%)和中东亚地区(6.74%)(图4.12)。

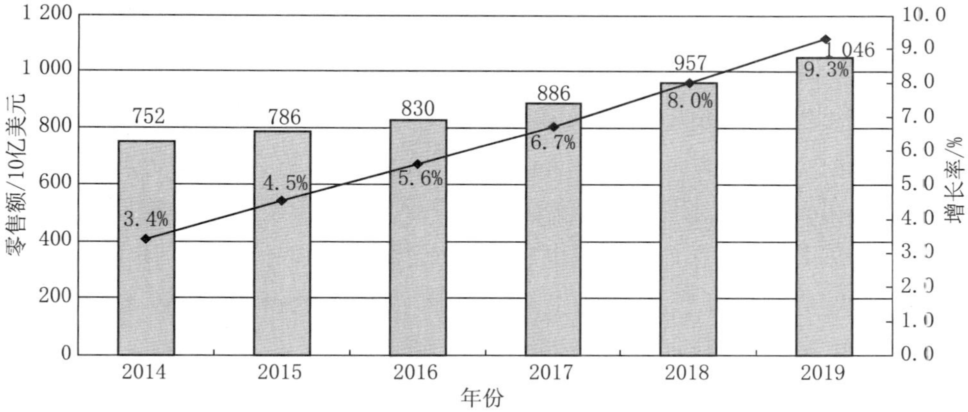

图4.12 2014—2019全球药品批发及分销市场

资料来源：上海科学技术情报研究所(ISTIS)根据Technavio(2015)数据编制。

2. 药品的批发分销流程与趋势

由于药品的特殊性，在药品的流通环节保证药品的安全和真实十分重要。目前药品行业存在直接销售和间接销售两种方式，直接销售是指药品制造商将药品直接发往医生诊所或药房进行零售，优势在于整个供应流程更透明，更易于掌控，但使用这种方式的以小型药品制造商居多，不适用于拥有大量客户群体的药品制造商，大约只占到整个市场份额的2%～4%。间接销售是药品制造商把药品卖给传统批发商或专门批发商，通过他们再卖给医院、诊所和药房，这种形式更经济也更系统化，不足之处在于制造商一旦将药物卖给批发商，就对药物的分销几乎没有控制能力。药品批发与分销公司需要革新供应链系统，既要在药品的供应链中保证透明度，也要能够对其完全掌控。

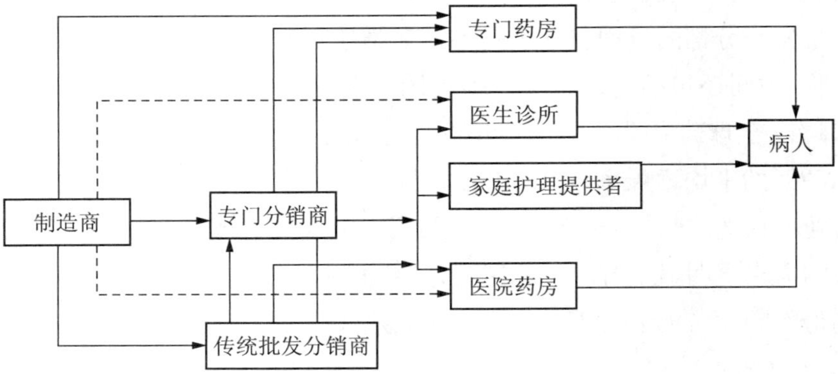

图 4.13　药品批发与分销流程

说明：虚线为直接分销市场，实线为间接分销市场。
资料来源：Global Pharmaceuticals Wholesale and Distribution Market 2015—2019，TechNavio Analysis.

随着技术发展，移动健康应用、远程健康监测、电子处方等形式兴起，DTP 药品销售模式出现。DTP（Direct to Patient）的含义是高值药品直送，在行业生态演进中有几种形态，可以由“大仓”直接物流送至用户手中，网络购药平台本质上属于这种邮购业务的 DTP，从大的方向来说也属于 B2C 模式。另一种是 DTP 药房模式，制药企业或大型渠道商将产品直接授权给药店做区域经销代理，省略中间分销环节。患者凭处方直接到药店领取药物，获得用药指导。从大的方向来说，这也属于 O2O 模式，药企和药房的联系更加紧密。慢性病用药和自费高值新特药，尤其是抗肿瘤药或许是该种方式的突破口。在美国，DTP 模式除了药品销售外，还包含诸多服务项目：审核处方、协助医保报销、特殊用药指导、私人疾病管理、病友交流教育活动、病人数据管理、客户关爱热线、24 小时咨询服务、隐私保护、药品直送、与第三方机构联合活动等，同时还为供应商提供用药信息反馈、患者教育等服务。

3. 政府监管：美国欧洲利用供应链可追溯信息技术保证药品安全

早在 20 世纪 90 年代，部分发达国家和地区已开始探索建立追溯制度来推进药品质量安全管理（图 4.14）。由于各国不同的法律法规体系，药品的批发商、各级分销商和零售商在整个过程中参与程度也各有不同。

美国是药品批发商、分销商和零售商全员参与，层层核验提升供应链透明度。美国的药品需要保证“一物一码”，即使在中间流通环节，药品包装上都有独立的序列号。中间的分销商在收到货物后需要扫描并对附带信息进行验证，到达分包装商时，在进行一轮类似的验证后，分包装商打开容器单独包装每盒药品时，会使用序列化软件序列化 NDC[1]编码，自动生成 SNI[2]编码，确保每盒药品新包装上一个独有的 SNI。然后运用存储追踪与追溯信息的数据软件，记录 SNI 与药品信息。此系统可大幅度改善整个供应链的透明度与问责制，以预防伪造药品、转移药品、被盗药品以及其他不合格药品进入药品供应链；在药品不应出售给最终消费者的情况下，执行逆向物流(如召回，药品缺陷等)，通过搜集药品位置与持有人信息，使召回变得更快更容易；可确定药品何时进入供应链，何时离开供应链的替换时间，从而与供应链合作伙伴达成更好的沟通。

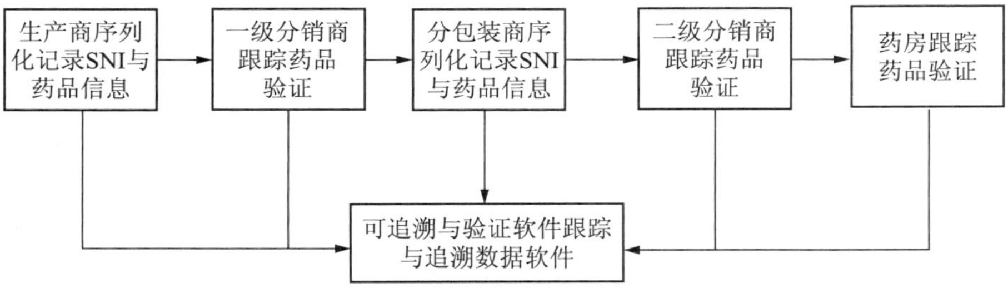

图 4.14 美国处方药跟踪与追溯系统的运行情况

资料来源：吴颖仪.揭秘药物追溯体系国际现状[N].医药经济报，2016-02-24.

欧洲则采用“配药点验证”模式，并不对药品进行全程追踪，而是先由生产企业对药品进行赋码，再由药剂师在销售前对药品的真实性进行验证，省去了批发商验证环节。所以以医院药房和零售药店为主的药品销售商在追溯系统中扮演着十分重要的角色。根据《欧洲药品验证系统实施阶段信息传输要求》(*European Medicines Verification System-Implementation Phase: Request for Information*)的规定，药剂师在发售药品前，须先扫描药品包装上的二维矩阵码。经扫描，系统会将检测到的药品信息与中心数据库中的信息相对比。如果扫描到矩阵码中的信息与数据库中的信息相符，并且满足其他标准(如“药品在保质期内”和“药品不在召回范围内”)，药剂

[1] NDC 由每个独立包装的生产商或分装商生成，可保证一物一码，并以条形码的形式印刷在药品包装上。NDC 的标签编码包含生产商与分销商信息，药品编码包含药品特性、剂型、配置等信息，包装编码包含药品包装尺寸与类型信息。

[2] SNI 是一套序列化的国家药品编码(serialized National Drug Code, SNDC)。SNDC 由美国《联邦规章典集》第 21 篇 207 部分阐述的“国家药品编码”(National Drug Code, NDC)组成，是一组独有的序列号，由标签编码、药品编码、包装编码共 10 个字符组成。可链接到包含药品批号、有效期、分销信息以及其他有关药品标识的数据库中。

师可将药品发售给患者，此数据库中的药品状态自动改为“已发售”。如果扫描到矩阵码中的信息与数据库中的信息不相符（如显示“数据库中不存在该序列号”）或者该序列号所代表的药品状态为“已发售”，则说明该药品有可能是假药。这时，药剂师应拒绝将该药品发售给患者。此后，系统会自动向该药品的制造商发出假药警报（图 4.15）。

除欧美以外，其他国家大都尚未形成较成熟的药品追溯体系。即便是药品安全监管在全球范围内享有盛誉的日本和澳大利亚，目前也更多的是通过药物监测系统中的药品上市后安全信息搜集、药物警戒与召回等环节来实现安全追踪，所以就需要药品批发商、分销商和零售商自行建立内部 IT 系统进行记录来保证药品安全。

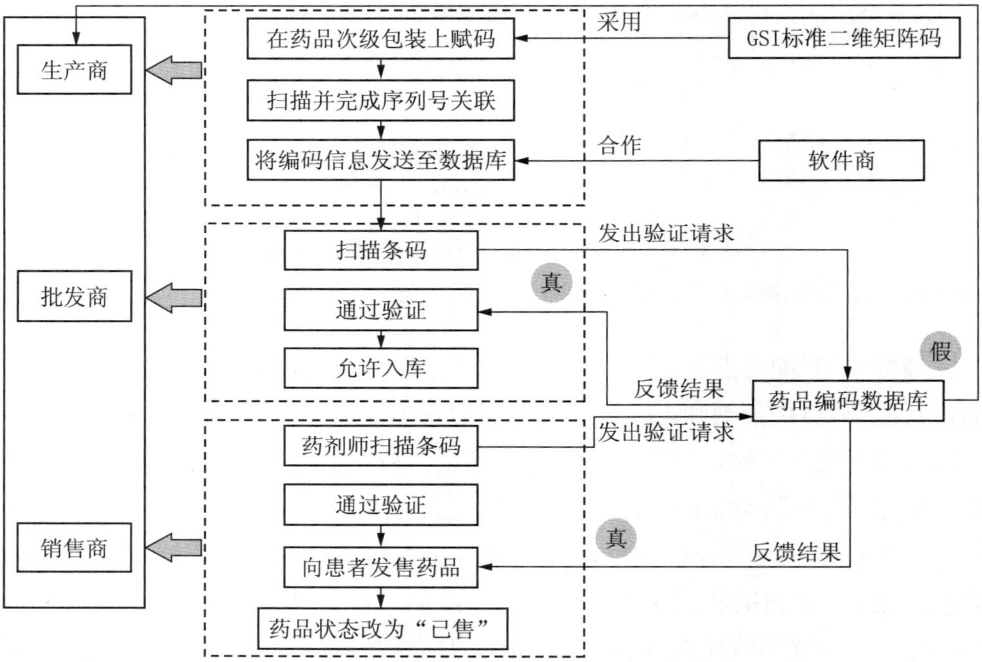

图 4.15　欧洲药品验证系统运行模式示意图

资料来源：吴颖仪.揭秘药物追溯体系国际现状[N].医药经济报，2016-02-24。

4. 上游动向：药品加速创新，生物仿制药开始发力

美国商务部下 SelectUSA 项目网站发布报告称，现在全球有超过 5 000 种新药在研发过程中，其中 70%在美国境内研发。由于美国有各项税收优惠，加上美国食品和药物管理局的改革加快了新药通过审查的速度，新药正加速进入美国市场，进而普惠全球。虽然以售卖非专利药(generic drug)[1]为主的专门药店目前依然占据重要地位,但是新的趋势已然显现。艾美仕市场研究公司(IMS Health)在一份介绍美国处方药花费和未来市场状况的报告中指出,截至 2016 年 5 月,全年开支总额同比增长 9.9%,达到 4 380 亿美元。特种药品约占总支出的 36%,仿制药大约占 6%,与 2012 年的仿制药占药物支出的 28%相差甚远。这些数据反映了两个趋势:制药领域正在出现大量创新,预计到 2020 年将推出 943 种新的活性物质;同时超过专利保护期的传统药物的数量在减少,到 2020 年非专利药的机会即将枯竭。这些非专利药会在新兴市场,如巴西、俄罗斯、印度和中国等找到市场。

伴随着非专利药的减少,是生物仿制药的出现。生物仿制药比化学仿制药所需时间更长,投资成本更高,主要参与者是品牌药制造商。由于生物药更大的分子量和复杂的结构,仿制药只可能与原研药“相似”(similar)而不是完全相同[2]。2015 年,市场推出了第一个生物仿制药 Zarxio, 2016 年推出两款,目前全球十大销售额最大的生物药(最高每年 82 亿美元,最低每年 24 亿美元)专利到期时间均集中在 2012 年到 2019 年间,生物仿制药用来替代生物制剂药品,可以节省 15%至 30%的成本,市场潜力巨大。

未来,干细胞技术和纳米技术等等将进一步拓展药品领域,药品保质期可能更短,不同药品对分销过程也有着不同要求,药品制造的不断创新将进一步促进药品批发和分销市场增长。

5. 批发企业:批零合作市场集中度高,微利化高效运营

药品批发及分销市场的主要公司有麦卡森(McKesson)、美源伯根(Amerisource-Bergen)和康德乐(Cardinal Health),这 3 家占到了全球超过 50%的市场份额。药品批发及分销公司通过发展连锁药店或投资药店加深垂直业务的融合,不断并购扩大业务。以美国为例,美国药品批发行业的市场集中度非常高,三大巨头麦卡森、美源伯根和康德乐占到美国整体市场份额的 96%左右。整个市场呈现批零合作趋势,康德乐与美国第二大药品零售企业 CVS,美源伯根与美国第一大连锁药店沃尔格林(Walgreens)均在药品采购销售、股权等方面开展不同程度合作。此外,麦卡森与世界 500 强大型商超集团 Albertsons 签约,包揽该集团在美国 33 个洲下属 1 700 多家超市药店的药品采购与配送,此前多年麦卡森与沃尔玛在仿制药采购批发上一直维持稳定的战略合作。对批发商而言,批零一体化意味着确保销量的大平台;对零售药

---

[1] 新药获得批准后,通常拥有 20 年的专利保护期,过保护期后,其他制造厂商可以生产售卖同样功效和成分的药物,即非专利药(也称仿制药)。

[2] 生物仿制药的英文并非 biogeneric,而是 biosimilar。

店来说，可通过扩大量的优势以压低采购价格，所以批零一体化是产业集中度提升及市场量价挂钩的必然结果。除了国际药品批发商，一些本土批发商也参与竞争，不过由于配送时间、多样性和质量均难以与国际批发商匹敌，本土批发商往往通过低价吸引消费者。

在美国，有 65%左右的处方药由批发企业配送，批发行业的平均毛利率约为 5%，净利率在 1%左右。根据中国医药商业协会的统计，2015 年中国药品批发企业平均毛利率 6.9%，净利率 1.7%。中美医药批发企业均保持微利化属性，不同之处在于美国药品批发行业运行更高效、平均费用率更低。美国药品批发企业平均每天需处理 25 万份订单、1 000 万条信息，配送 12.5 万个分销机构，隔天配送的响应率高达 95%，准确率达到 99%，每个订单条目的配送成本仅有 0.3 美分。数字对比发现，美国三大公司纯利润为 0.81%～1.07%，资产占比约是销售总额的 21%～25%，大部分资产为库存产品。为提升工作效率，美国药品流通企业往往会借助先进高效的 IT 管理系统来传递订单并进行订单确认和库存盘点等作业，因此人工作业较少，药品的分拣效率高且错误率低。除了 ERP（企业资源计划，Enterprise Resource Planning）的广泛使用，美国药品流通企业通过战略合作或持续开发并应用最新科技，用于提升采购、运营及配送效率，降低成本，提升客户体验。

目前，在全球药品批发和分销市场有如下几个主要技术投资领域，分别为订单管理、网络订购系统、冷链/温度敏感型的专门技术、电子谱系和序列化技术和高风险运输相关的安全技术。批发商出于成本考量，也会将物流外包给专业的第三方物流或供应链集成商（第四方物流）。在运输方式的选择上，海运由于成本低于空运 70%～80%，易于控制温度，流程和清关手续更加简洁，货箱的可见度更高等有利条件更为常用，对时间较为敏感的生物制剂则会采用空运。

6. 下游组织：GPO 提高议价能力

集团采购组织（GPO）在美国已经相对成熟，起初为帮助医院提高采购效率，降低采购价格而形成，以集中的成员单位采购量，与生产商、经销商和服务提供商进行谈判，从而获得较优势的合同条件。20 世纪早期，美国的集团采购组织开始出现，其采取的是通过市场化竞争，让中介组织或电子商务服务商将订单集成，再竞争进行采购的模式。目前，美国的 GPO 组织已超过 900 个，除了少数医院的采购部门仍通过同供应商打交道直接进货外，绝大多数医院都选择通过 GPO 的帮助来购买医疗物资（72%的医院采购通过 GPO 进行），而据美国医疗行业集团采购协会统计，96%～98%的医院至少加入了一个 GPO。而在操作模式上，一种是通过控股、正式协议形式联合一定区域范围各医疗机构的“综合医疗网络”（IHN），IHN 即充当了这些医疗机构的GPO组织;另一种是其他未加入医院集团的医疗机构,一起形成或自愿加入某个联合机构或GPO,各医疗机构保持独立性,但参与共同的采购活动。

GPO之外,药品福利管理(PBM)也是医药商业企业未来重要的业务延伸方向。在美国,PBM是医疗卫生领域重要的第三方机构,鉴于在药品采购和使用中存在较强的信息不对称属性,美国各类保险组织普遍倾向于将药品相关业务交由PBM公司来管理,因此美国的PBM公司实际掌控着药品处方和医保资金的流向。在赢利模式上,PBM公司主要的收入及利润来源是依靠药品流通环节获得(在PBM控制处方支付流向的局面下,上游供应商为了抢占市场份额,在产品供应中通常需要给予PBM公司一定的折扣或返利,这些节省下来的费用既可以帮助相关的医保公司实现费用控制,也可以为PBM公司带来可观的赢利)。

价格和药品安全是选择供货商的主要考虑因素,相对来说,清关能力和按时交货对购买选择的影响较小。

四、商业典型企业发展态势

本节选取上一章节的热点商业形态中较为典型的企业作介绍。

(一) 西田集团(Westfield Group)

西田集团(Westfield Group)是一家跨国商场管理集团,成立于1960年,总部位于澳大利亚悉尼,旗下拥有的购物中心遍布欧洲、英国和美国。严格意义上说,西田并不是一家零售企业,其业务主要有商场设计及建设、财富管理、物业管理、租赁以及市场活动。2014年,集团分为两家独立的公司,一家名为Scentre Group(下称"Scentre集团"),现在拥有并经营澳大利亚和新西兰的一系列西田购物中心;一家名为Westfield Corporation(下称"西田公司"),拥有并经营英国、欧洲和美国的业务组合。

Scentre集团在澳大利亚和新西兰拥有39家购物中心(表4.8),总租赁面积为360万平方米,其中16家的年销售收入在澳大利亚排名前25。超过65%的人口离西田购物中心的开车时间在30分钟内,购物中心每年客户访问量超过5.25亿人次。集团的商铺占有率大于99.6%,每平方米的销售额达到1.12万澳元。

表 4.8　Scentre 集团购物中心数量及地域分布

地　　点		购物中心数量/个		资产价值/亿澳元
		自　营	合　营	
澳大利亚	悉　尼	7	7	168
	墨尔本	1	6	48
	布里斯班	2	3	47
	珀　斯	2	1	17
	阿德莱德	0	3	13
	堪培拉	1	1	12
新西兰		0	5	11.46
总　计		13	26	316.46

说明：新西兰的资产价值为新西兰币折算，由于汇率波动总计资产价值与年报有出入。
资料来源：www.scentregroup.com.

西田公司(Westfield Corporation)旗下有旗舰中心(flagship centre)和地区中心(regional centre)。从资产价值看，17 家旗舰中心占到了资产总额的 82%，这些旗舰中心分布在全球的重要市场，年销售额超过 4.5 亿美元；地区中心则占到资产总额的 18%，主要分布在美国的各个市中心城区(表 4.9)。现在西田公司在纽约、伦敦、米兰、洛杉矶和旧金山等高消费人群聚集的市场都拥有购物中心，到 2020 年，西田公司还将在硅谷开设购物中心。

表 4.9　西田公司购物中心种类及股份构成

项　　目	旗舰中心	地区中心	总　　计
中心数量	17	18	35
零售专门店	3 746	2 689	6 435
总租赁面积/100 万(英尺^2)	23.7	19.5	43.2
管理资产总额/100 万美元	25.4	5.5	30.9
西田管理资产/100 万美元	16.0	3.1	19.1
合作伙伴管理资产/100 万美元	9.4	2.4	11.8
西田股份占比/%	63	56	62

资料来源：www.westfieldcorp.com/.

1. 多样化的零售商构成

西田公司的零售商构成非常多样化，拥有大约 6 400 家零售专卖店。截至 2016

年底，梅西集团是总租赁面积最大的零售集团，占到了西田所有购物中心全部租赁面积的 18.7%。所有主力店占到西田公司购物中心总租赁面积的 48.2%，贡献了 5.7% 的总租金收入，没有一家主力零售商的租金超过西田公司总租金收入的 1.6%。

表 4.10　西田公司的主力零售商(百货店)

主力零售商	地区	商店数量	总租赁面积/(英尺^2)	总租赁面积占比/%
Macy's, Inc.				
Macy's	美国	33	7 071 000	16.4
Bloomingdale's	美国	4	983 000	2.3
小　计		37	8 054 000	18.7
JC Penney	美国	19	3 095 000	7.2
Sears	美国	16	2 615 000	6.1
Nordstrom	美国	12	2 207 000	5.1
Target	美国	8	1 356 000	3.1
Dillard's	美国	4	781 000	1.8
Lord & Taylor	美国	5	593 000	1.4
Costco	美国	3	455 000	1.1
Marks & Spencer	英国	2	409 000	0.9
John Lewis Partnership①	英国	3	343 000	0.8
Neiman Marcus	美国	2	261 000	0.6
Boscov's	美国	1	180 000	0.4
Debenhams	英国	1	153 000	0.4
Next	英国	2	120 000	0.3
House of Fraser	英国	1	106 000	0.2
Aspers Casino	英国	1	64 000	0.1
总　计		117	20 793	48.2

说明：本表数据为 2016 年 12 月 31 日数据；① John Lewis Partnership 包括 John Lewis 和 Waitrose。

资料来源：https://www.westfieldcorp.com/.

专门零售商前十位主要以服装零售商为主，占到了总租赁面积的 9.6%，贡献了 18%的租金收入，单个零售商都没有超过总租金收入的 3%。西田公司购物中心拥有 22 家影院，占到了 3.2%也就是 140 万平方英尺的租赁面积。

表 4.11　按总租赁面积排名十大专门零售商

专门零售商	区　域	商店数量	总租赁面积/(英尺^2)	总租赁面积占比/%
Forever 21，Inc.①	美　国	27	709 000	1.6
H&M②	美国/英国	28	581 000	1.3
The Gap，Inc.③	美国/英国	49	525 000	1.2
L Brands，Inc.④	美国/英国	78	516 000	1.2
Foot Locker⑤	美国/英国	88	384 000	0.9
Abercrombie & Fitch Co.⑥	美国/英国	47	343 000	0.8
Inditex⑦	美国/英国	22	317 000	0.7
Ascena Retail Group，Inc⑧	美　国	54	266 000	0.6
Express，Inc⑨	美　国	30	259 000	0.6
Dicks Sporting Goods，Inc	美　国	5	244 000	0.6
总　　计		428	4 143 000	9.6

说明：本表数据为 2016 年 12 月 31 日数据(不包括相关影院数据)；①Forever 21 Inc.包括 Forever 21，XXI Forever，F21 Red 和 Reference.；②H&M 包括 H&M 和 COS.；③The Gap Inc.包括 The Gap，Gap Kids，Baby Gap，Gap Body，Banana Republic，Old Navy 和 Athleta.；④L Brands Inc.包括 Victoria's Secret，Bath & Body Works，Pink 和 Henri Bendel.；⑤Foot Locker Retail Inc.包括 Foot Locker，Lady Foot Locker，Kid's Foot Locker，Champs，Footaction 和 Six：02.；⑥Abercrombie & Fitch Co.包括 Abercrombie & Fitch，Abercrombie 和 Hollister.；⑦Inditex，Inc.包括 Zara，Zara Home，Bershka，Massimo Dutti，Stradivarius 和 Pull & Bear.；⑧Ascena Retail Group Inc.包括 Ann Taylor，Justice，Lane Bryant，Loft 和 Maurices.；⑨Express，Inc.包括 Express 和 Express Men.

资料来源：https：//www.westfieldcorp.com/.

2. 为零售商和消费者提供数据连接和新型实体连接

西田集团联合 CEO 斯蒂芬罗伊说“我们的直接客户从来都是零售商，而消费者都是我们间接的客户”。西田希望通过创新和数据技术，让零售商和消费者之间除了建立实体的连接外，还建立数据的联系。

为此，集团旗下的科技创新部门专门在硅谷设立了西田实验室(Westfield Labs)。实验室正在测试一项被 CEO 斯蒂芬罗伊称为“零售行业前所未有的，实体与数据结合的体验”。这项体验甚至在购物者离开家到达商场之前就已经发生。购物者可以在线检索他们想要的物品在哪些店里有存货，然后创建一个心愿清单。当消费者开车进入商场的停车区域，在收到商场欢迎短信的同时，一个照相机探头会拍下消费者汽车牌照的照片，随后，消费者会收到语音导航电话，引领其到达离购物场所最近的停车区，购物完成之后，会有短信提示停车位置。一旦进入商场，消费者可以在电子亭登录，电子亭导航消费者至拥有心愿单内产品的店铺，并给手机发送相关优惠信息。如果凑巧购物车中的某些商品这家购物中心有售，消费者也会收到短信提醒。在商店中看到喜欢的东西，消费者可以用手机扫描它的条码，把商品加入心愿清单。消费者可以提前预订午餐或者咖啡，当购物完成，食品会在商场咖啡厅等着他。最后，商场会把所有产品打包，一起发到消费者车上或家中。其实早在 2013 年底，西田实验室就做过类似的尝试，实验室携手 eBay 打造了三面电子购物墙，参与该项目的零售商分别是 Sony、Toms 和 Rebecca Minkoff。顾客可以通过购物墙浏览该品牌的当季产品与折扣信息，输入手机号码后可以通过手机端 paypal 完成消费，购买成功后可以选择去商场店面提货或者直接免费送货上门。同时墙后放置着扬声器，当顾客接近屏幕浏览时，扬声器会与顾客交流并引导购物。

连接是双向的，除了消费者体验，数据也能帮助零售商建立更准确的消费者画像。在 2013 年底与 eBay 合作的项目中，电子购物墙屏幕上设有 Kinect 红外线传感器，通过传感器零售商可以捕获 4.6 米内顾客的动作和目光轨迹，判断出哪些因素是最吸引顾客眼球的，哪些元素导致顾客没有选择购买。相较传统的零售方式，这种电子屏结合传感器的创新量化了顾客消费行为，使其可以通过流量、搜索轨迹与浏览深度等数据来分析受众，从而能输出更精准的产品设计与营销方案。

西田集团还在实体连接上有所创新，2015 年 5 月，西田实验室在旧金山市中心的 Westfield 购物中心开设 Bespoke 办公店项目，开创了“购物中心＋创业空间”的新业态。和一般的联合式、服务式办公室或者创业孵化器不同在于，Bespoke 办公店是前店后办公。在商场里的消费者们能直接看到、触摸并实地测试全新的电商产品，甚至直接参与产品讨论会议。店内的会议室采取创新设计，可以打开对外经营，让路过的顾客试用新产品，关上门又可以开封闭会议。店家能与消费者零距离沟通，增强与消费者之间的互动，同时为创业者和 Westfield 提供一手的素材与建议。例如，产品发现社区 Product Hunt 网站会在晚上开产品会，路过顾客就可以随时进店与创业者参与产品交流和讨论。目前创业空间面积为 3 500 米^2，位于商场 4 楼，有产品推荐平台 Product Hunt，众筹网站 Indiegogo 和个人定制鞋设计公司 Shoes of Prey 等创业型公司入驻。

3. 以满足需求为定位导向，不断改造提升

Scentre 集团从西田集团分离重组后，标普给予 Scentre 全球唯一的 A 级购物中心连锁企业的评级。相较于给人们想要的（What You Want）美国购物中心，澳洲购物中心更倾向于给人们需要的（What You Need），此类购物中心具有更强的抵抗金融危机和经济周期波动的能力。购物中心建成后并非一成不变，Scentre 集团下购物中心多年来不断调整、改造和升级，以适应快速变化的市场以及商圈人口的需求。2016 年，Scentre 集团 98%的投资组合用于区域型购物中心和中央商务购物中心的投资，在悉尼收购了 3.6 亿澳元的 David Jones 百货公司大楼用于悉尼西田购物中心的改建和扩大，完成了 6.65 亿澳元的西田 Warringah 商场、西田 North Lakes、西田 Marion 和 Casey Central 改建工程，同时放弃维多利亚的 Casey Central 和新西兰的 WestCity 这些非战略性业务（价值 3.68 亿澳元）。

查看 Scentre 集团年报，从 1999 年到 2016 年几乎每家购物中心都经历过各种改建。2014 年改造竣工开业的西田米兰达购物中心是西田集团经营的区域型购物中心中的新一代产品，也是西田集团再次重组的路演项目。米兰达中心位于悉尼中央商务区南部 30 公里的居民区，面向 57.8 万人口。具有 50 年历史的米兰达购物中心是澳大利亚第一家拥有 300 个以上商家的大型购物中心，西田集团于 1969 年接手该项目，其间经历了 1971、1981 和 1992 年的多次改造和扩建。2014 年的改建新增了美食广场、3 层时尚商业街廊、户外休闲餐饮区以及能够直接通向影院综合体的屋顶餐饮区。改建并没有引入任何大牌，而是在如何建立与商圈消费者的日常吃穿用等需求相关性和更紧密的联系方面下了很大的功夫。商场在食品延展、商品组合、氛围营造、科技利用和服务提升方面给人以品质、亲和、舒适的感觉，同时也极大地扩大了商圈辐射范围。改造完成后的米兰达在实际面积增加只有 18%的情况下，第一年业绩从之前的 6 亿跃升到 9 亿多澳元。

（二） 美源伯根（AmerisourceBergen）

美源伯根由美源健康（Amerisource Health）和伯根布鲁斯威格（Bergen Brunswig）公司于 2001 年 8 月合并而成，是美国三大药品批发商之一。美源伯根的业务架构可分为药品分销和其他业务。

药品分销作为主营业务，旗下包括 AmerisourceBergen Drug Corporation（ABDC）和 AmerisourceBergen Specialty Group（ABSG）两家公司。前者分销品牌药、仿制药、非处方药、家庭保健品和仪器等，主要分销对象包括急救医院、独立和连锁零售药店、邮寄药房、医疗诊所等，此外还提供药房管理、人员配备和其他咨询服务，并向各种零售和医疗保健机构提供管理软件和包装解决方案。后者主要从事专科药品分销服务，面向专门从事各种疾病状态，特别是肿瘤学的医生或者透析诊所等机构提供药物分销和其他服务。ABSG 还分发血浆和其他血液制品、注射用药品、疫苗和其他专业产品。此外,ABSG 还为生物技术药品制造商提供第三方物流和成果研究服务。

其他业务由 AmerisourceBergen Consulting Services(ABCS), World Courier 和 MWI 运营部门组成。ABCS 向制药和生物科技制造商提供商业化支持服务。World Courier 是全球领先的生物制药行业专业运输和物流供应商,业务遍及全球 50 多个国家。ABC 通过其 MWI 部门,在宠物和食用动物市场上向客户销售药品、疫苗、杀寄生虫剂、诊断剂、微量饲料成分和各种其他产品。

根据 Market Line 数据,美源伯根 2015 财年(财年截止为当年 9 月)总收入为 1 359.62亿美元,较 2014 财年上升 13.7%。不过 2015 年的营业利润率为 0.3%,较 2014 财年 0.6%的营业利润率有所降低。2016 财年的收入为 1 468.5 亿美元,较 2015 财年上升 8%,其中主营的药品分销占到了总收入的 95.7%,总收入比 2015 财年上升 7%,其他业务占到 4.3%,总收入比 2015 财年增长 33.8%。2016 财年的收入主要来源于美国市场。

1. 增值服务切入仿制药市场

仿制药和专科药品是过去几年内美源伯根销售收入和利润增长的主要推动因素。美国是一个创新医药产品市场营销的最重要市场,其仿制药销售仅占整个医药市场的 1/4 左右。虽然如此,在过去 10 年之中,大量品牌药物的专利到期使得整个美国的仿制药市场迎来了蓬勃发展的时代,其市场增速明显高于医药行业的平均水平,由此为药品分销企业带来了新的增长机会。因为相比较于专利药物,仿制药企业通常更依赖于药品在渠道中的铺货能力来获取最佳的销售业绩,由此药品分销企业往往能从仿制药的经营中获得更有利的毛利空间。面对这一局面,美源伯根专门推出了名为 PRxO 的专业仿制药服务方案,通过对客户的仿制药增值服务来巩固扩大其仿制药市场份额:一方面,美源伯根与上百个仿制药企业建立了紧密的合作关系,由此它轻而易举地采购到 7 000 种以上的仿制药产品提供给下游顾客;另一方面,美源伯根依托于其规模优势,通过大规模的集中采购尽可能地降低采购成本,同时它还能根据下游客户的实际情况提供相关咨询服务,根据客户们的实际需求协助其定制仿制药采购计划,确保下游终端企业在仿制药经营中的利润最大化。2010 年,美源伯根进一步加强了 PRxO 的服务能力,在扩大服务对象的同时还提出了仿制药采购备选方案以及 60 天价格保障等更多的服务承诺。

2. 差异化经营着力发展专科药

美源伯根着力发展专科药品分销业务,目前已成为该领域当之无愧的领头羊,占据美国近 50%的份额。专科药物通常指那些相对比较复杂的专业产品，它们通常需要分销商提供高水准的技术支持，由此分销商往往也能得到更多的回报。在美国，专科药品主要包括以生物技术生产的肿瘤药物、关节炎药物、肾病用药以及其他各类以血浆为原材料的生物制品。这些产品在临床上通常有着更高的技术要求。

美源伯根根据市场的实际需求建立了一个专门的全方位服务平台用于促进专科用药的销售，如能同时接待 1 700 名医生护士咨询的大规模热线电话服务，或是涉及 80 多个制药企业和 1 000 多万名患者的病人管理计划。凭借着庞大的服务计划，美源伯根在 2010 年的专科药物销售收入中达到了 163 亿美元，同时也成为美国最大的肿瘤药物、透析产品和血制品的分销企业。为了保持企业在专科产品中的分销实力，美源伯根还实施了适度的并购策略，如 2008 年它收购了 Bellco 公司以强化对美国透析诊所的服务实力。目前该业务板块已是公司重要的赢利部门，利润率高出核心配送业务 0.5 个百分点。下属子公司 ABSG 是美国最大的社区肿瘤专科药综合服务供应商，除了专科药品终端的全国覆盖，公司还提供各种类型的专科药综合服务解决方案，同时通过自营专科药房以及提供专科药用药咨询和指导服务赢利。

3. 数据整合和高效运营在竞争激烈的市场环境中生存

美源伯根的业务类型能分为药品批发分销、专科药物服务、咨询和患者服务以及第三方物流，公司自 2001 年合并成立后又进行多次并购扩张业务，与此同时，所面对的药品公司也在 1995 年到 2015 年间从 60 家合并为了 10 家。这些都造成公司各种数据的分散。2013 年，美源伯根开始重视数据整合并制定战略性的 Master Data Management(MDM)计划来统一业务信息并允许交叉使用。此前，美源伯根是一家公司，但经营 15 个独立的业务实体，每个实体都有自己独立的损益表(P&L)和运营流程。公司通过由小到大、首先处理优先级别高的业务、确定企业共性、集中管理和同步常用数据等手段，将复杂的数据碎片整合统一。数据整合后，公司与客户沟通时信息更加统一，提升了审计和报告的效率，减少了物流和采购的错误，在不同业务单元之间有了完整的报告。同时，美国 2013 年颁布的药品供应链安全法(DSCSA)要求分销商在 2019 年 9 月前能够实现全部运营流程的可追踪，这项 MDM 计划大幅降低了遵守该项重要法规的成本。

另外，有分析发现同麦卡森、中药控股和国药控股相比，美源伯根公司的运营效率是中外分销商中最高的一家。无论是应收应付账款周转，还是存货周转，都领先于其他分销商，这也是该公司仅拥有 2.56%的平均毛利，却依然能在竞争激烈、赢利空间有限的市场环境中保持规模扩张和多元化发展的原因之一(图 4.16，图 4.17)。

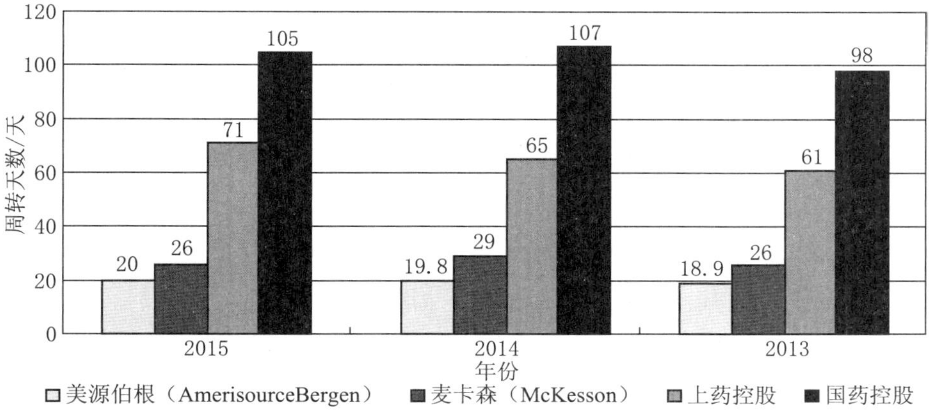

图 4.16　中美 4 家企业应收账款周转天数对比

资料来源：牟琼.美国药品流通三大特点剖析与中国启示[N].医药经济报，2016-10-19。

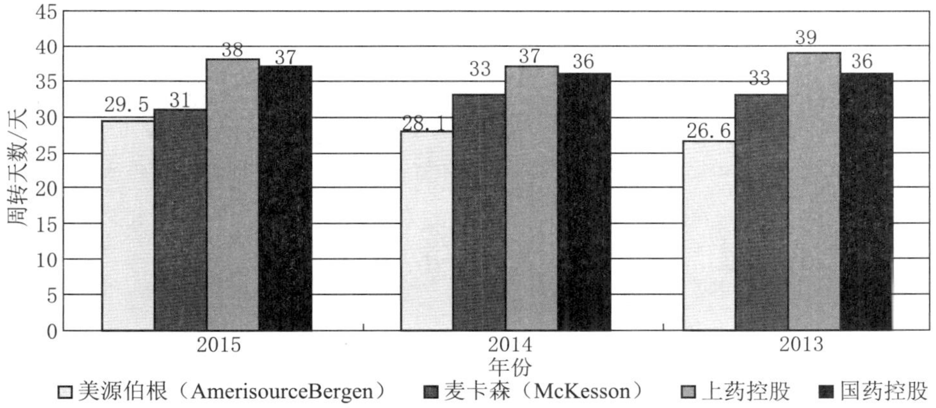

图 4.17　中美 4 家企业存货周转天数对比

资料来源：牟琼.美国药品流通三大特点剖析与中国启示[N].医药经济报，2016-10-19。

参考文献

[1] 德勤(Deloitte). Global Powers of Retailing：2017 The art and science of customers[R]. 2017.

[2] 科尔尼(A.T.Kearney.) The 2016 Global Retail Index：Global Retail Expansion at a Crossroads[R]. 2016.

[3] 英国零售协会.Which Way Out? A Fair Brexit for Consumers[R]. 2016-10.

[4] 英国零售协会.How would Brexit Affect Retail[R]. 2016-03.

[5] 美国统计局.最新年度零售与批发报告[R]. 2017-03.

[6] 欧盟统计局.欧盟统计局欧元指标[R]. 2017-03.
[7] 美国统计局.美国批发业销售和存货历史数据[R]. 2013-10.
[8] 埃森哲(Accenture). People First in Digital Retail: Accenture Technology Vision for Retail 2016[R]. 2016.
[9] Sharon O'Malley. SAGE BUSINESS RESEARCHER: Shopping Malls[R]. 2016.
[10] 吴颖仪.揭秘药物追溯体系国际现状[N].医药经济报,2016-02-24.
[11] 牟琼.美国药品流通三大特点剖析与中国启示[N].医药经济报,2016-10-19.
[12] Monica Mullen. How Amerisource Bergen Tamed M&A-Related Data Fragmentation[EB/OL]. 2017-04-19.

本章撰写:陈　煦

第五章　世界电子商务发展动态

一、世界电子商务发展总体态势

2017 年 1 月，联合国发布的《2017 年世界经济形势与展望》报告显示，2016 年世界经济增长速度预估仅为 2.2%，成为 2009 年以来最低的增长率。2016 年全球贸易量仅增长了 1.2%，处于历史上的低水平。世界经济处于"五低二高"的状况，即低经济增长、低国际贸易流量、低通货膨胀、低投资增长、低利率、高债务水平和高度依赖货币政策。这显示出全球经济复苏和持续发展的艰难。在较为严峻的宏观经济形势下，电子商务成为全球经济中的一大亮点，展现出强大的创新能力。

（一） 全球电子商务市场规模继续扩大

据电子市场研究公司（eMarketer）报告显示，2016 年的全球电商零售额将达 1.915 万亿美元，比上年增长 23.7%。尽管总体增长速度趋缓，但在全部零售额中的比重在上升，2016 年占总零售额的比重为 8.7%，比上年增长 1.3 个百分点。预计未来几年全球电商零售将继续保持两位数的增长率，到 2020 年将达到 4.058 万亿美元，占总零售额比重的 14.6%（图 5.1）。

从区域结构看，亚太地区仍然是全球最大的电商零售市场，北美地区位居第二。2016 年的亚太地区电商零售额预计达 1 万亿美元，增长率为 31.5%，预计到 2020 年将达 2.725 万亿美元。其中，亚太地区的增长主要是由于中国的贡献，2016 年中国电商零售额达 8 990.9 亿美元，占全球电商零售额的 47%。而北美地区 2016 年的电商零售额 4 233.4 亿美元，增长 15.6%，其中美国是最大的增长动力。未来几年，中国在全球电子商务市场中的份额将继续扩大，美国缩小。预计至 2020 年，中国将占全球电子商务零售市场的 59.5%，美国则缩减为 16.9%(图 5.2)。

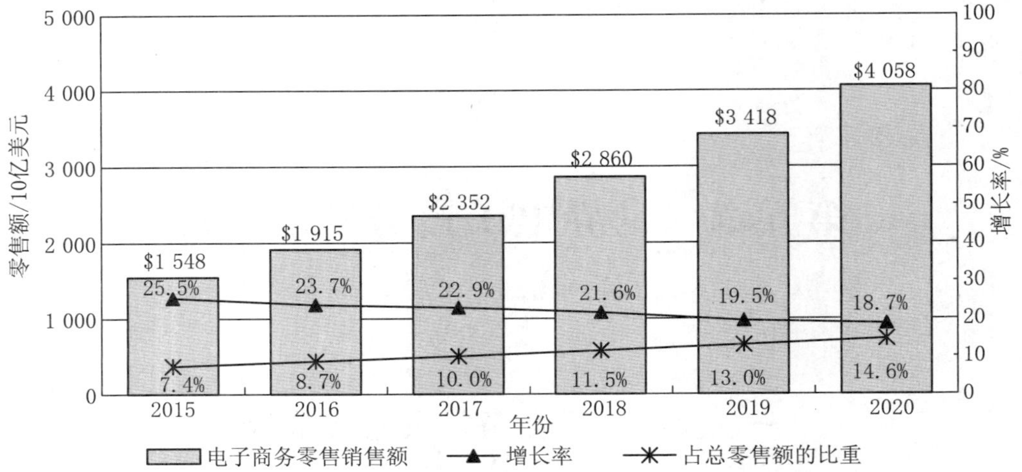

图 5.1　2015—2020 年全球电子商务零售市场规模概况

资料来源：eMarketer，Worldwide Retail Ecommerce Sales Will Reach ＄1.915 Trillion This Year（2016. 8. 22），https：//www. emarketer. com/Article/Worldwide-Retail-Ecommerce-Sales-Will-Reach-1915-Trillion-This-Year/1014369.

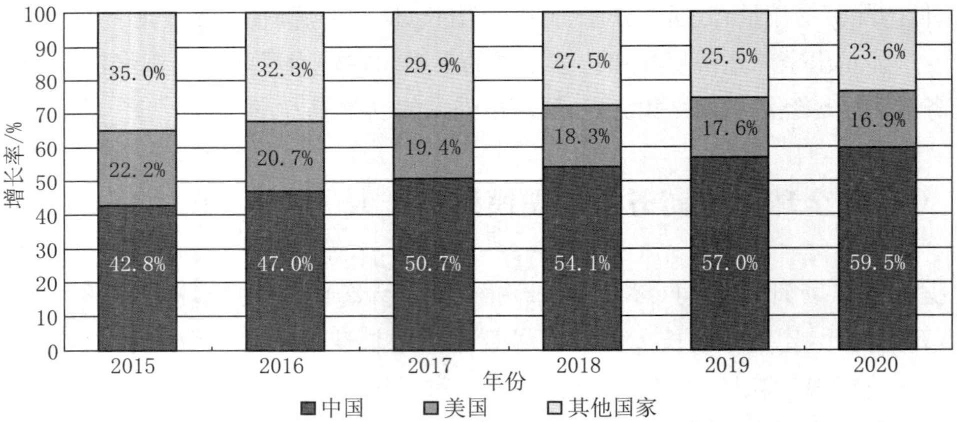

图 5.2　2015—2020 年中国和美国电子商务零售市场发展趋势

资料来源：eMarketer，China Eclipses the US to Become the World's Largest Retail Market(2016.8.18)，https：//www.emarketer.com/Article/China-Eclipses-US-Become-Worlds-Largest-Retail-Market/1014364.

（二） 新智能零售时代到来

2003 年以来麦德龙等企业一直在实验“未来商店”，即在零售店中采用 RFID(无线射频识别)等新技术使得零售业开始管理数字化,购买行为便利化。此后,随着一系列新兴信息技术的发展,未来商店已经从单体数字化商店向互联智能零售网络发展。以亚马逊 Amazon Go 西雅图店的运营为标志,新的智能零售时代到来。

与以往未来商店的对比,新型智能零售商店的主要特点是:一是应用和融合了更多的新技术,如人工智能、近场通信、感测融合、计算机视觉、机器人等各种新兴技术,实现了信息的实时识别和更新;二是线上和线下的深度融合,将实体店的体验优势和数字化的便利无缝衔接;三是突出移动终端的重要性,充分运用智能手机等移动终端,物品的取放及支付等均通过移动终端;四是取消结账台和收银机,实现即买即走,从而全程无人化。目前,智能零售的配套服务也已出现,如松下、英特尔等也发布了新的响应零售平台解决方案,为新智能零售时代的到来奠定基础。

阿里研究院认为,新的零售时代从原有的"货—场—人"的思维顺序改变为"人—货—场"的顺序。这一简单顺序的改变是基本理念的改变,即从原有的以物为核心的零售理念转变为以人为核心,从而需要重构零售业的产业链。同时,阿里研究院认为,新的零售时代与以往零售时代的区别还在于,新的零售时代将通过数据与商业逻辑的深度结合,真正实现消费方式逆向牵引生产变革,是以消费者体验为中心,以数字流通链为基础的数据驱动型的泛零售时代。因此,这一时代将是新智能零售时代。

(三) 场景消费模式正在形成

在新智能零售时代,随着可穿戴设备、虚拟现实(VR)、增强现实(AR)支付安全技术、云支付技术发展等技术的发展,电子商务各类场景的实时性增强,移动支付将与场景应用融合在一起,场景消费模式开始形成,出现实时、碎片、多样的特点。这主要是得益于虚拟现实和增强现实技术等场景消费技术的快速发展。咨询公司数字资本公司(Digi-Capital)发布的《2017 年增强现实和虚拟现实报告》(*Augmented/Virtual Reality Report 2017*)。2016 年增强现实(AR)和虚拟现实(VR)总体市场规模为 39 亿美元,其中虚拟现实收益为 27 亿美元,增强现实收益为 12 亿美元。今后几年,这一市场将加速增长,预计至 2021 年全球增强现实和虚拟现实总体市场规模将达到 1 080 亿美元(图 5.3)。

场景消费技术的发展推动其在零售市场的深入应用。据市场研究公司高特纳预计,2017 年底,将有 1/5 的大型零售商开始在网站上部署虚拟现实应用,预计至 2020 年,将有 30%的网页浏览不再依赖屏幕,通过虚拟现实技术购物的人将超过 1 亿人。

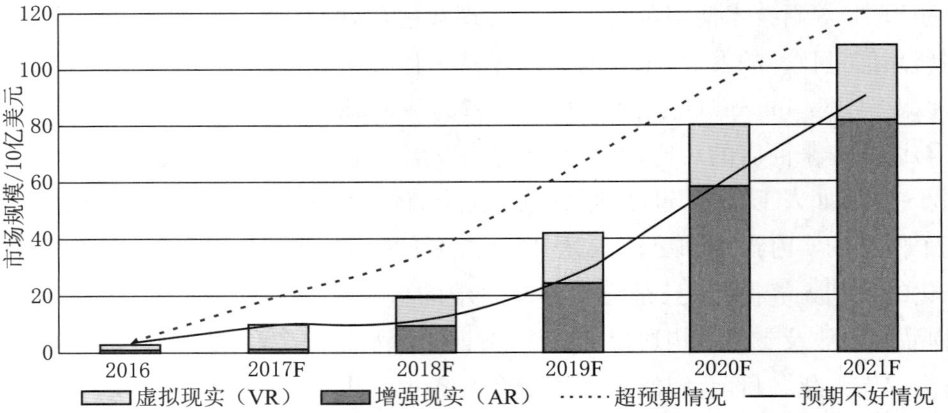

图 5.3　2016—2021 VR/AR 市场收益趋势

资料来源：Digi-Capital，Augmented/Virtual Reality Report 2017，http://www.digi-capital.com/reports/#augmented-virtual-reality.

目前，已有多家公司开始涉足虚拟现实消费模式，虚拟现实百货商店和平台出现。电商巨头亿贝（eBay）和澳大利亚百货公司（Myer）已于 2016 年联手推出世界首个虚拟现实百货商店（https://vr.ebay.com.au/），应用程序下载至智能手机，链接虚拟现实设备即可购物，商店有 1 万多件产品，大部分为二维图像，部分可以转换成三维图像，身处不同地方的朋友可以使用化身进入虚拟现实商店一起购物。

此外，还有多家公司对虚拟场景的消费模式进行了尝试，虚拟消费的产业链正在形成。其中，既有传统的零售公司进行的新的尝试，如雅诗兰黛推出在线试妆台概念店，塔吉特百货公司设立虚拟现实创新实验室，美国大型服装连锁商盖普（GAP）、耐克和阿迪达斯等均推出自己的增强现实技术（AR）零售应用模块，也有电子商务巨头加大相关的研发力度，如阿里巴巴继 VR 实验室成立之后推出造物神计划，还有一些虚拟技术公司（Sxiense 等）研发虚拟零售方案和购物平台。

（四）　新型电商服务模式出现

电子商务服务体系对电子商务的发展起到了强大支撑作用。当前，在电商物流、支付、咨询等方面均出现了新的一些模式。

电商物流方面，出现了当日达、按需快递、无人送货、众包物流、社区型物流平台等多种模式，形成日益开放的社会化物流体系。当日达是近两年各大电商近两年争夺的焦点，以获得消费者的忠诚度。如沃尔玛推出“Walmart To Go”服务，谷歌推出“Shopping Express”，亿贝推出“eBay Now”，亚马逊推出的“Prime Now”，社会化电商平台(Fancy)的当日达等；按需快递是一种社会众包模式的快递方式，即通过采用社会化的配送人员，以低价快速方式进行快递，如亚马逊的“Amazon Flex”快递系统和优步的快递业务(Uber Rush)，亚马逊主要为 Prime Now 用户快速配送常规包裹，为了加快配送速度，亚马逊临时雇佣社会化司机为其配送；无人快递源于 2013 年亚马逊宣布第一代的无人机项目(Prime Air)，此后谷歌、UPS、顺丰等国内外公司开始无人机快递试验项目；众包物流是指利用众包理念，借用互联网开放式平台和技术，引入社会化力量，快速完成物流订单的过程。美国的 Postmates 与 Instacart、英国的 Shutl(已被亿贝收购)是专门进行众包物流的典型快递企业；社区型物流平台服务体系是一种新型的物流平台，即通过平台，将电商企业、第三方物流公司、各级运输公司、司机、买方无缝互联，形成一个平台化社区，这个系统更适合于 B2B 电子商务，如社区型运输协同平台 oTMS。

电商支付方面，非接触式支付发展迅速，如数字钱包、近场支付(NFC)、虚拟卡云支付(HCE)、二维码支付、微信支付等多种方式。万事达公司目前在尝试一些新型的支付方式，如自拍支付(Selfie Pay)，不需要预先准备照片，而是每次支付均需要实时拍照，此外，万事达卡还计划开发语音验证、心跳识别等新的支付验证方式。同时，电商支付也有着明显的区域创新的特点，如日本有 17%的人使用 Konbini 的方式，这种方式可以在便利店完成离线支付；iDEAL 是荷兰本地支付方式，在跨境交易中广受欢迎，从银行账户中直接转款付款；巴西的 BoletoBancário，是巴西官方的一种支付方式，可以作为一种现金支付，付款人可以打印发票后去银行、邮局、药店或超市等场所，或者通过网上银行完成付款。

此外，在电商企业的创新创业方面，由于电子商务市场的快速发展，大量的电商孵化器出现，如全球电商巨头阿里巴巴、亚马逊、法国时尚电商(Showroomprivé)、老佛爷百货与全球创新平台(Plug and Play)合作等等纷纷建立电商孵化园或孵化器、“中小零售商赋能计划”等。

（五） 电子商务欺诈问题引起关注

随着电子商务发展，电商交易欺诈案例数目和欺诈比例也在大大提高。2016 年咨询公司(Worldplay)发布的《2016 年国际电子商务欺诈分析报告》显示，有 85%的商家需要更多的信息以打击欺诈。而电商欺诈的类型可以分为多种，有商品欺诈，如假货;有支付欺诈,如账号盗窃;有销售欺诈,不同销售平台的欺诈;还有买家欺诈,如友善欺诈(friendly fraud)等。

目前,假货已经成为电商的一大毒瘤。据国际商标协会(INTA)数据显示,2016年全球假货产品贸易价值4 600亿美元,且大部分假货买卖行为发生在网络上。西班牙公司红点公司(Red Points)对假货网站进行了跟踪,前十大假货买卖网站中,多为电商巨头,阿里巴巴、脸谱、亚马逊、亿贝、京东等均上榜,前三名分别是阿里巴巴旗下全球速卖通(AliExpress)、脸谱和印度尼西亚版淘宝网站(Tokopedia)。在其他欺诈方面,著名咨询公司尼尔森调研结果表明,最常见的类型是身份盗窃、网络钓鱼和账号盗窃。此外,还有友善欺诈、联属欺诈、三边欺诈、跨境交易欺诈、不同销售平台欺诈等多种形式的欺诈。

针对欺诈,各国从电子签名、司法、争端机制等多个方面制定了相应的政策。1998年新加坡的电子商务法中涉及了电子签名,2000年美国正式发布了电子签名法案,此后各国相继发布了电子签名法,推进了电子商务的规范化。1999年,针对网络欺诈,美国司法部发布了《网络欺诈动议》(*Internet Fraud Initiative*),对网络欺诈实施较为严厉的司法措施。2000年又发布了《在线商业实践准则》,要求行业自律,遏制电子商务欺诈行为。近年来,欧盟为了发展数字化单一市场,2015年和2016年相继采取成立欧洲网络犯罪中心,建立在线跨境纠纷解决网站,批准关于欧盟层面内部市场支付服务的指令等措施,在一定程度上加强了对电子商务欺诈的约束。

二、主要国家和地区电子商务发展态势

美国、欧盟地区是全球领先的电子商务市场,而东南亚地区作为新兴市场,近年发展迅速,其发展动态值得关注。

(一) 美国

1. 电子商务市场持续增长

美国统计局数据显示,电子商务市场占全部零售额比重逐年增长。美国统计局数据显示,2016年美国电子商务(B2C)规模将达到3 938亿美元,比上年增长15.2%(表5.1),这一增长率相比2015年的增长速度略有上升。电子商务规模占全部零售额比重也在逐年增长,2016年第四季度比重为8.3%,比2015年的7.3%提升了1个

百分点(图 5.4)。未来几年,电子商务规模占全部零售额的比重进一步增长,电子市场研究公司(eMarketer)预计美国将持续保持 10%以上的增长率。

表 5.1　2012—2016 年美国电子商务零售市场概况

项　　目	2012 年	2013 年	2014 年	2015 年	2016 年
电子商务市场总体规模/亿美元	2 255	2 625	3 049	3 417	3 938
电子商务市场增长率/%	15.8	16.9	15.4	14.6	15.2

资料来源:United States Department of Commerce, Quarterly retail e-commerce sales 4rd Quarter 2015(2017. 2), Quarterly retail e-commerce sales 4rd Quarter 2015 (2016. 2), Quarterly retail e-commerce sales 4rd Quarter 2014(2015.2), Quarterly retail e-commerce sales 4rd Quarter 2013(2014. 2), Quarterly retail e-commerce sales 4rd Quarter 2012(2013.2).

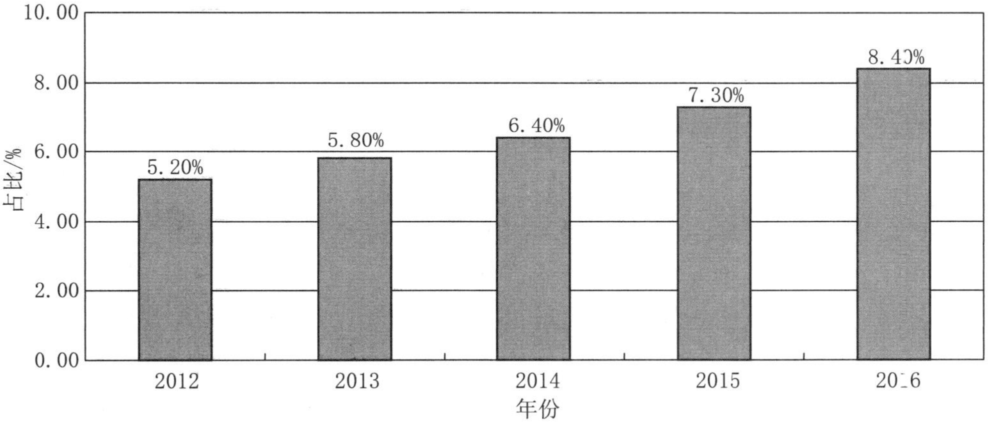

图 5.4　2012—2016 年美国电子商务(B2C)市场规模占全部零售额的比重

资料来源:美国联邦储备银行,E-Commerce Retail Sales https://fred.stlouisfed.org/series/ECOMSA.

美国是电子商务市场创新领先者,近年涌现了较多的新模式,如会员制电商、分享电商等。会员制电商以会员服务为主,实行年费制,提供相应的增值服务。一经亚马逊推出,就获得了较快的发展。目前,沃尔玛、塔吉特等巨头均已开始推出相应的服务,会员制电商形式正在引起关注。分享电商开启于 2008 年爱彼迎(Airbnb)和优步(Uber)的成立,目前在美国,已有多家分享电商,如技能分享网站及教育平台(Skillshare)、邻里社交平台(Nextdoor)等。据电子市场研究公司(eMarketer)数据显示,2016 年预计将有 2 700 万成人使用,将比 2015 年增长 24.4%。

2. 移动电子商务市场增长迅猛

在整体电子商务保持大幅增长的情况下,美国移动电子商务的增长成为亮点。电子市场研究公司(eMarketer)数据显示,2016 年美国移动电商市场规模预计达到

1 180亿美元，将比上年增长 33.7%。移动电子商务占全部电子商务销售额的比重达到历史新高(表 5.2)。

表 5.2　2015—2019 年美国移动电商市场概况

项　　目	2015 年	2016 年	2017 年	2018 年	2019 年
移动电商销售额/10 亿美元	88.5	118.4	151.0	178.2	208.5
移动电商销售额增长率/%	56.1	33.7	27.5	18	17

资料来源：eMarketer, Most Digital Buyers Will Make Purchases via a Smartphone by 2017, http://www.emarketer.com/Article.aspx?R=1013590&dsNav=Ntk:basic%7cretail%7c1%7c, Ro:2, N:406-498#, 2016-2-16.

其中，智能手机是移动电子商务主要途径。2015 年美国共有 7 830 万数字消费者，有 45.6%为智能手机终端消费者，智能手机移动电商销售额达到 394 亿美元，占全部零售移动电子商务销售额的 44.5%。而 2017 年将具有重要意义，智能手机消费者的数量、智能手机终端占移动电商零售额的比重均将超过 50%(图 5.5)。

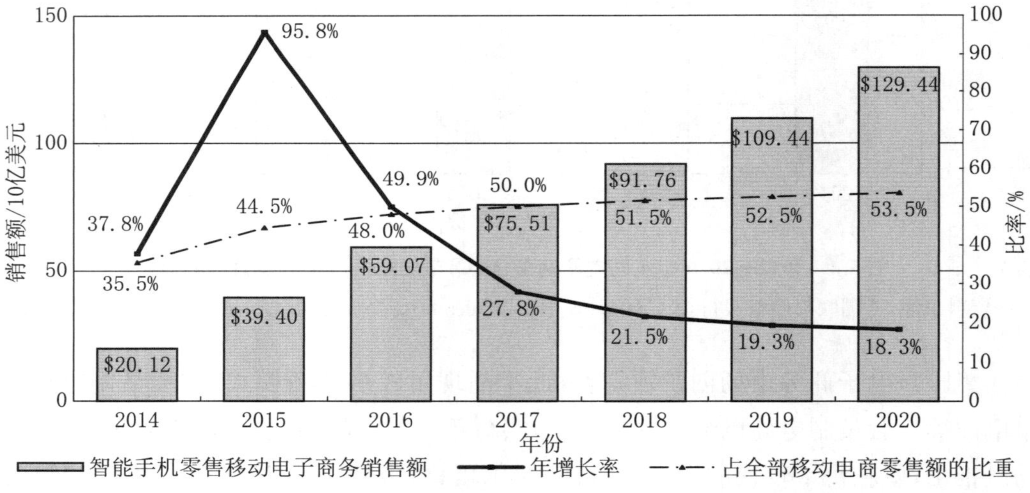

图 5.5　2014—2020 年美国智能手机零售移动电子商务销售额概况

资料来源：eMarketer, Most Digital Buyers Will Make Purchases via a Smartphone by 2017, http://www.emarketer.com/Article.aspx?R=1013590&dsNav=Ntk:basic%7cretail%7c1%7c, Ro:2, N:406-498#, 2016-2-16.

3. 亚马逊引领产业竞争

2016 年美国零售联合会旗下的媒体杂志《商店》(*STORES* Magazine)发布了“最受欢迎的前 50 家网站”榜单(The Favorite 50)报告，列出了 2016 年年度最受美国消费者欢迎的50大电商网站排名。亚马逊和沃尔玛分别位居前两名。66%的受访者把亚马逊列为网购的首要去处。沃尔玛虽然位于第二位，但是和亚马逊的差距较大，仅有14%的受访者把沃尔玛列为最喜欢的购物网站，高于2015年的12%。而其他网站与亚马逊的差距更大(表5.3)。

表5.3　美国最受欢迎前十大电商网站

排　名	网站名称	排　名	网站名称
1	亚马逊	6	Macys
2	沃尔玛	7	塔吉特
3	科尔士百货公司(Kohl's)	8	杰西潘尼(Jcpenney)
4	亿贝	9	老海军(Oldnavy)
5	百思买	10	西尔斯百货

资料来源：STORES Magazine，The Favorite 50(2016.9.1)，https://nrf.com/news/the-favorite-50-2016.

近两年亚马逊的一系列活动引起了美国电商及零售业的一片混战，沃尔玛等诸多企业在后急追。如亚马逊推出两日送、当日达和Prime会员制后，沃尔玛随后推出Shipping Pass两日送达服务，并采取对会员实行免收会员费的措施。但亚马逊的物流配送等服务的地位仍然难以撼动。据咨询公司网络零售(Internet Retaile)对亚马逊以外的238个零售电商2014年1月到2016年4月的配送速度进行跟踪，发现在这段时间内，这些零售电商的平均配送速度从8.1天下降至5.1天，但与亚马逊相比仍有不小的差距。这主要是由于供应链模式差异所致。亚马逊一开始就本着以消费者为中心而建设供应链体系，而沃尔玛等传统零售商的物流体系则是以门店为中心而建立的。但是，激烈的竞争已经推动了美国整体物流和配送服务水平的提高。

(二) 欧盟地区

1. 电子商务市场增幅略有下降

2016年欧盟地区的电子商务市场相比2015年增幅略有下降。欧盟统计局数据显示，2016年欧盟28国电子商务营收(turnover)占企业收益的比重为16%，欧元区电子商务占企业收益的比重为15%，分别比2015年下降1个百分点(表5.4)。其中，各国各有升降。下降最多的是德国、葡萄牙、斯洛文尼亚、爱尔兰、匈牙利，增长最多的是希腊、挪威、瑞典等。

表 5.4　2010—2016 年欧洲地区电子商务占企业收益比重

地　区	占企业收益比重/%					
	2011 年	2012 年	2013 年	2014 年	2015 年	2016 年
欧盟 28 国	14	15	14	15	17	16
欧元区	13	13	13	13	16	15

资料来源：欧盟统计局，Share of enterprises' turnover on e-commerce，http://epp.eurostat.ec.europa.eu/tgm/table.do?tab=table&init=1&language=en&pcode=tin00110&plugin=0.

尽管欧洲整体的电子商务的营收比重变化不大，但其中两大市场德国和法国电子商务的总体规模却出现了较大的增长。据德国电商协会（Bevh）数据，2016 年第三季度德国电商零售交易额达到 125 亿欧元，增长 10.6%，远超预期。预计 2016 年德国电商市场交易额将比上年增长 14.7%。同样，法国市场的增幅也达到了 10%以上。法国电子商务协会（FEVAD）数据显示，2016 年第三季度，法国电商销售额达 169 亿欧元，同比增长 12%，预计 2016 年总体线上消费将达 700 亿欧元。这表明，在总体规模增大的情况下，德国等地的电子商务企业的营收能力却不容乐观。

此外，欧洲地区的消费者加大了跨境消费的力度。据瑞士函购贸易协会（VSV）数据显示，2016 年瑞士网络购物商品价值为 78 亿瑞郎，增长 8.3%，其中来自境外网购的商品价值 13 亿瑞郎，增长了 18%，达到 2012 年的两倍。这使得欧洲电子商务企业面临全球竞争的压力在日益增强。

2. 电商企业加大全球化布局

在消费者进行跨境消费的同时，欧洲电商企业也开始加大全球布局。目前，欧洲电商企业采取的主要方式有以下几种。

一是欧洲本土电商企业开展跨境电商服务。如法国最大时装电商（La Redoute）于 2016 年 5 月开通中文站，德国婴幼儿洗护品牌（Weleda）开通法语网站，开通海外直邮业务。目前，La Redoute 在世界各地拥有 1300 万活跃客户，覆盖了 120 多个国家，成为法国最大的时尚购物平台。

二是大型电商平台强化欧洲品牌入驻，多以品牌旗舰店形式开展电子商务。如亿贝、天猫等纷纷引入欧洲一些品牌企业，德国锅具（STAUB）、德国玩具品牌（HEROS）、法国轻奢品牌（SMCP）、丹麦珠宝品牌潘多拉等相继入驻，实现由海外发货直邮。2017 年法国第一大 OTC 制药公司（Arkopharma）计划入驻天猫、京东等平台。此外，一些欧洲电商企业开始向平台型企业转型，如挪威电商企业（Komplett）计划推出一个 B2C 电商平台，帮助其他零售商在其平台售卖商品，成为"北欧亚马逊"。

三是行业并购，强化竞争力。法国奢侈品闪购电商 Vente-Privée 近年通过并购分别收购了比利时、西班牙、波兰电商。目前,欧洲企业进行布局的主要目的地有欧洲地区、南美地区、中国等。但多数并购仍然在欧洲地区,如法国时尚电商(Vente-Privée)2001 年成立,曾于 2011 年进军美国,但于 2014 年退出美国,目前在全球有 3 000多万用户,但业务主要分布在德国、奥地利、比利时、荷兰、卢森堡、瑞士等 8 个欧洲国家。英国大型时尚电商 ASOS 也于 2016 年关闭天猫旗舰店,撤出中国业务。这表明欧洲一些电商企业在进行全球化布局的同时,在本土化等方面还没有做好准备。

3. 能源电商兴起

由于能源产品的特殊性,能源领域电商还在探索中,在常规能源的销售领域,已经有企业在进行尝试,并开始获得较好的收益。2012 年,法国燃油电商(Fioul-market)成立,主要为家庭用户提供家用燃油产品,通过网站,用户可以在线选择常规燃油和家用型燃油。目前,在法国一些杂志的电子商务网站排名中,已经名列第 28 位。

2016 年 6 月,法国燃油电商(Fioulmarket)公布 2015 财年营业数据。数据显示,总体营业额达到了 3 500 万欧元,同比增长 60%。目前,燃油电商平台提供服务主要包括两大方面,覆盖了法国 90%的领域:一是燃油订购和送达服务,用户可以在 24 小时下单及当日达服务,在下单后 2~5 个小时内收到货物;二是增值信息服务,网站将提供燃油历史价格、家用燃油价格趋势、套餐推荐等信息咨询服务。

(三) 东南亚地区

1. 电商市场面临起飞

目前,作为新兴市场,东南亚电子商务开始加速起飞,这一方面得益于该地区消费能力的提升,据欧睿信息咨询有限公司(Euromonitor International)估计,就东南亚印尼、泰国、越南、马来西亚、新加坡、菲律宾 6 个主要市场而言,2015—2030 年间,总体的消费支出将从 13 360 亿美元增长到 27 580 亿美元。另一方面也得益于互联网和手机的普及率的持续增长,据电子市场研究公司(eMarketer)估计,2016 年大约 1.77 亿人(67.5%的互联网用户)将是智能机用户。

未来 4 年,东南亚电子商务市场将进一步扩大。电子市场研究公司(eMarketer)预计东南亚印尼、泰国、越南、马来西亚、新加坡、菲律宾 6 个主要市场的零售电商销售总额至少将增加一倍,从 2016 年的 14 亿美元攀升至在 2020 年的 31.80 亿美元(表 5.5)。

表 5.5　2015—2020 年东南亚电子商务零售市场概况

地　区	2015 年	2016 年	2017 年	2018 年	2019 年	2020 年
零售电子商务销售额/10 亿美元						
印度尼西亚	3.22	5.29	8.21	10.92	13.16	15.59
泰　国	2.39	2.89	3.45	4.10	4.84	5.69
新加坡	1.85	2.13	2.43	2.73	3.03	3.32
马来西亚	1.63	1.97	2.41	2.84	3.32	3.84
越　南	1.37	1.71	2.08	2.47	2.88	3.26
菲律宾	0.04	0.05	0.06	0.07	0.09	0.10
零售电子商务销售额增长率/%						
印度尼西亚	65.6	64.3	55.3	32.9	20.6	18.5
菲律宾	46.5	27.3	25.0	21.5	19.8	16.2
越　南	43.5	24.3	22.0	18.5	16.8	13.2
马来西亚	31.5	21.0	22.6	17.6	16.8	15.8
泰　国	22.1	20.7	19.5	18.8	18.1	17.6
新加坡	17.5	15.2	14.0	12.1	11.0	9.8
零售电子商务销售额在总零售额中的占比/%						
新加坡	4.1	4.5	4.9	5.4	5.8	6.2
印度尼西亚	1.4	2.2	3.1	3.9	4.4	4.8
泰　国	1.3	1.5	1.7	2.0	2.2	2.5
马来西亚	1.2	1.4	1.7	1.9	2.2	2.4
越　南	0.9	1.1	1.2	1.3	1.4	1.5
菲律宾	0.7	0.9	1.0	1.2	1.4	1.5

资料来源：eMarketer，Retail Ecommerce Sales in Southeast Asia：Opportunities and Challenges for Six Key Markets（2016.8.30），https://www.emarketer.com/Report/Retail-Ecommerce-Sales-Southeast-Asia-Opportunities-Challenges-Six-Key-Markets/2001880.

其中，新加坡市场发展较为成熟。新加坡虽然国土狭小，但 2016 年电子商务销售额达到 21.3 亿美元，位居第三，而其电子商务销售额占总零售额比重则达到 4.5%，位居第一，并远远超过其他国家。因而，总体上看，其发展潜力不太大。

与此同时，印尼、泰国和越南市场最引人注目。印尼是东南亚最大的零售市场，

2016 年电子商务销售额达到 52.9 亿美元，约占总零售额的 2.2%。泰国是第二大零售市场，2016 年电子商务销售额达到 28.9 亿美元，约占总零售额的 1.5%。越南是第三大零售市场，但其电子商务零售额只有 17.1 亿美元，占总零售额的 1.1%。与新加坡相比，这三大市场均有着较大增长空间。

2. 社交电子商务崛起

东南亚地区年轻人口比重较大，智能手机和社交网络普及迅速。电子市场研究公司(eMarketer)估计，马来西亚、菲律宾、新加坡、泰国、越南与印尼这 6 个国家有 2.62亿互联网用户，其中有 67.5%的用户，约 1.77 亿人使用智能手机连接网络。而社交网络又是移动网络中的一大内容，预计东南亚至少 90%的社交网民使用脸谱。脸谱、照片社交网站(Instagram)、连线(Line)等是最大的受益者，一些用户已经利用脸谱等进行 C2C 电子商务交易。据咨询公司贝恩(Bain & Co.)预计，2016 年东南亚社交电子商务将占电子商务销售额的 30%。

东南亚社交电商的迅速发展主要是由于这一地区目前还缺乏亚马逊这样的电商巨头占据主导地位，因而，大量的中小企业没有一个有效的商务平台，而东南亚的消费者严重依赖销售人员提供的建议，喜欢讨价还价。脸谱公司称，泰国用户每月向商家发送的信息是全球平均水平的两倍。因此，社交网络成为中小企业进行电商交易较为便捷、成本低廉的一个渠道。

目前，脸谱、照片社交网站(Instagram)、连线(Line)均已经增加或完善了电子商务功能，可以进行购买衣物、食品、杂货或打车等多种交易。2016 年 6 月，Facebook 发布了新的购物功能和工具，展示特色产品，添加消息按钮，为东南亚商家提供更多新服务。脸谱公司还在泰国推出“Facebook Shop”，功能包括商品陈列、描述、购买和广告等。消费者可使用“Facebook Messenger”与零售商沟通，利用现成的消息格式，让企业能预设自动回复的内容。同时，与网络支付服务公司(Qwik)展开合作，为消费者提供感兴趣商品的供应商账户信息，消费者可以到 ATM 机上进行转账支付，购买商品。连线(Line)则专门为东南亚中小企业推出 Line@功能，可以通过平台发放优惠券或进行推广。

3. 电商发展面临诸多挑战

东南亚地区的发展潜力吸引了大量的电商巨头。2013 年阿里巴巴旗下的淘宝开始进军东南亚地区，2015 年京东也落户印尼，2016 年亚马逊宣布进入新加坡，韩国电商平台 11street 继马来西亚、印尼之后进军泰国泰国市场。这期间，阿里巴巴加大了对东南亚投资的力度，支付宝相继进入新加坡和泰国，并与泰国金融科技企业(Ascend Money)达成战略合作关系。此外，还有多家东南亚电商企业得到了大量的融资(表 5.6)。

表 5.6　近年东南亚市场部分融资电商企业

企业名称	主要业务	融资额/亿美元	投　资　方
LAZADA	商品交易	10	阿里巴巴
Grab	打　车	7.5	日本电信及软银
Go-Jek	O2O 按需服务	5.5	KKR、Warburg Pincus、FarallonCapitalhe Capital Group Private Markets 等
Garena	游戏、支付、商品销售	1.7	马来西亚政府旗下战略投资基金
Tokopedia	商品销售	2.477	软银和红杉基金
MatahariMall	商品销售	1	日本三井集团
Elevenia	商品销售	0.45	韩国 SK Planet
Carousell	二手商品销售	0.35	乐天投资，此外还有红杉资本印度、金门投资和 500 Startups 等
Ninja Van	物　流	0.35	Abraaj Group、Monk's Hill Ventures、B Capital，以及雅虎日本基金(Yahoo Japan Capital)等
新加坡邮政	物　流	1.871 (新加坡元)	阿里巴巴
ezbuy	海　淘	0.2	维新力特资本(Vision Knight Capital)、IDG 资本和华创资本

资料来源：亿邦动力网等新闻报道。

尽管阿里巴巴、亚马逊等巨头在积极进入东南亚地区，但同时，也有一些大型电商企业退出东南亚市场。2016 年乐天宣布退出新加坡、马来西亚与印尼市场。总部位于新加坡的澳大利亚上市企业(Ensogo)，主要业务在东南亚，宣布停牌，关闭电子商务业务。团购网站高朋印尼站和马来西亚站相继被马来西亚健身平台 Kfit 集团收购。这些企业的失败固然有其本身经营能力的原因，但同时，也和东南亚地区自身的特点有关。

东南亚地区存在自身的一些特点和法律规范，如除新加坡外，电商物流和电商交付都处于相对欠发达状态，许多消费者很大程度上依赖于货到付款和自动提款机(ATM)转账。这使得该地区电子商务的发展仍然需要进行不断创新以应对这些挑战。此外，新法规的发布也使得一些电商模式发展受到约束。如新加坡规定禁止私人住宅租期低于半年，这限制了爱彼迎(Airbnb)在新加坡的发展。又如马来西亚财政部考虑从 2017 年开始对电子商务征税，已经要求税务局进行详细评估。这将对马来西亚电子商务的发展产生较大的影响。

三、主要电子商务企业发展动态

亚马逊与阿里巴巴分别是发达国家中和发展中国家中全球领先的电子商务企

业，沃尔玛是传统零售巨头向电商转型的典型代表，其发展动态往往引领着产业的发展方向，本节将主要对这3家企业进行简要分析。

（一） 亚马逊

1. 业绩获得大幅增长

根据亚马逊财报，2016财年，亚马逊净销售额约为1 360亿美元，同比增长27%。而净利润获得惊人增长，2016财年亚马逊的净利润为23.71亿美元，比2015财年的5.96亿美元大幅增长了3倍多。这主要得益于亚马逊销售额的全面增长，尤其是国际部分和云计算部分。

目前，亚马逊的业务主要分为三大板块：北美地区、亚马逊国际部门（英国、德国、法国、日本和中国）、云计算。其中，北美地区近两年保持平稳增长，在总体业务中仍然占据60%的比重；国际部分销售额2016年增长较快，增长率为24%，远远超过上年的6%；云计算部分近两年则保持超高速的增长，2016年增长了55%（表5.7），在全部业务中的比重也提升了两个百分点。

表5.7 2015—2016财年亚马逊总体经营概况

项　目	2015财年	2016财年
北美地区		
净销售额/亿美元	637.08	797.85
净销售额增长率/%	25	25
占全部的比重/%	60	59
国际部分		
净销售额/亿美元	354.18	439.83
净销售额增长率/%	6	24
占全部的比重/%	33	32
云计算（AWS）部分		
净销售额/亿美元	78.8	122.19
净销售额增长率/%	70	55
占全部的比重/%	7	9
总计		
净销售额/亿美元	1 070.06	1 359.87
净销售额增长率/%	20	27

资料来源：亚马逊，Q4 2016 Financial Results，file:///D:/FILES/Downloads/Q4%202016%20Financial%20Results.pdf.

但是,从赢利情况看,亚马逊在美国以外地区的赢利状况不如北美地区,2016财年北美地区和云计算部门的运营收入分别达到了23.61亿美元和31.08亿美元,但国际部门运营亏损比2015年几乎增加一倍,达到12.83亿美元。

从具体产品结构看,除了云计算外,亚马逊主要包含了三大块产品:媒体、电子产品及百货、其他(广告、信用卡等)。其中,媒体部分增长缓慢,电子产品及百货、其他服务这两部分业务增长幅度较大,是近两年亚马逊主要的增长源之一(表5.8)。这表明亚马逊正在朝业务多元化方向发展。

表5.8　2015—2016财年亚马逊业务结构概况

项　　目	2015财年		2016财年	
	净销售额/亿美元	净销售额增长率/%	净销售额/亿美元	净销售额增长率/%
北美地区				
媒　　体	124.83	8	135.8	9
电子产品及百货	504.01	31	648.87	29
其　　他	8.24	10	13.18	60
全　　部	637.08	26	797.85	25
国际部分				
媒　　体	100.26	4	106.31	7
电子产品及百货	251.96	29	331.07	33
其　　他	1.96	10	2.45	30
全　　部	354.18	21	439.83	26

资料来源:亚马逊,Q4 2016 Financial Results, file:///D:/FILES/Downloads/Q4%202016%20Financial%20Results.pdf.

2. 力推会员制电商

会员制是亚马逊近年采取的较大措施之一,不仅为亚马逊带来了较好的效益,也对整个零售业产生了较大的影响。会员制服务(Amazon Prime)于2005年2月推出。之后随着亚马逊不断完善相应的措施,会员制的吸引力越来越大。消费情报研究伙伴公司(Consumer Intelligence Research Partners)预计,在美国,2016年6月Prime会员数量已达6 300万人,较2015年6月增长1 900万人。美国地区用户中,Prime会员的比例已经超过50%。

会员制服务(Amazon Prime)的主要特点有以下几点。一是缴纳年费,增强会员黏性,每年费用为99美元。为了增加灵活性,2015年4月,亚马逊又推出了月度套餐，仅10.99美元/月，一经推出就受到了欢迎。此外，在中国等地，亚马逊还推出了免费试用等活动；二是针对会员进行多重优惠活动，如每年举行会员日(Prime Day)活动，优惠力度较大，2016年活动日全天每5分钟就有多个新的优惠活动推出。会员最大的优惠还在于物流配送方面，可以享受无限次免费配送，且可以享受"Prime Now"1小时快速配送；三为会员提供增值服务，如从2011年，亚马逊增加了会员视频服务(Prime Instant Video)，会员能够通过亚马逊观看约4万部电影和电视剧集以及50万本电子书(Kindle)的借阅服务，并可以享受优先迅速的快递服务。2016年亚马逊又相继推出了一系列增值服务，如最新会员阅读计划(Prime Reading)，会员可以免费阅读书籍、期刊、漫画等；会员直播平台服务(Twitch Prime)与直播平台(Twitch)合作，可以免广告看直播与视频，同时免费获得一个频道、游戏折扣等；亚马逊音频服务(Audible Channels for Prime)，收听各类新闻、戏剧表演、文章等；照片存储服务(the Prime Photo Family Vault)存储家庭照片等等。这一系列措施的增加，大大吸引了会员参与性，降低了收费的障碍，为亚马逊的发展提供可持续的增长动力。

3. 持续进行多重变革

亚马逊是创新先锋型企业，云计算、无人机快递、自动化后勤服务体系、外包物流体系、自助出版、Kindle系列、会员制电商等均由亚马逊率先实施。这也是亚马逊保持快速增长的主要原因之一。当前，亚马逊仍然在进行多方变革。

一是加快全球化布局，抢占印度等新兴地区的先机。2004年亚马逊进入中国，2005年进入印度，亚马逊已在全球14个国家有网站。目前，随着印度经济的高速发展，亚马逊加大了对印度的投资。2016年亚马逊继2014年投入20亿美元以后，又投入30亿美元打造供应链系统，收购印度线上支付平台(Emvantage)，将创业平台(Launchpad)登陆印度，Kindle为印度市场新增印地语等5个印度小语种。

二是进一步扩大品类，进军汽车零部件业务。目前，亚马逊计划与几大汽车配件生产公司，如美国道尔曼产品公司(Dorman Products)、德国博世、美国辉门(Federal-Mogul Corporation)和美国卡多尼(Cardone Industries)等签订合作协议，进军利润丰厚的汽车配件零售市场。

三是开设新型零售实体店，进行线上和线下融合。亚马逊近年开始开拓新型的线下服务体系，如实体书店、快闪店、Amazon Go等。这些新型的线下实体店具有和传统零售店不同的特点。如亚马逊已经在西雅图、波特兰、圣地亚哥等地开出多家实体书店，这些书店融合了线上和线下的优势，书店根据网上数据进行选书，以专区形式进行归类展示，按照"本月畅销书""本周最多预订图书""用户最多收藏图书""拥有

4.8 颗星以上评分”等进行排列，并与亚马逊官网价格连接，消费者可马上使用手机或店内扫码机查询。

四是进一步加强开放式平台的建设。亚马逊计划在电子商务销售和孵化方面均加强开放性。亚马逊不仅在网站上继续开拓“我要开店”的业务推广，在应用客户端(APP)也计划整合外部零售商的商品，以获得一定的交易分成。此外，2015 年亚马逊还推出了一项孵化器项目(Amazon Launchpad)，并与多家投资基金达成协议。创业者可以利用该平台建立一个店面，亚马逊将提供简单的培训、产品定制页面、库存管理、市场营销工具及途径等，并允许入驻的创业者利用其储存设施、客户服务中心和物流体系。

(二) 阿里巴巴

1. 整体业务增长强劲

在最新财年中，阿里巴巴业绩超预期地高速增长。根据阿里巴巴于 2017 年 1 月公布的 2017 财年(2016 年 4 月 1 日—2017 年 3 月 31 日)第三季度[1]财报，2017 财年全年收入指引由按年增长 48%上调至增长 53%。阿里巴巴 2017 财年第三季度财报显示，截至 2016 年 12 月 31 日，阿里巴巴 2017 财年第三季度收入达到 532.48 亿元人民币，同比增长 54%。这主要来自于阿里中国零售业务、阿里云强劲收入增长以及新收购业务东南亚电商巨头(Lazada)的高速增长。

从区域结构看，阿里巴巴的主要收入来源于中国，截至 12 月的中国年度活跃买家增至 4.43 亿户。中国零售平台 2017 财年第三季度收入为 408.02 亿元人民币，比上一财年增加 42%，占全部业务的 76.6%。主要是由于中国零售平台网上营销服务收入的强劲增长及佣金收入的上升，其中，网上营销服务收入同比增长 47%，佣金收入增长 32%，佣金收入占中国零售平台第三季度收入总额的 30%。

从业务结构看，阿里巴巴主要的业务有电商、云计算、数字媒体和娱乐业务、股权投资及物流等其他项目。其中，电商是核心业务，第三季度收入 465.76 亿元，占全部收入的 87.5%，同比增长 45%，同时利润较高，经调整利润率(息税摊销前利润，EBITA)达 64%。

其他业务虽然占比较少，但增长较快。如云计算，包括内容分发网络、数据库服务，2017 财年第三季度收入同比增长 115%，付费客户数同比增长 100%至

[1] 2017 财年第三季度实际为 2016 年第 4 季度。

76.5 万。数字媒体和娱乐业务也强劲增长，同比上升 273%。股权投资及其他项目方面，包括了菜鸟网络、蚂蚁金服、口碑等，第三季度内通过支付宝结算的交易支付额达 731 亿元，环比增长 52%，口碑获得新一轮 11 亿美元的融资，总体情况良好(表 5.9)。

表 5.9 阿里巴巴 2017 财年第三季度主要业务概况

项目	电商	数字媒体和娱乐	云计算	创新项目及其他业务
收入额/亿元人民币	465.76	40.63	17.64	8.45
年增长率/%	45	273	115	61

资料来源：阿里巴巴，阿里巴巴集团公布 2016 年 12 月底季度业绩(2017.1)，http://www.alibaba-group.com.

2. 全球化布局成效突出

基于中国市场的成功，阿里巴巴近年来加大全球化布局。一是以电子世界贸易平台(eWTP)为核心理念，继续搭建全球品牌商品和企业平台。电子世界贸易平台(eWTP)由阿里巴巴倡导并持续推进，成效显著。2016 年 12 月天猫国际在全球跨境电商峰会上公布，2016 年共引进来自 63 个国家和地区、覆盖 3 700 个品类、14 500 个海外品牌，其中 80%以上是第一次进入中国市场。此外，阿里巴巴还和一些国家政府签订了合作协议，如 2016 年与泰国政府签署协议，协助泰国中小企业把握线上商贸机遇，与马来西亚旅游局签订协议，在飞猪旅行(阿里旅行)上设立“大马旅游馆”，与澳大利亚贸易委员会、加拿大、新西兰、英国等达成战略协议。

二是建设全球各地服务中心，包括全球网站、物流中心、数据中心、数字自由贸易区(e-hub)、招商中心等。目前阿里巴巴已经在美国、英国、法国、德国、意大利、日本、韩国、澳大利亚等地设立海外分支机构。在东南亚和美国等地加强物流体系建设，阿里巴巴继收购新加坡邮政以后，控股的电商平台 Lazada 建立订单履行和配送中心，与美国邮政合作。2016 年阿里云在中东、欧洲、澳洲、日本等地建设数据中心，至今在全球已有 14 个数据中心。2017 年在马来西亚成立电子世界贸易平台(eWTP)理念下的首个 e-hub。阿里巴巴“日本招商中心”正式启动。

三是进行全球并购。阿里巴巴近两年以完善生态系统为主，在全球进行多方面的收购。在电商方面，2016 年收购东南亚电商巨头(LAZADA)，2015 年注资印度本土电商平台(Snapdeal)；在新技术方面，2015 年收购了以色列二维码技术初创公司“视觉码”(Visualead)；在物流方面，2015 年宣布收购了新加坡邮政部分股份；在营销方面，2015 年分别收购了南华早报和易传媒；在支付方面，投资印度支付宝

(Paytm)等。

四是全球人才储备。为了配合全球化布局,2016 年阿里巴巴启动全球领导力人才招募计划,试图为阿里巴巴集团以及新经济业态培养更多未来国际商业领袖,计划在未来 10 年内预计每年从世界各国招募和培养 102 位具有潜力的优秀人才,作为阿里巴巴后备人才。

阿里巴巴全球化布局取得较好的成绩。2017 年第三季度财报显示,尽管阿里巴巴国际业务的比重还不大,但其同比和环比的增长速度惊人。2017 年第三季度阿里国际零售业务(即包含速卖通和 Lazada 的出口零售业务)的收入为 3.53 亿美金(约合 24.52 亿人民币),占阿里总电商收入的 4%,较去年同期的 6.32 亿人民币同比增长 288%,比上季度的 2.01 亿美金增长了 75.6%。

3. 提出五新战略和新理念

近年来,阿里巴巴坚持三大战略,即全球化、农村发展和大数据/云计算。阿里集团战略决策委员会委员成员提出,全球化战略即阿里巴巴将立足全球,买遍全球,卖遍全球。农村发展即为发展农村电商。大数据/云计算是互联网由信息技术(IT)时代进入数据科技(DT)时代的必然内容和基础。

2016 年以来,在以上三大战略的基础上,阿里巴巴提出进一步实施"五新"战略,即新零售、新金融、新制造、新技术和新能源战略,阿里巴巴将从传统电商企业,转型领先的提供全面解决方案的商业服务企业,成为引领未来新经济的基础设施企业。"五新"战略包含了阿里巴巴提出的两大新理念。一是电子世界贸易平台(eWTP),二是新零售。

电子世界贸易平台(eWTP)是阿里巴巴全球化理念的深入,并与阿里巴巴全球化战略紧密结合。2016 年阿里巴巴提出了世界电子贸易平台(electronic world trade platform, eWTP)倡议,呼吁顺应当前数字经济飞速发展的时代潮流,更好帮助中小微企业发展,促进全球普惠贸易和数字经济增长,孵化互联网时代的全球化贸易新规则。这一倡议获得了国际社会广泛认同。2016 年 9 月,世界电子贸易平台(eWTP)被写入二十国集团(G20)领导人杭州峰会公报。2017 年 3 月,首个世界电子贸易平台试验区在马来西亚落地,双方共同建设"数字自由贸易区"(e-hub),打造成物流、支付、通关、数据一体化的数字枢纽,力图成为马来西亚和东南亚中小微企业通向世界的窗口。

新零售的理念也于 2016 年提出,即通过在不同垂直渠道与实体零售商合作,包括股权投资、加深运营整合,集团能够部署专有的全渠道解决方案,为消费者创造无缝的购物体验。阿里巴巴认为,新零售可利用已有的庞大的消费者覆盖面、大数据科技能力来推动传统零售的转型，满足消费者日益成熟的需求，提升品牌及零售商整个价值链的效率。

（三） 沃尔玛

1. 沃尔玛收益出现下滑

近两年，受到宏观经济、电子商务发展等多种因素的影响，全球零售巨头沃尔玛自 2016 财年收入首次出现下滑。2017 财年(2016 年 2 月—2017 年 1 月)营业收入和收益继续下滑(表 5.10)。2017 年沃尔玛的运营成本出现较大幅度增加，而销售额几乎没有增长，使得沃尔玛的最终受益下滑，这表明沃尔玛经营开始出现增长的困境。

表 5.10　2016—2017 财年沃尔玛经营概况

项　目	2016 财年		2017 财年	
	总额/亿美元	增长率/%	总额/亿美元	增长率/%
营业收入				
净销售额	4 786.14	−0.7	4 813.17	0.6
会员和其他收入	35.16	2.7	45.56	29.6
总　计	4 821.3	−0.7	4 858.73	0.8
成本				
销售成本	3 609.84	−1.1	3 612.56	0.1
运营及行政成本	970.41	3.9	1 018.53	5
收　益	241.05	−11.2	227.64	−5.6

资料来源：沃尔玛，沃尔玛 2017 财年第四季度季报和 2016 财年年报，http://stock.walmart.com/investors/financial-information/quarterly-results/default.aspx.

目前，沃尔玛主要的业务板块包括三大部分：沃尔玛美国、沃尔玛国际、山姆会员店。其中，沃尔玛美国是主要的部分，2017 财年净销售额占全部的 64%，而沃尔玛国际、山姆会员店分别占全部销售额的 24%和 12%。从增长情况看，三大板块业务均出现问题。沃尔玛美国方面，虽然销售额增长，但收益却大幅下滑。沃尔玛国际方面，尽管收益增长不少，但销售额下滑。山姆会员店的情况更为糟糕，销售额增长很少，收益大幅下滑(表 5.11)。

表 5.11　2016—2017 财年沃尔玛主要业务概况

项　　目		2016 财年	2017 财年	年增长率/%
沃尔玛美国	净销售额/亿美元	2 983.78	3 078.33	3.2
	运营收益/亿美元	190.87	177.45	−7
沃尔玛国际	净销售额/亿美元	1 234.08	1 161.19	−5.9
	运营收益/亿美元	53.46	57.58	7.7
山姆会员店	净销售额/亿美元	568.28	573.65	0.9
	运营收益/亿美元	18.2	16.71	−8.2
总　　计	净销售额/亿美元	4 786.14	4 813.17	0.6
	运营收益/亿美元	241.05	227.64	−5.6

资料来源:沃尔玛,沃尔玛 2017 财年第四季 http://stock.walmart.com/investors/financial-information/quarterly-results/default.aspx.

2. 加速进行战略调整

自 2016 财年连续两年业绩出现持续下滑以来,沃尔玛加大向电商进行转型的决心。为了进一步向电商转型,一方面沃尔玛在全球开始加快实体店的关闭,另一方面基于沃尔玛传统零售商的角色,对全球电商加大并购。

近年来,沃尔玛新开店面开始逐渐减少,2015 财年在美国新开有 316 家店面,到了 2017 财年新开店面仅有 111 家。相应地,自 2016 财年(2015 年 2 月—2016 年 1 月)开始,沃尔玛开始进行大规模的店面调整。仅 2016 财年一年,沃尔玛就在美国共关闭了 158 家店面(表 5.12)。2016 年 1 月,沃尔玛还曾对外宣布将关闭海外市场 115 家。从关闭的店面看,多数关闭的店面为邻里店和小型店,而这些店是沃尔玛之前转型社区店的重点。可见,随着电子商务等领域的发展,社区店的优势已经不再。沃尔玛急需寻找新的转型点,电商融合成为其主要的方向。

表 5.12　沃尔玛美国部分店面情况

项　　目	大卖场/家		折扣店/家		邻里店和其他小型店/家		总计/家	
	新开	关闭	新开	关闭	新开	关闭	新开	关闭
2015 财年	79	0	2	0	235	3	316	3
2016 财年	55	16	0	9	161	133	216	158
2017 财年	38	2	0	6	73	5	111	13

资料来源:沃尔玛,沃尔玛 2017 财年年报,http://d18rn0p25nwr6d.cloudfront.net/CIK-0000104169/c3013d40-212d-409e-bf30-5e5fd482fc2f.pdf.

因此，在调整店面的同时，沃尔玛加大了电商投资力度。2016 年 8 月，沃尔玛宣布以 30 亿美元收购电商平台(Jet.com)，以强化美国电商业务，这也是沃尔玛迄今为止进行的最大一笔电子商务并购交易，这将使沃尔玛在美国电商市场拥有较大资源来挑战亚马逊。随后又收购了时尚女装电商(hayneedle.com)和鞋履电商(shoebuy.com)。此外，沃尔玛对海外市场电商策略进行了调整，在中国市场卖掉了 1 号店，半年内三次增持京东，2016 年曾计划收购印度最大的本土电商(flipkart)等。目前，沃尔玛在 11 个国家拥有电子商务站点。沃尔玛网站(walmart.com)月均独立访问者达到 9 200 万，成为美国大型电商之一，在美国零售协会电商排名中位居第二。

沃尔玛的战略调整获得一定的成效。根据沃尔玛 2017 财年第四季度财报，沃尔玛美国部分电子商务商品交易总量(GMV)增长了 36.1%，销售额同比增长了 29%。

3. 全面实施电商追赶策略

由于沃尔玛的战略调整获得一定成效，沃尔玛开始实施全面的电商追赶策略，在管理结构、服务、技术、合作等方面进行全面变革。

一是在管理结构上进行变革。在完成对电商平台(Jet.com)的收购以后，沃尔玛对包括电商部门在内的整体架构进行全面改革，Jet 联合创始人兼首席执行官马克·洛尔(Marc Lore)担任沃尔玛电商业务负责人。同时，相比以前线上和线下割裂的现象，进行混改模式，将线上和线下相同业务进行融合，并交由同一位高管负责，如沃尔玛原电子商务首席技术官杰雷米·金(Jeremy King)将同时负责线上和线下商店的技术团队，原美国商店业务的首席营销官托尼·罗格斯(Tony Rogers)也将负责网站的营销业务。

二是服务体系改革。在服务体系上，沃尔玛计划在管理机构、物流配送等方面着力加强，以改善客户体验。在管理机构上，沃尔玛计划创建一个新部门，专注于改善消费者服务。在配送上，沃尔玛推出了快送服务(Shipping Pass)，提供类似于亚马逊会员即时送货上门服务(Prime Now)，免会员费用，给亚马逊造成了一定的压力。在物流上，计划投资拓展在线货物订单系统和供应链管理，如在中国成都、广东新增干货或生鲜配送中心。山姆会员商店电商平台也将进一步配合新店加大推广力度，加强生鲜配送业务。

三是加大技术创新投入。沃尔玛在 2017 年财报中表示，计划将加大在电子商务、技术、商店重塑等方面的投资。未来一年计划 110 亿美元用于电子商务、技术等方面的投资，实体店投资将会减少。如沃尔玛已经申请了自动购物车机器人专利，购物车可以自动跟随客户，并带领客户来到所需要的商品面前。

四是加大与其他电商的合作。沃尔玛加强了与京东的深度合作。继 2016 年全面启动与京东在山姆会员商店旗舰店、跨境电商全球购和京东到家的合作以外，未来沃尔玛将深入与京东的战略合作，加强线上线下联动，在商品服务和覆盖城市方面，朝着更深更广的层面推进。

参考文献

[1] eMarketer, Retail Ecommerce Sales in Southeast Asia: Opportunities and Challenges for Six Key Markets[EB/OL]. https://www.emarketer.com/Report/Retail-Ecommerce-Sales-Southeast-Asia-Opportunities-Challenges-Six-Key-Markets/2001880, 2016.8. 30//2017-03-30.

[2] eMarketer. China Eclipses the US to Become the World's Largest Retail Market [EB/OL]. https://www.emarketer.com/Article/China-Eclipses-US-Become-Worlds-Largest-Retail-Market/1014364, 2016.8.18/2017-03-30.

[3] eMarketer. Most Digital Buyers Will Make Purchases via a Smartphone by 2017 [EB/OL]. http://www.emarketer.com/Article.aspx?R=1013590&dsNav=Ntk:basic%7cretail%7c1%7c, Ro:2, N:406-498#, 2016-2-16/2017-03-30.

[4] eMarketer. Worldwide Retail Ecommerce Sales Will Reach $1.915 Trillion This Year[EB/OL]. https://www.emarketer.com/Article/Worldwide-Retail-Ecommerce-Sales-Will-Reach-1915-Trillion-This-Year/1014369, 2016. 8. 22/2017-03-30.

[5] EUROSTAT, Share of enterprises' turnover on e-commerce[EB/OL]. http://epp.eurostat.ec.europa.eu/tgm/table.do?tab=table&init=1&language=en&pcode=tin00110&plugin=0, /2017-03-30.

[6] Federal Reserve Bank. E-Commerce Retail Sales.[EB/OL]. https://fred.stlouisfed.org/series/ECOMSA,/2017-03-30.

[7] 阿里巴巴.阿里巴巴集团公布 2016 年 12 月底季度业绩[EB/OL].http://www.alibabagroup.com,2017.1/2017-03-30.

[8] 沃尔玛.沃尔玛 2017 财年年报[EB/OL]. http://d18rn0p25nwr6d.cloudfront.net/CIK-0000104169/c3013d40-212d-409e-bf30-5e5fd482fc2f.pdf/2017-03-31.

[9] 亚马逊.Q4 2016 Financial Results[EB/OL]. file:///D:/FILES/Downloads/Q4%202016%20Financial%20Results.pdf, /2017-03-30.

本章撰写：党倩娜

第六章　大宗商品交易市场发展动态

一、全球大宗商品交易市场发展态势

（一） 受多重因素影响，2015 年全球大宗商品价格普遍下跌

2015 年国际大宗商品价格走势主要受到以下因素影响：从供给侧看，前期大宗商品市场的"非理性繁荣"极大地刺激了原油、农业、矿产和有色金属等行业投资，导致了全球供给持续过剩，高库存压力短期难以破解。从需求侧看，全球经济复苏乏力，新兴市场国家增速放缓，全球总需求增长乏力。此外，随着美国经济稳健复苏和市场信心逐步提振，美元兑其他货币汇率不断上涨，大宗商品市场还受到了美元持续走强的影响，其价格普遍下跌（图 6.1）。

截至 2015 年底，主要大宗商品价格指数低于 2008—2009 年全球金融危机期间水平，为 2011 年来低点。国际货币基金组织（IMF）编制的 2015 年初级产品价格指数比 2014 年同期大幅下跌 31%。其中，以石油为代表的能源类产品跌幅最大，达到 39%；其次为金属类产品，下跌 29%；食品饮料类和农产品类分别下跌 15%和 17%。其他来源的大宗商品指数亦全面下跌，路透商品研究局指数（RJ/CRB）全年下跌 23%，标普高盛商品指数（GSCI）下跌 33%，道琼斯商品期货指数（DJAIG）下跌 24%。

进入 2016 年之后，大宗商品价格企稳回升，出现较为明显的反弹，主要动力来自周期性补库存需求和美元指数高位回落带来的短期性因素。从长远来看，目前世界经济复苏的基础尚不稳固，主要经济体均面临挑战，全球经济形势错综复杂，大宗商品实际需求回暖仍缺乏有力支撑，价格处于再平衡过程中（图 6.2）。

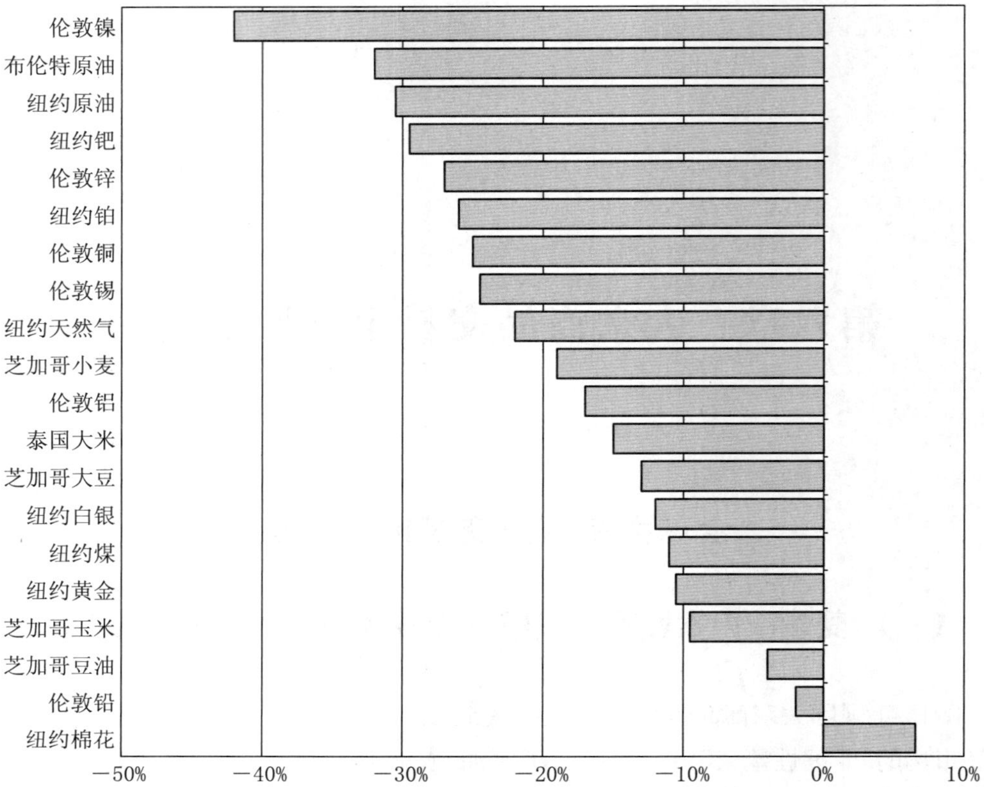

图 6.1　2015 年国际主要大宗商品期货价格情况

资料来源:国际货币基金组织(IMF)。

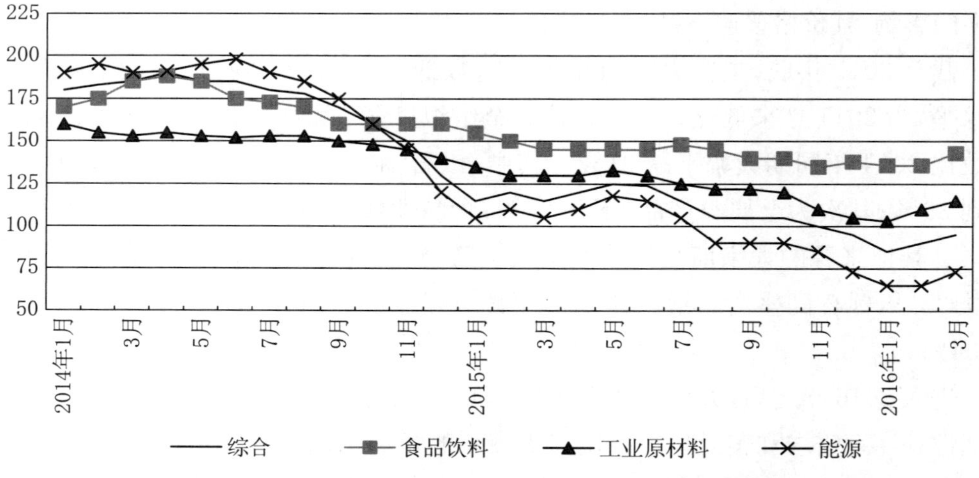

图 6.2　2014 年 1 月—2016 年 3 月 IMF 国际大宗商品价格指数

资料来源:国际货币基金组织(IMF)。

（二）传统种类成交量强势增长，化工品种表现突出

2015 年全球期货及场内衍生品成交一改前几年微弱增长的态势，在亚洲地区成交强劲的带动下，全球成交总量取得较大幅度的增长。根据美国期货业协会（FIA）对全球 78 家交易所中期货与场内衍生品成交量统计结果显示，2015 年全球交易所合约成交量同比增长 13.48%，达到 247.76 亿手，接近 2011 年 250 亿手的峰值水平。农产品、金属和能源类别期货和期权成交总量同比增长 22.6%，至 46 亿手，各细分类别的成交量也创下纪录高位（表 6.1）。

表 6.1　2014—2015 年全球各大类交易量比较

品种种类	2015 年成交量/手	2014 年成交量/手	同比变化率/%
股票指数	8 342 860 438	7 338 870 063	13.70
个　股	4 927 935 476	4 931 561 737	−0.10
利　率	3 251 257 586	3 293 164 521	−1.30
外　汇	2 784 884 902	2 122 783 609	31.20
农产品	1 639 668 492	1 387 993 407	18.10
能　源	1 407 235 307	1 160 869 956	21.20
非贵金属	1 280 935 517	872 626 126	46.80
贵金属	321 272 201	371 064 966	−13.40
其他（包括化工品种）	819 713 435	353 997 195	131.60
总　计	24 775 761 354	21 832 931 580	13.50

资料来源：美国期货协会（FIA）。

分类来看，农产品合约 2015 年继续强势表现，且仍由中国市场主导。在农产品成交量排名前 20 的合约中，一半合约在中国的期货交易所上市交易，其中前五名最活跃的合约均出自中国。豆粕期货合约成交量大增 41.2%，至 2.89 亿手，居首位；白糖合约成交 1.87 亿手，上涨 91.7%，升至第三位。除中国以外，美国交易所拥有另外一半的活跃农产品合约。

非贵金属也保持了活跃的表现，年增长率达到 47%。其中，中国再次发挥关键作用，上海期货交易所的螺纹钢期货持续强势，成交量上涨 32.6%，至 5.4 亿手，居金属类首位；大连商品交易所的铁矿石期货合约年成交 26 亿手，大涨 169.4%，排名第二；另外，上海期货交易所 2015 年新上市的镍期货合约年成交 6 359 万手，一跃跻身前五的行列。

能源市场实现了反转，2015 年整体成交量攀升 21.2%，莫斯科交易所的布伦特

原油期货成交量暴涨 1 472.7%，成交量达到 1.1 亿手，跃居能源板块的第三位。国际市场原油期货两大基准合约，纽约商业交易所（NYMEX）的轻质低硫原油期货（WTI）和欧洲洲际期货交易所（ICE）的北海布伦特期货（Brent）仍然保持在能源类合约成交量的前两位。

除了上述传统类别外，2015 年化工品种（划分到"其他"类别）的合约成交量也增幅惊人，成交量同比增长 8.20 亿手，增长率为 131.6%。其中，郑州商品交易所上市交易的 PTA（精对苯二甲酸）合约在 2015 年成交量达到 2.32 亿手，约为 2014 年成交量的两倍，甲醇合约成交量增加至 3.14 亿手，是同类别合约中成交量最大的品种，也是全球商品市场成交最活跃的合约之一。大连商品交易所上市的聚丙烯（PP）与线型低密度聚乙烯（LLDPE）合约成交量分别增长了 333.9%与 169.4%，至 1.08 亿手与 1.20 亿手（图 6.3）。

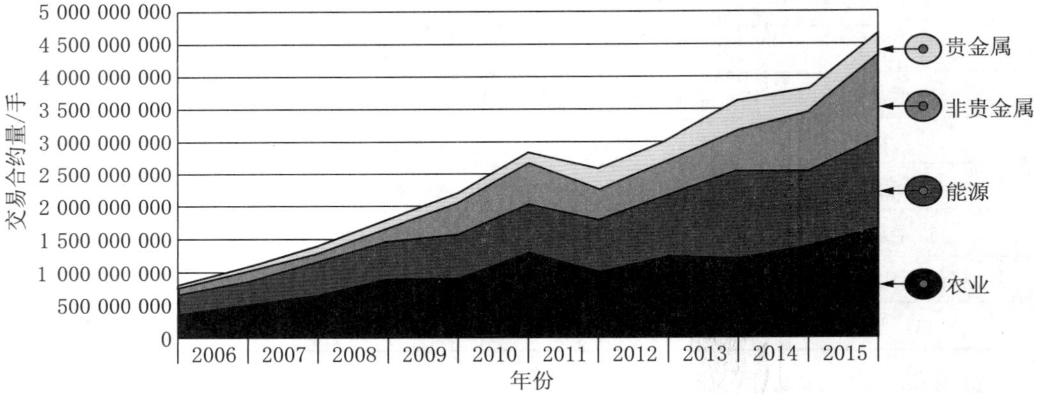

图 6.3　2006—2015 年全球各大类交易量走势

资料来源：美国期货协会（FIA）。

（三）亚太地区再度领先，"黑天鹅"事件引发市场大幅波动

从全球期货与场内衍生品成交量地域分布来看，北美与亚太两个地区在市场争夺上异常激烈，自从 2012 年被亚太地区反超之后，2013 年北美地区夺回成交冠军的地位，而 2015 年亚太地区成交量大幅增长 33.69%，至 97.02 亿手，占全球市场份额的 39.16%，再次超越北美居于榜首（图 6.4、表 6.2）。北美地区成交量微弱回落 0.25%，至 81.95 亿手，占全球市场份额的 33.08%。欧洲市场以 47.7 亿手成交量，排名第三，占全球市场份额的 19.25%，同比增长 8.2%。

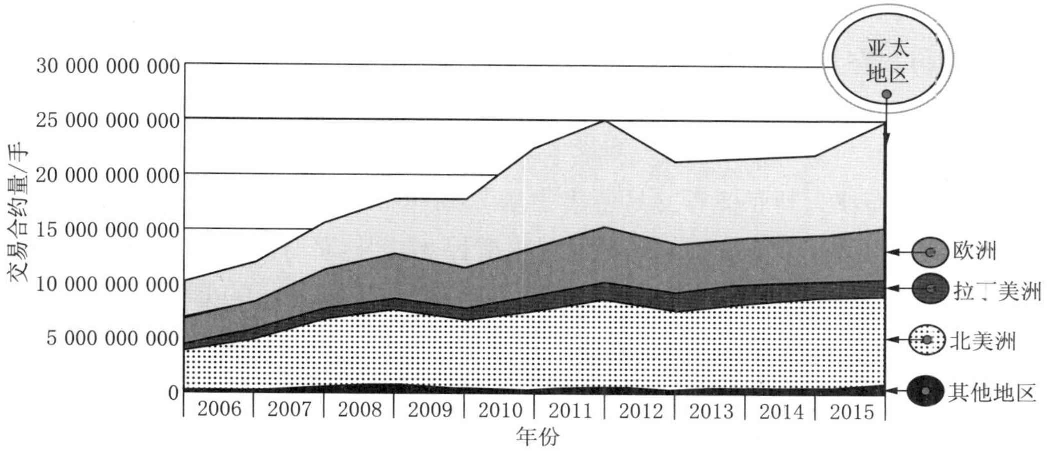

图 6.4　2006—2015 年全球各区域交易量走势

资料来源:美国期货协会(FIA)。

表 6.2　2014—2015 年全球期货与期权成交量区域比较情况

地　　区	2015 年成交量/手	2014 年成交量/手	同比变化率/%
亚太地区	9 701 681 822	7 257 085 363	33.70
北　　美	8 195 399 670	8 215 935 876	−0.20
欧　　洲	4 769 831 611	4 409 853 320	8.20
拉丁美洲	1 450 744 978	1 516 759 488	−4.40
其他地区	658 103 273	433 297 533	51.90
全球总量	24 775 761 354	21 832 931 580	13.50

资料来源:美国期货行业协会(FIA)。

总体来看,亚太市场的高增长覆盖面较广,无论是增长的主力——中国内地和印度市场,还是表现较为平淡的中国香港地区、中国台湾地区、新加坡,或是低迷的日本市场,2015 年均取得了较好表现。在美国期货业协会跟踪的 28 家亚太地区的衍生品交易所中,18 家的成交量实现了双位数增长,仅有 6 家的成交量出现回落。

2016 年以来,国际政治形势跌宕起伏,“黑天鹅”事件频发,大宗商品市场受此影响也出现了大幅波动。6 月,英国公投决定脱离欧盟,引发全球大宗商品市场动荡,其中黄金价格大幅上涨,原油、工业金属价格全面下跌。11 月,随着美国新一任总统大选结果揭晓,大宗商品市场出现戏剧性变化,在大选结果出炉后短短 40 个小时内,铜期货主力合约大涨 8.84%,铁矿石期货主力合约涨了 3.3%,在这些合约带领下,大宗商品价格整体上行。

(四) 交易机构总体表现平稳，并购交易活跃

从交易所/交易所集团的成交排名来看，2015 年前 20 名的交易所名单相较之前变化微弱，只有澳大利亚证券交易所集团从 2014 年的第 17 名跌至 2015 年的第 21 名，而迈阿密国际证券交易所的成交量大幅增长 87.8%，跻身第 20 名。相比总体排名的稳定，前三甲的争夺较为激烈。自从韩国交易所的 Kospi 200 期权在 2013 年扩大了合约乘数之后，成交量锐减，交易所成交排名也从此前一直稳居第一滑落至第 12。此后，榜首便由成交量稳步增长的美国芝加哥商业交易所集团(CME)占据。从 2015 年数据看，芝加哥商业交易所集团旗下 3 家交易所成交量增减不一，但集团总体实现了 35.32 亿手成交量，同比增长 2.6%。排名第二的印度国家证券交易所(NSE) 2015 年成交量实现 61.2%的增幅，至 30.32 亿手，且是唯一一家不以集团排名位列前三甲的交易所。2014 年成交量排名第二的洲际交易所集团(ICE)2015 年成交量回落 9.8%，排名下滑至第四。2015 年排名第二的是欧洲期货交易所集团(Eurex)，年成交量增幅为 8.32%。

行业机构并购依然活跃。洲际交易所(ICE)2015 年 12 月宣布完成以 52 亿美元对互动数据公司(Interactive Data Corporation)的收购，后者是金融市场数据、分析以及相关交易解决方案的提供商。2016 年 3 月，伦敦证交所和德意志交易所宣布合并。该合并实现后，将成为世界上最大的交易所运营商之一。双方合并后，还将与美国芝加哥商品交易所集团(CME)和洲际交易所(ICE)，以及香港交易及结算所(HKEx)形成鲜明的区域竞争格局。2016 年 9 月，美国芝加哥期权交易所(CBOE)宣布以总价 32 亿美元的价格收购美国第三大交易运营商巴兹全球市场公司(Bats Global Markets Inc.)。

表 6.3　2015 年全球交易所/交易所集团交易量前 20 位排名

排名	交易所/交易所集团名称	2014 年 成交量/手	2015 年 成交量/手	同比变化 率/%
1	芝加哥商业交易所集团(CME Group)	3 442 700 984	3 531 760 591	2.59
2	印度国家证券交易所(NSE)	1 880 363 732	3 031 892 784	61.24
3	欧洲期货交易所集团(Eurex)	2 097 975 470	2 272 445 891	8.32
4	洲际交易所集团(ICE)	2 215 559 295	1 998 810 416	−9.78
5	莫斯科交易所(Moscow Exchange)	1 413 222 196	1 659 441 584	17.42

续表

排名	交易所/交易所集团名称	2014 年成交量/手	2015 年成交量/手	同比变化率/%
6	巴西证券期货交易所(BM&FBovespa)	1 420 479 205	1 358 592 857	−4.36
7	芝加哥期权交易所集团(CBOE Holdings)	1 325 391 523	1 173 934 104	−11.43
8	大连商品交易所(DCE)	769 637 041	1 116 323 375	45.05
9	郑州商品交易所(ZCE)	676 343 283	1 070 335 606	58.25
10	上海期货交易所(SHFE)	842 294 223	1 050 494 146	24.72
11	纳斯达克 OMX 集团(NASDAQ OMX)	1 147 450 449	1 045 646 991	−8.87
12	韩国交易所(KRX)	677 765 128	794 935 326	17.29
13	孟买证券交易所(BSE)	754 992 572	614 894 523	−18.56
14	南非约翰内斯堡证券交易所(JSE)	299 742 584	488 515 433	62.98
15	美国 BATS 交易所	201 985 667	396 415 424	96.26
16	日本交易所集团(JPX)	309 732 384	361 459 935	16.70
17	香港交易所集团(HKEx)	319 590 751	359 364 547	12.45
18	中国金融期货交易所(CFFE)	217 581 145	321 590 923	47.80
19	台湾期货交易所	202 411 093	264 495 660	30.67
20	迈阿密国际证券交易所	134 535 972	252 605 427	87.76

资料来源:美国期货行业协会(FIA)。

(五) 大宗商品交易领域业务不断推陈出新

大宗商品交易市场正在向多种市场交易方式和拓展市场深度转型。创新的交易方式能进一步优化线上服务和线下服务,促进线上线下服务一体化,实现线上线下的打通与互动,促进产业模式创新与升级。从全球市场看,场外市场的规模约为场内市场的 10 倍,场外市场对现货市场有非常强的促进补充作用。而仅有场内业务的合约,已渐渐无法充分满足需求。目前场外市场的发展趋势是集中清算、强制数据电子化交易和场外衍生品呈现场内化,譬如美国的场外所有交易,必须要到场内清算,而在中国,标准意义的场外市场还没有一个明确的界定。2016 年,上海期货交易所计划推出一个大宗商品交易平台,为期货相关的现货与场外衍生品提供服务,如仓单交易、现货合约、远期、掉期、价差交易等,并从标准场内业务逐渐向非标场外业务拓展。

而香港交易及结算所正计划在内地探索建立大宗商品现货交易及融资平台，结合伦敦金属交易所(LME)全球700多家仓库的成熟现货市场运营经验，进一步推进中国大宗商品趋向“实体化”。

另一方面，金融科技(Fintech)不断深入到金融行业的各个领域，已经成为当今行业的新生态，并在颠覆大宗商品传统交易方式，特别是正在崛起的区块链技术。区块链技术可运用行业的方方面面，包括交易报告、交易记录等，而监管者也可以实时获取准确数据，快速完成结算、清算等。业内专家认为，“区块链＋现货交易”有望破解大宗商品行业监管难题。在大宗商品交易过程中，以区块链技术为核心支撑技术，在大宗商品交易领域研究和开发基于区块链技术的交易模式和交易系统，将大幅减少可疑交易，降低监管成本，促进市场透明化和监管的便捷性，降低大宗商品交易过程风险。

二、主要大宗商品交易品种情况

农产品、能源、金属是全球交易规模最大、最受市场关注的板块，以下对这三大类品种近年交易情况做一介绍。

(一) 农产品板块

农产品板块主要受到气候和各国政策的影响，季节性较强。据美国期货业协会(FIA)发布的统计显示，2015年在全球交易量排名前20位的农产品期货和期权产品，集中在中国和美国的6家交易所(表6.4)。中国入围的农产品期货合约占据11席，豆粕、菜粕、白糖、棕榈油、豆油期货位居农产品期货交易量前5位，橡胶、玉米、玉米淀粉、棉花1号、大豆1号和鸡蛋期货分列第7、9、13、16、17和19位。上述11个品种2015年交易量合计超过11亿手。以农产品期货著称的美国芝加哥期货交易所(CBOT)也有7个品种进入前20位，玉米、大豆、燕麦、豆油、豆粕和活牛期货分列第6、8、11、12、14和20位，玉米期权列第15位。此外，美国洲际交易所(ICE US)和芝加哥商品交易所(CME)也各有1种合约入围。

从交易量上看，2015年前20名农产品合约中，有14种合约的交易量呈现正增长。中国入围的11个品种中，大连商品交易所豆粕期货2015年成交2.9亿张合约，拔得全球农产品期货交易量头筹，较2014年增长了42.1%。郑州商品交易所的菜粕期货交易量为2.6亿张合约，屈居第二，交易量同比减少了13.8%，白糖期货交易量为

1.9亿张合约，涨幅达到91.7%，排名第三。在农产品交易量前20名中，涨幅排名第一和第二的是大连商品交易所的玉米淀粉期货和玉米期货，分别暴涨了37 496.5%和351.1%。

在价格方面，受全球供应链充足、库存维持高位及其他大宗商品价格下跌等因素影响，2015年国际农产品价格指数持续下跌，年底联合国粮食及农业组织(FAO)综合指数已降至156.7，环比下降1.6%，同比下降18%。

表6.4　2015年全球农产品期货期权交易合约数排名前20名的品种

排名	合　约	交易所	2015年成交量/手	2014年成交量/手	同比变化率/%
1	豆粕期货	大连商品交易所	289 496 780	204 988 746	41.20
2	菜粕期货	郑州商品交易所	261 487 209	303 515 966	−13.80
3	白糖期货	郑州商品交易所	187 323 456	97 726 662	91.70
4	棕榈油期货	大连商品交易所	111 515 010	79 996 388	39.40
5	豆油期货	大连商品交易所	92 504 264	64 082 631	44.40
6	玉米期货	芝加哥商业交易所集团	83 094 271	69 437 304	19.70
7	橡胶期货	上海商品交易所	83 067 547	88 631 586	−6.30
8	大豆期货	芝加哥商业交易所集团	54 095 051	49 169 361	10.00
9	玉米期货	大连商品交易所	42 090 235	9 329 939	351.10
10	11号白糖期货	洲际交易所	34 394 482	29 396 597	17.00
11	SRW小麦期货	芝加哥商业交易所集团	31 102 037	25 853 004	20.30
12	豆油期货	芝加哥商业交易所集团	28 897 275	23 769 391	21.60
13	玉米淀粉期货	大连商品交易所	27 053 680	71 958	37 496.50
14	豆粕期货	芝加哥商业交易所集团	24 315 276	20 637 382	17.80
15	玉米期权	芝加哥商业交易所集团	24 150 182	21 246 732	13.70
16	棉花1号期货	郑州商品交易所	22 613 311	31 782 665	−28.90
17	大豆1号期货	大连商品交易所	18 810 903	27 197 413	−30.80
18	大豆期权	芝加哥商业交易所集团	18 663 389	17 916 675	4.20
19	鸡蛋期货	大连商品交易所	14 718 738	35 188 187	−58.20
20	活牛期货	芝加哥商业交易所集团	13 440 934	13 599 292	−1.20

资料来源：美国期货行业协会(FIA)。

1. 粮食品种

2015年全球气候十分利好农作物生长，价格整体呈现下跌趋势。由于小麦与大豆产量均刷新纪录，致其价格相应下跌；而玉米产量虽然下跌，但由于消费量减少，玉米期末库存与 2014 年持平，玉米年均价同比仍下跌近 10%。

截至 2015 年 12 月 24 日，芝加哥商品交易所(CBOT)收报，小麦 467.5 美分/蒲式耳(1 蒲式耳＝36.368 7 升)，年均价 506.43 美分/蒲式耳，均价同比下跌 14.00%；玉米 364.5 美分/蒲式耳，年均价 376.41 美分/蒲式耳，均价同比下跌 9.52%；大豆875.25 美分/蒲式耳，年均价 944.89 美分/蒲式耳，均价同比大跌 24.20%。

至 2015 年，全球小麦产量连续 3 年刷新纪录，上调 190 万吨，至 7.349 亿吨，主要产量变化的国家是加拿大，其产量上调 160 万吨，至 2 760 万吨；全球玉米产量则下调 100 万吨，其中，印度、南非、加拿大分别下调 150 万吨、80 万吨和 130 万吨，而全球玉米消费量同样下调 100 万吨，主要由于印度和中国台湾的消费量减少，玉米期末库存相比近乎持平；2015 年，大豆全球产量将达到 3.205 亿吨，同样刷新纪录，大豆期末库存量为 4.65 亿蒲式耳，为自 2007 年以来的最高点。总体来看，农产品供应量充足，价格跟随天气状况波动。

2. 棉花

据美国农业部数据，2015 年全球棉花产量达到 1 300 万包，下调 190 万包，其中巴基斯坦、中国、美国、土耳其、希腊和土库曼斯坦减产，澳大利亚增产。总体消费小幅下调 20 万包，中国、印度、巴基斯坦的消费量减少，并且抵消了越南和孟加拉国的消费量增加。同期，全球棉花交易量上调 100 万包，因为巴基斯坦、越南、孟加拉国的进口量增加，但中国进口量下调。印度、巴西、澳大利亚的棉花出口量上调，但美国出口量下调。2015 年底全球 300 万包的期末库存占据了总消费量的 22%，棉花去库存初见成效，但任务仍然艰巨。

2015 年 1 月，芝加哥商品交易所(CBOT)棉花月均价报收 59.30 美分/磅，随后价格震荡回升；其中 4—8 月，棉花月均价 4 次冲破 65 美分线，属于年内价格最高时期；自 9 月开始，价格回落，并守住了 60 美分关口，波动至 2015 年末 12 月 24 日，报收 63.66 美分/磅，当月均价为 63.23 美分/磅。芝加哥棉花年均价为 63.22 美分/磅，同比大跌 17.41%。预计棉花价格将长期在 60 美分/磅附近波动。

(二) 能源板块

全球能源期货期权交易仍主要集中在美国与欧洲，领先的交易所有芝加哥商品交易所(CME)集团旗下纽约商业交易所(Nymex)和欧洲洲际期货交易所(ICE)。这两家交易所分别在 2015 年能源期货交易量排名前 20 名的合约中占到 7 席和 5 席。新兴市场中，印度大宗商品交易所(MCX)的原油期货、原油迷你期货合约和天然气期货，莫斯科交易所布伦特油期货，以及大连郑州商品交易所焦煤期货和焦炭期货也进入前20名。2015年上海期货交易所的石油沥青期货也首次进入能源期货交易量前20位，排名第13位。

从交易量上看，纽约商业交易所(Nymex)的轻质低硫原油期货居于首位，欧洲洲际期货交易所(ICE)的布伦特原油期货和莫斯科交易所的布伦特原油期货分列二、三位，2015年分别成交合约2.0亿张、1.8亿张和1.1亿张，同比增长39.3%、14.4%和1 472.7%。前20名品种中，有15个成交量上涨，4个下跌，印度大宗商品交易所原油迷你期货为2015年新上市品种，不计入涨跌。涨幅最大的是上海期货交易所的沥青期货，年交易量暴涨4 883.0%，跌幅最大的是大连商品交易所的焦炭期货，年跌幅为75.4%。

表6.5　2015年全球能源期货期权交易合约数排名前20名的品种

排名	合　　约	交易所	2015年成交量/手	2014年成交量/手	同比变化率/%
1	轻质低琉原油期货	纽约商业交易所	202 202 392	145 147 334	39.30
2	布伦特原油期货	ICE欧洲期货交易所	183 853 174	160 425 461	14.60
3	布伦特原油期货	莫斯科交易所	111 415 185	7 084 451	1 472.70
4	亨利港天然气欧洲期货	纽约商业交易所	81 772 492	74 206 602	10.20
5	汽油期货	ICE欧洲期货交易所	63 239 874	52 800 084	19.80
6	美国石油基金ETF期权	芝加哥商业交易所集团	53 478 669	16 492 138	224.30
7	原油期货	印度大宗商品交易所	47 788 400	20 731 880	130.50
8	迷你原油期货	印度大宗商品交易所	46 296 623	—	—
9	RBOB汽油期货	纽约商业交易所	40 302 099	34 421 866	17.10
10	WTI原油期货	ICE欧洲期货交易所	39 802 954	31 600 959	26.00
11	轻质低琉原油期权	纽约商业交易所	39 627 070	31 107 783	27.40
12	纽约港ULSD期货	纽约商业交易所	36 947 020	33 946 420	8.80
13	沥青期货	上海期货交易所	32 397 823	650 169	4 883.00
14	布伦特原油最后交易日期货	纽约商业交易所	26 251 078	18 493 384	41.90
15	亨利港天然气欧洲期权	纽约商业交易所	19 594 491	20 936 070	−6.40
16	焦煤期货	大连商品交易所	15 706 560	57 605 436	−72.70
17	焦炭期货	大连商品交易所	15 662 329	63 688 294	−75.40
18	布伦特原油期权	ICE欧洲期货交易所	13 594 212	13 285 768	2.30
19	天然气期货	印度大宗商品交易所	13 501 292	15 628 773	−13.60
20	RBOB汽油期货	ICE欧洲期货交易所	5 807 503	5 006 982	16.00

资料来源：美国期货行业协会(FIA)。

1. 原油

受原油市场供大于求、石油输出国组织“价市政策”分歧及美元走强等因素影响，2015 年以来国际原油价格不断走低。1 月国际油价承接了 2014 年四季度的跌势，从 1 月 2 日的 52.69 美元/桶震荡走低，并于 1 月 28 日跌破 45 美元线。随后，石油输出国组织（OPEC）释放出众多利好，油价 1 月末开始反弹，震荡回升至 61.43 美元/桶。过后，受美元走强、美国石油产量上调，以及全球市场持续的供过于求局面等因素影响，油价开始震荡下行，至 12 月 24 日，纽约原油期货收报 38.10 美元/桶。2015 年原油均价为 48.78 美元/桶，同比下跌 47.59%。

2015 年国际能源署（IEA）表示，全球原油库存已经达到 30 亿桶的历史新高，且还在不断攀升。同时，石油需求增速已经上升至 5 年新高，日均石油需求接近 200 万桶，但需求的增速不及欧佩克原油产量以及非欧佩克国家的石油供应的增速。

莫斯科证券交易所 2016 年宣布，自 9 月 1 日起该交易所通过增加布伦特原油期货的期权，来改变其衍生品市场的流动性支持方案。2016 年莫斯科证券交易所的商品衍生品交易活动创下纪录水平，其布伦特原油期货期权的日均交易量同比翻了 58 倍。

2. 煤炭

2015 年油价大跌拉低整体能源价格，煤炭也不例外。随着中国等消费大国煤炭采购量的大幅减少，以及发达国家燃煤电厂的逐步退出，2015 年国际煤炭价格延续了 2012 年以来的萎缩态势，世界三大主要煤炭港口煤炭价格全部下跌。此外，碳排放造成的环境污染问题也受到史无前例的重视，更多国家加入削煤减排行列，环保洁净能源得以快速普及。2015 年 11 月，全球气候谈判大会在巴黎召开，成员国组织就减排问题达成一项新的共识：承诺将减少对本国燃煤发电厂的公共融资支持，并削减向燃煤发电厂提供技术的公司补贴。该项措施生效后意味着 85%左右的煤炭项目将失去融资支持。

市场方面，由于北美洲、欧洲和亚洲部分地区对高碳燃料的需求减弱，全球用于发电的热能煤已有高达 1.18 亿吨的供给过剩，过剩量几乎是 2013 年的 3 倍。而美国 7 月天然气发电量比例达到 35%，史上首次超过煤炭的 34.9%。2015 年 1 月，澳大利亚纽卡斯尔港 6 000 大卡动力煤离岸月均价报收 61.69 美元/吨，连续 5 个月下跌；2 月，澳大利亚、日本、韩国三方签订自由贸易协定（FTA），日本、韩国免除了澳大利亚的煤炭和铁矿石进口关税，煤价受此提振，当月上涨 9.82%，冲上全年最高位，报收 67.75 美元/吨。7 月后，煤炭回归下行节奏，连续下跌 5 个月，至年末 12 月月均价报收 52.18 美元/吨。2015 年澳大利亚煤炭年均价为 58.84 美元/吨，同比大跌 17.15%。

（三）金属板块

目前，上海期货交易所（SHFE）、伦敦金属交易所（LME）和纽约商品交易所（Nymex）是全球主要的金属期货定价中心，2015 年分别有 7 个、5 个和 3 个品种入围交易量前 20 名。此外，印度大宗商品交易所（MCX）也有 2 个品种入围前 20 名。从品种上看，螺纹钢、铁矿石、铜、镍、铝、锌等是最活跃的工业金属，而黄金、白银是投资最多的贵金属。

从成交量上看，上海期货交易所螺纹钢期货 2015 年成交合约 5.4 亿张，排名全球金属期货成交量第一，同比上涨 32.6%；大连商品交易所铁矿石期货合约交易量达到 2.5 亿张，排名第二，大幅增长 169.4%。上海期货交易所白银期货成交 1.4 亿张，排名第三，下跌 25.2%；铜期货以 8 831.9 万张合约，排名第四，同比上涨 25.3%；2015 年新上市的品种镍期货合约达到 6 359 万张，排名第五（表 6.6）。

表 6.6　2015 年全球金属期货期权交易合约数排名前 20 名的品种

排名	合　约	交易所	2015 年成交量/手	2014 年成交量/手	同比变化率/%
1	螺纹钢期货	上海期货交易所	541 035 860	408 078 103	32.60
2	铁矿石期货	大连商品交易所	259 572 085	96 359 128	169.40
3	白银期货	上海期货交易所	144 786 451	193 487 650	−25.20
4	铜期货	上海期货交易所	88 318 558	70 510 306	25.30
5	镍期货	上海期货交易所	63 590 118	—	—
6	铝期货	伦敦金属交易所	59 880 649	65 439 689	−8.50
7	锌期货	上海期货交易所	45 237 435	40 429 347	11.90
8	黄金期货	纽约商业交易所	41 847 338	40 518 804	3.30
9	A 级铜期货	伦敦金属交易所	38 557 831	38 811 609	−0.70
10	特高级锌期货	伦敦金属交易所	28 751 185	30 323 897	−5.20
11	SPDR 黄金 ETF 期权	纽约商业交易所	27 645 328	29 470 882	−6.20
12	黄金期货	上海期货交易所	25 317 200	23 865 406	6.10
13	铝期货	上海期货交易所	22 900 691	13 926 276	64.40
14	原料镍期货	伦敦金属交易所	19 959 729	18 079 099	10.40

续表

排名	合　　约	交 易 所	2015 年 成交量/手	2014 年 成交量/手	同比变化 率/%
15	白银 MIC 期货	印度大宗商品交易所	17 223 211	20 187 418	－14.70
16	铜期货(HG)	纽约商业交易所	16 986 055	14 591 200	16.40
17	白银期货(SI)	纽约商业交易所	13 454 406	13 696 961	－1.80
18	iShares 白银信托 ETF 期权	—	12 787 060	20 712 614	－38.30
19	标准铅期货	伦敦金属交易所	12 522 608	12 872 940	－2.70
20	铜期货	印度大宗商品交易所	11 051 908	7 101 939	55.60

资料来源:美国期货行业协会(FIA)。

1. 贵金属

2015 年初,国际金价在以 1 186 美元/盎司(1 盎司＝31.103 5 克)开盘后小幅度走高,1 月 22 日报收年内高位 1 300.7 美元/盎司;但此后一个多月,国际黄金出现暴跌行情;直到 3 月下旬,金价才有所回升。地缘政治、美元以及股市的反复,使得黄金在 1 167～1 227 美元/盎司区间徘徊。2015 年下半年国际金价上演过山车行情,全球股市恐慌性下跌,进一步推高黄金避险买入,国际金价强势反弹。

2016 年以来,主要交易所对贵金属交易实施了多个重要举措。2016 年 3 月,香港交易所与上海黄金交易所签订非约束性合作备忘录,双方考虑在多个领域开展合作增进共同利益,包括共同发展贵金属产品及跨市场互联互通机制等。4 月,上海黄金交易所启动了每天两场的集中定价交易,以形成以人民币计价的"上海金"基准价格,以期与伦敦近百年历史的黄金基准价格竞争。7 月,东京商品交易所(TOCOM)推出新的黄金实物交易,同时还对黄金滚动现货合约(Gold Rolling Spot contract)采取一个可选结算的交割模式,而最初是采取一个现金结算合约,这种变化预计可以更好地满足投资者需求。投资者可以在东京商品交易所推出的单一实物黄金平台上通过透明的报价来进行黄金现货或是对冲交易。9 月,芝加哥商业交易所集团(CME Group)宣布,投资者将首次可以通过该交易所押注黄金/白银比率。金银比率即是一盎司黄金等于多少盎司白银。除提高金银比率期货外,芝加哥商业交易所还推出了另外两个新合约,包括黄金/铂金价差期货和铂金/钯金价差期货。

2. 基本金属

2015 年以来,中国等新兴市场国家结构调整、需求走低,抑制了金属的需求和价格上涨。与此同时，低能源价格降低了成本，也使基本金属价格失去支撑，一直处于低位徘徊。根据国际铜业研究组织报告，2016 年全球精炼铜市场供需将大体平衡，有少量供应缺口。据国际镍业研究组织数据，2015 年全球镍市场已连续 4 年供应过剩，但过剩量已有所收窄，未来价格持续下跌空间有限。

2015 年新年伊始，美元持续走强以及受制造业采购经理指数（PMI）数据的影响，全球基准——伦敦金属交易所（LME）的铜合约以 6 309 美元/吨开盘后直线下跌；2 月初，随着中国政府"一带一路"、房地产新政等投资政策刺激，铜合约出现短暂的上涨行情，于 5 月 12 日报收年内高位，为 6 448 美元/吨；下半年，受经济放缓消息的影响，加上美联储加息预期的不断升温，铜合约进入下跌通道。截至 2015 年 12 月 24 日，伦敦金属交易所（LME）的铜合约报收 4 665.5 美元/吨，2015 年均价为 5 502.58 美元/吨，年均价同比下跌 19.79%。

2015 年初，伦敦金属交易所（LME）的铝合约以 1 821.5 美元/吨开盘。一季度，在经济持续疲软消息的笼罩下，合约价格窄幅震荡。二季度中，受到需求增加预期以及美元走软原油暴跌的提振，铝合约价格迎来小幅度反弹，5 月 1 日报收年内高位为1 919 美元/吨。但随着美联储加息预期的不断升温，美元强势上行，伦敦金属交易所（LME）的铝合约持续下跌；此外，基本面上中国消费疲弱所带来的铜供应过剩也起到推波助澜的作用。截至 2015 年 12 月 24 日，伦敦金属交易所（LME）的铝合约报收 1 541 美元/吨，2015 年年均价为 1 663.95 美元/吨，均价同比下跌 10.89%。

3. 铁矿石

2015 年，铁矿石市场继续维持供过于求的基本格局，整体走势延续了 2014 年的下跌趋势。据澳大利亚发布的数据，2015 年全球铁矿石贸易量同比仅增长 1.8%，增速为本世纪以来最低。另据联合国贸发会议报告，2015 年铁矿石产量为 19.48 亿吨，同比下降了 6%。2015 年 11 月中国到岸 62%矿粉价格跌至每吨 46.2 美元，环比下降 12%，同比下降 37%，为 2008 年以来最低水平。

从市场供需情况来看，需求不足和供给过剩并存，铁矿石价格持续承压。需求方面，一是终端需求持续不足；二是铁矿石直接需求方的钢铁行业进入寒冬，全球钢铁产量转为年度负增长；受到终端需求和钢铁行业需求不足倒逼，作为最大铁矿石进口国的中国进口量基本没有增长。供给方面，铁矿石供给有增无减，四大矿商（力拓、必和必拓、淡水河谷、FMG）通过降价增产，市场份额的争夺战接近白热化，尤其是力拓集团。此外，航运业因全球商品需求不足而保持低迷，作为铁矿石价格构成的重要组成部分，低廉的运费也为铁矿石下跌起了一定推波助澜的作用。但到 2016 年 2 月之后，铁矿石价格一路上升，3 月中国铁矿石价格指数(CIOPI)达到 50.9 美元/吨，一度低迷的铁矿石市场又开始引起广泛关注。中国 2016 年铁矿石进口量达 10.24 亿吨，消费量 11.56 亿吨，是全球铁矿石进口和消费第一大国。大连商品交易所铁矿石期货合约 2016 年成交量达 3.42 亿手，在全球金属类品种交易排名中位列第二，目前正在引入境外投资者。

全球铁矿石生产商巨头力拓集团在 2016 年提高了铁矿石产量，作为全球成本最低的生产商，力拓充分利用自身的优势，2016 年该公司冻结所有员工的薪资，加大削减成本，以应对预期中的大宗商品交易利润长期下滑。2015 年的年报显示，另外 3 家铁矿业巨头必和必拓、淡水河谷以及 FMG 的营业利润也出现大幅下滑甚至亏损，而第五大铁矿商罗伊山(Royhill)仍在蓄势待发。

三、主要国家和地区大宗商品交易市场现状

（一） 美国

1. 行业概况

美国期货业协会(FIA)数据显示，2015 年美国期货市场的成交结构为商品期货占 22%，金融期货占 78%。美国期货交易集中度较高，虽然期货和期权交易品类丰富，但成交集中在活跃品种，不同类型的期货成交量前五名占比约为 40%～60%，前 20 名占比则高达 85%～90%，贡献了绝大多数成交量，其中金属期货的集中度最高。

作为全球最大的交易机构，美国芝加哥商业交易所集团(CME Group)2016 年创下日均交易量历史新纪录，高达 1 560 万份合约，同比增长 12%，其中利率、能源、农产品、金属、期权和电子期权产品交易总量均创下年度纪录，清算及交易费收入达到 30 亿美元，同比增长 9%。芝加哥商业交易所目前存续的期货和期权交易品种接近 2 000 种，其中能源期货品种超过 1 300 种。

近年，美国期货市场机构投资者占比明显提升。美国商品期货交易委员会(CFTC)按投入市场的资金量，将交易客户分为报告客户和非报告客户，报告客户根据其是否具备产业背景进一步细分为非商业客户和商业客户。以散户为投资主体的非报告客户，持仓占比近 30 年来呈现持续下降态势，从 35%下滑至不足 10%，而机构投资者持仓占比持续提升，目前已经超过 90%。而以产业背景为基础的商业持仓占比和以金融机构为代表的非商业持仓占比均呈现上升态势。商业持仓的主要目的在于通过期货市场进行套期保值来对冲风险，目前商业持仓占比约

为70%；非商业持仓则以专业商品投资基金和综合金融投资机构为主，目前两者占比超过20%。

特朗普于2016年11月当选为美国新一任总统之后，其新政包括扩大基建类商品需求，压缩国际市场商品流通，松绑投行大宗商品市场投资等，可能会给美国大宗商品市场带来较大变数。在竞选过程中，特朗普曾一再表示，如果当选将废除美国在2008年金融危机后实行的《多德—弗兰克华尔街改革与消费者保护法》。该法案被视为是前任美国总统奥巴马在金融危机后出台的影响最大的华尔街改革，核心内容在于限制大金融机构的投机性交易。该法案的废除将给大宗商品市场带来新契机，同时也增加了监管的风险。

2. 政府对行业的监管与推动

商品期货交易委员会(CFTC)是美国大宗商品交易最主要的监管机构，其执法部门(Division of Enforcement, DOE)的职责主要包括五部分：一是阻止欺诈行为，并通过财产冻结和破产清算指令保护客户资产；二是发现并阻止操纵等扰乱市场行为；三是确保市场参与者在委员会的监管下能够履行财务诚信和报告义务；四是禁止某些市场禁入者从事交易和注册资格；五是通过获取法院指令要求被告支付民事罚款、赔偿投资者损失和追缴的罚款。

2016年，美国商品期货交易委员会的执法部门重点查处了市场操纵、违规交易、欺诈投资者等违规案件，同时加大了对高频和程序化交易、新兴商品和衍生品市场的监管力度，提高了对网络和数据安全的重视，进一步加强国内国际监管合作。据其2016年工作年报，其执法部门在当年共审理68起违法案件，并对超过100起违规行为立案调查，罚款金额达到13亿美元。同时，旨在奖励举报者的“吹哨者计划”(whistle blower program)也于2016年颁发了高额奖金，高达1 000万美元，有效地节省了执法资源，提高了侦破效率。此外，在2016年，美国商品期货交易委员会(CFTC)完善了强调网络攻击或其他技术风险的新规则。这些规则要求私人公司经常评估网络风险，测试他们的网络安全以及经营风险；发布了关于将程序化交易风险最小化的提案，要求使用信息节流和最大下单量限制等交易前风险控制措施，要求采取例如“紧急开关”等措施，措施在程序出现故障算法时进行紧急人工干预。

美国金融业监管局(FINRA)2016年也表示，透过高频交易技术来操纵各金融市场的种种措施越来越缜密，美国政府层正加大对高频交易公司的监管。根据金融业监管局公布的华尔街机构优先查核事项清单，该机构将会检视高频交易业者，保护系统免受交易员侵扰的能力。

美国联邦储备委员会 2016 年 9 月推出一项新规提案，将进一步限制金融机构从事大宗商品实物交易，以降低相关交易对金融机构带来的环保、财务等风险。新规内容包括从事大宗商品实物交易的金融机构需要留存更多资本金，进一步限制实物交易金额，限制金融机构从事发电厂相关的大宗商品实物交易等。

（二）欧洲

1. 行业概况

2015 年欧洲期货及衍生品市场以 47.7 亿手成交量，占全球市场的 19.25%，在区域排名中位列全球第三，次于亚太和北美市场，同比增长 8.2%。伦敦金属交易所(LME)是全球金属期货定价中心，铝、铜、锌、镍、铅五大品种均入围 2015 年金属板块交易量排名前 20 位。

欧洲期货交易所集团(Eurex)2015 年成交量达到 21.0 亿手，年增幅为 8.32%，在全球期货及衍生品交易所中排名第二。从 2015 年 11 月起，欧洲期货交易所开始向总部位于美国的客户开通交易入口服务。该服务能够让交易会员进入欧洲期货交易所系统交易簿以外的交易，从而提高定制化交易的灵活性以及清算和结算的标准化。

2016 年 6 月 24 日，英国脱欧公投结果显示后，国际原油、铝等大宗商品出现暴跌，西德克萨斯轻质原油(WTI)一度跌破 47 美元/桶，下跌幅度超过 6%，伦敦金属交易所铜和铝期货价格跌幅均超过 2%，英国脱欧在一定程度上影响了全球大宗商品交易市场。从经济层面来看，英国脱欧打破了既有的经济格局，不仅为英国和欧盟，甚至为全球的经济增加了不确定性，为全球经济的复苏蒙上了阴影。从供需层面来看，虽然短期内，脱欧不会对全球商品的供需带来根本影响，但从中长期来看，脱欧意味着壁垒的增加，势必会降低市场活力，对需求带来一定的负面影响，一体化经济变为个体化经济，对供应会带来正向刺激，供需矛盾增加。相比经济增长下滑，英国脱欧影响对于大宗商品价格更大的拖累因素可能来自于美元走强。因为所有主要大宗商品都以美元计价，美元走强会令大宗商品价格构成下行压力，而在所有大宗商品中，铜、铝和锌等工业金属与美元走势尤其紧密。

2. 政府对行业的监管与推动

欧洲证券与市场管理局(ESMA)2016 年宣布暂时允许即将开放式接入体制的上市衍生品。开放式接入机制(open access)指的是欧洲《金融工具市场指令》修订稿(MiFID II)新制订的一个机制，即各交易平台必须允许多家清算所在合理收费的前提下为之清算，有竞争关系的清算所都可以与现存的中央对手方建立联系，对现有的交易产品进行交易和清算，各交易平台需要提供开放式接入，包括在一个透明和非歧视的基础上对有意在交易地清算的中央对手方提供数据。开放式接入机制旨在促进衍生品清算方面的公平竞争和效率，强化对金融领域投资者的保护，符合 MiFID II 的总体目标，即把绝大多数非股票类的产品纳入一个有力的监管系统，并把一大部分的场外交易移入监管平台中。

伦敦证券交易所集团(London Stock Exchange Group，LSEG)已要求公开竞争对于衍生品结算。MiFID II 建立的开放式接入规则将检查欧洲交易场所和清算所，并鼓励交易所交易衍生品(exchange-traded derivatives，ETD)竞争。开放式接入将使得市场人士在一家交易所进行期货合约交易，并按照自己的选择对于一个不同的中央对手方进行结算。

在衍生品清算中引入真正的竞争对衍生品交易有重要影响，但是也饱受争议。早在 2014 年初，欧洲立法者就打算在登记上市的清算所引入开放式接入机制，但是需要加入一些条款以允许当时的交易者直到 2018 年再开放他们的交易框架。总的来说，开放式接入机制的实行会是一个很大的进步，因为业内一直担心德国可能会在衍生品清算上试图保护本国利益。在这个机制实施前，欧洲两个主要的上市衍生品交易所，欧洲期货交易所(Eurex)和伦敦国际金融期货交易所(Liffe)只对自己的产品提供清算。开放式接入机制实施后，一些独立的清算所有可能失去很大部分收入。这也是为什么这些独立的清算所需要额外的时间去改变自身系统和商业模式以允许开放式接入。而开放式接入机制是否能有效地执行取决于监管者颁布的细则是否能防止一些交易者规避开放式规则，把清算费和执行费进行调整以保持垄断。

(三) 中国

1. 行业概况

随着大宗商品期货交易规模的扩大，大宗商品定价日益向中国转移。截至 2016 年，中国商品期货成交量已连续 7 年位居世界第一。中国期货业协会统计资料显示，2016 年中国期货市场累计成交量为 41.4 亿手，同比增长 15.65%。目前，中国上市商品期货品种 46 个，覆盖了农产品、金属、能源、化工等主要产业领域。2016 年全球成交量排名前 20 的农产品和金属期货中，中国各占 11 个和 8 个。从交易量来看，中国已成为全球最大的油脂、塑料、煤炭、黑色建材期货市场和第二大农产品、有色金属期货市场。一些较为成熟的品种，如铜、铁矿石、PTA（精对苯二甲酸）等期货价格已成为全球贸易的重要定价参考。

2016 年 12 月，中国证监会宣布，批准郑州商品交易所（以下简称“郑商所”）、大连商品交易所（以下简称“大商所”）分别开展白糖、豆粕期权交易，这标志着中国商品期货市场将步入期权时代，涉及风险管理工具将进一步丰富。与新品种上市同步推进的是场外市场建设，郑州商品交易所场外期权业务系统项目正式启动，大连商品交易所也已搭建由仓单登记中心、交易平台、清算平台、指数平台、信息发布平台组成的场外市场综合服务平台。

在大宗商品现货方面，据中国物流月采购联合会大宗分会的统计数据，截至 2015 年 12 月，全国大宗商品交易市场共计 1 021 家，较 2014 年同期增长 38%。从行业发展来看，农产品类交易市场占据 28%的份额，金属类交易市场占据 19%的份额，能化类交易市场占据 18%的份额。从地域来看，排名前六的地区分别是山东、广东、浙江、上海、江苏和北京，市场份额分别为 10.19%、9%、8.3%、7.5%、6.4%和 5.78%。

2. 政府对行业的监管与推动

2016 年 4 月及 9—11 月，以黑色系品种（焦煤、焦炭、铁矿石、螺纹钢）为代表的大宗商品价格先后出现两波强势上涨行情，部分品种交易量快速增加。为配合调控，维护期货市场平稳运行，中国多个期货交易所对部分品种的交易手续费、保证金标准和涨跌停板幅度进行调整，要求会员单位做好风险防范工作，提醒投资者理性投资，并推动资产管理产品账户信息报备。随着政策“组合拳”作用的显现，相关品种交易热度下降，市场运行逐渐平稳。

《国务院关于清理整顿各类交易场所切实防范金融风险的决定》（2011 年）颁布以来，证监会等多部委组成的联合清理整顿小组协同各省市金融办对大宗商品交易平台进行了集中整治，五年累计停业平台超过 200 家，新成立平台超过 300 家，开展转型升级的平台近 500 家，相继成立了江苏、广东、山东商品清算中心，有超过 10 个省份已建设或正在建设大宗商品交易集中清算体系，呈现了大数据交易、电力交易、货权交易、掉期交易等新交易模式。

近年，中国大宗商品交易另一项重要推动举措，则是启动“保险＋期货”模式。这种模式最初起源于美国，其很好地适应了农产品价格市场化改革、农业补贴形式改革的迫切需要。2015 年 8 月，中国人保财险公司联合大连商品交易所和新湖期货有限公司研发实施的“保险＋期货”服务国家农业现代化创新模式，受到农业部、保监会、证监会以及国务院发展研究中心等重视，被写入中央一号文件。首批“农产品期货价格保险”产品有“玉米期货价格保险”和“鸡蛋期货价格保险”两个品种。

"保险＋期货"模式利用市场化手段，在保障农民基本收入的同时，利用期货市场转移了保险公司的风险，为建立"价补分离"的农产品目标价格机制提供了重要的实践范例。

四、区块链技术在大宗商品交易中应用简析

区块链技术作为眼下最热门、最前沿的科技手段，在全球范围内受到了高度重视。2015 年 9 月，总部位于纽约的区块链创业公司 R3CEV 正式成立，由其发起的 R3 区块链联盟，在极短的时间内，吸引了高盛、摩根士丹利、平安集团等国内外 50 家金融巨头加入，各成员通过基于区块链的公开账本把业务相互协作起来，大幅提高了交易和清算的效率。2016 年以来，中国的多家金融机构和信息技术公司也先后成立了多家区块链联盟，比如金链盟、China Ledger 等。

（一） 区块链技术有望提高大宗商品交易和监管效率

区块链是指通过去中心化和去信任的方式集体维护一个可靠数据库的技术方案，其具有去中心化（decentralized）、去信用（trustless）、集体维护（collectively maintain）、可靠数据库（reliable database）、开源（open source）、匿名性（anonymity）等 6 个主要特征。

从区块链技术去中心化、去信任、分布式账簿、可靠数据库等特点和优势来看，这项技术与大宗商品交易领域有很多值得关注的可结合点。在过去几十年里，大宗商品交易行业严重依赖于纸张密集型的交易处理流程，效率低且易出错。如果能够以区块链技术为核心支撑技术，在大宗商品交易领域研究和开发基于区块链技术的交易模式和交易系统，对于大宗商品交易行业的参与企业和监管部门而言，将可大幅减少可疑交易，降低监管成本，提高交易和监管效率，促进市场透明化和监管的便捷性。两位业内专家 Ray Kahn 和 Nick Solinger 在《市场声音》（*Market Voice*）列举了区块链技术在衍生品市场的潜在应用领域。

区块链技术的实施还可有助于各交易所实现共享基础设施，降低安全成本。基于区块链技术的登记结算系统不受单一实体控制，而是由各参与方共同维护，包括各个交易所、各级监管机构、资金托管行等等，该系统对于各方都是中立客观的。在这种情况下，众多交易所就不必进行重复的基础设施建设且各自承担安全维护成本。

表 6.7　区块链技术在衍生品市场的潜在应用领域

聚焦领域	潜　在　效　益
标准化合约	数据结构和条款的标准化。为了提高交易后的效率，期货市场需要改进标示与参考数据
记录与报告	不只是执行、清算、委托和中央对手方清算(CCP)所有现有单独记录，分账还有机会作为金源数据的机会
监管透明度	金源数据也可更容易地用于满足监管报告
风险管理	分账模式保障监管链，并改进对实时数据的访问，以便进行报告、监控和限制检查
支付路径	改进后的支付应用将允许货币在现有的受监管市场参与者之间更有效地流动
清算与结算	随着实践，行业将朝着更有效的清算和结算方式发展

资料来源：《市场声音》(*Market Voice*)。

（二） 将区块链技术引入场外衍生品市场

2013 年，中国期货业协会发布了《期货公司设立子公司开展以风险管理服务为主的业务试点工作指引》，此后各期货公司逐步设立风险管理子公司，并依托子公司开展场外衍生品业务。2016 年，中国提出“保险＋期货”模式，且证监会积极鼓励各类金融机构开展场外衍生品创新。在市场需求，以及各方支持下，近几年中国场外衍生品业务发展非常迅猛，以鲁证期货股份有限公司场外衍生品部为例，截至 2015 年 9 月已完成近 200 笔场外期权交易，名义规模达 10 亿元，期权费成交额达 1 900 余万元。场外衍生品业务作为一项新兴业务，在飞速发展的同时也面临着很多问题，主要的问题一是信用风险高，二是缺乏机构间交易市场。针对这两点，结合区块链技术所具备的去中心化、去信任等特点，可考虑在市场中建立区块链系统，以突破场外衍生品市场目前所面临的窘境。

将区块链引入大宗商品交易，可从信用信息共享和机构间询价交易这两个方向切入，为市场量身定制区块链系统。信用信息共享是指在双方交易过程中是否成交、是否履约等信息都被公开，由履约率积累出机构或客户的信用额。而监管者则能从区块链网络中获取交易额、保证金金额等一般交易中无法查看的信息，对整个交易网络进行监控。而机构询价交易是指当机构有询价需求时可对全网同时广播询价要素，并单向接收回应，报价方需对报出的价格负责，若成交必须履约。此网络可大大减少交流成本，提高机构间的流动性。

专家指出，区块链技术的应用和推广可以大致分为三个阶段：第一阶段是利用区块链技术的分布式账簿特性为交易过程增信；第二阶段是通过电子合同的强制履约实现交易的自动达成；第三个阶段是引入虚拟货币和商品数字化完成交易系统和交易环境的完全封闭和交易的完全可信。

（三） 区块链技术在大宗商品交易中的运用探索以及瓶颈问题

事实上，区块链技术于近年来被各大国际银行、科技公司和初创企业所重视，研究出若干应用案例，主要发达国家已有将区块链技术应用于场外市场的实践。例如，全球投行荷兰国际集团（ING）和法国兴业银行（Societe Generale）与大宗商品交易所 Mercuria 合作，将区块链技术应用到石油交易中，他们进行的实验组发现，通过区块链技术提高效率，能够为给定银行将所需时长由 3 个小时减少至 25 分钟；全球大宗商品交易巨头托克（Trafigura）和法国第二大银行那提西（Natixis）正试验，利用区块链技术在美国石油市场做石油交易，并以节约交易所需时间，降低石油贸易商运输石油的成本，提高其流动资金的使用效率，石油交易测试由国际商用机器公司（IBM）主持实施；瑞士大宗商品交易商摩科瑞（Mercuria）已使用区块链技术将非洲产的原油出售给中国，其首席执行官表示，区块链技术和标准化智能合约提供了全面的解决方案，除了减少处理文件的时间和精力外，在债权人和银行的参与之下，与融资和实物交易相关的成本也将大大精简；英国银行业巨头巴克莱则宣布尝试用“智能合同”和区块链技术交易金融衍生品，他们首发的“智能合同”由三部分组成，主体是国际互换和衍生工具协会（ISDA）为衍生金融市场创造的标准交易协议，使用的区块链技术名为 Corda，该技术源于由摩根大通、花旗等投资的 R3 公司。

中国的区块链技术应用探索也处于快速发展阶段。2016 年 6 月，中国（浙江）大宗商品交易中心举办了一次区块链大宗商品应用与发展测评会议。该中心对杭州复杂美科技公司研发的区块链交易的各项性能进行测试和评定，并对于区块链技术在大宗商品交易中的应用发展进行了深入探讨。

区块链目前还处在产业应用的初期，有无限可能，同时也意味着存在着不少的障碍。虽然各方正在积极探索区块链研究，但是真正能够落地的项目为数不多，很大一个原因是区块链理论与实际应用之间还有一定的距离，主要体现在：①区块链的限制和约束条件增加了开发的难度，比如性能问题和资源消耗问题；②目前的区块链主要只有通用部分，离金融监管要求还有一定的差距；③实际金融应用对可靠性、性能有更高的要求，比如对于工程化开发管理智能合约，防止代码缺陷引发重大异常；④对于基于区块链的金融产品智能合约也缺少相关标准。

参考文献

[1] 金瑞庭.国际大宗商品价格走势及应对策略[J].宏观经济管理,2016(2):54—56.

[2] 李洪波.2015 年国际大宗商品走势分析及预测[J].市场经济与价格,2016(2):20,47—50.

[3] 廖岷.全球金融科技监管的现状与未来走向[J].新金融,2016(10):12—16.

[4] 美国期货协会(FIA). Annual Volume Survey 2015[R]. March 2016.

[5] 美国商品期货交易委员会网站.http://www.cftc.gov/index.htm.

[6] 吴迪.美国农产品期货市场的发展经验[J].世界农业,2016(9):169—193, 231.

[7] 芝加哥商业交易所(CME)网站.http://www.cmegroup.com/cn-s/.

[8] 中国期货行业协会网站.http://www.cfachina.org.

本章撰写:姚恒美

第七章　世界现代物流业发展动态

一、世界现代物流业发展动态

（一）全球物流总体发展平淡，海、陆、空运皆前景堪忧

根据国际货币基金组织（IMF）的数据，2015 年，世界经济增速为 3.1%，较 2014 年下滑 0.3 个百分点；全球贸易量增长也随之降低，年增率从 2014 年的 3.5%，下降到 2015 年的 2.8%。究其原因，发达国家经济复苏步伐不一、地缘政治局势恶化、新兴经济体增长减速、剧烈的汇率波动等都对国际贸易局势产生了复杂而多为负面的影响。在此背景下，全球物流发展总体保持平稳，但不同运输模式表现不一。

航空方面，来自国际航空运输协会（IATA）的数据显示，2015 年，世界航空货运业较往年疲弱。其中，欧洲的货运量下滑了 0.1%，北美地区仅增加 0.1%，而受制于中国等亚洲经济体经济增速的下滑，亚太地区 2015 年的航空货运量也只增长了 2.3%，较 2014 年低。而拉丁美洲则遭遇了货运滑铁卢，年货运量下滑达 6%。同时，由于燃油价格的继续走跌以及 2014 年各承运商持续扩能导致的运能过剩，使得空运运费不断降低。2015 年，空运月均运费率同比下跌了 9%，不过由于燃料价格跌幅更甚，受惠于运输成本的降低，航空货运承运商的利润率仍可观（图 7.1）。

海运方面，2015 年，世界海运业仍处于低迷状态。其中，集装箱运输运能过剩问题日甚，根据毕马威（KPMG）的数据，2015 年，全球集装箱船队容量增长了 8%，直接导致集装箱运费率下跌了超 30%；相比之下，集装箱租赁市场相对缓和一些，租赁费率在 2015 年初有所增长，但至年末又呈现下滑趋势，费率同比下降了 10%。由此，市场对集装箱船订造需求大减，2016 年船队运能增长估计仅 4.6%。干散货海运的情

况更为糟糕。波罗的海干散货指数在 2015 年创出新低,干散货船队运能年增长 3%,而货运需求却有所下降。唯有油轮业表现较为乐观,2015 年运输需求增长了 5%,而运能只增长 3%,使得运费和油轮承运商的平均收入有所提升(图 7.2)。

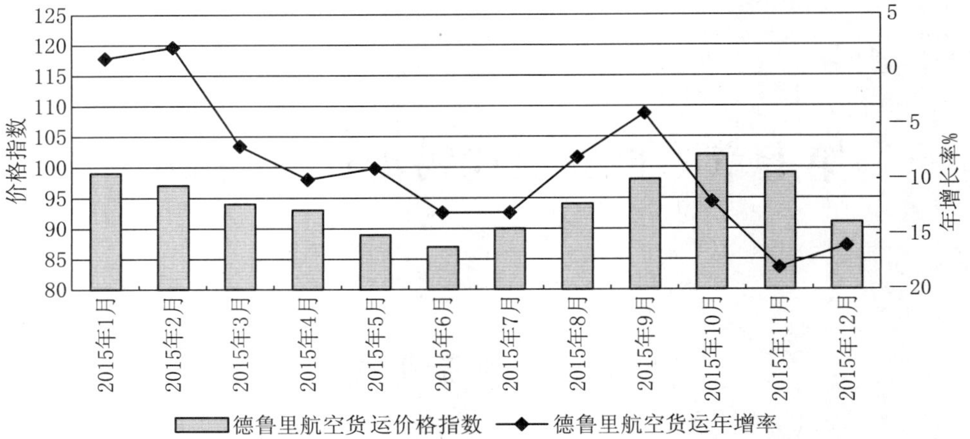

图 7.1　2015 年德鲁里航空货运价格指数及年增长率

资料来源:德鲁里(Drewry),2016 年。

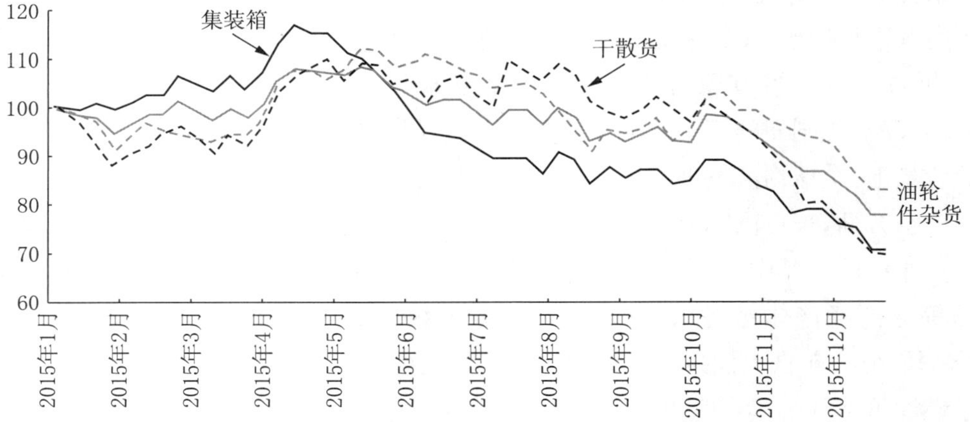

图 7.2　2015 年世界海运价格变化情况

说明:纵轴为海运价格指数,设定 2015 年 1 月的值为基准值 100。
资料来源:Bloomber、KPMG Research, 2016.

铁路和第三方物流也表现不佳。其中,铁路方面,Marketline 的数据显示,2015 年,全球铁路行业总产值为 4 795 亿美元,较 2014 年增长仅约 1.9%,与 2011—2015 年间的年均复合增长率(CAGR)4.3%相距甚远。其中,铁路货运总产值达到 2 281 亿美元,占铁路行业总产值的 47.6%。第三方物流方面,Armstrong & Associates 公司的数据显示，2015 年，全球第三方物流业总收入 7 210 亿美元，较 2014 年减少了 4.27%。

（二）美中为市场主动力，发展中国家潜力较大

从区域发展来看，美国和中国的市场需求已成为物流发展的两大推动力。来自 Armstrong & Associates 公司的数据显示，2015 年，美、中两国的物流总成本分别是 14 735 亿美元和 20 484 亿美元，分别占全球物流总成本的 17.01%和 23.65%。两国第三方物流收入分别达到 1 612 亿美元和 1 638 亿美元，占全球第三方物流收入的 22.36%和 22.72%，成为引领全球第三方物流业乃至整个物流业发展的领头羊。

从增幅来看，发展中国家在物流业明显萎缩态势下，表现出逆势增长的态势，展现出较大的发展潜力。Armstrong & Associates 公司的数据显示，2015 年全球物流总成本较前一年下降 5.76%，第三方物流业总收入较前一年减少 4.27%，而中国、印度、越南、阿根廷等国却表现良好，物流总成本有所增长，第三方物流收入增幅分别达到 8%、7%、7.4%和 8.9%，显示出较好的发展态势（表 7.1）。

表 7.1　2015 年全球物流成本及第三方物流收入情况

区域	国家/地区	2015 年物流总成本	2014—15 物流总成本年增长率/%	2015 年物流成本全球占比/%	2015 年第三方物流收入/10 亿美元	2014—15 年第三方物流收入年增长率/%	2015 年第三方物流收入全球占比/%
北美地区	加拿大	141.6	−14.05	1.63	14.4	−13.89	2.00
	墨西哥	139.4	−11.62	1.61	14.5	0.00	2.01
	美　国	1 473.50	2.50	17.01	161.2	2.11	22.36
	区域总计	1 754.50	0.05	20.26	190.1	0.74	26.37
欧洲地区	法　国	229.9	−19.79	2.65	24.1	−19.92	3.34
	德　国	297.1	−13.30	3.43	31.2	−13.46	4.33
	意大利	176.5	−17.05	2.04	18.7	−17.11	2.59
	荷　兰	62.6	−17.25	0.72	9	−16.67	1.25
	西班牙	118.2	−14.64	1.36	11.8	−14.41	1.64
	英　国	251.1	0.60	2.90	26.4	0.76	3.66
	其　他	335.9	−14.17	3.88	33.3	−14.11	4.62
	区域总计	1 471.30	−12.87	16.99	154.5	−12.88	21.43

续表

区域	国家/地区	2015 年物流总成本	2014—15 物流总成本年增长率/%	2015 年物流成本全球占比/%	2015 年第三方物流收入/10 亿美元	2014—15 年第三方物流收入年增长率/%	2015 年第三方物流收入全球占比/%
亚太地区	澳大利亚	130.2	−19.51	1.50	13.3	−19.55	1.84
	中国内地	2 048.40	8.96	23.65	163.8	8.97	22.72
	中国香港	26.1	4.98	0.30	2.9	3.45	0.40
	印　度	283.6	6.21	3.27	19.8	6.06	2.75
	印度尼西亚	93.4	1.93	1.08	6.8	2.94	0.94
	日　本	350.8	−15.56	4.05	36.8	−15.76	5.10
	马来西亚	33.6	−7.44	0.39	2.4	−8.33	0.33
	菲律宾	31.3	0.96	0.36	2.2	0.00	0.31
	新加坡	25	−4.40	0.29	2.9	−3.45	0.40
	韩　国	125.3	−3.99	1.45	13.9	−4.32	1.93
	中国台湾	46.8	2.56	0.54	5.1	1.96	0.71
	泰　国	39.9	−2.01	0.46	2.9	0.00	0.40
	越　南	21.3	5.63	0.25	1.6	6.25	0.22
	其　他	34.2	6.14	0.39	2.5	8.00	0.35
	区域总计	3 289.90	3.64	37.98	276.9	2.64	38.40
南美地区	阿根廷	69.5	7.34	0.80	6.2	6.45	0.86
	巴　西	208.8	−24.66	2.41	18.8	−24.47	2.61
	智　利	27.6	−10.14	0.32	2.6	−11.54	0.36
	哥伦比亚	34.3	−46.06	0.40	2.8	−42.86	0.39
	秘　鲁	22.5	−16.00	0.26	1.9	−15.79	0.26
	委内瑞拉	15.7	−58.60	0.18	1.1	−54.55	0.15
	其　他	32.2	−1.24	0.37	1.9	0.00	0.26
	区域总计	410.6	−19.05	4.74	35.3	−18.70	4.90
其他地区或国家		1 735.20	−20.30	20.03	64.2	−20.25	8.90
全球总计		8 661.50	−5.76	100.00	721	−4.27	100.00

资料来源：Armstrong & Associates，2016.

而从物流实力、基建能力、物流效率等方面来看，欧美国家仍然占据了领先地位。世界银行发布的 2016 年国际物流表现指数报告(Logistics Performance Index, LPI)显示，物流总排名前 20 位的国家或地区中，有 14 个皆位于欧美地区，比重达到 70%(表 7.2)。而来自 Armstrong & Associates 公司的第三方物流数据也显示，2015 年，收入最多的前 20 家 3PL 企业，也是以欧美公司居多(表 7.3)。

表 7.2　2016 年全球物流表现指数排名

国家/地区	排名						
	总排名	海关	基础设施	国际中转	物流质量和竞争力	物流跟踪力	准时性
德　国	1	2	1	8	1	3	2
卢森堡	2	9	4	1	10	8	1
瑞　典	3	8	3	4	2	1	3
荷　兰	4	3	2	6	3	6	5
新加坡	5	1	6	5	5	10	6
比利时	6	13	14	3	6	4	4
奥地利	7	15	12	9	4	2	7
英　国	8	5	5	11	7	7	8
中国香港	9	7	10	2	11	14	9
美　国	10	16	8	19	8	5	11
瑞　士	11	10	7	14	14	12	14
日　本	12	11	11	13	12	13	15
阿联酋	13	12	13	7	18	18	18
加拿大	14	6	9	29	15	9	25
芬　兰	15	4	16	30	16	11	16
法　国	16	17	15	20	19	15	13
丹　麦	17	14	24	15	9	25	30
爱尔兰	18	25	22	10	20	16	29
澳大利亚	19	22	18	21	17	19	21
南　非	20	18	21	23	22	17	24

资料来源：世界银行，2016。

表 7.3　2015 年全球前 20 大第三方物流企业排名及其收入情况

排名	公　司　名	总部所属国	毛收入/100 万美元
1	敦豪供应链和全球货代公司(DHL Supply Chain & Global Forwarding)	德　国	29 562
2	德迅(Kuehne+Nagel)	瑞　士	21 100
3	辛克物流(DB Schenker)	德　国	17 160
4	日本通运(Nippon Express)	日　本	15 822
5	罗宾逊全球货运(C.H.Robinson)	美　国	13 476
6	联合包裹速递(UPS Supply Chain Solutions)	美　国	8 215
7	得夫得斯国际货运(DSV)	丹　麦	7 574
8	中国外运(Sinotrans)	中　国	7 314
9	基华物流(CEVA Logistics)	美　国	6 959
10	康捷空(Expeditors)	美　国	6 617
11	德莎(DACHSER)	德　国	6 264
12	泛亚班拿(Panalpina)	瑞　士	6 091
13	乔达国际集团(GEODIS)	法　国	5 864
14	Toll 集团(Toll Group)	澳大利亚	5 822
15	JB 亨特(J.B.Hunt)	美　国	5 816
16	日立物流(Hitachi Transport System)	日　本	5 612
17	XPO 物流(XPO Logistics)	美　国	5 540
18	捷富凯物流(GEFCO)	法　国	5 387
19	博罗雷物流(Bolloré Logistics)	法　国	4 998
20	汉宏物流(Hellmann Worldwide Logistics)	德　国	3 987

来源：Armstrong & Associates，2016.

（三） 企业兼并活动量减价稳，亚太地区最为活跃

近期，全球物流运输企业的兼并活动数量呈现趋减的趋势，但是交易总额仍趋稳定。2015 年第四季度，全球物流企业的兼并活动曾有过一个小高峰，月成交量

达到61宗，交易总额达到760亿美元，之后，兼并活动趋稳，2016年的前3个季度，成交案宗分别保持在50～60宗，月交易金额在300亿美元上下起伏（图7.3）。而单宗兼并交易的均价，除了2015年第四季度较高以外，基本稳定在每宗5 000万美元上下。

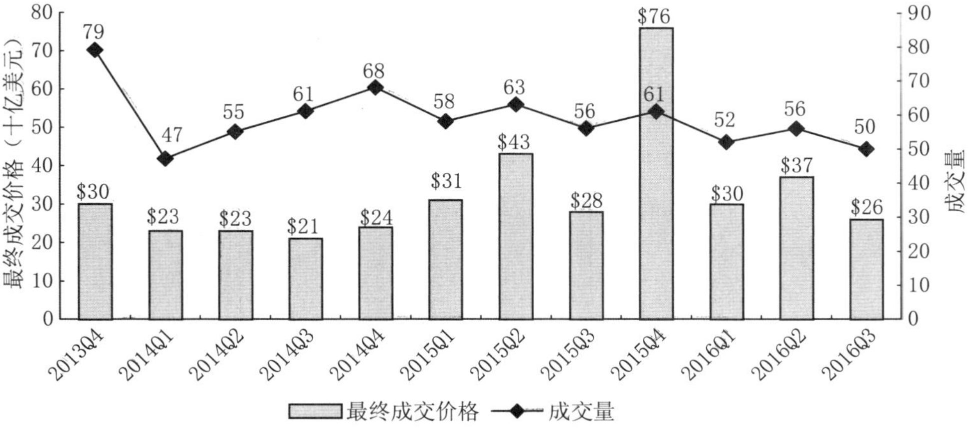

图7.3 全球物流运输企业兼并活动趋减，但兼并价值趋增

资料来源：Thomson Reuters，PWC等，2016.

从兼并活动中收购方的区域分布来看，亚太地区已经占据了最大规模，尤其在交易额度方面呈现骤增态势。2013年以来，亚太地区的兼并活动数量和交易额度占比都明显上升，至2016年第三季度，月成交量案宗数已占全球5成以上，成交金额占到了66%。欧洲和北美地区也是兼并活动较为频繁的地区（图7.4、图7.5）。

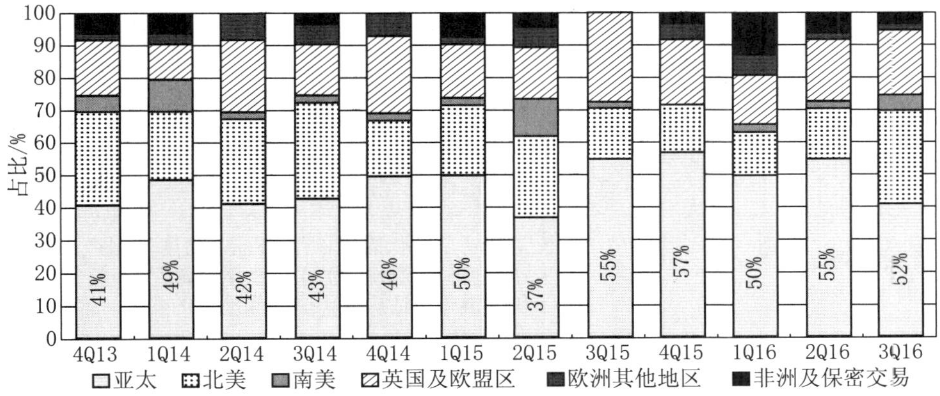

图7.4 全球物流企业收购方交易量的区域分布

资料来源：Thomson Reuters，PWC等，2016.

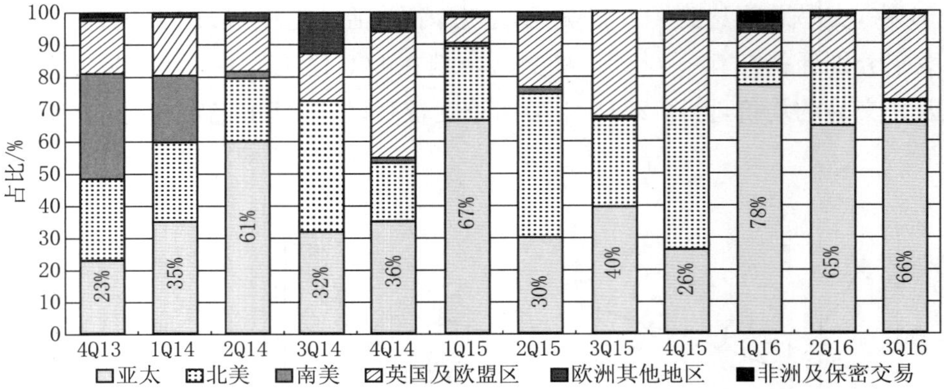

图 7.5 全球物流运输企业收购方交易总额的区域分布

资料来源：Thomson Reuters，PWC 等，2016.

（四） 新模式、新概念带来机遇与挑战

近期，物流模式创新频出、新概念不断涌现，诸如单个批量物流（batch size one）、需求响应配送（on-demande delivery）、智能能源物流（smart energy logistics）、管道物流（tube logistics）等概念不断出现，而在技术领域，3D 打印等一系列技术也在飞速发展，给传统物流业带来挑战，在给物流业革新带来冲击的同时也带来诸多可能。敦豪公司（DHL）详细归纳了当前物流界主要的创新模式和新技术，并对其对未来社会的影响力和实现应用的年限进行了预估，详见表 7.4、表 7.5。

表 7.4 当前物流新模式、新概念汇总

新 模 式	影响力	实现应用年限	说　　明
预期物流 anticipatory logistics	高	＜5 年	利用大数据为基础的预测算法，预期物流能使物流供应商能在需求发生前获得准确预测，从而显著提高过程效率和服务质量，实现配送时间的缩短、物流容量和物流网络的优化。
单个批量物流 batch size one	中	＞5 年	消费者个性化需求的增加需要高度定制产品的批量生产，这将导致分散的“单个批量物流”生产模式，这就需要供应链迅速适应生产时间和地点的变化。
便利化物流 convenience logistics	中	＜5 年	在线购物者不仅享受网上购买的价格优势，也是享受到了全天 24 小时购物的便利性。随着消费者对网上购买食品杂货和医药品的需求的增长，对冷链包装和配送提出了更高要求。

续表

新 模 式	影响力	实现应用年限	说　　明
供应链压力释缓 de-stressing the supply chain	中	<5 年	供应链压力释缓的目的是通过正确的混合运输模式减少供应链的复杂性，从而以更低成本、更高质量实现物流的有效运营。例如，有技巧地使运输“慢下来”，能够平衡供应链、降低库存成本并减少碳排放。
公平和有责任的物流 fair & responsible logistics	中	<5 年	保持竞争力和可持续性战略正渐渐让位给一个新的战略——公平和有责任的物流战略。物流供应商在追逐利益同时也越来越需要通过新服务提供来提供社会福利和保护环境。
灰色能量物流 grey power logistics	中	>5 年	灰色能量物流主要针对老龄化社会，提供适应于老年人的物流服务，例如医用物品的送货上门等，以应对人口老化的挑战。
物流市场 logistics marketplaces	高	>5 年	透明、灵活和易于调整的物流需求的增长，促进了数字经纪平台的发展。这种集中化的市场平台将提供信息、费率以及不同物流供应商提供的不同服务产品的可视化信息数据。
多用途网络 multi-purpose networks	低	<5 年	多用途网络是指利用现有标准网络和城市基础设施进行运输和储存货物的物流网络，特别是针对那些对温度有较高要求的物流。这就需要在运输、包装和实时供应链监控方面进行创新。
全渠道物流 omni-channel logistics	高	<5 年	下一代零售业需要为每个单独渠道量身定制物流网络，这就要求物流供应商能够维持全面、综合的客户及库存渠道，实现动态交付、多选择实现和无缝式客户服务。
需求响应配送 on-demand delivery	高	<5 年	当前配送已不再是由大物流商指定交货时间和地点了，“最后一公里”配送已成为新需求，这需要优化利用群众的力量和弹性化配送劳力使得客户能够在所需时间和地点得到及时配送的货物。
共享经济物流 shareconomy logistics	中	<5 年	共享经济已成为潮流，物流供应商也可以分享现有资源，从而提高成本和时间效率。
智能能源物流 Smart energy logistics	中	<5 年	可再生能源的利用是大势所趋，促使物流业采用电力运输方案，这也促使新能源供应链的搭建。新型的能源收集、储存和配送概念将有助于人们对传统能源的依赖。
超级网物流 supergrid logistics	高	>5 年	超越第四方物流，“超级网物流”将使得各物流公司通过全球供应链业务流程的重点建设，整合优化不同生产企业和物流供应商群。
管道物流 tube logistics	低	>5 年	随着技术的发展，使用现有和新的管道基础设施来运输货物成为可能。已经有新的创新运输方式，例如“超级高铁”(hyperloop)能够在一天内在两个城市间完成货物的快速运输。

资料来源：DHL，2016.上海科学技术情报研究所(ISTIS)编译。

表 7.5　当前物流新技术汇总

新 技 术	影响力	实现应用年限	说　　明
3D 打印 3D Printing	高	>5 年	3D 打印对于传统物流业来说是一项破坏性技术，将改变未来物流的发展模式。已有不少物流企业正尝试通过复杂的网络建设来适应传统和 3D 打印制造商。
现实增强 augmented reality	中	<5 年	增强现实（AR）可以为物流规划、流程执行和运输提供新视角。增强现实技术可以赋予物流作业者正确地点、正确时间的正确信息。
大数据 big data	高	<5 年	大数据正为物流界提供巨大的潜力，利用该技术可以优化产能利用率、提高客户体验和降低风险，有利于创造新的商业模式。
仿生增强 bionic enhancement	中	>5 年	可穿戴技术和外骨骼技术已突破了当前的物理技术壁垒，智能服装、仿生臂以及智能隐形眼镜将有可能支持后勤人员在通信、过程执行等供应链领域发挥功能，并降低安全和健康风险。
云物流 cloud logistics	高	<5 年	云计算使得物流供应商可以灵便地激活或停止定制化服务，根据需求使用模块化云服务。
数字标识符 digital identifiers	底	>5 年	新一代的数字标识符，如数字水印和一次性智能标签增加了供应链的透明度和可追溯性。生物识别技术还可以提供新的识别方法和可以增加操作的安全性。
物联网 internet of things	高	>5 年	随着信息与物质流的智能结合，物流将会成为物联网技术的受益行业。
低成本传感技术 low-cost sensor technology	中	<5 年	随着低成本传感器技术的发展，物流业越来越倾向于增加传感器的使用，从而在供应链中完善监控、检查和容量扫描等基础设施。
自动化和机器人技术 robotics & automation	高	<5 年	机器人和自动化技术使得零缺陷物流流程成为可能，提高了生产水平。新一代协作机器人和自动化解决方案将能进一步提高作业效率、增强传感能力，从而真正意义上大幅度替代手动作业。
自驾驶车辆 self-driving vehicles	高	>5 年	传感器和成像技术的突破使得新一代自驾驶车比以往更灵活可靠。自驾驶车辆将使物流运输业的安全、效率和质量有进一步的提高。
自学习系统 self-learning systems	中	>5 年	自学习系统很有可能成为改变物流游戏规则，它能实现自动化数据驱动的物流系统的优化，可以最小化人为干扰。一个自学习系统能够不断接收新的数据来不断自适应和改进其算法。
无人机 unmanned aerial vehicles	中	>5 年	无人飞机将可以在物流界实现空中网络快递这样的新形式。虽然它不能取代传统的地面运输，但能够在交通拥堵地区或偏远地区发挥优势。

资料来源：DHL，2016.上海科学技术情报研究所（ISTIS）编译。

二、主要国家物流发展动态

本节重点介绍美国和新加坡物流业的发展动态，并分析其促进物流发展的一些新措施。

（一） 美国

美国的物流体量巨大，近期其货运发展较为平稳，空运和管道运输发展较为迅速，中国市场在美国的国际贸易中的地位不断上升，相比北美市场则正在走向疲软。为促进美国物流业的进一步发展，美国交通运输部正在通过道路基础设施建设、交通大数据开发、车辆规制完善、无人机技术和标准制定和大力资助交通创新项目等举措提升本国的货运水平。

1. 美国物流发展现状

（1）物流体量巨大，发展较为平稳

美国物流设施发达，是全球物流发展的重要动力。美国交通运输部的数据显示，

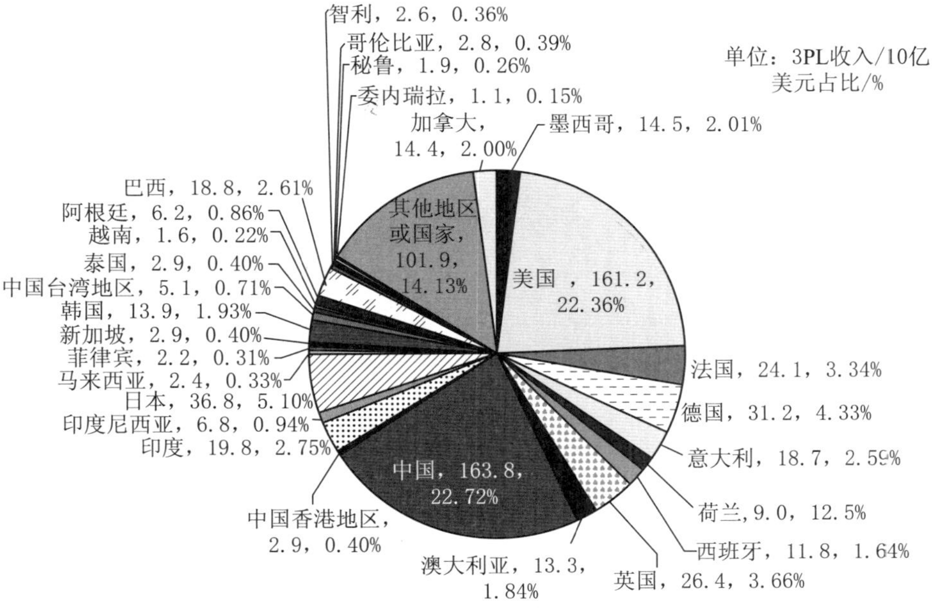

图 7.6 2015 年主要国家或地区 3PL 收入及其全球占比

资料来源：Armstrong & Associates 公司，2016.

2015 年，美国货运系统日均运输货物 49 500 万吨，日均运输的货物价值达到 527 亿美元；2015 年货运量和运输所创造的价值较 2012 年分别增长了 6.5%和 8.2%。而根据 Armstrong & Associates 公司的数据，2015 年，美国的物流总产值达到 14 735 亿美元，占本国 GDP 的 8.2%，占全球物流总产值的 17.1%，第三方物流市场的总收入达到 1 612 亿美元，较 2014 年增长 2.11%，占全球 3PL 收入的 22.36%（图 7.6）。

（2）陆路占比较高，空、管发展迅速

按运输方式来看，美国陆路运输无论从体量还是货物价值来看占比都遥遥领先。2015 年，美国货运系统共运输了 181 亿吨货物，货物总价值达到 19.2 万亿美元，其中，卡车运输量和所运货物价值分别达到 109 亿吨和 11.7 万亿美元，占比分别达到 60.14%和 60.85%。不过从增长率来看，管道运输是 2012 年以来货运量增长最快的运输模式，2015 年较 2012 年增长了 13.52%，而空运则是运输的货物价值增长最快的一种运输方式，2015 年较 2012 年增长了 14.37%，货运量也增长了 10%（表 7.6、表 7.7）。

表 7.6　美国 2012 年、2015 年货运量一览（按运输模式）

运输模式	2012 年货运量				2015 年货运量					
	总计/100 万吨	国内/100 万吨	出口/100 万吨	进口/100 万吨	总计/100 万吨	国内/100 万吨	出口/100 万吨	进口/100 万吨	各模式占比/%	总计较 2012 年增长/%
总　　计	16 953	14 953	864	1 136	18 056	16 045	912	1 099	100.00	6.51
卡　　车	10 166	9 970	107	89	10 859	10 649	110	100	60.14	6.82
铁　　路	1 613	1 487	52	74	1 607	1 458	54	85	8.90	−0.37
水　　运	933	506	68	359	936	553	94	289	5.18	0.32
空运及含空运的卡车运输	10	2	4	4	11	2	4	5	0.06	10.00
多式联运	1 320	311	596	413	1 353	327	613	412	7.49	2.50
管道运输	2 870	2 641	36	194	3 258	3 017	37	204	18.04	13.52
其　　他	41	37	1	3	33	29	1	3	0.18	−19.51

资料来源：美国交通运输部，2017。

表 7.7 美国 2012 年、2015 年货运价值一览(按运输模式)

运输模式	2012 年货运价值				2015 年货运价值					
	总计/10 亿美元	国内/10 亿美元	出口/10 亿美元	进口/10 亿美元	总计/10 亿美元	国内/10 亿美元	出口/10 亿美元	进口/10 亿美元	各模式占比/%	总计较 2012 年增长/%
总计	17 805	14 058	1 532	2 215	19 258	15 072	1 699	2 487	100.00	8.16
卡车	11 011	10 333	367	311	11 718	10 994	382	342	60.85	6.42
铁路	569	417	59	93	617	451	62	104	3.20	8.44
水运	617	274	71	272	636	304	99	233	3.30	3.08
空运及含空运的卡车运输	1 044	138	434	472	1 194	152	466	576	6.20	14.37
多式联运	3 275	1 752	573	949	3 599	1 875	658	1 065	18.69	9.89
管道运输	1 250	1 143	9	97	1 410	1 295	10	105	7.32	12.80
其他	40	1	17	22	83	1	21	61	0.43	107.50

资料来源:美国交通运输部,2017。

(3) 针对中国市场增速最快,北美市场走弱

2015 年,美国的国际贸易产值达到 3.4 万亿美元,较 2000 年增长 40.1%。而美国前十大贸易伙伴中,有 5 个都来自亚洲。其中,中国是与美国贸易增长最快的国家,从 2000 年至 2015 年,中国在美国的国际贸易占比从 5.8%迅速上升至 16%,从排名第四一跃成为美国第一大贸易伙伴,其次是墨西哥、日本和德国。

由北美自由贸易协定的两大成员国——加拿大和墨西哥占据了 2015 年美国 29.6%的国际贸易份额,自 2000 年以来增速达到 26.7%。然而,2014—2015 年,北美跨界货运量下滑了 7.2%,很大原因归咎于原油和成品油价格的跌落。成品油相关货物的运输产值在该期间下跌了 40%,而其他货物则只下跌了 0.9%。到了 2016 年,这一趋势得到延续,2016 年,美国与北美自由贸易区的货物流通量(按价值计算)下跌了 3.4%,为 10 691 亿美元(表 7.8)。

表 7.8 2015 年、2016 年美国与北美自由贸易区的货运量月度变化(按价值计)

月份	2015 年货运量/100 万美元	2016 年货运量/100 万美元	2015/2016 年同比增长率/%
1 月	89 258	82 430	−7.7
2 月	85 723	84 038	−2
3 月	96 070	90 462	−5.8

续表

月份	2015 年货运量/100 万美元	2016 年货运量/100 万美元	2015/2016 年同比增长率/%
4 月	93 327	90 380	−3.2
5 月	92 707	89 840	−3.1
6 月	99 030	92 671	−6.4
7 月	92 995	83 725	−10
8 月	92 442	93 126	0.7
9 月	93 246	91 126	−2.3
10 月	96 624	93 165	−3.6
11 月	88 154	91 089	3.3
12 月	86 748	87 086	0.4
年度总计	1 106 325	1 069 138	−3.4

资料来源：美国运输统计局(Bureau of Transportation Statistics)，2017。

2. 主要发展措施

美国近期促进物流发展的措施主要如下：

(1) 加强道路基础建设

为了进一步整合全国物流基础设施，美国交通运输部已开始实施一项名为“快车道”(FASTLANE)的中长期运输基础设施项目。根据美国地面运输法案(the Fixing America's Surface Transportation Act，FAST)的精神，该项目在 2016—2020 年将获得 45 亿美元的资金资助，其中，2017 财年将获得 8.5 亿美元。在第一轮项目招标中，美国交通运输部共收到 212 份总资金申请量达 98 亿美元的申请，较可拨款金额高出了 13 倍多，申请积极性和需求高涨。最终有 18 个项目入选，总计获得拨款 7.59 亿美元(表 7.9)，其中大型项目有 11 项，小型项目 7 项。2017 财年第二轮项目申报工作也正在进行中。

表 7.9　2016 财年获得 FASTLANE 资助的项目情况

项　目　名　称	申请机构	州	项目规模	授予资金/万美元	项目总成本/万美元
州际 10 凤凰城到图森走廊的完善 Interstate 10 Phoenix to Tucson Corridor Improvements	亚利桑那州交通运输部	亚利桑那州	大	5 400	15 750
SR-11 第二部分和南端的交通枢纽 SR-11 Segment 2 and Southbound Connectors	加利福尼亚州交通运输部	加　州	大	4 928	17 720

续表

项　目　名　称	申请机构	州	项目规模	授予资金/万美元	项目总成本/万美元
阿灵顿纪念桥重建工程 Arlington Memorial Bridge Reconstruction Project	国家公园服务中心	哥伦比亚特区	大	9 000	16 600
萨凡纳港国际多式联运枢纽建设 Port of Savannah International Multi-Modal Connector	佐治亚州港口管理局	佐治亚州	大	4 400	12 670
1～10 货运核心地带建设 I—10 Freight CoRE	路易斯安那州交通运输和发展部	路易斯安那州	大	6 000	19 351
康利码头多式联运改进和现代化 Conley Terminal Intermodal Improvements and Modernization	马萨诸塞州港口管理局	马萨诸塞州	大	4 200	10 289
I-390/I-490/31 线路交汇处，莱尔大道走廊项目 I-390/I-490/Route 31 Interchange, Lyell Avenue Corridor Project	纽约州交通运输部	纽约州	大	3 200	16 290
美国 69/75 布莱恩县项目 US 69/75 Bryan County	俄克拉荷马州交通运输部	俄克拉荷马州	大	6 200	12 062.5
大西洋门户:解锁 I-95 走廊 Atlantic Gateway: Partnering to Unlock the I-95 Corridor	弗吉尼亚州交通运输部	弗吉尼亚州	大	16 500	90 500
南陆街分级和铁路安全项目 South Lander Street Grade Separation and Railroad Safety Project	西雅图市	华盛顿州	大	4 500	14 000
I-39/90 通道工程 I-39/90 Corridor Project	威斯康星州交通运输部	威斯康星州	大	4 000	119 530
卡车停车场系统(TPAS) Truck Parking Availability System(TPAS)	佛罗里达州交通运输部	佛罗里达州	小	1 078	2 398
西达拉皮兹物流园区 Cedar Rapids Logistics Park	爱荷华州交通运输部	爱荷华州	小	2 565	4 650
美国 95 号北部通道完善工程 U.S 95 North Corridor Access Improvement Project	爱达荷州交通运输部	爱达荷州	小	510	850

续表

项 目 名 称	申请机构	州	项目规模	授予资金/万美元	项目总成本/万美元
缅因州多式联运港口生产力项目 Maine Intermodal Port Productivity Project	缅因州交通运输部	缅因州	小	772	1 544
跨港货运计划(铁路) Cross Harbor Freight Program(Rail)	纽约和新泽西港口局	纽约州	小	1 067	1 779
库斯湾铁路隧道修复工程 Coos Bay Rail Line-Tunnel Rehabilitation Project	俄勒冈州库斯湾国际港	俄勒冈州	小	1 100	1 955.5
Strander 大道拓宽和分级第三期工程 Strander Boulevard Extension and Grade Separation Phase 3	塔奇拉(Tukwila)市	华盛顿州	小	500	3 800

资料来源:美国交通运输部,2017。

(2) 开发交通大数据

美国交通运输部发布的《研究、发展和技术战略计划 2017—2021》(*Research, Development and Technology Strategic Plan FY 2017—2021*)明确提出要加强交通大数据的发展。目前,部分中长期研究项目已经付诸实施,主要包括长期路面性能研究项目(Long Term Pavement Performance Program, LTPP)、智能运输系统数据交互研究项目(the Intelligent Transportation Systems Research Data Exchange, RDE)以及设立于美国国家新能源实验室的交通运输安全数据中心项目(the Transportation Secure Data Center, TSDC)等。其中,LTPP 项目旨在对路面性能数据进行长期跟踪搜集和研究,自 1991 年即开始实施,目前主要由联邦高速公路管理局(the Federal Highway Administration, FHWA)管理和筹资。RDE 项目由美国交通运输部下属智能运输系统联合项目办公室(Intelligent Transportation Systems Joint Program Office)管理和执行,旨在通过提供各种数据服务来支持多模式交通运输在气候、环境、驾驶等领域的测试、发展和分析应用。TSDC 项目旨在设立交通安全数据中心来免费提供通过旅游调研获得的详细交通数据,同时保障数据提供者和用户的隐私安全。该项目由美国国家新能源实验室维护,是美国交通运输部和能源部的一个跨部级项目。

(3) 完善车辆新规制

美国从 2014 年开始研究新规,以加速部署"车车联网"(vehicle-to-vehicle, V2V)在全美推广应用。该技术是一项车辆避撞技术,旨在利用短距离通信技术(short-range communication，DSRC）的数据交互，依靠周边车辆的信息通信来警告司机潜在的行车风险，例如警告司机前方车辆正在刹车，需要减速，或者告知前方路口有车辆急速驶过，需回避等。该项目由美国国家公路交通安全管理局（NHTSA）牵头实施，截至2016年底正处于规则制定阶段。此外，美国交通运输部于2016年9月20日发布了关于自动化车辆的测试与部署政策指引，明确将SAE International J3016标准确立为定义自动化/自动驾驶车辆的全球行业参照标准，用以评定6个级别的自动驾驶技术。美国国家公路交通安全管理局（NHTSA）还举办了一个政策意见征集活动，将对所获得的反馈信息进行分析，并选择其中重要的意见与建议，在后续政策修订阶段其中的重要意见与建议进行充分考虑，以期通过这些举措促进自动化驾驶在全美的健康发展。

（4）研究无人机标准

随着无人机技术发展的如火如荼，美国政府愈加重视无人机技术及其安全的应用并将其作为美国交通运输部2016年的重点工作之一，主要执行单位是联邦航空管理局（Federal Aviation Administration，FAA）。其主要的举措如下。

① 持续参与和指导无人机驾驶的技术标准的发展，促进行业共识，将无人机（Unmaned Aircraft Systems，UAS）整合入美国国家航空系统（National Airspace System，NAS）中去；

② 由美国测试和材料协会（American Society for Testing and Materials，ASTM）负责协调促进无人机设计、生产、质量方面标准的行业共识和行业发展控制；

③ 由国际民航组织（International Civil Aviation Organization，ICAO）进行远程遥控飞机系统（Remotely Piloted Aircraft Systems，RPAS）标准和实践意见修正案的其起草，作为国际民用航空公约的附件，计划在2018年3月完成；

④ 发展和建立无人机系统规制联合管理机构（Joint Authorities for the Rule-making of Unmanned Systems，JARUS），促进其技术、安全和运营标准的完善；

⑤ 研究出台小型无人机规章制度；

⑥ 升级现有无人机项目的跟踪数据库，促进自动化技术和分析技术的提高；

⑦ 研究出台升级版航空安全检查员（ASI，Aviation Safety Inspector）监督指导手册；

⑧ 发展和建设一套小型无人机电子注册系统，包括商用无人机的注册功能。

（5）灵活资助创新项目

为了使更多得不到常规政策支持的创新项目获得政府资助。美国交通运输部自2009年起设立了交通运输投资促经济复兴项目（Transportation Investment Generating

Economic Recovery grant program，TIGER)。截至2016年，已进行了八轮资助。资金来自于民营合作伙伴、州政府、当地政府和城市规划组织等。自该项目设立以来，美国政府已资助了421个项目，总资助金额高达51亿美元，涉及美国所有50个州。其中，2016年的这一轮，联邦政府已确定拨款5亿美元支持总项目成本达17.4亿美元的交通运输投资项目，涉及全美32个州共40个项目，其中2/3的授予者已非初次申报(图7.7)。

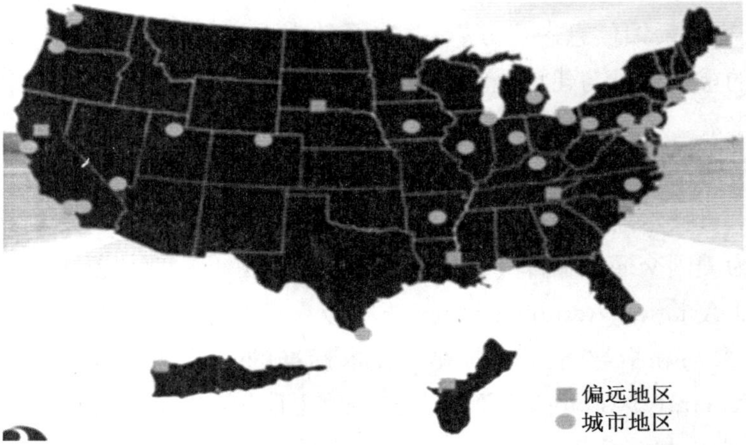

图7.7　2016年美国TIGER计划受资助项目的区域分布

资料来源：美国交通运输部，2017。

(二) 新加坡

新加坡物流业发达，运输服务的比重非常大，欧美是新加坡运输服务贸易的主要市场。海运和航空是新加坡物流的主要交通方式，但近期海运业一直低迷，好在有好转迹象，而新加坡的航空业则发展稳定。为了促进物流业进一步发展，新加坡政府正积极推动智能物流、绿色物流的发展，并且不断增加和建设自由贸易区。

1. 新加坡物流发展现状

新加坡物流设施发达，根据Armstrong & Associates公司的数据，2015年新加坡物流业总产值为250亿美元，较前一年下降4.4%；第三方物流总收入29亿美元，较前一年下降3.45%。

(1) 运输服务比重大

新加坡毗邻马六甲海峡南口，是亚洲重要的国际航运中心之一。服务贸易是新加坡赖以生存的重要行业之一，其中运输服务又是其中非常重要的一块。2015年，新加坡服务贸易额达到4 167亿美元，较前一年增长5.1%，其中，出口服务贸易额2 043亿美元，进口服务贸易额2 124亿美元，而运输服务在进出口服务贸易的占比都超过了30%（出口655亿美元、尽快668亿美元）（图7.8）。不过，新加坡的运输服务出口贸易额在2015年下滑了1.0%，进口则增加了12.8%，直接导致新加坡的运输服务贸易由2014年顺差盈余69亿美元转为2015年的逆差13亿美元。

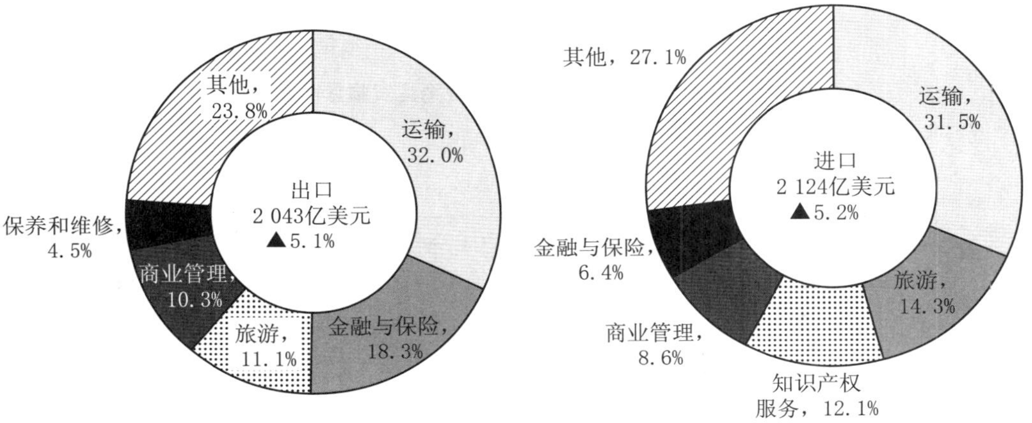

图7.8　2015年新加坡各类服务贸易的比重

资料来源：新加坡统计局，2016年。

（2）海运触底，航空稳增

受制于全球经济的颓势，新加坡海运业近期也受到影响，但趋势有望向好。2016年，新加坡集装箱吞吐量较前一年仅下滑0.1%，这比2015年跌幅达到8.7%有了明显好转，尤其是2016年第四季度，受全球集装箱运输贸易的好转，当季度吞吐量较前一季度增长了6.1%，全年吞吐量达到3 100万标箱。同时，新加坡其他海运货物的吞吐量在2016年增长了3.0%，扭转了2015年收缩0.9%的局势，其中，散货油品的运输增长起到了主要作用，2016年油散货海运量年增长率达到了13%，较2015年的7.8%又提高了不少（图7.9）。

空运方面，2016年新加坡航空货运增长平稳乐观。樟宜机场是新加坡主要的空运枢纽，为全球约90个国家的100条航线、380多个城市提供运输服务。2016年，樟宜机场的货运量达到197万吨，较前一年增长了6.5%，而之前的几年，樟宜机场的货运量都处于低速增长（图7.10）。

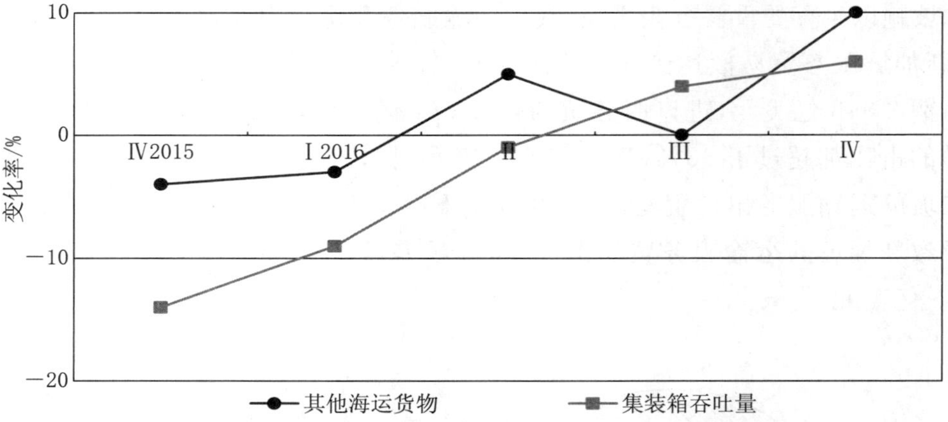

图 7.9 2016 年新加坡集装箱及其他海运货物量同比变化率

资料来源:新加坡贸易和产业部(MTI), 2017。

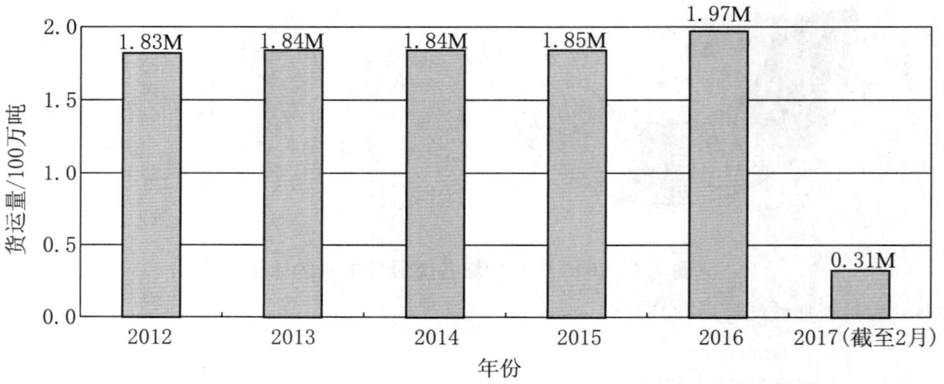

图 7.10 2012—2017 年樟宜机场的货运量情况(截至 2017 年 2 月)

资料来源:新加坡统计局、樟宜机场,2017。

作为著名的国际中转中心,新加坡的海运业和航空业都比较发达,相对而言,陆路运输的体量就比较小。陆路运输方面,根据 2014 年的统计,新加坡的道路总长度为 3 496 公里,铁路总长度为 183 公里。截至 2016 年底,在新加坡陆路运输管理局(LTA, the Land Transport Authority)注册的车辆数量为 956 430 辆,较 2015 年的注册数量下降了 0.1%。

(3) 欧美为主要市场

美国、欧盟、中国、东南亚国家联盟(ASEAN)和日本是新加坡运输服务的主要贸易伙伴,2015 年,这些地区占据了新加坡运输服务贸易 49.4%份额的出口和 46.6%份额的进口。其中,美国是主要的出口市场,2015 年新加坡向美国出口运输服务贸易

96 亿美元，东南亚国家联盟和欧盟的出口额分别是 67 亿美元和 66 亿美元，但是这三个地区在 2015 年出口额分别下降了 3.9%、0.8%和 4.6%。而欧盟国家是新加坡最大的运输服务进口国，2015 年的运输服务贸易支出达到 105 亿美元，增长了 11.2%。其他主要进口国的进口价值都在增长，除了中国下跌了 1.2%(图 7.11)。

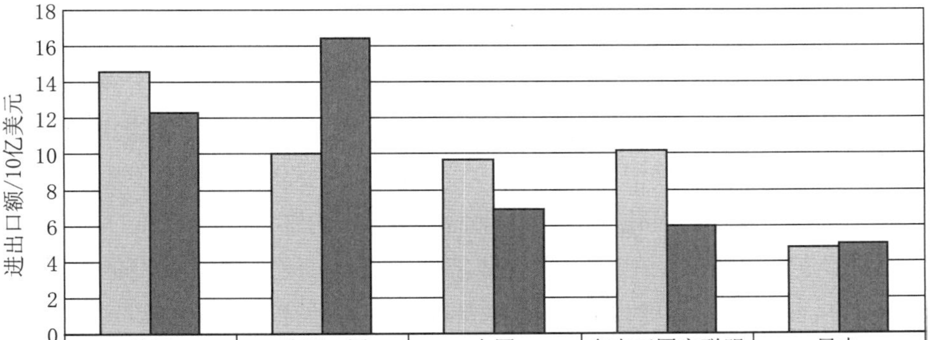

	美国	欧盟28国	中国	东南亚国家联盟	日本
出口	14.6	10.0	9.7	10.2	4.8
进口	12.3	16.4	6.9	6.0	5.0

图 7.11　2015 年新加坡运输服务贸易主要伙伴

资料来源：新加坡统计局，2016。

2. 主要发展措施

为了促进本国物流业的发展，新加坡政府不断出台扶持和创新政策，近期，其主要的促进措施如下。

(1) 促进智能物流

由于土地狭小，新加坡的交通拥堵和运输效率受到严重限制，为了促进物流业继续发展，提高运输系统的运营效率和管理水平，新加坡陆路运输管理局(LTA)目前正大力发展智能运输系统的基础设施建设。该计划涉及长达 164 公里的高速公路和隧道系统。与此配套，新加坡陆路运输管理局(LTA)还与新加坡智能交通协会(ITSS)共同发起了智能车辆 2030 计划(Smart Mobility 2030)，旨在联合政府与相关行业，为共同发展新加坡的可持续智能交通生态系统而努力。同时，新加坡政府还发起了自动化车辆计划(SAVI)，该计划由新加坡陆路运输管理局(LTA)和新加坡科技研究研究院(Agency for Science, Technology and Research, A * STAR)[1]合作施行，旨在通过研究和测试自动化车辆技术、应用和解决方案，为自动化车辆行业提供技术平

[1] A * STAR(Agency for Science, Technology and Research)是新加坡最大的研究所，类似于中国的中科院、德国的马普所，致力于发展领先的科学技术，并将其应用到实际中去。

台。该计划的一个重点领域是为自动化车辆的未来部署做技术储备和法规要求，部分示范线路已经被新加坡陆路运输管理局（LTA）和裕廊集团（JTC）认证和支持，并正在被部分感兴趣的机构进行测试。

（2）注重绿色物流

新加坡非常注重物流的环保问题。早在 2011 年，新加坡港口管理局（MPA）便承诺 5 年内投资 1 亿新币发起海运新加坡绿色计划（Maritime Singapore Green Initiative）。2016 年，又宣布延续该计划至 2019 年底。该计划包括 5 个分项目，分别如下。

① 绿色港口项目：旨在鼓励停靠新加坡的海运船只减少污染物排放。符合要求的海船若能在整个港口停泊期间（停泊时间不超过 5 天）利用规定类型的治理和清洁技术燃烧清洁燃料或者液化天然气的，将获得 25%的港口费用减免。

② 绿色船舶项目：旨在鼓励应用节能船舶设计、使用规定类型的清洁技术和液化天然气，从而减少船舶的燃料消耗和碳排放。凡是符合规定的新加坡旗船都将获得不超过 75%的初期注册费和不超过 50%的年吨位税减免。

③ 绿色技术项目（Green Technology Programme）：旨在鼓励本地海运企业发展和使用绿色技术。项目为采用绿色技术的申报项目提供最高 50%的经费匹配支持，每个申报并获批准的项目最多获得 200 万新币的资助。

④ 绿色意识项目（Green Awarness Programme）：旨在鼓励海运行业开发各种能够促进可持续性航运的途径。该项目将会举办各种常规论坛和会议，从而在行业间共享有关可持续航运的优秀经验。组织方会将各领域的相关人士聚集一起，以期就环保问题达成共识。

⑤ 绿色能源项目（Green Energy Programme）：该项目于 2016 年 7 月发起，旨在促进可转换或更清洁的海运燃料的使用。

（3）建设自由贸易区

由于新加坡的内需并不大，多数贸易以中转为主，因此建设自由贸易区成为发展新加坡经济和物流的重要手段。自 1969 年起开始设立第一个自由贸易区以来，新加坡的自贸区数量不断增加，截至 2016 年 9 月已拥有 10 个自由贸易区，分别由新加坡港务集团有限公司（PSA Corporation Ltd）、裕廊海港私人有限公司（Jurong Port Pte Ltd）和樟宜机场集团（Changi Airport Group (Singapore) Pte Ltd）管理。其中，新加坡港务集团有限公司管理着 7 个，它们分别为布拉尼货物集散站（Brani Terminal）、岌巴集散处（Keppel District Park）、巴西班让货物码头（Pasir Panjang Wharves）、巴西班让场站（Pasir Panjang Terminal）三巴旺码头（Sembawang Wharves）、丹绒巴葛货物集散站和岌巴货物集散站（Tanjong Pagar Terminal and Keppel Terminal）、岌巴链接桥(Keppel Distripark Linkbridge)。裕廊海港(Jurong Port)则由裕廊海港私人有限公司管理。另外两个自由贸易区则分布在机场附近,它们分别是新加坡机场物流园区(ALPS, Airport Logistics Park of Singapore)、樟宜机场航空货运中心(Changi Airport Cargo Terminal Complex)和樟宜机场。这两个自贸区则相应地由樟宜机场集团管理。

新加坡的自由贸易区并非依靠税务优惠来吸引外资进行加工制造的生产基地,而主要是提供一个免税区。新加坡自由贸易区政策规定,当货物首次进口到新加坡自贸区内时可以暂时免缴消费税(GST)。只有在产品进入海关区域,在新加坡国内市场销售时才会被征收消费税。这一规定对进口商可缓缴消费税,因为所有进口到新加坡的货物原本都需缴纳消费税。

新加坡自由贸易区对区内企业和货物均实行"一线放开,二线管住,区内自由"。一线放开就是区内进出货物一线完全放开,海关无检验;二线管住是指海关虽然依法对进出非自由贸易区的货物也检查和征收关税,但尽量做到减少或最低限度地开箱验货甚至不开箱验货;而所谓"区内自由",就是海关对自贸区内货物的储存、展览、分级、组装、挑选、分装、制造和再加工,任其自由流动、买卖并不干预;同时外币可自由兑换及出入。

三、冷链物流发展动态

《中华人民共和国国民经济和社会发展第十三个五年规划纲要》提出,要"加强物流基础设施建设,大力发展第三方物流和绿色物流、冷链物流、城乡配送"。目前,全球冷链物流业潜力巨大,但高收入地区和中低收入地区发展不均。本节着重介绍冷链物流的概念及特点,阐述世界冷链物流的发展现状,并选择 3 家具有代表性的冷链企业进行介绍。

(一) 冷链物流的概念及特点

冷链物流泛指冷藏冷冻类物品在生产、储存、运输、再加工以及销售的全过程中始终处于规定的低温环境下,以保证物品质量和性能的系统工程。它是以保持低温环境为核心要求的供应链系统,是随着科技进步以及制冷技术的快速发展而产生的,以冷冻工艺学为基础、以制冷技术为手段的低温物流过程。

冷链物流适合的商品一般可以分为三类:一类是初级农产品,包括蔬菜、水果、肉、禽、蛋、水产品、花卉等；二是加工后的食品，如速冻食品、禽、肉、水产等包装熟食，冰淇淋和奶制品等；三是特殊商品，如药品和疫苗等。

作为物流的重要组成部分，冷链物流除了具有一般物流的特点外，还具有自身特色，比如对冷藏技术和时间的严格要求，这是冷链物流与其他物流的主要区别。除此之外，冷链物流还具有以下特点：①建设投资大，技术复杂；②要求冷链各环节具有更高的组织协调性；③有效控制运作成本与冷链发展密切相关；④冷链物流市场经营规模小，网络分散。

此外，冷链物流的运作还需遵守诸多如下原则。

① 3T 原则：冷链物流中产品的最终品质由温度（temperature）、产品耐藏性（tolerance）和产品储藏与流通的时间（time）决定。一般情况下，易腐产品的品质随着温度的升高而趋向于不稳定，不同的产品的业务操作应根据产品的不同物理特性而有所不同。在温度不变的条件下，产品的质量变差与物流经历的时间有很大的相关性。所以，冷链物流必须对温度进行严格的控制，保证物品配送的及时性；

② 3M 原则：冷链物流要求管理部门采取科学的管理措施（management），保证冷链流程高效的运行；利用经济且行之有效的保鲜方法（(methods)）、保鲜工具与手段（means），使易腐产品的品质得到最大的保障；

③ 3C 原则：是产品加工和流通过程中的基本要求，即要保持产品在流通过程中清洁卫生（clean）、低温（cool）的环境，以及对产品进行爱护（care）；

④ 3P 原则：是对产品进入冷链物流早期的质量要求。在冷链物流前期，必须保证处理工艺（processing）符合操作流程要求，原料质量（produce）符合一定的质检标准，依据产品特性进行规范的包装（package）；

⑤ 3Q 原则：要求制定的设备质量（quality）标准统一，提供的设备的数量（quantity）协调，并具有快速（quick）的作业组织。冷链物流设备的质量标准的一致能够减少产品调度过程中的不流畅，提高设备的利用率。提供设备的数量协调则能满足整个物流过程的运营需要，保证产品能及时进入到冷链物流的每个环节。作业组织的快速性是指物流每个部门之间应快速地对作业内容做出反应，并做好相应的组织协调工作。

（二） 全球冷链物流发展现状

全球冷链物流总体发展稳定，其中欧美国家发展较为成熟，而发展中国家则有较大的成长空间，如中国、印度等国家近年来发展迅速。目前，美国企业在该市场中占据较大份额，领先全球冷链企业。

1. 全球冷链物流发展概况

（1）全球冷链物流潜力巨大

全球冷链物流近期表现出稳定增长的态势，并且增长潜力巨大。全球冷链联盟(GCCA)的数据显示，2016 年全球冷冻仓储的容量已达到 6 亿立方米，较 2014 年增长了 8.6%。考虑到新兴市场的巨大潜力，未来全球冷库的数量和容积增长将更为迅速。根据国际贸易局(International Trade Administration, ITA)2016 年发布的报告，全球易腐食品的冷链物流服务所创造的价值已达 2 500 亿美元。生物医药冷链物流总值已达 100 亿美元，预计至 2019 年将达到 130 亿美元。预期至 2019 年前，全球冷链市场将以年均 16%的增速增长。

从市场发展水平来看，全球冷链表现出高收入国家和中等、低收入国家分布不均衡的局面。根据全球冷链联盟(GCCA)的数据，2016 年，全球大约每个城市人口可以分享到 0.2 立方米冷库资源。在已发展较为成熟的市场，冷冻仓库主要为当地消费者服务，主要用于冷冻和冷藏实物的配送和零售，这些地区的人均冷库仓储容量可以达到 0.3～0.5 立方米。在那些发展水平更高的地区，冷库主要用于进出口贸易和国内消费者市场，人均冷库仓储容量甚至可以达到 0.6～1.0 立方米。

从冷库的区域分布来看，欧美国家发展较为成熟，但是增速不及一些发展中国家。其中，中国和印度的冷库空间的建设活动尤其频繁，两年间分别增长了 3 000 万立方米和 1 000 万立方米。而在一些之前鲜有冷库的地区，例如乌兹别克斯坦和土耳其，冷链市场也在逐渐发展起来。北美地区，自 2014 年以来美国、墨西哥和加拿大在冷冻仓储方面都有增加。2016 年北美总冷库容量已较 2014 年增加 600 万立方米，较 2014 年增长了 4.6%。不过，欧洲的库存则有所下降。除了土耳其和英国外，多数国家没有新建冷冻仓库。而英国冷库的新建主要来自零售商自身配送中心的需要，而非公共冷库。

（2）美国企业引领全球市场

目前，冷链仓储和物流企业，仍以欧美国家为主。其中，美国企业发展最为成熟、规模最大，遥遥领先于其他国家和地区的冷链物流企业。美国冷链物流市场的分工异常明确，各方参与者各司其职、环环相扣，运输方只负责提供运输卡车及司机，将货物运送到指定地点；仓储方只负责在确定的时间进行卡车卸货，将货品存放到指定温度的冷库中；维修公司只负责根据求救电话进行抢修；客户则需要负责联系以上各家公司，完成整个冷链链条的节点连接。2015 年美国冷藏干线运输行业总收入达到 61 亿美元，其中冷藏卡车运输服务占比在 2/3；行业排名第一位的 C.R.England 公司员工数达到 7 385 人，拥有自有牵引车 3 528 辆、拖车 5 923 辆，其营业收入 15.17 亿美元中有 65% 来自于冷链干线运输；排名第三位的马尔登运输公司（Marten Transport），拥有自有牵引车 2 740 辆、拖车 10 637 辆，营业收入 6.65 亿美元中接近 60%来自于冷藏干线运输（表7.10）。[1]

表 7.10　2015 年美国前五大冷藏干线运输公司规模

公司名	员工数	牵引车(自有)	牵引车(租入)	拖　车
CR England	7 385	3 528	427	5 923
KLLM		3 800		5 500
Marten	3 577	2 740		4 700
Prime Inc.	4 450	1 782	3 966	10 637
Stevens	2 835	1 945	830	3 782

资料来源：IBIS World，长江证券研究所。

除此之外，美国冷库仓储企业也在全球处于领先地位。据国际冷藏仓库协会（IARW）的统计，2016 年，全球规模最大的前 25 家冷藏仓储和物流企业中，很多都是美国公司。其中，美冷公司是规模最大的一家（Americold Logistics），2016 年拥有冷库达 2 809 万立方米，其他著名的美国本土冷藏公司还包括 Lineage 物流公司、Interstate 仓储公司、Cloverleaf 冷冻仓储公司、Burris 物流公司、Henningsen 冷藏公司、汉森物流公司和 Allied 冷藏公司等（表 7.11）。

表 7.11　2016 年全球冷藏仓储和物流公司前 25 排名

排名	公　司　名	所　在　地	冷库容量/立方米
1	美冷物流（Americold Logistics）	阿根廷、澳大利亚、加拿大、中国、新西兰、美国	28 091 186
2	Lineage 物流（Lineage Logistics）	美国	17 252 759
3	太古集团（Swire Group）	澳大利亚、中国、斯里兰卡、美国、越南	11 604 734
4	Preferred Freezer Services 公司	中国、美国、越南	9 214 105
5	AGRO Merchants 集团	奥地利、巴西、智利、爱尔兰、荷兰、西班牙、美国	6 203 005
6	日冷物流集团（Nichirei Logistics Group）	法国、日本、荷兰、波兰	4 451 673

[1] 资料来自长江证券研究所。

续表

排名	公 司 名	所 在 地	冷库容量/立方米
7	Kloosterboer 公司	加拿大、法国、荷兰、波兰、美国	4 264 000
8	VersaCold 物流服务公司(Versa Cold Logistics Services)	加拿大	3 262 201
9	Partner Logistics 公司	比利时、荷兰、英国	2 860 594
10	Interstate 仓储公司(Interstate Warehousing)	美国	2 838 122
11	Cloverleaf 冷冻仓储公司(Cloverleaf Cold Storage Co.)	美国	2 117 442
12	Burris 物流(Burris Logistics)	美国	1 764 974
13	Frialsa Frigorificos S.A. De C.V.	墨西哥	1 724 274
14	New Cold Cooperatief U.A.公司	法国、德国、荷兰、波兰、英国	1 566 999
15	Gruppo Marconi Logistica Integrata 公司	意大利	1 559 999
16	Henningsen 冷藏公司(Henningsen Cold Storage Co.)	美国	1 522 207
17	Congebec 物流公司(Congebec Logistics, Inc.)	加拿大	1 406 212
18	汉森物流(Hanson Logistics)	美国	1 240 801
19	Conestoga 冷库(Conestoga Cold Storage)	加拿大	1 119 265
20	牛津物流集团(Oxford Logistics Group)	澳大利亚	1 088 269
21	Montague Cold Storage Pty Ltd	澳大利亚	967 016
22	Bring Frigo 公司	芬兰、法国、荷兰、挪威、西班牙、瑞典	956 743
23	CCS 物流(CCS Logistics)	南非	864 641
24	Allied 冷藏公司(Allied Frozen Storage, Inc.)	美国	834 075
25	Trenton 冷藏公司(Trenton Cold Storage, Inc.)	加拿大	802 384

资料来源:国际冷藏仓库协会(IARW),2016 年。

2. 主要冷链物流企业介绍

(1) 马尔登运输公司(Marten Transport)

马尔登作为美国第三大冷藏干线运输公司,也是全球冷链物流公司中少有的上市公司之一,公司主要经营卡车运输业务,其中接近 60%的收入来自于冷藏干线运输业务,是美国冷藏干线运输行业中的标杆。其收入近年来一直保持稳中有升的态势。2016 年,公司净收入达到 3 350 万美元,较 2015 年增长 0.6%;排除燃油附加费因素,2016 年公司营运收入达到 6.18 亿美元,较 2015 年增长 4.3%。主要原因有:①美国整个冷藏干线运输行业处于成熟期,充分竞争的市场特征使得运输单价不能够像垄断企业那样抬得过高;②作为行业龙头,公司的下游客户通常为大型的连锁商超,如沃尔玛超市等,导致公司议价能力相对较弱;③优质的服务使得下游客户较为稳定,也保证了公司业绩持续平稳的上升(图 7.12)。

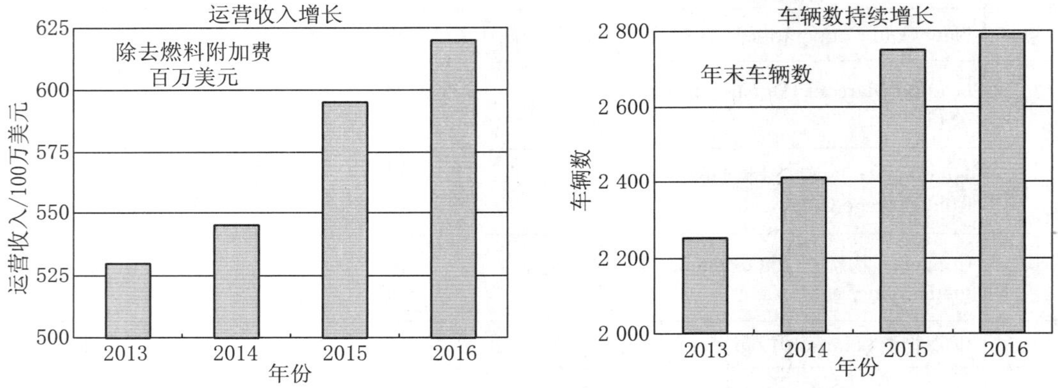

图 7.12 2013—2016 年马尔登运输公司的运营收入和车辆增长

资料来源:马尔登公司 2016 年年报。

马尔登运输公司历史悠久,在诸多运输企业赢利不利或亏损的情况下,仍能保持平稳增长,得益于其不断扩增营运中心、形成全国性干线运输网络的发展战略。公司于 1946 年在美国威斯康星州蒙多维市成立,成立初期主要经营牛奶及石油运输业务,并不断向外辐射运输范围;至 1976 年,公司收购 Hiawatha Produce out of Winona 公司,开始专门使用冷藏车进行易腐食品的长途运输,成为了真正意义上的冷藏干线运输公司;1986 年,马尔登在美国纳斯达克上市,并不断在美国其他州增设营运中心和中转站。2008 年,是马尔登运输公司自成立以来遭遇最困难的一年,迅速上涨的油价和不断减少的冷藏运输需求导致诸多同行亏损、停运甚至倒闭,但马尔登公司却仍保持了赢利,这主要归功于其确定在美国德克萨斯州、弗吉尼亚州增加货运中转站，并且在每个地区货运中心开发区域发展配送业务的决定。这些服务使公司和很多地区分销供应链网络客户结成了同盟。除此之外，公司在美国和墨西哥的原产地和分销地之间提供门对门的冷链运输服务也是赢利来源之一。近期，马尔登公司又开始转型，从原先专注于道路运输转向区域配送，先后在亚利桑那州、田纳西州、佛罗里达州、堪萨斯州、宾夕法尼亚州增加了货运中转站。截至 2016 年，公司在美国境内已拥有 15 个运营中心，基本完成了美国全国性的干线运输网络建设(图 7.13、图 7.14)。此外，公司还在积极发展新的电子标记技术(Electronic Logging Device，ELD)，试图通过新技术进一步提高运营效率、降低库存率、加强运输安全，从而增强竞争力。

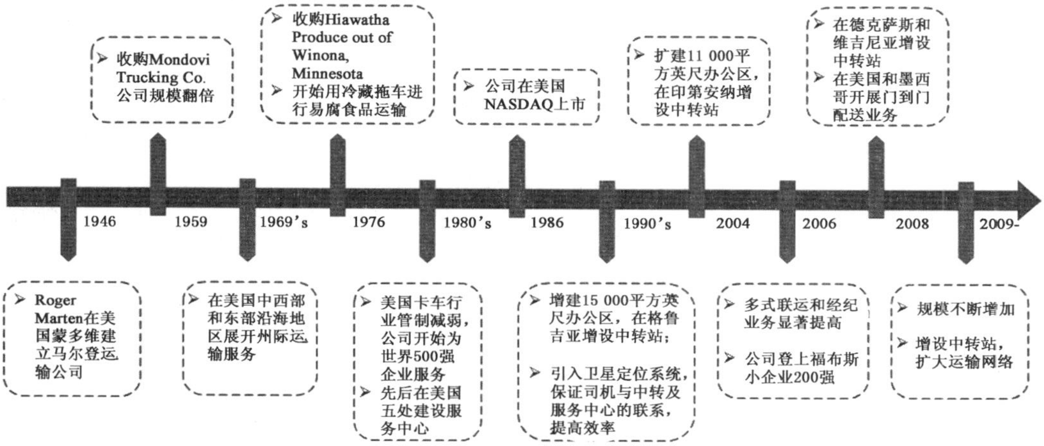

图 7.13　马尔登运输公司的历史沿革

资料来源：长江证券研究所。

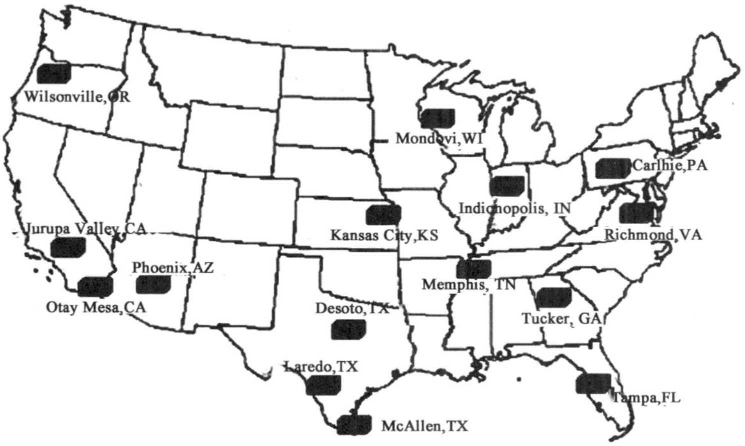

图 7.14　马尔登公司在美国的 15 个运营中心

资料来源：马尔登公司官网、长江证券研究所。

(2) 太古集团(Swire Group)

太古集团是一个规模巨大的商业集团。其主要业务大致可划分为地产、航空、农业企业及食物链、海洋服务,以及贸易及实业等五大类。太古的业务多元化,且遍及全球,但旗下核心业务大多设于亚太区,其中中国香港地区和内地一向为其主要运营地。在亚洲区内,大部分业务由香港主要上市公司太古股份有限公司持有。太古集团的母公司是以英国为基地的英国太古集团有限公司,持有太古股份有限公司48%股权。英国太古集团有限公司其他主要业务设于澳洲、巴布亚新几内亚、非洲、斯里兰卡、美国和英国。

冷藏业务是太古集团核心发展的业务之一,以仓储量计算,根据国际冷藏仓库协会(IARW)公布的数据,2016年,太古集团在全球各地拥有超过50座冷库,冷库总容量达到1 160万立方米,为全球第三大冷链物流运营商,它在澳大利亚、美国和越南都是行业领头企业,并正在向中国内地和斯里兰卡扩张。其主要的冷藏业务公司有5个,分别是美国冷藏公司(USCS)、太古冷藏(Swire Cold Storage Pty Ltd.)、太古亚太冷藏公司(Swire Pacific Cold Storage Limited)、太古冷库越南分公司(Swire Cold Storage Vietnam Limitd)和Finlays Colombo公司(Finlays Colomobo PLC)。其中,美国冷藏公司成立于1889年,自1982年起由太古集团全资拥有,是美国五大公共冷库之一,在全美12个州运营着34个仓储和配送中心,冷库总容量超过1.94亿立方英尺,核心服务区域是加利福尼亚州、特拉华州、佛罗里达州、俄亥俄州、印第安纳州、内布拉斯加州、北卡罗来纳州、宾夕法尼亚州、田纳西州、德克萨斯州、犹他州和弗吉尼亚州。客户包括美国及国际主要食品公司,包括家乐氏(Kellogg)、联合利华及卡夫。

太古冷藏成立于1917年,服务地区在澳大利亚,冷库空间可置放3万个托盘,主营业务包括自动速冻、分拣,冷藏和冷冻储存,订单直接换装,增值物流服务和进出口项目管理等。此外,太古冷藏还与歌诗达物流(Costa Logistics)合资建立了Polar Fresh公司,专门为澳洲东海岸地区客户提供供应链配送服务。

太古亚太冷藏公司主要服务于中国内地,已运营的5座冷库位于广州、上海、廊坊、宁波和南京。另有成都、厦门和武汉3座冷库正在建设中。其中,上海太古冷链物流(上海)有限公司作为在华的总部所在,是其他分部的联络中心,总占地面积43 000平方米,分7个库房共计50 000托板容量;廊坊冷库总占地面积40 000平方米,分7个库房共计50 000托板容量;宁波冷库共2期,总占地面积68 000平方米,仓库总容量约70 000托板;南京冷库总占地面积76 000平方米,总容量78 000托板;广东冷库是太古亚太冷藏(60&)与广东食品进出口集团公司(40%)于2008年合资成立,总占地面积60 000平方米。

太古冷库越南分公司成立于1998年，是越南最大的现代化冷藏仓库，于越南胡志明市设有2座冷链物流设施，共提供37 500个托板位，总容量为800万立方英尺，温控范围在25℃～－25℃，产品种类包括海产品、种子、纸制品、冰激凌、肉制品和乳制品。

Finlays Colombo公司创立于1750年，建立了多个大型茶园，目前于斯里兰卡运营一所容量约60 000立方米的冷藏库设施，公司业务综合茶叶种植、贸易及包装，是全球茶叶及咖啡萃取物及香精市场中排名前列的公司。

(3) 日冷物流(Nichiri Logistics)[1]

日冷物流集团是日本日冷集团旗下的子公司，正式成立于2005年4月1日。1942年，日冷集团的前身帝国水产统制株式会社成立，开始进行水产品销售及制冰、冷藏、冷冻业务；1949年公司在日本东京、大阪、名古屋证券交易所上市；1977年，日冷集团设立运输服务部门，即为现在的日冷物流的前身；1988年，日冷集团收购荷兰的冷藏公司，拓展欧洲市场；2004年，日冷集团与三菱商事共同出资，在中国设立上海鲜冷储运有限公司，进军中国市场；2005年日冷物流从日冷集团正式独立出来成为其第二大子公司，并且逐渐扩大企业规模和服务范围。

日冷物流公司的主要业务包括低温仓储、运输配送、配送中心、第三方物流及海外业务，保证了生鲜食品在运送过程中全程温控不断链。公司拥有76座冷库、143万吨库容，其冷库营业收入在公司总营收的占比为1/3。2015财年(截至2016年3月)日冷物流为日冷集团创造净收入1 849亿日元，占日冷集团总营业收入的33.3%(图7.15)，是其旗下规模第二大公司。2015年净收入较前一年增长3.67%，年营业利润率近几年一直保持在5%左右，没有很大的起伏(表7.12)。

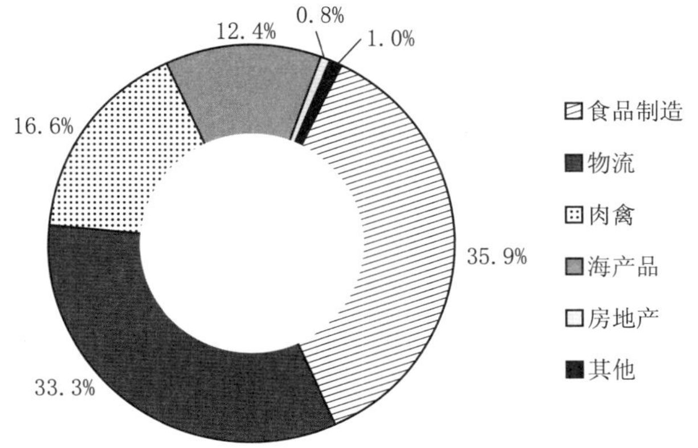

图7.15 日冷集团2016财年收入结构

资料来源：日冷集团官网、长江证券研究所，2016年。

[1] 本节资料主要来源于长江证券研究所和日冷集团官网。

表 7.12　日冷物流近几年的净收入额变化情况

项目	2012 财年		2013 财年		2014 财年		2015 财年	
	净收入/100 万日元	较前一年增长/%	净收入/100 万日元	较前一年增长/%	净收入/100 万日元	较前一年增长/%	净收入/100 万日元	较前一年增长/%
数值	156 350	4.55	168 361	7.68	178 322	5.92	184 869	3.67

资料来源：日冷集团官网。

日冷物流拓展和巩固业界冷库运营和物流商地位的重要措施主要有以下两点。

一是重视冷链基础设施的建设。目前，日冷物流已经在日本全国范围内建成并运营有九大区域冷库公司，从北端的北海道到南端的福冈地区，都有其子公司和配送中心分布，有的地区甚至有多个配送中心，布局十分密集紧凑。充足的冷藏、冷冻网络支撑使得公司业务遍布全国，公司拥有 4 500 余家下游客户，形成难以撼动的规模效应，冷库规模多年在日本排名第一。除了排在第二位的 K.R.S 公司规模与之差距较小外，其收入规模远超于其他冷链物流公司。

二是加快中国和欧洲海外布局。目前，日冷物流已在欧洲市场设有十余个冷库中心，拥有 50 万吨的冷库容量；在中国上海设有上海鲜冷储运有限公司，拥有 5 万吨的冷藏储藏能力，同时公司还计划在中国大连、武汉、重庆增设运营中心，拓展中国市场。2015 财年，日冷物流海外业务贡献营业收入 339 亿日元，占公司总营收的 18.3%，且近年来海外业务的营收能力也在逐步提升。

未来，日冷仍将持续大力投资冷链物流基础设施建设，公司在其“中期经营计划”（2016—2018 年）中，提出了三大任务，分别是“扩大物流网络业务的规模”“通过最大限度利用大都市圈的主要保管据点和地区运送功能以扩大收益”和“扩大以欧洲为中心的海外业务基础”，2016—2018 年 3 年间将增加 465 亿日元投资用以扩建冷库容量、建立新的转运中心，预计投资额远超过日冷集团旗下的加工食品资本投资额，日冷物流的冷库容量有望进一步扩展。

四、3D 打印在物流中的应用

3D 打印作为一种快速成型技术，在近几年得到快速发展。虽然是制造技术的革新，但其对物流行业却有着举足轻重的影响。本节将着重介绍 3D 打印的概念、关键技术及其对物流业的影响，探讨该技术在未来物流领域的应用前景，并介绍全球著名物流企业 UPS 在 3D 打印的物流应用方面的成功经验。

（一） 3D打印概念及其对物流业的影响

1. 3D打印的概念及其关键技术

3D打印即快速成型技术的一种，是一种以数字模型文件为基础，运用粉末状金属或塑料等可黏合材料，通过逐层打印的方式来构造物体的技术。该技术于20世纪90年代中期开始萌芽，常在模具制造、工业设计等领域用于制造模型，后逐渐用于一些产品的直接制造，已经有使用这种技术打印而成的零部件，在珠宝、鞋类、工业设计、建筑、工程施工、汽车、航空航天、牙科和医疗产业、教育、地理信息系统、土木工程、枪支以及其他领域都有所应用，被市场看好。3D打印技术主要包括立体光固化成型技术（stereo lithography apparatus，SLA）、熔融沉积成型技术（fused deposition modeling，FDM）、选择性激光烧结技术（selective laser sintering，SLS）、数字光处理技术（digital light processing，DLP）、分层实体制造技术（laminated object manufacturing，LOM）等。其中，前三者目前是主流技术，应用最为广泛。[1]

（1）立体光固化成型技术（SLA）

立体光固化成型技术是先用软件把3D的数字模型，“切”成若干个平面，这个平台周围有一个液体槽，液体槽内装满了可以固化物体的含有紫外线激光的液体，紫外线激光会根据走向先固化最底层的物体，然后平台下移，固化下一层，如此往复，直到最终成型，层层叠加构成一个三维实体。该工艺属于“液态树脂光固化成型”类。

该技术出现较早，成熟度高，普遍应用于航空、汽车、电器、消费品和医疗等行业，打印周期较短、工艺系统相对成熟，精度方面可以做到类似于0.025 mm的微米级别，打印物体表面质量也较好。但是缺点是SLA设备造价高，维护成本高，对工作环境的要求也十分苛刻，而且SLA成型材料有局限性，导致刚度、强度、耐热性有限，不能长时间存放。

（2）熔融沉积成型技术（FDM）

熔融沉积成型技术也被称为熔丝制造技术（fused filament fabrication）。该工艺属于“丝材挤出热熔成型”类。FDM技术发明于20世纪80年代，它通过挤压加热溶化，将材料按水平方向熔结在一起。

该技术具有以下优点：一是操作环境安全，可在办公室环境下进行，没有毒气和化学污染的危险；二是材料利用率高，且可选择多种材料，成本较低；三是无须激光器

[1] 黄蓉.技术哲学视野中的3D打印技术探析[D].武汉科技大学，2015年。

等贵重元器件，工艺简洁，不产生垃圾。缺点：一是成型后表面粗糙，需要后续抛光处理，不适合高精度的应用；二是因为材料本身的限制，尺寸不能太大；三是由于机械式的喷头设计，制作速度较慢；四是需要额外的材料来支撑悬臂件。

（3）选择性激光烧结技术（SLS）

选择性激光烧结技术也被称为选区激光烧结技术。属于“粉末/丝状材料高能束烧结或熔化成型”类，利用金属粉末、陶瓷粉末等在激光照射下烧结，由计算机控制，层层堆结成型。先铺一层粉末材料并刮平，将材料预热到接近熔化点，再使用高强度的二氧化碳激光器有选择性的在该层截面上扫描，使粉末温度升至熔化点，然后烧结形成黏结，接着不断重复铺粉、烧结的过程，直至完成整个模型成型。

SLS 的优点在于其可以使用几乎所有的粉末材料进行打印，选材广泛，成品比 SLA 技术结实得多，通常可用来制作结构功能件，并且 SLS 制成品具有与金属零件相似的机械性能，可以直接用于制造金属模型、模具，以及小批量零件生产，在打印完以后没有用过的粉末还能在下一次循环再利用。其缺点是：①粉末烧结的表面粗糙，需要工艺复杂的后期处理，且难度较大；②无法直接成型高性能的金属和陶瓷零件，成型大尺寸零件时容易发生翘曲变形；③准备工作繁琐，加工前要花费 2 个小时将粉末加热到熔点以下，零件构成后，要用 10 个小时冷却；④整体技术难度较大，制造和维护成本非常高，应用范围主要集中在高端制造领域，尚未有桌面级的 SLS 打印机开发出来；⑤在打印过程中需要对加工室不断充氮气以确保烧结过程的安全性，导致加工成本高，且有毒气体排出，污染环境。

2. 3D 打印的应用及其对物流企业的影响

3D 打印技术在许多企业已不是处于简单的研究阶段，而早已投入实际应用。其对传统物流企业正在产生革命性影响。根据安永 2016 年出具的一份调查报告显示，已经有相当部分企业已经或正在考虑使用 3D 打印技术。在其发起的调研范围内，24％的企业有过使用 3D 打印的经历，并有 12％的企业表示正在考虑采用这一技术。在这些已经使用了 3D 打印技术的企业中，部分只是刚开始体验 3D 打印技术，而有一部分已经将 3D 打印整合入部门运营中，另有一些公司已经拥有了清晰的 3D 打印技术战略及实施计划以增强企业竞争力。而从区域的分布来看，欧洲和亚洲企业对于 3D 打印技术的热情较高，例如德国的被调查企业中，有 37％的企业已经有过 3D 打印技术的使用经历，并有 12％的企业正在考虑应用；中国和韩国的调查对象中，有 24％已经使用了 3D 打印技术，另有 14％正在考虑应用。

3D 打印技术的迅速推广无疑给传统物流企业带来了机遇，更多的是挑战。其对制造业物流产生的主要影响如下。

（1）使制造过程更临近客户。增材制造使得高效、集中式生产离客户所在地更近，这使得运输需求缩减，并要求企业提供更为弹性和高质量的配送。企业可以在自有 3D 打印站或者相关服务供应方处生产零部件，企业很可能选择离客户更近的地点进行灵活打印生产，从而缩短配送时间和满足客户更灵活的要求。

（2）通过小批量集中式制造实现更少的运输量。目前，3D 打印制造的成本仍然较传统制造方法高。但是未来，随着供应链综合水平的提高，通过在 3D 打印站集中式小批量生产零部件，实现更灵活的运输模式，有可能通过更少的运输量减少物流和生产成本。这可能吸引不少企业改革传统制造方式和配送方式。

（3）电子化储存将减少物流处理量和实际库存。由于 3D 打印技术以电子化为基础，产品可以根据需求打印而成，这就减少了商品集中库存的需求。类似的，制造企业也不再需要存储磨具等工具。3D 打印有可能使制造商摆脱对实体库存的依赖，导致实体仓储需求的减弱。3D 打印的电子模型在任何地点都可以投入应用，实际仓储的地理位置的重要性将减弱。

（4）节省材料的同时减少物流环节。理论上讲，3D 打印技术的废材率是 0。由于是增材制造，只有所需制造的那部分零件的材料会被使用，造多少零件用多少料，而非传统制造那样大块料用于制造某个部件，剩下的就不能用了，因此 3D 打印浪费材料较少。而且 3D 打印制造完成后，用剩下的材料可以继续用于下一次生产。这就意味着制造所需材料将减少，从而进一步减少物流的仓储需求和运输需求。

由此可见，3D 打印技术的应用和推广，很大程度上可能会抑制传统物流的需求，无论是仓储还是运输量都可能发生萎缩，但是对物流的配送和灵活度则又提出了更高的要求。

（二） 3D 打印在物流领域的应用前景

3D 打印在物流领域有诸多应用的可能，以下例举其可应用的几个方面。

1. 零部件弹性仓储

普通零部件仓储往往将基地设立于世界各地，仓库的储存量往往超过实际需求的 20%，产生不必要的存储成本，并且降低了供应链的周转效率。3D 打印技术使得部件能够在需要的地点临时按需打印，并快速将这些部件送至客户手里，因此有望使库存的零部件存储量降低，甚至无须部件仓储。物流提供商可以协助企业创造一个密集的 3D 打印站网络来打印和配送所需要的零部件，而所需的打印文件可以被安全地存储于软件数据库内，亦可称之为“虚拟仓储”。目前已有企业开始尝试这种做法。

一款名为 Kazzata 的虚拟仓储软件已经开发出来，旨在提供线上市场的零部件，有效地建立废弃和稀有零部件 CAD 数据库。当客户需要某个零部件时，软件使用者可以简便地在软件中搜索相应零件，并将文件夹传输至最近的 3D 打印机上。

目前，已经有不少公司拥有了打印出来的零部件，例如梅赛德斯—奔驰每年都会用 3D 打印技术打印 10 万多套原型零件，近期已经开始利用 3D 打印技术为卡车制造汽车部件，并且正在接受 3D 打印部件订单，还计划利用选择性激光烧结打印技术生产 30 种不同的卡车部件。客户不再需要为原厂零部件配送而忍受漫长的等待，他们可以在就近的工厂得到部分零部件打印，从而节省时间。

2. 个性化部件直接制造

随着用户对于个性化需求的提高，3D 打印将优势凸显，并促使公司研发可组装、拼接的零部件，使得配送更快更灵活。一旦 3D 打印制造得到广泛应用，3D 打印点的布局将成为物流提供商与制造企业合作的重要供应链环节之一，每个打印点都是个微型加工厂。这些打印点可以被设置于区域性仓库或当地配送中心等，完工后进行自主贴牌等活动。其中，医疗保健行业是很有可能实现这一应用的行业，大型医院可以联合医疗公司和物流企业共同规划 3D 打印点，以实现医疗打印产品点到点的 3D 打印服务，而物流企业在打印点产品的快速、安全和准确配送方面起到关键作用。此外，3D 打印点还可以设置在流动的车辆上，从而减少配送时间。例如亚马逊正在准备申请有关适合于卡车使用的 3D 打印机专利，目的是实现在途生产，从而使得按需生产和配送变得更为有效便捷。

3. 生产延迟服务

优化 3D 打印的延迟战略可能会是另一种更高级的产品个性化形式，对于企业用户和个体用户来说都将产生巨大影响。贝恩咨询公司(Bain)的一项研究显示，在线购物者中，目前只有 10%的人会选择个性化产品，但是有 1/3 的被调查的在线购物者表示愿意在未来选择个性化产品。该研究还发现，使用过个性化产品的在线购物者较一般线上消费者对于商家的忠诚度高很多。为了提高个性化服务并减少前置时间(lead time)[1]，制造商们有必要与物流供应商合作提供延后的 3D 打印服务。通过根据最终需求延迟产品的最终组装，企业可以给予客户更多的个性化选择，使客户能够在设计、材质、形状、大小、包装和产品功能方面有更多更灵活的选择。当地配送中心可以储存快要完成的半成品和 3D 打印机，在产品配送至客户前完成各种定制化功能的配置。目前的个性化定制仅仅是在包装上增加留言，或是在智能手机上刻字，未

[1] 前置时间(lead time)是指从订购到供应商交货所间隔的时间。

来3D打印和物流将可能实现短时间内真正的只属于一个人的智能手机的组装和配送。这一概念已经为阿迪达斯公司所应用,公司已经开设了使用3D打印和自动化技术的快速成型工厂,用以根据需求在最近的地点生产定制款的鞋子。

4. 3D打印商店的出现

未来,3D打印商店也许会和如今的复印店一样稀松平常。3D打印商店将可能整合3D打印以及其他设计工具、扫描仪等,并提供各种材料的选择。此外,3D打印商店还可以用来为各个商家提供商品原型的展示,而无需商家自行购置3D打印设施。这些设施还可以为当地的艺术家、小型设计工作室等提供3D建模服务,还可以协助工匠们为客户提供定制化的产品。3D打印商店的工作人员将需要掌握3D打印相关技术,并为各行各业需要3D打印的客户和商家提供支持。而由于打印本身需要时间,3D打印商店也可以设置为客户提供配送的服务。目前,敦豪(DHL)公司已经在这方面迈出了第一步,其早于2013年就开始研究3D打印商店的可行性,为客户提供个性化产品的打印以及再生产,不过也遇到一些困难,他们发现不是所有的产品都适合于这种模式。在许多需要再生产和加工的产品中,只有10%实现了预期,而且成本远高于客户所期望的。尽管如此,3D打印商店的前景仍然非常诱人。

(三)案例:3D打印在UPS物流中的应用

UPS作为世界著名的物流公司,是涉足3D打印领域的先驱之一,并且在近几年,其3D打印业务逐渐扩张,并有计划延伸至美国以外的区域。本节将主要介绍UPS在3D打印的物流应用方面的尝试和经验,并探讨其对UPS原先物流仓储系统所带来的影响。

1. UPS在3D打印方面的物流应用

联合包裹(UPS)公司是较早试用3D打印技术的物流企业。2014年9月23日,UPS公司线下正式开展3D打印业务,在美国试运营6家提供3D打印业务的门店。有打印需求的客户可以直接到开展3D打印业务的门店提出3D打印申请,公司会提供让客户满意的打印文件;或者客户直接邮递打印文件到公司门店要求提供打印服务,公司将根据打印文件生产出客户需要的产品。相对于传统制造业产品生产的时间,3D产品生产打印的时间非常快。对于普通的3D打印产品来说,打印时间一般在2个小时左右;而复杂的3D打印产品,打印时间一般在24个小时左右。随后,该业务在美国境内逐渐铺开,已在100家门店中安置3D打印机了,先后与诸多CloudDDM(后改名为Fast Radius)、SAP、GoPro等企业开展了合作。

2015 年 5 月，UPS 宣布将在其位于肯塔基州 Louisville 的 UPS 全球中心引入一家名为 CloudDDM(后改名为 Fast Radius)的 3D 打印初创企业作为其制造设施。这座完全自动化的工厂可容纳 100 台 3D 打印机，可用于制造一次性零部件，或批量制造 1000 件同样的零部件。客户可以在他们的 PC、平板电脑、智能手机上运行一款名为 CloudDDM 的应用程序，并通过该软件来创建新的打印作业。然后，他们只需通过同样的软件上传一个或多个 STL 文件，选择零部件的材料、颜色、数量要求和生产优先度，输入自己的支付信息和地址，然后发送命令进行打印。由于 UPS 在物流方面的先天优势，任何提交到 CloudDDM 的订单，一般都能在 4 个小时之内完成，只需在下午 6 点之前提交，第二天即可送达。系统在接收订单时会自动预估可能的打印时间，以及检查是否有可用的 3D 打印机。然后，它会告知客户该 3D 打印产品第二天是否能够送达客户手中。CloudDDM 公司能够使用多种材料生产零部件，其中包括 ABS、聚碳酸酯(PC)、聚碳酸酯-ABS(PC-ABS)和 ULTEM 1010，并有多种颜色可供选择。[1]

2016 年，UPS 进一步与企业管理解决方案的软件公司 SAP 达成合作，并和 Fast Radius 公司继续合作，给更多的中小创业公司提供按需 3D 打印服务。SAP 的供应管理软件负责保持整个在线操作系统，而 Fast Radius 公司则更侧重于 3D 打印生产。著名运动相机制造商 GoPro 公司便是其服务对象之一。使用 Fast Radius 的 3D 打印机，配合 UPS 的物流服务，GoPro 公司第二天就能够拿到原型，公司创新速度大大加快。GoPro 公司高级产品设计师 Ryan Harrison 曾表示，此前，GoPro 公司想要尝试新设计的话，需要花上几个星期甚至几个月来制作一个手板。目前，UPS 正在努力将 3D 打印业务扩展到亚洲和欧洲。亚洲的 3D 打印点计划设在新加坡或日本，欧洲的运营中心有可能位于德国科隆。

2. 3D 打印对于 UPS 物流业务的影响

UPS 在 3D 打印方面的物流应用尝试就目前而言，取得了阶段性成功。该技术对 UPS 企业的影响主要体现在如下几点。[2]

一是仓储管理成本有所增加，在未使用 3D 打印业务之前，仓储管理成本仅包括储存、保管、人员工资福利以及配送加工等方面费用，而 3D 打印业务开展后，UPS 不再是一家单纯的快递公司，3D 打印订单的出现以及 3D 打印产品的生产使 UPS 公司也包含了生产制造的过程，在仓储方面将会增加人员的配置、仓库面积的扩大以及新设备的添加。

---

[1] 资料来源：http://maker8.com/article-3464-1.html.

[2] 董晓东，金玉然，李天柱.3D 打印技术对物流企业仓储的影响[J]，科技管理研究，2016(13)：106—110.

二是仓储的布局发生变化。由于个性化生产需要，UPS的3D打印业务需要在旗下多个门店分散生产，从而影响原先的传统仓储布局，仓库被分布在离3D打印网点较近的地区。同时，由于3D打印是按需生产商品，仓储的地点设置将更多考虑到原材料产地因素，而不局限于交通方便和经济发展较好的地方，按需生产、按订单配送能解决不同区域因仓储供给能力不同造成的产品剩余或缺货现象。

三是仓储运作流程和职能调整。仓储布局从集中式转为分散式，对于仓储运作流程的影响是一定的。UPS原先的快递包裹流程被融入了生产制造的运营模式，质量检验变成了重要环节。在包装和搬运过程中，仓储工作人员需要更加注意产品的质量，尽量避免损耗。并且，由于是按需生产，对原材料的需求无法准确预测，需要增加仓储的供给与需求平衡的调节职能。

四是库存种类增多。除了邮件包裹外，UPS的3D打印服务所需的各种材料也成为仓库货种，随着3D打印材料的愈发广泛(已从原先的集中发展到100多种)，所采购的材料种类也越多。

随着UPS在3D打印方面的业务推进，不少物流企业也在跃跃欲试，例如物流巨头TNT也计划将3D打印整合进其供应链中。未来，3D对于物流行业的影响将越来越大，颠覆传统物流行业或将成为现实。

参考文献

[1] 安永公司(EY). EY's Global 3D printing Report 2016[R]. 2016.
[2] 毕马威(KPMG). KPMG Transport Tracker-Global transport Market trends and views[R]. 2016.
[3] 敦豪公司(DHL). 3D Printing and the Future of Supply Chains[R]. 2016.
[4] 敦豪公司(DHL). Logistics Trend Radar[R]. 2016.
[5] 美国商务部国际贸易管理局(ITA). 2016 Top Markets Report—Cold Supply Chain[R]. 2016.
[6] 普华永道(PWC). Transportation invests for a new future[R]. 2016.
[7] 世界银行(World Bank). Connecting to Compete 2016-Trade Logistics in the Global Economy[R]. 2016.
[8] 新加坡贸易和工业部(MTI). Economic Survey of Singapore[R]. 2017.
[9] 新加坡统计局. Yearbook of Statistics Singapore[R]. 2016.

本章撰写：汪逸丰

第八章　世界外国直接投资发展动态

2015—2016 年,世界经济增长形势依然不容乐观,复苏进程缓慢艰难。与世界经济低迷形成鲜明对比的是,全球外国直接投资(foreign direct investment, FDI)在 2015 年出现强劲反弹,特别是跨境并购(cross-border M&A)在其中起了推波助澜的作用。但 2015 年全球宣布的绿地投资(Greenfield)却停滞不前,因而全球外国直接投资的反弹未能有效转化为生产能力的扩张,贸易投资发展的互动性有所减弱,增长趋势无法维持。2016 年,在全球经济脆弱、市场需求疲软,以及英国退出欧盟、特朗普当选美国总统等"黑天鹅"事件的作用下,全球外国直接投资又再次出现下滑。由持续波动带来的不确定性将对全球价值链和贸易带来消极影响。对此,联合国贸易和发展会议(United Nations Conference on Trade and Development, UNCTAD)建议各国政府应支持全球化并避免对拥有国际业务的企业实施新限制措施。

一、世界外国直接投资总体发展态势

(一) 世界外国直接投资强劲复苏

UNCTAD 发布的《2016 世界投资报告》数据显示,2015 年全球外国直接投资的流量达 1.762 万亿美元,比 2014 年跃升了 38%,是自 2008—2009 年全球经济和金融危机以来的最高值(图 8.1)。造成这一反弹的主因是跨境并购交易金额从 2014 年的 4 320 亿美元骤增至 7 210 亿美元。这些收购部分归因于公司的重新布局,包括税负倒置。若不计入这种大规模的公司重新布局情况,全球外国直接投资流量的增幅则较小,约为 15%。此外,宣布的绿地投资金为 7 660 亿美元,较 2014 年增长了 8%。

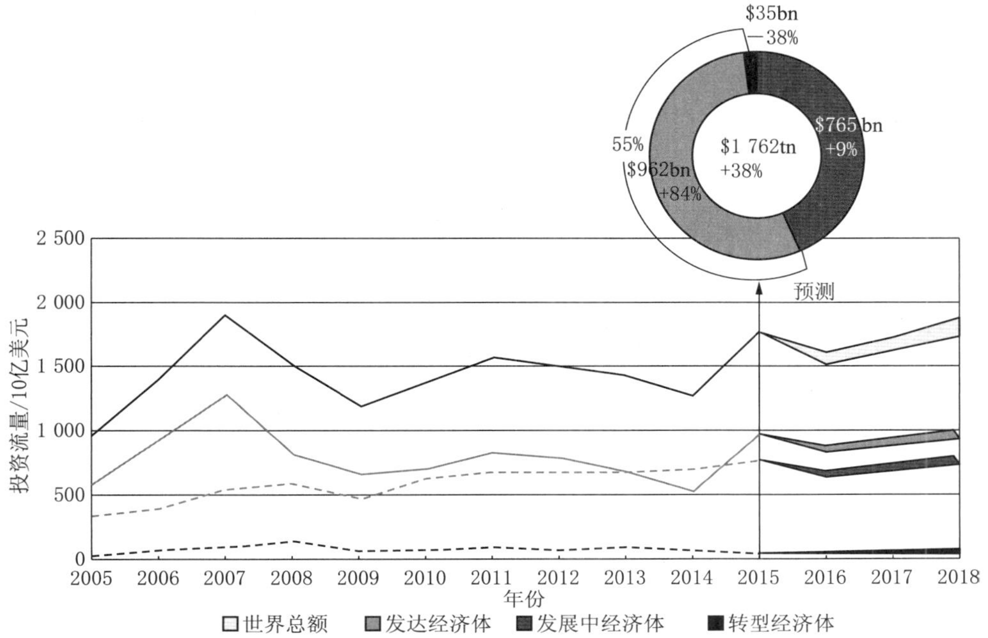

图 8.1　2005—2015 年全球外国直接投资流量变化及 2016—2018 年预估趋势

资料来源：UNCTAD, *World Investment Report 2016*.

2017 年 2 月，UNCTAD 发布的最新一期《全球投资趋势检测》报告显示，2016 年全球外国直接投资流量估计为 1.52 万亿美元，相比 2015 年下降 13%。高位反弹之后的再次下降表明全球经济增长疲软和世界贸易量增长乏力依旧。

（二） 全球区域投资差异较大

2015 年，虽然全球外国直接投资流量增加，但不同经济体、国家和区域之间的差异很大(表 8.1)。

表 8.1　2013—2015 年按区域分列的外国直接投资流量

区　域	外国直接投资内流/10 亿美元			外国直接投资外流/10 亿美元		
	2013 年	2014 年	2015 年	2013 年	2014 年	2015 年
全世界	**1 427**	**1 277**	**1 762**	**1 311**	**1 318**	**1 474**
发达经济体	680	522	962	826	801	1 065
欧洲	323	306	504	320	311	576
北美洲	283	165	429	363	372	367

续表

区　　域	外国直接投资内流/10 亿美元			外国直接投资外流/10 亿美元		
	2013 年	2014 年	2015 年	2013 年	2014 年	2015 年
发展中经济体	662	698	765	409	446	378
非洲	52	58	54	16	15	11
亚洲	431	468	541	359	398	332
东亚和东南亚	350	383	448	312	365	293
南亚	36	41	50	2	12	8
西亚	46	43	42	45	20	31
拉丁美洲和加勒比	176	170	168	32	31	33
大西洋	3	2	2	2	1	2
转型期经济体	85	56	35	76	72	31
结构薄弱、脆弱和小型经济体	**52**	**55**	**56**	**14**	**14**	**8**
最不发达国家	21	26	35	8	5	3
内陆发展中国家	30	30	24	4	7	4
小岛屿发展中国家	6	7	5	3	2	1
备忘录：占全世界外国直接投资流量的百分比/%						
发达经济体	47.7	40.9	54.6	63.0	60.7	72.3
欧洲	22.7	24.0	28.6	24.4	23.6	39.1
北美洲	19.8	12.9	24.3	27.7	28.2	24.9
发展中经济体	46.4	54.7	43.4	31.2	33.8	25.6
非洲	3.7	4.6	3.1	1.2	1.2	0.8
亚洲	30.2	36.6	30.7	27.4	30.2	22.5
东亚和东南亚	24.5	30.0	25.4	23.8	27.7	19.9
南亚	2.5	3.2	2.9	0.2	0.9	0.5
西亚	3.2	3.4	2.4	3.4	1.5	2.1
拉丁美洲和加勒比	12.3	13.3	9.5	2.5	2.4	2.2
大洋洲	0.2	0.2	0.1	0.2	0.1	0.1
转型期经济体	5.9	4.4	2.0	5.8	5.5	2.1
结构薄弱、脆弱和小型经济体	**3.6**	**4.3**	**3.2**	**1.1**	**1.1**	**0.5**
最不发达国家	1.5	2.1	2.0	0.6	0.4	0.2
内陆发展中国家	2.1	2.3	1.4	0.3	0.5	0.2
小岛屿发展中国家	0.4	0.6	0.3	0.2	0.1	0.1

资料来源：UNCTAD, *World Investment Report 2016*.

1. 发达经济体外国直接投资流入流出都出现反弹

2015 年，流入发达经济体的外国直接投资几乎是 2014 年的两倍，为 9 620 亿美元。发达经济体外国直接投资占全球的比例从 2014 年的 41%升至 55%。其中，流入量最高的是欧洲，为 5 040 亿美元。流入美国的外国直接投资几乎翻了两番，但对照的起点是历史低水平的 2014 年数据。

流出发达经济体的外国直接投资也暴增了 33%，达 1.1 万亿美元。尽管如此，流出发达经济体的外国直接投资仍然比其 2007 年的峰值低了 40%。流出量达 5 760 亿美元的欧洲成为世界上对外投资最多的地区。北美多国企业的对外投资金额与 2014 年的水平相接近。

2. 发展中经济体外国直接投资流入创新高、流出则下降

2015 年，流入发展中经济体的外国直接投资也创下了 7 650 亿美元的地区新高，其中流入亚洲发展中经济体超过 5 000 亿美元。因此，亚洲仍然是世界上接受外国直接投资最多的地区。在接受外国直接投资最多的前 10 个国家和地区中，发展中经济体和发达经济体各居一半(图 8.2)。

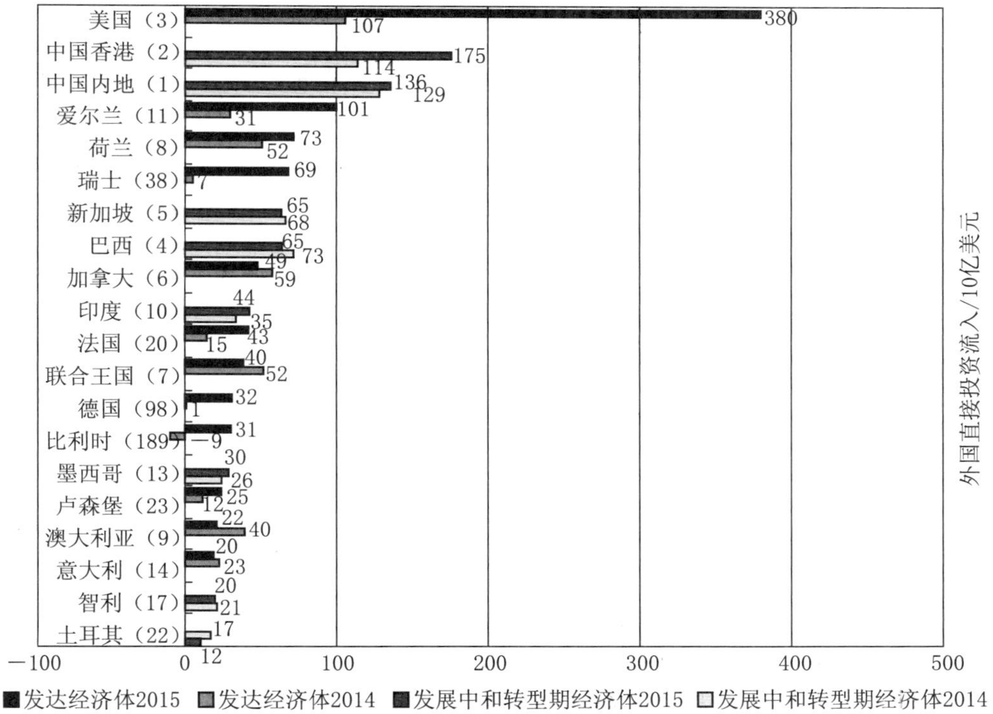

图 8.2　2014—2015 年流入外国直接投资最多的前 20 个国家和地区

资料来源：UNCTAD, *World Investment Report 2016*.

然而，发展中经济体的外国直接投资流出量却大多呈下降态势。原因很多，其中包括初级商品价格下跌和本国货币贬值，还有地缘政治风险；但中国为例外，中国的外国直接投资流出量在 2015 年的高位仍有小幅增加，从 1 230 亿美元增至 1 280 亿美元，在 UNCTAD 的排序中保持了世界第三的地位。

3. 其他经济体外国直接投资陷入低潮

2015 年，流向转型期经济体的外国直接投资下降了 38%，为 350 亿美元。转型期经济体跨国公司流入境外的外国直接投资也减少过半。

流向非洲的外国直接投资在 2015 年跌至 540 亿美元，比 2014 年减少 7%。流出非洲的外国直接投资跌至 113 亿美元，减少了 25%。

流向拉丁美洲和加勒比（加勒比离岸金融中心除外）的外国直接投资依然没有起色，为 1 680 亿美元，基本与上一年持平。流出该区域的外国直接投资为 330 亿美元，微增 5%。

（三） 世界主要经济集团内部投资显著

当前全球化趋势使得现有或谈判中的大型经济集团或合作倡议在全球外国直接投资中占据了重要地位。其中，20 国集团（G20）、跨大西洋贸易和投资伙伴关系（TTIP）、亚太经济合作组织（APEC）、跨太平洋伙伴关系（TPP）、区域全面经济伙伴关系（RCEP）和金砖国家（BRICS）占全球外国直接投资的很大一部分（表 8.2）。集团内部投资显著，其中约 30%～63%的流量来自集团内部。虽然，这些互有重叠的伙伴关系对外国直接投资格局造成的实际影响各异，大多数多国企业的高管预计大型经济集团的出现在今后几年会影响其公司的投资决定。

表 8.2　2014—2015 年全球主要大型集团外国直接投资流入

大型集团	外国直接投资流入（2014 年）/10 亿美元	所占世界流入份额/%	外国直接投资流入（2015 年）/10 亿美元	所占流入份额/%	流入存量/10 亿美元
G20	652	51	926	53	14 393
TTIP	399	31	819	46	13 361
APEC	669	52	953	54	12 799
TPP	353	28	593	34	9 037
RCEP	341	27	330	19	4 156
BRICS	271	21	256	15	2 373

资料来源：UNCTAD, *World Investment Report 2016*.

2015年，G20贡献了超过全球3/4的国内生产总值(GDP)，吸引了全球一半的外国直接投资。G20的大多数成员国外国直接投资在2015年均有所增长，总额增长更是达到了42%，为9 260亿美元。流入G20的投资有2/3来自于美国、中国和巴西3个国家。G20拥有超过95%的"财富"全球500强企业。内部投资是G20外国直接投资的重要来源，占2010—2014年平均年流入量的42% 。2015年，集团内部并购增长了187%，从2014年的920亿美元增加到了2 650亿美元，促进了集团内部投资和企业合作。

谈判中的TTIP已取得多项成果，如交换关税减让出价、就环保和劳工保护达成一致意见等，但仍面临敏感议题上的多个分歧。2015年TTIP谈判国的外国直接投资流量占到全球的46%。由于美国和部分欧盟成员国(比利时、法国、德国、爱尔兰和荷兰)内流量增长显著，该集团的外国直接投资流量增长了106%，达8 190亿美元。TTIP内部的外国直接投资流量在2010—2014年占整个集团内流量的63%，是迄今为止大型经济集团中的最大比例。TTIP的跨境并购交易在2015年为3 310亿美元，占世界总量的46%。

APEC是全球外国直接投资流入量最大的组织，吸引了全球54%的外国直接投资，达到9 530亿美元。这些投资的去向非常集中，几乎80%流入了美国、中国内地和香港地区及新加坡。APEC内部的投资也十分显著，占到了2010—2014年总额的47%。总部设在APEC成员国的跨国公司一直在组织内积极投资。

在2017年初美国总统特朗普宣布美国正式退出TPP之后，基本宣告了这一协议的流产。尽管如此，TPP在全球外国直接投资流入中占到了34%的大份额。TPP在2010—2014年的平均内部投资占到总流入量的36%。2015年，TPP内部跨境并购交易仅增长7%，为1130亿美元。

RCEP也是一项正在谈判中的区域自由贸易协定，由东盟10国发起，邀请中国、日本、韩国、澳大利亚、新西兰、印度共同参加。虽然，2015年流向RCEP的外国直接投资流量下降了3%，为3 300亿美元，但RCEP的内部投资却十分活跃，约占外国直接投资流量的30%，并且预计将是其未来外国直接投的主要来源。2015年，RCEP内部的跨境并购交易为180亿美元，占集团跨境并购交易总额的43%。RCEP内部的重大并购交易也有助于实现大型合作伙伴关系中的企业活动互联。

2015年，流向金砖国家的外国直接投资流量下降了6%，为2 560亿美元。金砖国家的外国直接投资高度集中，仅中国就超过了集团2015年总量的50%。与其他大型经济集团不同，金砖国家对彼此的投资并不活跃，2010—2014年金砖国家内部投资仅占集团内部流量的1%，而且集团内部跨境并购交易也很少，2014—2015年平均为20亿美元。然而，金砖国家是其他发展中经济体日益增长的投资来源，并有助于加强南南合作。例如中国、印度和南非就拥有在亚洲及非洲的巨大投资。

（四） 行业投资出现新特点

UNCTAD 最近的外国直接投资行业统计显示，服务业占全球外国直接投资存量的 64%，制造业占 27%，初级行业占 7%。服务业依旧是投资的重点，而其他行业也展现出了新的特点。

1. 制造业跨境并购投资增强

2015 年，全球制造业跨境并购交易金额创下 2007 年以来的新高，为 3 880 亿美元（图 8.3），超过跨境并购交易总量 50%，相较 2012 年的 41%和 2009 年的 28%有了大幅提升。其中，制药行业的跨境并购增长尤为明显，增加了 610 亿美元；其次是非金属矿产行业，增加 260 亿美元；然后是家具行业，增加了 210 亿美元；最后是化学化工行业，增加了 160 亿美元。在发达和发展中经济体中，制造业跨境并购的子行业分布也存在差异。发达经济体的跨境并购增加值主要在制药、化学化工、非金属矿产和机械设备行业，也包括诸如橡胶和塑料制品、基本金属和金属制品以及汽车和其他运输设备等行业。相比之下，发展中经济体的增长则由个别行业的大规模收购所驱动，如家具、食品饮料和非金属矿产行业。此外，在制药、机械设备行业，发展中经济体还存在大规模的资产剥离，如印度太阳制药（Sun Pharma）的股份在 2015 年 4 月被日本三共株式会社（Daiichi Sankyo）大量抛售。

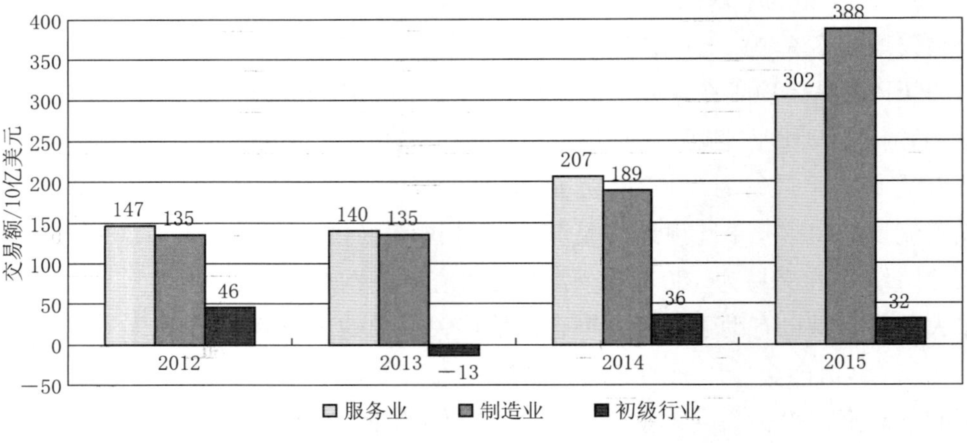

图 8.3 2012—2015 年全球跨境并购交易金额行业分布

资料来源：UNCTAD, *World Investment Report 2016*.

2. 采矿行业受商品价格下降影响

采矿行业外国直接投资流入因商品价格崩溃导致大幅减少。其中，金属矿物资源的价格指数从 2012 年底以来持续下降,油价也自 2014 年中一路下滑(图 8.4)。在石油和天然气行业,商品价格的急剧下降影响了企业的赢利能力。例如英国石油公司(BP)2015 年年报的净亏损达到 65 亿美元,是近 30 年来亏损的最大值。又如雪佛龙和埃克森美孚等主要石油公司在 2015 年大量裁员并削减了运营支出和资本支出,预期在 2017 年和 2018 年将进一步减少支出。此外,较低的价格阻碍了采矿行业的资本支出,从而减少了对该行业的国际投资。

然而,商品价格下降反而使得投入成本也下降,间接地促进了其他行业的生产投入。实际上,全球几个较大的进口国家和地区,正通过较低的商品价格来刺激经济增长,包括中国、欧盟、印度和日本。UNCTAD 预计 2015 年油价的下跌预计将增加 0.3%~0.5%的全球 GDP。

图 8.4　2000 年 1 月—2016 年 3 月全球商品价格指数

说明:* 布伦特、迪拜和德克萨斯州的简单平均值。
资料来源:UNCTAD, *World Investment Report 2016*.

3. 初级行业投资紧跟可持续发展目标

2015 年 9 月,在纽约举行的联合国首脑会议通过了 2015 年后发展议程,将对全球资源的利用有重大影响,包括公共基础设施和私人投资领域。UNCTAD 估计到 2030 年发展中国家若要独立实现可持续发展目标,每年则需投资 3.3 万~4.5 万亿美元或在目前投资基础上至少增加 2.5 万亿美元。这些投资将用于电力、电信、运输、水务和卫生等基本的基础设施建设,以及涉及具体目标如粮食安全、气候变化缓解、健康和教育等相关的基础设施建设。

这一目标所需要的资源不仅需要政府的投入,还需要私人投资的进入。目前,诸如教育和卫生领域的社会基础设施吸引的外国直接投资不多,即使在能源、电信、运输和水务等行业，外国直接投资在发展中国家的存量也一直很少。然而，跨国公司参与发展中国家基础设施的潜在投资能力被低估了，这些投资大部分是通过非股权模式发生的，如建设—拥有—经营(BOO)模式或其他的政府特许形式。此外，宣布的绿地项目表明基础设施外国直接投资正在上升。然而，现有的投资仍然只能满足可持续发展目标所需资源的很小一部分。

可持续发展目标达成一致后，虽然投资政策还没有完全到位，但一些跨国公司已经开始通过绿地项目增加在初级行业的投资，国际社会也正在努力建立监测机制，对目标的实现进行测量和控制。

（五） 通过离岸金融中心的投资流动依然可观

离岸金融中心能够为企业或投资者提供较高自由度、较低税率的国际金融市场，有利于跨境金融活动和双边投资。2015 年，流向离岸金融中心的投资有所减少，但数额依然很高。与 2014 年相比，流经特殊目的实体的季度投资额急升，达到 2012—2013 年的水平。2015 年，流向离岸金融中心的投资据估计从其 2013 年的异常峰值 1 320 亿美元锐减至 720 亿美元。其中，位于发展中和转型期经济体的多国企业的流出增加，而且有些投资属于返程和中转的外国直接投资。

资金流经离岸金融中心的现象持续不已，以及产生收入的地方与生产性投资的地方脱钩，可能会造成财政损失。这些情况突出表明，迫切需要加强全球层面税务政策与投资政策之间的一致性。国际投资和税务这两方面的政策制度都各自在进行改革。更好地管理两者之间的互动有助于两者取得一致和相互支持。UNCTAD 已经在 2015 年发布的《世界投资报告》中提出一组使国际税务和投资政策保持一致的准则。

（六） 各国投资政策仍注重于投资自由化和私有化

根据 UNCTAD 的数据显示，2015 年有 46 个国家和经济体采取了至少 96 项影响到外国投资的政策措施。其中，71 项与投资的自由化和促进有关，13 项引入了限制或监管投资的新条例，其余 12 项措施属于中性。有关投资自由化和促进方面的内容占政策的 85%，高于 2010—2014 年的平均水平(图 8.5)。所有政策措施中将近一半是由亚洲发展中经济体提出的。欧洲、非洲和转型经济国家也提出了许多政策措施。非洲、亚洲和北美洲在自由化和促进方面最为活跃。一些大洋洲国家、拉丁美洲和加勒比地区国家则更严格，主要是因为这些地区更关注对土地和自然资源的外国所有权。

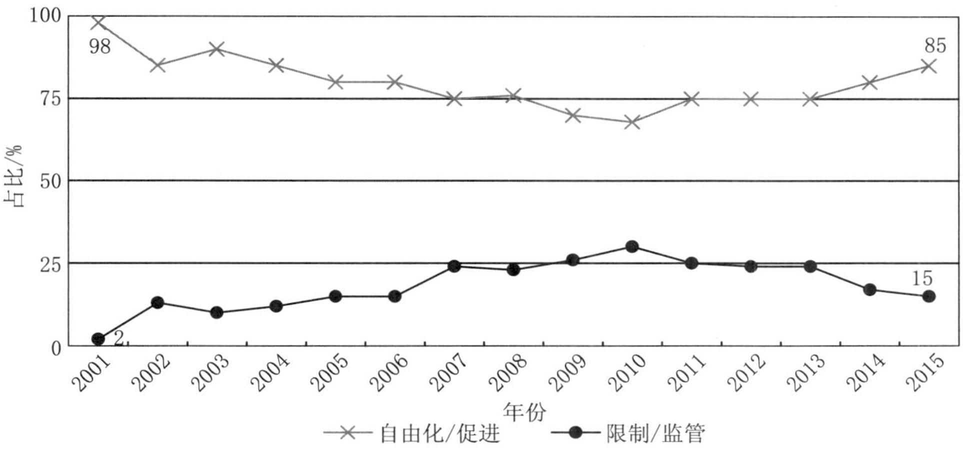

图 8.5　2001—2015 年国家投资政策改变情况

资料来源:UNCTAD, *World Investment Report 2016*.

在 2015 年的国家投资政策中,有 47 项政策涉及私有经济部门中的部分或全部投资自由化。亚洲最大的 2 个新兴经济体中国和印度积极向国外投资者开放各种行业。例如,中国允许外国公司设定银行卡清算公司和在房地产市场外国投资的放松限制,也允许电子商务的全部所有权和指定北京开放一定服务部门的试点计划,还修改了《外商投资产业指导意见目录》,其中规定了超过 400 个行业部门的外国投资选项("鼓励""限制"或"禁止")。与之前相比,新目录减少了投资限制的数量,特别是在制造业。印度承认多种自由化措施,如将保险部门和养老基金中的外国直接投资上限从 26%增加到 49%,允许医疗设备制造业自动化领域的外国直接投资占到 100%等。其他国家也采取了一些值得注意的措施:巴西完全开放在医疗保健行业的外国投资;马尔代夫在国内首次批准了允许外国土地所有权的新法律;缅甸通过了一项有利于外国投资环境的新采矿法案;菲律宾取消了贷款公司、投资公司和融资公司的外资所有权限制;越南允许外国投资者购买机场管理和提供部分地面服务的权利。

二、主要国家外国直接投资发展动态

(一) 亚洲

2015 年,亚洲仍是世界上接受外国直接投资最多的地区。这一增长主要归因于东南亚几大经济体的外国直接投资流入增加。亚洲的外国直接投资外流却有所下降，不过中国的对外投资反而在逐渐扩大，在亚洲保持领先。

1. 中国已成为一些发达国家最大的投资国之一

据 UNCTAD 统计数据显示，2015 年中国对外投资为 1 280 亿美元（中国国家统计局数据为 1 456.7 亿美元），增长约 4%（中国国家统计局数据为增长 18.3%），仍然是全球第三大投资国家，仅次于美国和日本。中国的跨国公司已经开始成为投资发达经济体的领先者。其中，一些大型跨境并购交易包括：海尔集团以 54 亿美元收购美国通用电气公司（GE）家电业务；万达集团在 2012 年收购的美国第二大影院运营商 AMC 以 11 亿美元收购了美国连锁影院 Carmike Cinemas 公司；中国化工在 2015 年下半年以 70 亿欧元收购了意大利轮胎制造商陪耐力公司（Pirelli. MI），并且在 2017 年 7 月正式完成对瑞士先正达公司（Syngenta）的收购，收购金额为 430 亿美元；2016 年，中远船务公司以 3.685 亿欧元收购了希腊最大港口比雷埃夫斯港口管理局 67%的股权。

此外，2015 年中国外国直接投资流入量为 1 360 亿美元（中国国家统计局数据为 1 262.7 亿美元）同比上升了 6%（中国国家统计局数据为增长 6.4%）。外资内流继续向服务业转移，占据了全部外国直接投资 61%的新纪录。而制造业的投资则停滞不前，导致其份额下降至 31%。国内特别是沿海地区的工资和生产成本上升，使得制造业的重要地位逐渐下降，劳动密集型生产已无法持续。然而，中国企业通过价值链的上移来扩大市场份额。例如，2015 年中国智能手机产量的 4/5 为国内品牌所占据。同时，国外的跨国公司也在中国寻求进一步投资，例如汽车行业跨国公司继续大举投资人口稠密的内陆地区，使中国成为其全球战略中心。

2. 印度绿地投资正在崛起

据 fDi Markets 估计，2015 年，印度成为亚太地区宣布的绿地项目流入最多的国家，项目数量相比 2014 年增加 8%，达 697 个，共计有 630 亿美元的资本投入，略高于中国的 566 亿美元（图 8.6）。其中，中国台湾富士康集团和美国太阳爱迪生公司（SunEdison）已在印度投资价值分别为 50 亿美元和 40 亿美元的项目。印度的绿地投资快速增长表明：一方面，发展中经济体正设法加速吸引外国直接投资来帮助提高本国的就业和 GDP，另一方面，外国直接投资也被其快速增长的经济所吸引。外国直接投资为印度带来的就业机会大量增加，从 2013 年的 11.6 万个新工作增至 2015 年的 22.5 万个，这也是全球 2015 年外国直接投资就业数量最高的纪录。印度正成为可再生能源项目的重要目的地，2015 年印度在该领域宣布的投资金额高达 118 亿美元，主要得益于政府吸引投资的多项政策支持，包括激励机制，基础设施建设等。

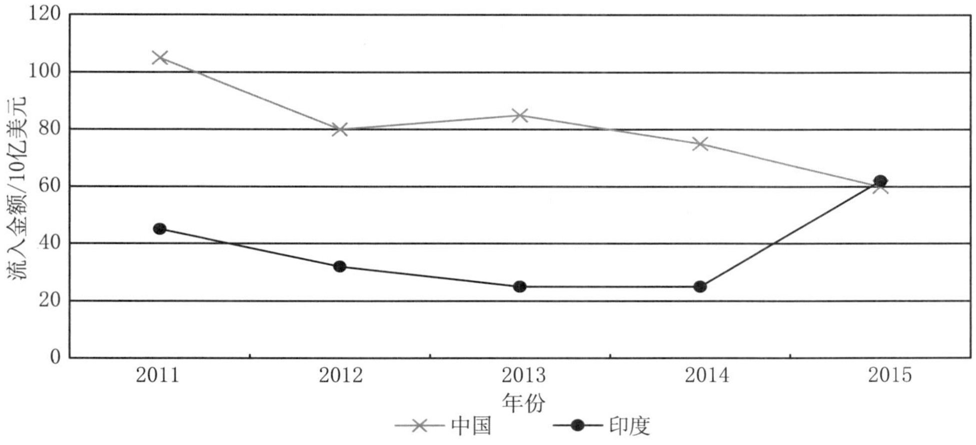

图 8.6　2011—2015 年中国和印度绿地投资流入金额比较

资料来源：fDi Markets 估计。

3. 日本对东盟的投资正在扩张

2015 年，日本外国直接投资流出量达到 1 290 亿美元，连续第 5 年超过 1 000 亿美元。日本对外投资的目的地有 2/3 是发达经济体，按地域划分北美洲占 35%、欧洲 25%、亚洲 24%。近年来，日本企业对中国的投资不断减少，而对东南亚的投资正在加速。根据日本央行数据，截至 2015 年年底，日本对东盟国家的投资额较 5 年前的数据翻了近 3 倍之多，约 20.1 兆日元(约合 1809 亿美元)。日本对中国投资下降幅度较大，主要原因还在于近年来人民币相对日元持续升值，提高了日本企业对中国的投资成本，使产品出口型的日资企业竞争力有所下降。日本贸易振兴机构公布的数据显示，2015 年日本对东盟 10 国的投资额连续第 3 年超过中国，显示日资正战略性地转移投资至东南亚。

(二) 欧洲

UNCTAD 将欧洲划分为两大区域。一是由西欧国家组成的发达经济体地区，二是由东欧国家组成的转型经济体地区。两大区域呈现出不同的发展态势。

1. 欧洲发达经济体跨境并购推动投资反弹

2015 年，欧洲发达经济体外国直接投资流入量为 5 040 亿美元，占全球流入量的 29%，相比 2014 年增长了 64.7%。发生在欧洲发达经济体内的跨境并购交易金额在 2015 年达到 2 950 亿美元，是自 2007 年以来的最高水平。其中，英国、爱尔兰和法国是欧洲跨境并购交易的主体，交易金额分别为 710 亿美元、480 亿美元和 440 亿美元。

从行业来看,制造业跨境并购交易相比 2014 年翻了一番,达到 1 660 亿美元。企业税收倒置交易在这一增长中发挥了关键作用,但法国、瑞士和英国的行业资产也同样成为了税收倒置交易中主要的收购目标。在服务业,跨境并购交易下降了 16%,为 1 150 亿美元,主要是由于电信行业 300 亿美元的一笔交易落空。发达经济体的跨国企业是欧洲资产的主要收购者,其中欧洲本地占 38%,北美占 47%。中国内地和香港对欧洲资产的收购合计只占 6.6%。

欧洲也是世界上最大的投资来源地区。欧洲跨国企业外商直接投资在 2015 年大涨 85%,达 5 760 亿美元,占世界总量的 1/3 以上。荷兰成为欧洲最大的投资国,流出量达 1 130 亿美元。其次是爱尔兰,流出量翻了一番,达 1 020 亿美元。德国虽然其外流量下降了 11%,但仍是一个主要的投资者,其流量达 940 亿美元。瑞士是发达国家中外流增加最多的国家,增加了 740 亿美元。英国的外国直接投资流出量增加了 200 亿美元,但总量仍为−610 亿美元。欧洲跨国公司的跨境并购交易达 3 180 亿美元,其中 76 笔在制造业,主要是医药制造行业的交易,占总数的 40%。金融保险业为 18%。欧洲跨国公司投资于其他发达国家经济体总额的 1/3 为欧洲本地并购,2/3 是在北美的收购。

2. 欧洲绿地投资数量下滑,金额上升

2015 年,流入欧洲的绿地投资项目数量下降了近 9%,这是继 2014 年回升后的再次下降,但资本投资金额却增长了 7%,为 2 585 亿美元(表 8.3)。英国和爱尔兰的外国直接投资有显著的增长,相应的绿地投资项目数量分别增长了 3%和 4%。芬兰的绿地投资项目在 2015 年增长了 23%,为 127 个宣布的项目。捷克也在绿地投资项目的增长中受益,项目数增长了 33%,资本投资增长了 54%,工作岗位增加了 36%。2015 年,法国和西班牙的项目数量有所下降,分别降低了 1%和 19%。但是这两国的资本投资却分别上升了 24%和 13%。土耳其在 2015 年增长较大,项目数增加了 47%为 147 个,资本投资达 58 亿美元。来自英国、德国和法国的企业为欧洲贡献了超过 50%的项目。

表 8.3　2015 年欧洲绿地投资排名情况

按投资目的地排名			按投资来源地排名		
国家/地区	项目金额/10 亿美元	份额/%	国家/地区	项目金额/10 亿美元	份额/%
英　国	53.3	34	英　国	45.6	18
俄罗斯	11.6	7	德　国	41.0	16
西班牙	10.4	7	法　国	31.8	12

续表

按投资目的地排名			按投资来源地排名		
国家/地区	项目金额/10 亿美元	份额/%	国家/地区	项目金额/10 亿美元	份额/%
法　国	7.1	5	西班牙	20.5	8
德　国	6.8	4	意大利	14.5	6
荷　兰	5.8	4	俄罗斯	13.7	5
土耳其	5.8	4	瑞　士	12.5	5
爱尔兰	5.5	4	卢森堡	11.3	4
波　兰	5.3	3	丹　麦	10.9	4
塞尔维亚	4.4	3	挪　威	10.1	4
其　他	40.5	26	其　他	46.6	18
总　计	156.5	100	总　计	258.5	100

资料来源：*THE fDi REPORT 2016*.

3. 转型期经济体私有化计划的复苏

2015 年，流向俄罗斯等转型期经济体的外国直接投资下降了 38%，减至 350 亿美元。在东南欧，由于宏观经济条件改善以及投资者的风险认知因加入欧盟的进程而继续好转，流入的外国直接投资增加了 6%，达 48 亿美元。与此相反，流向独联体和格鲁吉亚的外国直接投资下降了 42%，减至 300 亿美元，原因包括：商品价格偏低；国内市场疲软；监管条例改变；以及受限制性措施/地缘政治紧张的直接和间接影响。俄罗斯的流入量剧跌至 98 亿美元，这是因为业务缩减和一连串撤资交易导致新的外国直接投资近乎枯竭。该国的经济危机和监管条例的改变也减小了返程外国直接投资的程度和范围。

深化的经济危机激励了决策者在一些独联体国家恢复或加速私有化计划。2015 年底，哈萨克斯坦政府宣布自国家成立以来国有企业最大的私有化。大型工业公司包括石油和天然气集团 KazMunaiGas（KMG）（哈萨克斯坦电信运营商）、Temir Zholy（国家铁路），Kazatomprom（核控股公司）和 Samruk 能源（能源业务），计划在股票上市前向外国投资者出售股权。哈萨克斯坦国有资产占国内生产总值的 40%，私有化预计将吸引大量外国投资。2015 年 11 月，乌兹别克斯坦宣布计划将 68 家大型公司私有化，包括该国最大的水泥制造商 Kizilkumcement、化工生产商 Ferganaazot 和电子工厂 Foton。同样，俄罗斯政府在 2016 年宣布对重要的国有公司，包括石油公司 Bashneft、钻石矿工 Alrosa 和 VTB 银行采取股份私有化措施。

4. 英国退欧对其外国投资影响弊大于利

2016 年 6 月，英国举行退出欧盟的公投，结果以退欧票数占优而启动退欧进程。由此引发了投资者对英国会陷入衰退的担忧。英国是一个主要的外商投资接收国，据估计市值超过 1 万亿英镑，而其中一半来自欧盟成员国。相对于其他外资接收大国，英国排名第三，位列美国和中国之后。据估计，欧盟成员身份至少帮助英国提升了 28%的外国直接投资。对于英国这样金融市场高度发达的国家而言，外商直接投资的增加还对 GDP 增长有着巨大的正向推动作用。此前有学者评估，欧盟成员身份可以通过外商直接投资提升英国近 2.25%的 GDP。

对于外国投资者而言，英国的部分吸引力是来自于其能够更容易进入欧洲的统一市场。英国退欧之后，贸易成本的上升会抑制外商直接投资。据伦敦政治经济学院的学者估算，英国脱欧会让外商投资的流入减少近 22%。在欧盟的统一市场内，英国是一个足够有吸引力的出口平台。通过英国，跨国公司在向其他欧盟成员国出口时，他们不必承担巨大的关税和非关税成本。对于跨国公司而言，在总部和分公司之间，拥有复杂的供应链和协调成本。如果英国离开欧盟，跨国公司将很难管理。简单说来，跨国公司要服从英国和欧盟的不同制度规范，而更为严格的移民管制也会阻碍公司人员流动。此外，英国和欧盟之间的未来政策将存在很大的不确定性，这也会降低外商直接投资的积极性。

（三）美国

随着美国经济的稳步发展，再加上美国良好的投资环境，外国投资者对美国的热情持续增加。

1. 美国外国直接投资内流高于外流

2015 年，北美外国直接投资流入 4 290 亿美元，占全球外国直接投资流量的 1/4，超过纪录的高位。美国占其中大部分，流入金额为 3 800 亿美元，增长超过 250%。美国近 70%的外国直接投资流入在制造业，9%在金融和保险业。欧洲占流入的 77%，其他发达国家如日本(11%)和加拿大(7%)也是主要来源。美国的跨国并购额为 2 990 亿美元，也创历史新高，特别是医药行业的并购占比超过 1/4。

2015 年，美国的对外直接投资相比 2014 年下降 5%。美国的再投资收益近年来在对外直接投资中占主导地位：在 2015 年占总量的 91%。再投资收益虽然高达 2 740亿美元，但与 2014 年相比还是下降了 16%。2014 年 9 月，美国监管政策发生变化，遏制税收倒置已经开始产生影响。然而，2015 年宣布的一系列税收倒置交易，包括美国可口可乐与其德国和西班牙同行建立一家总部设在英国的新公司的 270 亿美元交易。作为回应，美国政府宣布在 2015 年 11 月和 2016 年 4 月采取额外措施弥补漏洞。

2. 美国投资信心指数保持第一

2016 年 AT-Kearney 发布的最新一期外国直接投资信心指数报告显示，美国在外国直接投资信心指数榜上已连续 4 年排在首位(图 8.7)。调查报告认为，全球商业经理人对美国经济趋势的乐观程度要高于其他国家，42%的参与调查者对美国经济持乐观态度相比前一年更甚。这反映了近期美国投资的回暖潮流，美国在 2015 年已经吸引了约 3 840 亿美元的外国直接投资。然而，大部分商业经理人认为特朗普当选总统后美国的外国直接投资将下降。

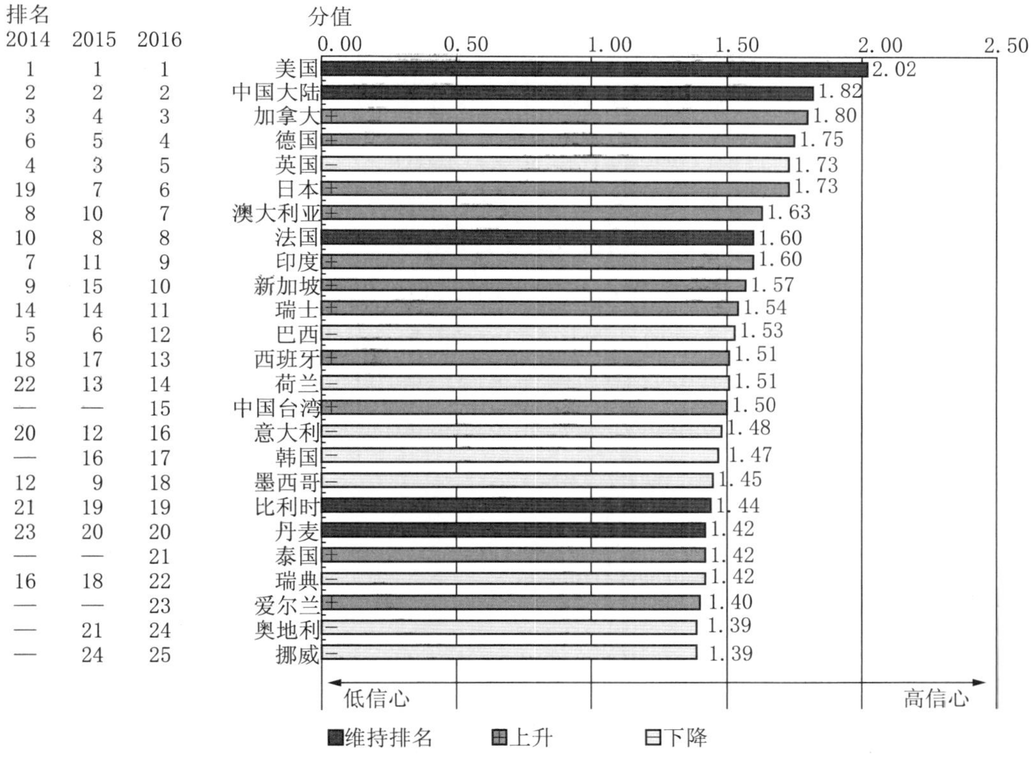

图 8.7 2016 年外国直接投资信息指数排行榜

说明：值的计算在 0～3，3 为 FDI 未来目的地市场的信心最高等级。
资料来源：A.T.Kearney 外国直接投资信心指数报告，2016。

作为连续第 4 年排名第一的外国直接投资目的地，美国仍是全球经济崛起的驱动力量，正在证明自身抵御其他国家所面临的下滑风险的能力。私人消费、创造就业和持续工资增长将持续在经济中发挥重要的支撑作用，抵消强势美元的负面竞争力影响，而外国投资者则被美国强劲的经济表现所吸引。然而美国所面临的最大问题是政治僵局，其中一个是国会很有可能不会通过推进商业环境和鼓励更多投资的改革，另一个具有更大颠覆性的影响是来自美国政治主流之外的候选人当选总统。据AT-Kearney 在 2016 年的调查报告显示，如果发生上述事件，一定数量的公司将会使其对美国增加的外国直接投资下降 13%。

3. 美国总统大选后外国直接投资机遇和挑战并存

特朗普就任后必然会采取一系列动作，对奥巴马政府时期的经济政策进行较大调整，进而给美国的投资环境带来显著影响。特朗普曾公开表示，重塑美国贸易政策将会是未来政府首要考虑的事项。当选之后，特朗普曾表态将采取一系列行动，其中包括：①退出跨太平洋伙伴关系协定（TPP）；②重新启动《北美自由贸易协定》（NAFTA）条款的谈判，若 NAFTA 成员不同意重新谈判，将递交美国意欲退出 NAFTA 的通知；③寻求双边贸易协定；④消除不公平贸易行为。事实上，特朗普在就任总统的第 4 天就签署了退出 TPP 的行政令，兑现了此前的竞选承诺。

挑战方面表现为特朗普对华态度的强硬将可能会使中美经贸摩擦的升温和两国矛盾的升级。随着中国对外投资的迅速增加，特朗普政府很可能通过对中国企业的对美投资进行限制，来要求中国在市场准入和投资待遇上做出更大让步。另外，中国企业的对美并购投资也将会面临更严厉的安全审查。而机遇方面则表现为特朗普的政策将会显著改善美国的营商环境和增加美国投资市场的吸引力，包括欢迎和鼓励外国对美国制造业尤其是能够创造大量就业岗位的传统制造业的绿地投资，以及特朗普十分重视的基建和能源产业的投资等。

（四） 拉丁美洲和加勒比地区

2015 年，流向拉丁美洲和加勒比（加勒比离岸金融中心除外）的外国直接投资依然没有起色，保持在 1 680 亿美元。但中美和南美的表现截然不同。

1. 流入中美洲的外国直接投资主要在制造业

流向中美洲的外国直接投资上升了 14%，增加 420 亿美元，这归功于墨西哥的流入强劲和整个次区域制造业特别是汽车行业的外国直接投资流入增加。汽车制造业的外国直接投资继续增长 31%，达 60 亿美元。这一趋势也反映了 2012—2014 年宣布的总计 260 亿美元绿地项目的实施成果。国家跨境并购交易也因在 2015 年完成了许多大型交易后而大幅上涨，包括美国 AT&T 公司以 25 亿美元收购无线电信供应商 Grupo Lusacell SA de CV，美国 Owens-Illinois 公司以 20 亿美元收购一家玻璃和塑料瓶制造商 Vitro SAB de VC。

2. 南美洲加大采矿行业的投资吸引力

为了促进生产，2014 年底南美各国政府积极加强其在采矿业中的外国直接投资吸引力和保留力。阿根廷政府再次修订了碳氢化合物出口税率，对特定产品如原油采用新的浮动制计算，以提高国内生产商的竞争力。美国雪佛龙公司和马来西亚国家石油公司已经启动了 10 亿美元的外国直接投资项目，进一步勘探石油并共享天然气。厄瓜多尔政府提出了 25 个新的采矿勘探区域，以及 17 个石油区块，作为在 2016—2020 年吸引更多投资的筹码。玻利维亚国政府颁布了一项促进勘探和开发投资法律。

3. 巴西投资内流下降，外流上升

2015 年，南美洲主要接受国巴西的外国直接投资内流下降了 12%，为 650 亿美元。随着经济陷入衰退，巴西以固定资本形成总额衡量的整个投资活动，全年也下跌 14%。同时，因企业利润下降，再投资盈利下滑 33%。然而，巴西的外国直接投资权益内流具有一定弹性，仅下降了 4%。在投资领域方面，尽管巴西的汽车产量下滑，但汽车行业的股权投资却有所上涨；健康领域的外国直接投资也有所波动，由于颁布了为外国投资者创造新机会的法律，该领域权益内流从 1 600 万美元上升到 13 亿美元。现实价值的下跌也为购买巴西折扣资产创造了机会。巴西的外国直接投资外流增长，这种增加主要表现为巴西外国子公司的反向投资显著减少。最近几年，这些子公司在国际市场上筹集了大量债务，并将收益通过公司内贷款向巴西母公司汇集。

（五） 非洲

流向非洲的外国直接投资在 2015 年跌至 540 亿美元，比 2014 年减少 7%。流出非洲的外国直接投资减少了 25%，跌至 113 亿美元。

1. 汽车行业具有投资吸引力

投资者对非洲汽车业显示出极大的兴趣，2015 年宣布的该行业绿地投资支出为 31 亿美元。诸如摩洛哥等非洲国家实施了工业化政策，促进城市消费增长，改善基础设施和签署了有利于贸易的协定，驱动了对汽车行业的投资。主要汽车企业预计将继续在非洲扩展：法国的标致雪铁龙和雷诺、美国的福特都宣布在摩洛哥投资；德国的大众和宝马宣布在南非投资；还有日本的本田在尼日利亚、丰田在肯尼亚、日产在埃及都有投资。

2. 疲软的商品价格限制投资

疲弱的商品价格加重了对撒哈拉以南非洲的直接投资限制。与北方非洲相反,流入西非的 FDI 下降了 18%,为 99 亿美元,主要是因为非洲大陆最大的经济体尼日利亚的投资流入下降。由于商品价格降低,尼日利亚当地货币贬值,以及一些主要项目的延误,如荷兰皇家壳牌公司数十亿美元的海上石油作业项目的延后,使得流入该国的外国直接投资在 2014 年流失 47 亿美元,在 2015 年流失 31 亿美元。

3. 发展中经济体在非洲投资活跃

来自发展中经济体的跨国公司在非洲越来越活跃,但那些来自于发达经济体的国家仍然是非洲投资的主要参与者。在非洲,前 10 名投资者中的一半来自发展中经济体,包括 3 个金砖国家:中国,南非和印度。中国在非洲的外国直接投资存量从 2009 年到 2014 年增长了 3 倍以上,超越了南非作为该地区发展中国家最大的投资者。由英国、美国和法国领导的发达经济体仍然是非洲大陆最大的投资者。

三、未来外国直接投资的发展趋势

(一) 国家安全日益成为投资政策的一部分

在制定国家投资政策时,国家安全越来越成为投资者考虑的一部分,而可能触及到更广泛的国家经济利益。这就需要政府平衡好国家安全法律法规的透明度和投资者利益的预测处理之间的规则空间。近年来,投资政策中国家安全的考虑和相关问题越来越突出。许多国家已经通过了这方面的立法,来审查与国家安全相关的外国投资项目。恐怖主义的持续威胁已经进一步使国际政局变得敏感。全球各国固然有按照国家安全原则筛选外商投资的权利,但最近的发展趋势也显示出了政策中的许多问题。

1. 各国对国家安全的定义差异很大

UNCTAD 在对 23 个国家和地区外国直接投资进入和成立的条例调查表明,各国对涉及国家安全项目的筛选定义和方法有很大差异。值得关注的是,没有一个国家对外国投资背景下的国家安全有详尽和清晰的界定。大多数国家选择确定一些可能引起国家安全相关问题的部门或行业。基于 UNCTAD 的调查结果显示,有几种类型的经济活动或行业可以确定外国投资者可能受到国家安全相关外国直接投资的限制或审查。它们覆盖国防和安全相关活动,以及关键基础设施的投资。此外,在战略经济行业的外国投资有时可能被视为对国家安全的潜在威胁。

国家安全的广义概念也可解释为国家政府在其投资审查程序中考虑的各种标准。这些标准包括公共安全、社会秩序、多元媒体、战略国家利益、对外关系、国家机密披露、领土完整、国家独立、公民权利和自由的保护、公共连续采购或恐怖主义相关问题提议处理的影响。

2. 因国家安全理由的外国投资审查增多

在过去十年中，有关国家安全审查投资的法律法规有所增加。自 2006 年以来，至少有 8 个国家和地区颁布基于国家安全理由的外国投资审查立法，即加拿大（2009 年）、中国（2011 年和 2015 年）、芬兰（2012 年）、德国（2009 年）、意大利（2012 年）、韩国（2006 年）、波兰（2015 年）和俄罗斯（2008 年）。在同一时期，各国通过增加新的部门、指导意见或门槛修订了国家安全相关的外国投资审查机制。这些修订大多倾向于进一步增加投资限制，而一些国家还澄清了程序上的要求，以此提高其国家安全相关审查机制的总体透明度。

在此期间，一些国家采取了新的外资所有权行业限制，这些行业可能引起国家安全相关问题或以其他方式影响国家利益。例如，在 2014 年，莫桑比克修改了石油法，要求申请石油和天然气勘探许可证的投资者与国家建立伙伴关系；2014 年，缅甸禁止低于 10MW 的发电项目的外国直接投资，并要求制药、健康和邮政服务行业的投资必须通过合资企业按照相关部委的建议操作。2009 年，委内瑞拉颁布立法，规定基础和中间的石化新项目必须有国家至少参与 50%股权的混合企业实体执行。此外，国家安全相关的审查程序的行政决策也越来越多。

3. 各国针对国家安全有不同类型的外国投资规则

UNCTAD 调查的国家已经采取了不同类型的投资法规来保护他们与外国投资相关的国家安全利益。包括：①禁止全部或部分在某些敏感领域的外国投资；②维持国家在敏感领域垄断；③维持一个外国投资审查机制用于一系列预定义行业或全部行业。一些国家有两种类型的外国直接投资审查机制：一种是特定行业领域的审查程序，例如国防工业领域；另一种是用于其他外国投资的单独跨领域审查机制。后者可能将所有外国直接投资提案纳入入境和机构审批程序，或只可能要求满足一定货币门槛的外国直接投资提案的审批。一些跨行业审查机制不需要通过投资者的事先知晓，而是一开始就由国家酌情处理。

全部或者部分外国所有权限制包括以下几种情况：①国防领域（武器和战争物资的生产）；②外国人在边境地区或其他敏感地理位置附近购买房产；③空中和海上航行服务，以及空中交通控制等领域。有时限制还涉及电力电网、港口或机场管理、石油和天然气开采等活动。国家垄断存在的行业，以及确保国内公共服务和通信等必要的活动包括：铁路运输和基础设施维护、陆上通信、石油和天然气运输、电水传输。在预定义行业或活动的审查机制聚焦在关键基础设施领域（如电、水和天然气的分布；健康和教育服务；运输；通信）或者关注诸如国防工业、矿产采掘、边境地区房地产收购和石油相关活动。

许多国家选择使用多种出于国家安全和相关理由的外国投资控制机制。这些政策有利有弊。从外国投资者的角度来看，具体行业的投资限制因此有了清晰透明的优点。从政府的角度来看，这样的方法可能缺乏灵活性。跨部门审查机制，以及一般定义"国家安全"概念的标准，给了政府更多的投资筛选流程中的酌处权。这反过来又可能导致投资者对最后审查结果的不确定。因此，政府需要在这些双面政策中找到平衡点。

4. 外国投资者面临国家安全相关投资审查的披露要求

大多数受访国家采取了信息披露的要求，即需要投资者在国家安全相关外国直接投资审查过程中的某一时刻提供信息。然而，这些信息要求的范围、性质和时间在不同国家之间差别很大。除了关于投资者身份和国籍的基本信息，例如披露业务关系、团体结构、与外国政府的联系等，许多国家还寻求更多信息，如投资公司的财务报表、资金来源、融资方式、董事会成员名单、协议、商业计划、未来蓝图，有时甚至包括投资原因等。

（二） 国际投资协定改革新趋势

近年来，针对目前国际投资体制的种种缺陷和缺失，国际社会掀起了国际投资协定（international investment agreement，IIA）体制改革的浪潮。目前，第一阶段的改革努力已经取得了阶段性成果，主要表现在越来越多的国家认识到改革国际投资协定体系的必要性，约 100 个国家使用 UNCTAD 投资政策架构和改革路线图对其现有的国际投资协定进行了审查，60 个国家据此设计了相关协定的具体条款；一些国家已经开始商谈新一代的投资协定，引入了一些新的条款，如投资促进及可持续发展条款等；还有对一些原有的区域投资协定的重新评估正在进行，几个超大型区域投资协定的谈判已经完成或正在推进。在国际投资体制改革的第一阶段，改革努力主要体现在国家层面。进入第二阶段后，各方将更重视区域投资政策及规则的协调与整合，着手解决当前国际投资体制日益碎片化的倾向。新一代国际投资规则可能逐步形成。

UNCTAD 的《国际投资协定改革政策框架和路线图》正在塑造改革的目标和方法(图 8.8)。使国际投资协定制度符合当前的可持续发展的改革势在必行。目前,问题不在于是否改革,而在于改革什么、怎么改革以及改革的程度。UNCTAD 在 2010 年开始系统和可持续发展的投资政策。2015 年的世界投资报告展示了改革路线图,提供了 6 项改革指导方针,涉及 5 个改革领域,并提供了 4 个决策层面的行动方案。UNCTAD 路线图列出了可以追求的具体行动和可以被各级决策层实现的成果。发达国家和发展中国家都认为所有这些改革领域是重要的,并通过不同类型的改革行动来促进他们。以下部分列出国际投资协定在国家、双边、区域和多边层面的改革努力。

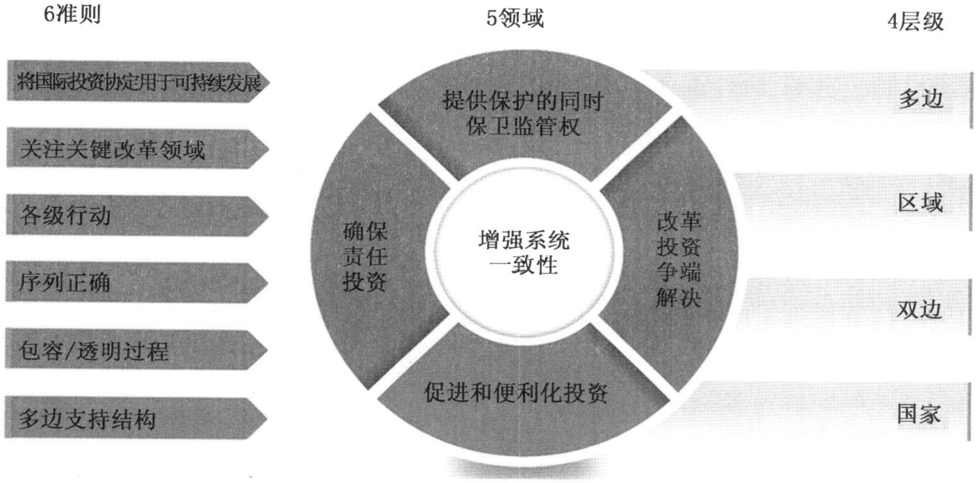

图 8.8 UNCTAD 的国际投资协定改革路线图

资料来源:UNCTAD, *World Investment Report 2016*.

1. 国家层面:越来越多的国家认识到改革国际投资协定体系的必要性

许多国家正在审查其国际投资协定网络或制定新的协议模型。这些国家的行动一般基于 UNCTAD 的政策指导。国家层面的改革选项包括国家国际投资协定审查和行动计划,以及在新示范条约下形成的结果。许多国家正在进行国家一级的改革活动。例如巴西开发了一个新的双边投资协定(bilateral investment treaty, BIT)模型,重点是在投资促进和便利化。新模型已经被用于与安哥拉、智利、哥伦比亚、马拉维、墨西哥和莫桑比克的合作和简化投资协议(investment facilitation agreement, CFIAs),以及作为与秘鲁谈判的基础。加拿大在新出现问题和仲裁决定的基础上持续更新其国际投资协定政策。最近的变化包括其在管理权和新投资法庭制度设立方面更强有力的规定。印度批准了一个新的 BIT 模型，包括了关于投资者义务等章节，其中要求投资者遵守东道国立法并自愿遵守国际公认的企业社会责任标准。此外，它还包括投资者—国家争端解决（investor-state dispute settlement，ISDS）机制，其中规定了在开始仲裁之前用尽当地的补救办法，并提供严格的争议仲裁时限。蒙古于 2016 年 1 月成立了一个工作委员会，以制定一项新的双边投资协定模式，使其国际投资协定政策与其国家法律相一致。然后，蒙古将与伙伴国家开始修改或重新谈判其以前的双边投资协定，使之与该模型相配合。

大约有 100 个国家在设计其条约条款时，利用 UNCTAD 投资政策框架重新评估其国际投资协定网络。其中约有 60 个国家使用该框架拟定条约条款。在最近的示范条款中，国家层面的国际投资协定改革出现了覆盖不同领域的现代化内容。最近的模型审查显示，大多数模型努力确保投资者的保护，规范监管权，并完善投资争端解决机制。例如，所有审查的近期模型都改进了投资规定，包括自由调拨资金的例外情况和限制进入“投资者—国家争端解决”（ISDS）机制。

2. 双边层面：一些国家已经开始商谈新一代的投资协定

最重要的双边改革行动是谈判新的国际投资协定。最近缔结的条约包括可持续发展友好条款。新近的国际投资协定显示了重要的改革导向规则，并代表了在双边层面所进行的最突出的改革行动。其他双边层面的改革行动包括联合国际投资协定协商和联合行动计划。另一项行动，即国际投资协定联合审查，旨在评估双边国际投资协定关系的影响和风险，并确定改革需求。

一项调查显示，少部分国家正在重新谈判、修改或解释现有的国际投资协定。有关这些改革活动的一般信息或具体细节信息很少。然而，在追求国际投资协定综合改革和处理现有承诺存量时，参与重新谈判、修改或解释是最紧迫的问题。双边改革行动最突出的成果是在新缔结的国际投资协定中发现现代化的条约规定。从 2015 年缔结的 21 项双边国际投资协定文本中可以看到，大多数都包含处理改革领域的要素。这些要素反映并符合新型国际投资协定的内容。例如，包括主要传统保护标准的国际投资协定大多数已经对其进行了细化，以限制其范围并澄清其含义，并用补充规定来满足其他公共政策的目标。几项新的国际投资协定包括旨在修订 ISDS 制度的条款，甚至许多都省略了 ISDS。不少新的国际投资协定也省略了所谓的伞型条款。最近几个国际投资协定包括通过纳入企业社会责任（corporate social responsibility，CSR）条款或“不降低标准”（not lowering of standards）条款来推进责任投资。有一半的国际投资协定拥有投资促进或便利化的具体积极条款。

3. 区域层面:区域投资协定正在被重新评估、修订和推进

区域层面的国际投资协定改革行动可能产生重大影响。改革可以扩大使用现代国际投资协定条款的范围,并帮助巩固现有的条约网络。这一层面的改革行动包括集体条约审查和国际投资协议行动计划,可以产生常见的国际投资协定模型、联合解释、重新谈判和合并条约。区域国际投资协定模型通过指导一个区块的多个国家和区域组织,以及影响大规模区域协议的谈判,来促进国际投资协议的改革。大规模区域协议可以巩固和简化国际投资协定制度,并有助于加强国际投资协定制度的系统一致性,但前提是它们取代之前的双边国际投资协定。

非洲、欧洲和东南亚的区域性的改革行动较为常见。在非洲,非洲联盟(African Union, AU)正在致力于开发泛非投资法规(Pan African Investment Code, PAIC),这一法规预期将包括旨在平衡非洲东道国和投资者的权利与义务的创新条款。现代国际投资协定要素也预计将被列入非洲大陆自由贸易协定(Continental Free Trade Agreement, CFTA)以及东南非洲市场(Common Market for Eastern and Southern Africa, COMESA)投资条约第二阶段的谈判。在亚洲,2008—2014 年,东南亚国家联盟(Association of Southeast Asian Nations, ASEAN)得出第三方(按时间顺序:印度、中国、韩国、澳大利亚和新西兰、日本)5 个投资条款条约(reaty with investment provision, TIP),包括改革导向的规定。例如,通过技术援助和能力建设,或通过具体和明确的活动促进投资便利化,给予东盟成员国特殊和不同待遇,承认其经济发展水平等相关方面的改革。在欧洲,欧盟委员会(European Commission, EC)给出许多政策上的关注来开发投资保护的新方法,特别是强调权利调节和永久性投资法庭的建立。这一新方法在欧盟—越南自由贸易区(2015 年 12 月谈判结束)和在加拿大—欧盟 CETA(法定审查于 2016 年 2 月完成)实施。

4. 多边层面:关于投资协定体制改革的探讨不断深入

加强多边改革活动,可以帮助避免改革的分散化,确保改革努力为所有利益相关者带来好处。多边国际投资协定改革是最具挑战性的改革。UNCTAD 路线图为多边国际投资协定改革确定了若干可能选项,包含了强度、深度和参与特点等不同等级。UNCTAD 进行了广泛而深入的讨论,并在贸易法委员会(United Nations Commission on International Trade Law, UNCITRAL)和联合国人权框架下采取了特定的改革行动。此外,传统上较少关注国际投资决策的国际组织如联合国环境规划署、世界卫生组织烟草控制框架公约等已经开始重视国际投资协定在其各自职权范围内的改革。在当前可持续发展议程工作中,国际投资协定中多边协商的重要性已经在亚的斯亚贝巴(Addis Ababa)行动议程中得到承认,并落实在 2015 年 7 月第三届联合国金融发展会议的文档中。在这个议程中，会员国授权 UNCTAD“继续现有的会议方案，并就会员国投资协议进行协商”。

（三） 跨国企业所有权对政策的挑战

国家投资政策中常常包含内资企业、外资企业，甚至来自不同国家外资企业的区别对待。其中，较为常见的条款包括：对外资企业的准入限制以及最大持股权的限制；对外资企业经营活动的限制及业绩要求；投资鼓励措施以及投资者保护。各国往往出于国家安全考虑，保护本土资产特别是战略资产，促进产业发展及公平竞争，社会、文化及政治考虑，以及区域一体化政策需要等。但随着跨国企业所有权变得日益复杂，现有政策已不能应对其所带来的挑战，因而就需要重新思考基于所有权的投资政策。

1. 跨国企业外国子公司所有权变得越来越复杂

对公司特别是跨国企业子公司的控制，往往是通过涉及多重实体的层层所有权网实现的。涵盖 450 万家外资企业的 UNCTAD 全球跨国企业海外分支机构数据库显示，全球跨国企业超过 40%的海外分支机构是由其母公司通过复杂的跨境股权结构所持有，这些跨境股权链平均涉及 3 个国家或地区。这意味着外国子公司投资者和所有者的国籍日益变得模糊。

大型跨国企业更倾向采用复杂的股权控制结构。UNCTAD 跨国经营指数排名前 100 位的大型跨国企业，每家公司平均在 50 多个国家拥有 500 多家分支机构，内部所有权架构平均多达 7 个层级，平均每家在离岸金融及投资中心拥有近 70 个实体。

在大多数情况下，跨国公司内部股权结构是在企业发展的过程中，随着业务的扩大自然形成的。在某些情况下，跨国企业内部复杂的股权结构可能是企业有意识地设计的结果，其中最为常见的是出于企业治理和风险管理的需要以及海外上市、融资、税收以及其他政策考虑。但不可否认，一些跨国企业通过第三地特别是离岸金融、投资中心进行的海外投资以及返程投资，部分是由避税所推动。

2. 现有政策应对复杂外资所有权面临挑战

对本国公司和外国公司区别对待或对不同国籍的外国投资者区别对待的国家和国际投资政策实施包括：进入限制和所有权限制；经营限制或业绩要求；投资便利化的奖励办法；以及投资保护。

不论跨国企业复杂的所有权结构的形成是出于何种原因，这一现象对国别及国际投资政策及外资监管都提出了挑战。主要体现在:①在外国投资者国籍日益模糊的情况下,很多基于企业所有权的措施(如对外资企业的准入限制以及最大持股权的限制、对外资企业经营活动的限制以及投资鼓励措施等)的执行难度加大、成本上升。②跨国企业通过第三国间接持股的模式及壳公司(mailbox companies)进行海外投资,可能扩大国际投资协定的覆盖范围。例如,2010—2015 年公布的投资者国家争端案件中,约有 30%的案件都是由非协定成员国最终所有者通过其设在某一协定成员国的实体提出。此外,在大约 1/4 的争端案件中,申诉方在协定成员国并无实质性经营活动。③跨国企业复杂的所有权架构可能对国际投资协定带来多边化的效果。例如,在跨太平洋伙伴关系(TPP)伙伴协定中,约有 1/3 的区域内投资的最终所有者实际上来自于非成员国。

3. 需要重新思考基于所有权的投资政策

在国家政策层面,对外资企业的最大持股权进行限制的投资政策相当普遍。80%的国家至少在一个产业对外资有股权限制(发达国家为 90%、发展中国家为 76%)。总体而言,服务业,特别是传媒、交通运输、通信、公共设施、金融以及商业服务业,对外资的股权限制相对更多。采矿业以及农业也往往对外国所有权设限。在国际投资政策层面,双边及区域投资协定一般都对来自协定成员国及非协定成员国的企业区别对待,即协定在投资者保护及其他方面提供的好处理论上仅限于协定成员国企业。在国际投资所有权结构日益复杂、投资者国籍日益模糊以及所有权和控制权背离更加普遍的情况下,以上政策和法规(包括对外资的所有权限制)在执行和操作中缺乏实效、大打折扣。投资政策的总目标是使投资有利于可持续发展并实现投资受益的最大化和任何负面效应的最小化。复杂的所有权结构让人们担忧国家层面和国际层面为达成上述目标所广泛使用的基于所有权的政策工具的功效。这就需要重新评估使用这些工具来实现共同的目标。

针对上述挑战,联合国贸发组织建议采取以下措施加以应对:①提高信息披露要求,更好地掌握投资的最终所有者;②重新评估基于所有权的国内及国际投资政策的作用及效果,在可行的情况下可考虑使用其他政策,如竞争、税收、产业发展政策等,代替对外资企业股权进行限制的政策;③在国际投资协定中引入新的条款,如利益拒绝条款(denial of benefits)、实质性商业活动条款(substantial business activities)等,防止外国投资者利用壳公司或复杂的所有权结构滥用国际协定给予外国投资者的权利。此外,也可考虑在协定中收紧对外国投资及外国投资者的定义;④加强国际协调,特别是在有关实际控制、构成实质性商业活动的标准等问题上达成共识,并在甄别投资者最终所有者等问题上加强合作。同时,加强对投资、税收政策等方面的协调，鼓励并推动跨国企业采取更加简单、透明的所有权结构。不管最终采取什么政策手段，投资政策决策者都需要在投资自由化及监管之间寻求适度的平衡。

参考文献

[1] 高阳.英国退欧对于外商直接投资的影响[N].经济观察报，2016-06-25.

[2] 詹晓宁.全球 FDI 趋势及投资政策热点问题[J].中国证券期货，2016(6).

[3] 众达律师团队.特朗普当选对美国贸易和海外直接投资的潜在影响[N].财新网，2017-02-09.

[4] ATKearney. *Connected Risks*: *Investing in a Divergent World*[R], 2016.

[5] fDi Intelligence. *THE fDi REPORT 2016*: *Global greenfield investment trends*[R], 2016.

[6] UNCTAD. *Global Investment Trends Monitor*[R], 2017-02-01.

[7] UNCTAD. *World Investment Report 2016*[R], 2016.

本章撰写：曹　磊

第九章　世界会展业发展动态

一、世界会展业发展总体态势

（一）全球会展业总体呈温和增长态势

受到全球贸易保护主义抬头和地缘政治冲突等因素的影响，目前全球经济仍然处于复苏阶段。过去15年，全球展览行业的业务体量一直保持稳定增长。市场咨询公司AMR（AMR International）发布的统计数据显示，全球展览市场2015年收入为243亿美元，年增幅1.7%，较2014年的增幅4.2%有所下降，总体呈现增长趋缓态势，但随着整体经济环境改善，预计到2020年全球展览市场年复合增长率将达到4.6%。全球展览业协会（The Global Association of the Exhibition Industry, UFI）预计，2016年全球展览业在总营业额和利润上都将有所增长。当前，虽然单个展商的展出面积有所下降，但展会观众的数量不断攀升。德国JWC咨询公司（JWC GmbH）预测，2017—2018年度全球展览业的整体增长率将维持在3.5%～4%。在会议方面，根据国际大会与会议协会（International Congress and Convention Association, ICCA）的统计数据，2015年全球共举办12 076场ICCA认证的国际会议，较2014年的11 505场增加571场，增幅约5%。

（二）亚洲地区表现亮丽，印度市场成长最快

市场咨询公司AMR发布的报告显示，2015年由于俄罗斯和巴西展览市场呈现显著下滑态势、土耳其和法国增长陷入停滞、德国市场表现疲软，全球展览市场整体

增速减缓，但新兴市场和海湾地区仍表现活跃，增长潜力可观，中国已经取代德国成为仅次于美国的全球第二大展览市场。全球展览业协会(UFI)2016 年 7 月发布的年度报告显示，2015 年亚洲地区展览总销售面积增加 5.6%，其中有 56%来自中国，约 1 119 万平方米，大幅领先第二名日本的 205 万平方米，而印度则是亚洲成长最快速的展览市场，展览销售面积增幅达 7.8%，每年售出的展会净面积为 200 万平方米，近 75%的展会集中在孟买、德里、班加罗尔等主要城市。东南亚各国表现良好，其中菲律宾、印尼、越南均有 7.2%～7.8%的增长幅度，高于亚洲平均增幅。中国内地作为亚洲最大的展览市场增长幅度达 7.1%，相比之下，其他地区市场涨势趋缓，韩国增长 3.7%、中国香港增长 3.2%、中国台湾 2.2%，而日本则为 1.2%。

(三) 全球积极投建展馆和展览设施

完善的会展设施是吸引会展活动、成功争取国际会议主办权的首要条件，近几年全球投资场馆和展览设施的热情高涨(表 9.1)。

表 9.1　全球新建场馆项目

场 馆 名 称	城　　市	国　家	完工时间	预算/亿美元
RBC Convention Centre Winnipeg	温尼伯(Winnipeg)	加拿大	2016 年 3 月	1.35+
Halifax Convention Centre	哈利法克斯(Halifax)	加拿大	2017 年初	1.23
Henry B Gonzalez Convention Centre	圣安东尼奥(San Antonio)	美　国	2016 年 1 月	3.25
Wales International Convention Centre	纽波特(Newport)	英　国	2018 年	1.06
Exhibition Centre Liverpool	利物浦(Liverpool)	英　国	2015 年 9 月	1
Centro de Convenciones Buenos Aires (Buenos Aires Convention Centre)	布宜诺斯艾利斯(Buenos Aires)	阿根廷	2016 年 7 月	3
Punta del Este Convention & Exhibition Center	斯特角(Punta del Este)	乌拉圭	2016 年 5 月	0.7
Belfast Waterfront	贝尔法斯特(Belfast)	英　国	2016 年 5 月	0.45
Aberdeen Exhibition & Conference Centre	亚伯丁(Aberdeen)	英　国	2018 年	1.99
Century City Conference Centre & Hotel	开普敦(Cape Town)	南　非	2016 年 2 月	0.72
CCH-Congress Center Hamburg	汉堡(Hamburg)	德　国	2019 年	2.16

续表

场　馆　名　称	城　　市	国　家	完工时间	预算/亿美元
Flanders Meeting & Convention Center Antwerp	安特卫普(Antwerp)	比利时	2016 年 11 月	0.78
Venue name：Eurexpo Lyon	里昂(Lyon)	法　国	2015 年 3 月	0.31
National Exhibition and Convention Center(Shanghai)	上海(Shanghai)	中　国	2015 年 10 月	33
SPICE Convention Centre	槟城(Penang)	马来西亚	2017 年 1 季度	0.79
Indonesia Convention Exhibition(ICE)	文登(Tangerang)	印度尼西亚	2015 年 8 月	2.81
Oman Convention & Exhibition Centre		阿　曼	2017 年 12 月(二期)	20+
Cape Town International Convention Centre	开普敦(Cape Town)	南　非	2017 年初	0.6
Adelaide Convention Centre	阿德莱德(Adelaide)	澳大利亚	2017 年(二期)	2.81
International Convention Centre Sydney	悉尼(Sydney)	澳大利亚	2016 年 12 月	10.5

资料来源：Exhibition World，New Build Supplement-EW Looks at New Venue Plans World-wide，2016/04.

德国展览业协会(AUMA)公布的数据显示，2015 年全球室内面积 10 万平方米以上(含)的超大型展馆较 2014 年增长 3 家达到 55 家，总面积 948.54 万平方米。

在区域的表现方面，亚太地区增长显著，如，2015 年投入运营的中国国家会展中心(上海)展馆面积位列全球第二，2016 年底开工建设的深圳国际会展中心项目一期将于 2018 年 9 月建成投用，整体建成后或将成为全球第一大会展中心，泰国曼谷国际贸易展览中心(BITEC)将于 2016 年底完成 3.2 万平方米的扩建，届时室内展览面积将达到 7 万平方米；欧美地区，法兰克福展览公司在德国投资超过 10 亿欧元新建设施，美国许多会展中心也积极投资改善相关硬件设施，如纽约市贾维茨中心已扩建 50%面积。

(四) 新兴科技推动会展业智慧化发展

在数字化背景下，技术手段的发展影响着人们的生活和商务沟通方式。国际展览和事件协会(International Association of Exhibitions and Events，IAEE)发布的 2016 年白皮书中提出影响展览和活动产业发展的未来趋势包括：5G 通信(5G Technology)、人工智能(Artificial Intelligence and Bots)、物联网(Internet of Things，IoT)、大数据(Big Data as a Service and the Use of Data)、虚拟现实(Virtual Reality，VR)、增强现实(Augmented

Reality, AR)等技术的应用，这些新兴技术不仅是会议与展览的热门主题内容，同时也逐渐应用在会展周边服务中，成为推动会展产业创新的动力。

近年来的互联网+会展科技发展呈现以下多种应用趋势：①大数据个性化应用，精确分析定位用户需求；②增强现实结合影音、GPS、4D 影像显示等技术提供模拟实境展示；③近场通信技术(如，NFC)结合智能手机或识别卡实现展会现场个性化互动服务；④通过远程呈现/虚拟会议技术让无法亲临现场的重要嘉宾或公司老板使用网络视频与现场观众互动；⑤建立 O2O2O(线上线下线上)商贸平台，提供展前、展中、展后的闭环式交易，不仅限于展前预约，现场展示和贸易撮合服务，还能够把海关、货代、物流、银行的服务与信息进行整合，建立基于真实交易数据的诚信评价与风险把控体系。展会主办方利用技术手段提升参展、观展的便利性和展会现场的体验是大势所趋。

(五) 奖励旅游产业发展态势良好

Meetings Net 和美国奖励研究基金会(Incentive Research Foundation, IRF)的调查数据显示，2016 年奖励旅游预算有所回升，2016 年奖励旅游人均支出为 3 615 美元，较 2015 年增长了 209 美元，呈现良好增势，奖励旅游策划者选择的目的地范围也在增大(图 9.1)。

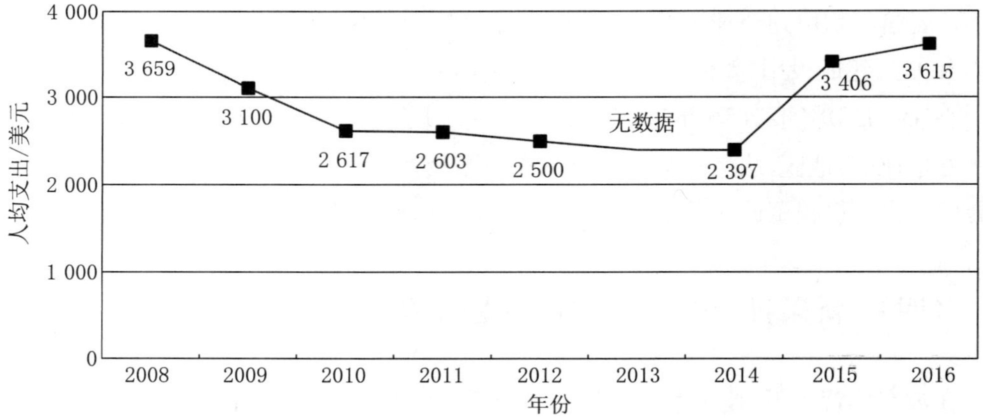

图 9.1　2008—2016 年奖励旅游人均支出

资料来源：孙淑华.奖励旅游发展态势良好——2016 年奖励旅游业调查报告[J].中国会展，2016(10)：34—39。

国际奖励旅游协会(Society for Incentive Travel Excellence, SITE)指出全球奖励旅

游市场发展呈现以下趋势:①社会化媒体营销当道:随着网络的普及与电子商务的盛行,未来奖励旅游的销售将越来越依赖社会化媒体营销;②科技应用提升奖励旅游的便利性:随着科技的发展,移动端应用(APP)、电子名片、二维码(QR Code)等技术已被广泛应用以提供更为多元化的便利服务,如,通过活动专属 App 可直接链接饭店或航空公司,简化 check-in/out 流程;③共享经济(sharing economy)为奖励旅游产业带来新的挑战:共享经济是一种通过网络促成分享销售或服务的商业行为,如 Airbnb、Uber,如此新型商业模式虽然缺乏完整的服务或保障,但仍对奖励旅游产业带来冲击与挑战。

二、会展业重点领域发展态势

(一) 会议业

1. 会议产业现状

国际大会与会议协会(ICCA)公布的数据显示,2015 年全球国际会议举办场次达 12 076 场,较 2014 年增加 571 场,年增幅 5%。2006—2015 十年间全球国际会议举办场次平均增幅为 3.6%,2011 年开始国际会议举办数量增速趋缓,经历 2014 年的小幅下滑后,2015 年国际会议举办数量创历年新高,呈现恢复性增长态势(图 9.2)。

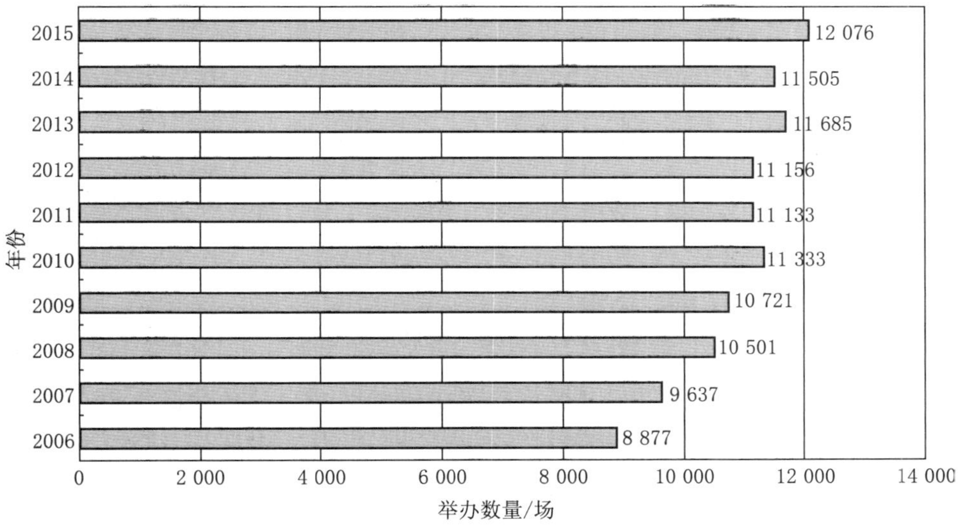

图 9.2 2006—2015 年全球国际会议举办数量

资料来源:ICCA, A Modern History of International Association Meetings 1963—2012, The Association Meetings Market 2013—2015.

全球正逐步重视会议产业在推动经济发展以及促进经济多样化、促进学术与行业交流、拉动内部投资方面发挥的作用。但是，国际恐怖袭击、地区政局动荡等安全事件对会议产业带来的潜在威胁依然存在。

从区域分布看，全球过半的国际会议在欧洲举办，欧洲仍是国际会议举办的主要区域，2015 年举办会议场次达 6 579 场，2006—2015 十年平均增长率为 3.6%。中东地区会议数量增长最快，2006—2015 十年平均增长率达 15%。

根据国际大会与会议协会(ICCA)统计，2015 年举办国际会议最多的国家仍为美国，会议数量达 925 场，比 2014 年增加 94 场。整体来看，近三年国际会议举办数量排名前五位的国家没有明显变化，只有西班牙和法国的排名略有下降(表 9.2)。

表 9.2　全球排名前 10 位会议举办国

举办数量排名			国　家	2015 年会议数/场
2015 年	2014 年	2013 年		
1	1	1	美　国	925
2	2	2	德　国	667
3	4	5	英　国	582
4	3	3	西班牙	572
5	5	4	法　国	522
6	6	6	意大利	504
7	7	7	日　本	355
8	8	8	中　国	333
8	9	10	荷　兰	333
10	12	11	加拿大	308

资料来源：ICCA，The Association Meetings Market 2013—2015.

柏林在 2015 年全球会议举办城市排名中以 195 场会议数量跃居榜首，较 2014 年排名提升三位，巴黎仅次于柏林，2015 年会议数为 186 场。总体上看，2013—2015 三年间，位列前七名的城市基本没有发生变动，只是排名有所调整(表 9.3)。2015 年 7 个城市举办的会议数量总和较 2014 年减少 62 场，但全球会议总量仍保持 5%的增长，热点城市会议集聚效应有所减弱，会议正逐步均衡地流入各个会议目的地。

表 9.3　全球排名前十位会议举办城市

举办数量排名			城　市	所在国家	2015 年会议数/场
2015 年	2014 年	2013 年			
1	4	5	柏　林	德　国	195
2	1	1	巴　黎	法　国	186
3	5	4	巴塞罗那	西班牙	180
4	2	3	维也纳	奥地利	178
5	6	7	伦　敦	英　国	171
5	3	2	马德里	西班牙	171
7	7	6	新加坡	新加坡	156
8	9	8	伊斯坦布尔	土耳其	148
9	12	9	里斯本	葡萄牙	145
10	13	16	哥本哈根	丹　麦	138

资料来源：ICCA，The Association Meetings Market 2013—2015.

2. 会议产业发展趋势

（1）会议市场竞争加剧，二三线城市有望赢来机遇

美国运通会议与活动公司（American Express Meetings & Events）预测，2017 年全球范围内的会议数量可能减少，从而导致行业内部竞争加剧。政治经济形势不稳定、恐怖主义威胁等因素为会议产业带来的不确定性促使企业寻找能够降低成本并保证参会者安全的目的地。二三线城市因低价优质、基础设施完善、独特的历史遗存和文化体验等优势仍有望赢得发展机遇。凭借良好的可承接力、完备的航空连接、现代化的会议设施及较高的安全级别，小城市作为会议目的地正日渐崛起。

（2）知识枢纽型目的地为会议带来附加值

对各类会议而言，目的地城市的酒店和会议活动场馆需要满足会议策划者对于经费预算、日程安排和基础设施等最基本的需求，但会议想要取得成功，主办方更倾向于选择那些能够吸引潜在参会者并能够为会议活动带来附加值的目的地。为会议增加附加值最有效的方式之一便是在众多的会议目的地中选择知识枢纽型的目的地，此类目的地聚集了众多学者、研究人员和商业机构，这些都为策划者提供了丰富的资源，为会议活动提供更多可能。策划者可以在当地找到优秀的演讲者，从而节省会议成本，同时，当地部分高校和企业也愿意为各类会议活动提供活动设施，甚至愿意带领参会者进行场外游览。知识枢纽型目的地还可以带来潜在的当地观众和赞助

商，降低会议成本，提升会议在当地的知名度。

(3) 安全问题备受关注

安全工作一直是展会主办方关注的重点，不仅包括客户、合作伙伴、工作人员、服务商的人身安全，也包括活动的数据安全、技术安全、财政安全等。国际展览业协会(UFI)2016 年 6 月的调查显示，全球大部分展览公司在过去数月中加强了安保措施，包括安保检查、对参展商和专业买家的信息筛选、展会现场控制，以及配合政府部门核查参会嘉宾名单等(图 9.3)。

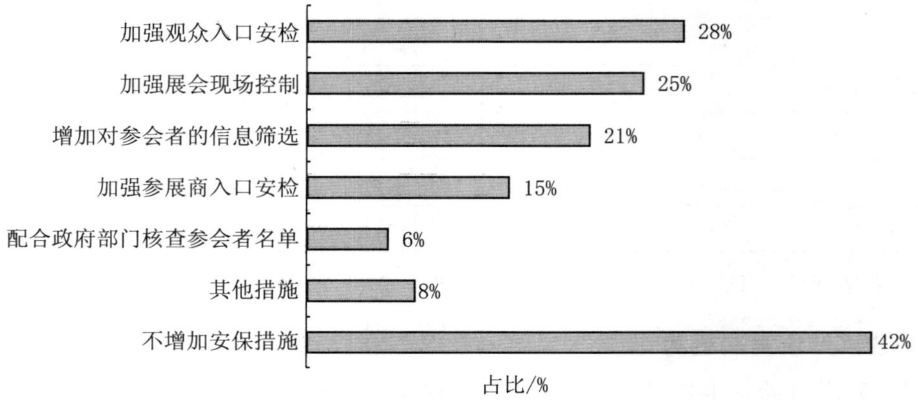

图 9.3　UFI 展览公司近期安保措施调查结果

资料来源：UFI, Global Exhibition Barometer 17th edition, 07/16.

数据安全日益重要，整个会议活动过程中，策划者必须提供完备的技术和组织上的安全措施来预防黑客入侵或数据库被盗。主办方要确保自己对数据的使用符合所在国家的相关法令规定，切实履行相关数据使用方式的提前告知义务，保证数据搜集过程的透明度。

(4) 会议中心融入商务休闲趋势

学习是一项社会活动，新型会议中心会提供专门的区域让参与者聚到一起进行交流。这一专门的区域是进行放松的讨论与学习混合的一片区域，具有高度灵活性，可根据需要扩大、缩小，私人和团体空间在同一个空间共存，如亚历山大生命科学中心的活动空间 Apella、纽约奥西宁 GE 领导人发展中心等。此外，一些度假酒店的职能也远远超出了会议中心的范畴，着力提升会议场馆的灵活性和趣味性，如长滩会议中心通过在大堂、会议室和走廊区域放置新家具、新地毯、新绿植和新艺术品来打造小型会议地点，方便客人就座、交流及社交；明尼波利斯丽笙红标酒店的会议中心配备有豆袋座椅、乒乓球桌和游戏机，受到年轻会议专业人士的欢迎。将休闲元素融入会议中心的大环境中并不是北美会议市场独有的现象，欧洲的会议中心也在经历相同的变化和趋势。

（二） 展览业

1. 展览业现状

全球展览业协会（UFI）2017 年发布的第 18 次行业调查显示，尽管全球经济持续下滑，推动国际贸易的因素也有所减缓，全球展览行业预计在 2017 年依然有望保持增长。但基于近期全球重大政治局势对国际贸易和展览行业的影响（包括英国公投脱欧结果、土耳其国内政变失败、美国总统大选等），业内人士对行业发展的乐观预期有所减弱。

根据德国展览业协会（AUMA）统计，2015 年全球展馆室内面积 10 万平方米以上（含）的展览中心有 55 家，其中 36 家位于欧洲地区，前 10 排名中欧洲占 7 席（表 9.4），欧洲国家展能规模优势明显。

表 9.4 2015 年全球展馆室内展能规模十强

展馆名称	区域分布	室内面积/平方米
汉诺威展览中心（Hannover Exhibition Center）	欧洲	463 165
上海国家会展中心（National Exhib. and Convention Center（NECC）Shanghai）	亚洲	400 000
法兰克福展览中心（Frankfurt/Main Exhibition Center）	欧洲	366 637
米兰展览中心（Fiera Milano）	欧洲	345 000
广州琶洲中国进出口商品交易会展馆（China Import & Export Fair Complex Guangzhou）	亚洲	340 000
科隆展览中心（Cologne Exhibition Center）	欧洲	284 000
杜塞尔多夫展览中心（Düsseldorf Exhibition Center）	欧洲	261 817
巴黎北维勒班展览中心（Paris-Nord Villepinte）	欧洲	242 082
芝加哥麦考密克展览中心（McCormick Place Chicago）	北美	241 549
巴塞罗那格兰大道菲拉会议中心（Fira Barcelona-Gran Via）	欧洲	240 000

资料来源：AUMA，*German Trade Fair Industry Review 2015*，上海科学技术情报研究所（ISTIS）分析整理。

德国的场馆数量和规模位居前列，全球排名前七位的展览场馆中德国占据 4 席，德国汉诺威展览中心（Hannover Exhibition Center）展馆室内面积居全球之首，德国有 10 家室内面积超过 10 万平方米的展览中心(表 9.5)。

表 9.5　2015 年德国展馆展能规模排名

展　馆　名　称	室内面积/平方米	室外空间/平方米
汉诺威展览中心(Hannover Exhibition Center)	463 165	58 000
法兰克福展览中心(Frankfurt/Main Exhibition Center)	366 637	96 078
科隆展览中心(Cologne Exhibition Center)	284 000	100 000
杜塞尔多夫展览中心(Düsseldorf Exhibition Center)	261 817	43 000
慕尼黑贸易展览中心(Munich Exh. Center)	180 000	425 000
柏林展览中心(Berlin Expo Center City)	170 000	157 000
纽伦堡展览中心(Nuremberg Exhibition Center)	170 000	50 000
莱比锡展览中心(Leipzig Exhibition Centre)	111 300	70 000
埃森展览中心(Essen Exhibition Centre)	110 000	20 000
斯图加特展览中心(Messe Stuttgart)	105 200	40 000

资料来源:AUMA, *German Trade Fair Industry Review 2015*,上海科学技术情报研究所(ISTIS)分析整理。

根据德国展览业协会(AUMA)统计,2015 年英国公司继续占据全球组展商排名前两位,励展博览集团(Reed Exhibition)和博闻集团(UBM plc)年营收分别达到 11.83亿欧元和 8.56 亿欧元,英国组展商品牌运作能力出色,海外扩张策略效果显著。德国是进入前 10 强最多的国家,组展商整体实力较强(表 9.6)。

表 9.6　全球组展商排名(年营收超过 1 亿欧元)

展　览　公　司	国　家	2015 年营收/100 万欧元	2014 年营收/100 万欧元	2013 年营收/100 万欧元
励展博览集团(Reed Exhibitions)	英　国	1 183.0	1 104.0	1 017.0
博闻公司(UBM plc)	英　国	855.5	561.1	546.0
法兰克福展览有限公司(Messe Frankfurt)	德　国	647.8	554.2	544.8
智奥集团(GL events)	法　国	456.0	409.8	397.7
MCH 集团(MCH Group)	瑞　士	384.5	373.6	385.5
英富曼会展公司(Informa)	英　国	356.1	248.7	196.0
米兰国际博览集团(Fiera Milano)	意大利	337.3	245.5	245.1
汉诺威展览公司(Deutsche Messe)	德　国	329.3	280.6	312.0
科隆国际展览有限公司(Koelnmesse)	德　国	321.2	231.2	280.6

续表

展览公司	国家	2015 年营收/100 万欧元	2014 年营收/100 万欧元	2013 年营收/100 万欧元
杜塞尔多夫展览有限公司(Messe Düsseldorf)	德国	302.0	411.5	322.9
巴黎展览馆集团(VIPARIS)	法国	283.0	303.8	297.4
翡翠博览集团(Emerald Expositions)	美国	281.0	225.4	132.9
慕尼黑国际博览集团(Messe München)	德国	277.4	309.4	353.0
柏林展览公司(Messe Berlin)	德国	242.0	269.4	187.6
香港贸发局(HKTDC)	中国	223.1	172.8	163.4
三星展览公司(Coex)	韩国	217.0	163.1	139.0
爱戴爱会展集团(i2i Events Group)	英国	204.0	177.3	145.3
纽伦堡展览公司(Nürnberg Messe)	德国	203.7	228.7	192.8
国际贸易与展览集团(ITE Group)	英国	183.1	223.7	229.4
东京国际展示场(Tokyo Big Sight)	日本	n/a	159.5	140.8
巴塞罗那会展中心公司(Fira Barcelona)	西班牙	148.0	152.6	117.8
乌德勒支展览中心公司(Jaarbeurs Utrecht)	荷兰	133.3	131.6	140.9
哥德堡展览中心公司(Svenska Mässan Göteborg)	瑞典	128.9	97.4	88.0
德马吉展览公司(dmg events)	英国	128.1	128.0	103.8
阿姆斯特丹 RAI 国际会展中心公司(Amsterdam RAI)	荷兰	126.2	119.7	116.6
博洛尼亚展览集团(Bologna Fiere)	意大利	119.0	120.0	109.9
塔苏斯集团(Tarsus Group)	英国	117.9	77.4	90.9
上海新国际博览中心(SNIEC Shanghai)	中国	115.7	139.0	116.6
斯图加特展览公司(Landesmesse Stuttgart)	德国	115.0	137.0	98.8
高美爱博展览公司(Comexposium)	法国	108.5	129.3	117.5
比利时根特 Artexis 集团(Artexis Group)	比利时	107.0	92.8	94.0

资料来源:AUMA, *German Trade Fair Industry Review 2015*,上海科学技术情报研究所(ISTIS)分析整理。

全球展览业协会(UFI)发布的《全球展会参观调查报告》(*UFI & Explori Global Visitor Insights*)显示,发达会展市场展会的观众满意度超过发展中国家。美洲地区的观众满意度最高,亚太地区最低。然而,发展中会展市场观众再度参观的意向更为浓厚,中东和非洲地区的再度观展率最高。

2. 展览业发展趋势

(1) 持续增长的不确定性

英国脱欧、土耳其政变失败、俄罗斯和西方之间日益紧张的局势、美国大选等事件为政治和贸易带来诸多不稳定因素，或将影响展览企业在贸易保护主义越来越严重的环境下的发展。全球展览业协会（UFI）2017 年 1 月公布的调查显示，对于近期全球重大政治局势对国际贸易和展览行业的影响，45％的受访者认为会对自身业务产生部分或是重大的负面影响，从国家层面看，墨西哥（60％）和美国（54％）对此表现的关切度最高。

（2）亚洲地区发展态势良好

一个国家或地区的会展业发展规模与当地的经济发展水平以及由此决定的消费市场密切相关，巨大的市场容量和强大的商品购买力是会展业发展最基础、最本质的推动力。就展览业本身的发展水平而言，欧美展览环境成熟，展会规模大，亚洲国家展会规模相对较小，但大部分国家的市场体量大，目前正处于成长期，发展潜力可观。近年来，亚洲很多中小型展会被大型国际主办方收购，加速了展览市场格局的重构，不仅推动了会展全球品牌影响力的提升，而且有利于促进本土展会项目的发展（表 9.7）。

表 9.7　2016 年亚洲地区会展并购案例

购　买　方	收　购　项　目	国　家	行业领域
国际贸易与展览集团（ITE Group）	紧固件专业展（Fastener Expos）	中　国	工　业
法兰克福展览公司（Frankfurt）	印度国际电梯展（IEE Expo）	印　度	电　梯
杭州顺网科技公司	中国国际数码互动娱乐展览（China Joy）	中　国	游　戏
励展博览集团（Reed）	韩国国际电子制造展（Electronics Manufacturing）	韩　国	电　子
励展博览集团（Reed）	韩国时尚家居用品展（Home Table Deco）	韩　国	家　居
塔苏斯集团（Tarsus）	PEP 集团（IPEP Corporation）	菲律宾	食品/基础建设
博闻集团（UBM）	奥伟展览（Allworld）	亚　洲	食品酒店、包装、制造、TMT 和油气等
博闻集团（UBM）	韩国国际安全博览会（SECON）	韩　国	安全/安保
塔苏斯集团（Tarsus）	深圳国际家纺布艺暨家居装饰展览会（Hometex）	中　国	家　纺
慕尼黑博览集团（Munich Messe）	中国国际门窗幕墙博览会（Fenestration China）	中　国	建　筑
英富曼公司（Informa）	成都美博会（Chengdu Beauty Shwo）	中　国	美　容

资料来源：Steve Monnington，*Exhibition World 2016*，上海科学技术情报研究所（ISTIS）分析整理。

(3) 数字化进程加速

越来越多的公司关注加速数据管理和服务流程的数字化进程，全球展览业协会(UFI)最近三次发布的会员调查结果显示，在数字化影响方面，“对于用户数字化需求的响应”依然是受访者最关注的议题，相比之下，“公司内部流程数字化”的受关注程度已逐步超越“新兴数字产品”(图 9.4)，通过数据管理和服务流程的数字化，实现更高效、透明的运作，可以对客户的需求作出快速反应。同时，也能为客户提供更有效的贸易配对服务，解决客户在参展参观过程中的难题，增强客户对展会的信任和依赖度。

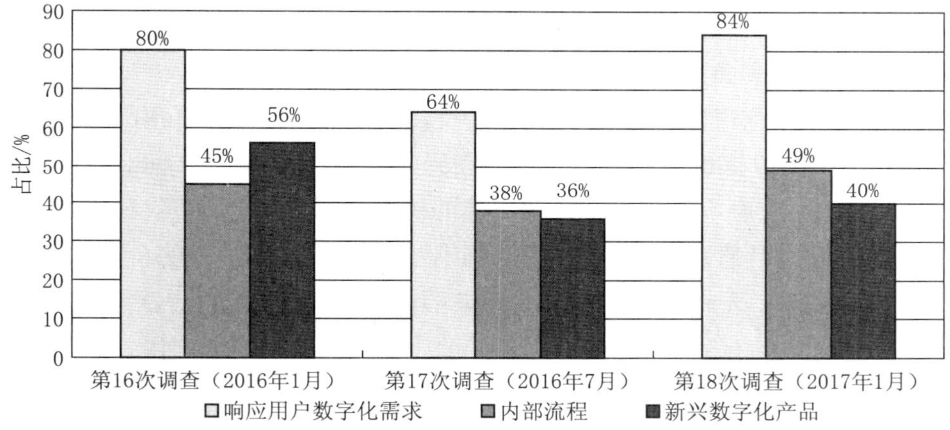

图 9.4　UFI 近三次数字化影响调查结果

资料来源：UFI, *Global Exhibition Barometer 16th—18th*, *2016—2017*，上海科学技术情报研究所(ISTIS)分析整理。

大量公司正在通过提供数字化解决方案帮助展会组织者获取收益。服务提供商与相关科技公司形成联盟，向展会组织者提供打包式服务，不仅简化了操作流程的复杂性，也加强了其作为重要合作伙伴的角色功能。

三、国际展览中心运营模式分析

会展场馆是会展产业发展的基础设施，在全球化浪潮中，会展业对规模化、国际化、现代化的会展中心需求进一步加强。展览中心前期投入大、投入产出周期较长，且日常维护费用高、相关配套服务体系庞大，因此大部分采取政府投资兴建，少数由民间自行投资。营运管理上为求达到专业化，大多成立专门机构来负责。

（一） 德国：场馆运营与自办展结合的政府主导型模式

1. 政府主导，行业协会积极参与

德国主要的展览中心多为政府投资兴建，在产权国有的前提下，由地方政府出资成立展览控股公司对展览中心进行企业化、市场化管理，但政府不参与展览公司具体的决策，只是通过行业协会对其进行规范监督，如，德国汉诺威展览公司（Deutsche Messe AG）由下萨克森州（Niedersachsen）政府和汉诺威市政府分别控股 49.8%，展览公司监事会成员包括汉诺威市市长和下萨克森州经济部、司法部、财政部三部委的部长等。

2. 国有展览公司负责场馆和展会运营

以法兰克福展览中心为例，其运营管理交由黑森州（Hessen）政府与法兰克福市政府分别出资 40%与 60%成立的法兰克福展览有限公司（Messe Frankfurt GmbH），公司独立化经营，政府不参与展览公司具体的决策，只是通过监事会对其进行监督，展览公司实行企业化管理。法兰克福展览有限公司通过两家独立的全资子公司运营会展业务，由 Messe Frankfurt Venue GmbH & Co. KG 负责管理法兰克福展览中心，确保展览场馆设施完善；Messe Frankfurt Exhibition GmbH 则负责筹办展览业务，本身并不参与经营展览中心，是 Messe Frankfurt Venue GmbH & Co. KG 的主要客户。法兰克福展馆的成功之处在于强调可持续化管理，与一次到位的兴建方式不同，各展馆分别兴建于不同时期，先建立会展品牌，获得盈余后，再增建新馆，因此各展馆外观风格迥异。

3. 政府推动产业规模化运作

德国展览业在市场准入方面完全开放，没有任何法律限制。德国展览业发展以市场为主导，德国政府特别是联邦政府并不直接参与到展会的具体运作层面，也不会给予展会直接的财政支持，政府通过德国展览业协会（AUMA）对德国展览业进行宏观调控。德国展览业协会是由参展商、采购商、展会组织方联合成立的经过政府授权的行业协会，其主要职能包括制定严格的行业规则制度和相应的评估指标；发布会展相关信息，确保展会市场透明公开；支持中小企业到海外参展；组织展览业专业人才的教育与培训；统筹协调展览业的专业调研等。

德国的展馆运作模式主要特点是政府投资建设后以长期租赁或委托经营的形式交由大型会展管理公司运营，德国实力雄厚的展览公司多由地方政府控股，展馆所有权归属政府，但政府不直接参与场馆的日常运作。场馆配套设施由地方政府投资建设，保证展览场馆交通、住宿、餐饮等配套服务设施齐全、便利。德国会展产业经过多年的发展，在市场的激烈竞争中，会展公司都积累了丰富的组展、办展以及场馆管理方面经验。众多国际知名的会展公司，如汉诺威展览公司、法兰克福展览公司、慕尼黑展览公司等，在会展产业链上都有很好的定位，涵盖了展会策划、展台搭建、场馆服务等业务领域。

（二） 法国：纯场馆运营的市场主导型模式

1. 市场推动为主政府参与管理

法国展览中心的所有权与运营管理模式与德国大致相同，为政府出资建设，产权国有，并成立公司进行展览中心的运营管理。不同的是德国成立的展览公司政府持股近 100%，法国则为公协会与民营企业共同组成管理公司，与德国相比更接近市场化的民间管理模式。

2. 场馆服务与会展项目独立运营

德国成立的展览公司除了负责展览中心运营外，也从事展览筹办，但法国展览中心经营者并不举办展览活动，体现更为细致的分工。

巴黎北维勒班展览中心（Paris-Nord Villepinte）与凡尔赛展览中心（Porte de Versailles）为法国两个主要展览中心，皆交由法国巴黎展览馆集团（VIPARIS）管理。VIPARIS 是巴黎工商会（Chambre de commerce et d'industrie de Paris，CCIP）与欧洲知名商业土地开发商 Unibail-Rodamco 集团分别出资 50%成立，为专业的场地管理公司，管理法国境内 11 座场馆，2015 年营收达 14.52 亿欧元，其中会展部分为 1.05 亿欧元，其主要业务是场馆经营以及基础设施的扩建和维护。为了提高组织活动的可持续性，有效防范可能的社会和环境风险，减少活动对社会和环境的不良影响，VIPARIS 在 2014 年成为会展管理业内第一个所有场馆及业务活动都取得 ISO 20121（大型活动可持续性管理体系）认证的企业。

3. 业务细分有助专业化程度提升

法国展览中心经营者负责展馆的经营管理，只开展场馆服务业务，不进行会展项目的运营。会展公司不拥有展览设施，也不参与展馆经营，主要从事会展项目经营，其核心竞争力在于承办高质量展会以提升专业性和权威性。法国展览业人士坚持认为这种公办民营的纯场馆经营模式将场馆服务与会展项目进行业务划分，能够促进会展公司之间的公平竞争，也有利于场馆经营者专心做好场馆服务工作，体现更组致的社会分工，帮助提升会展服务专业水平。

（三） 美国：政府和市场结合型模式

1. 产权管理多样化

美国的大型展览中心多为政府投资，管理模式上多半由政府成立准官方机构进行管理或由政府直接进行管理，而中小型展览中心则由民间机构进行投资与管理。

2. 多种管理模式并存

美国最大的麦考密克展览中心（McCormick Place Chicago）原运营管理单位MPEA（Metropolitan Pier Exposition Authority）为伊利诺伊州议会于 1989 年创立的一家市政公司，由伊利诺伊州州长和芝加哥市长任命董事会成员。2011 年 MPEA 委托拥有丰富设施管理经验的民间管理公司 SMG 管理集团（Spectacor Management Group）负责日常运营管理。

拉斯维加斯会议中心（Las Vegas Convention Center）展览面积约 18 万平方米，会议面积约 2.2 万平方米，每年接待参展人员 150 万，经济收入 25 亿美元，由拉斯维加斯会展及观光局（Las Vegas Convention and Visitors Authority，LACVA）负责运营管理，拉斯维加斯会展及观光局是根据美国内华达州立法设立的半官方机构，拥有独立董事会，其 14 位董事会成员中依法规定需有 6 位民间董事，由拉斯维加斯商会（Las Vegas Chamber of Commerce）与内华达度假村协会（Nevada Resort Association）提名。

位于佛罗里达州奥兰多的美国第二大展览中心奥兰多橙郡会议中心（Orange County Convention Center）由奥兰多市政府出资兴建并拥有产权，政府成立专职部门进行管理，旨在不断为当地经济注入新资金、扩大商机。

SMG 为全美最大的专业设施管理集团，管理全美境内 68 座场馆，涉及运动场馆、音乐厅和会展场馆等，具有强大的资源调度和互补能力，实现规模经济。举办苹果电脑全球开发者大会（Apple Worldwide Developers Conference）及其他科技产品发布会的旧金山莫斯克尼展览馆（Moscone Center）即由 SMG 管理集团负责日常运营管理。

3. 政府和市场共同参与促进优势融合

在美国，大部分展览中心都是公有的，在长期的产业发展过程中，形成了 3 种公有展览中心管理模式：政府管理模式、委员会管理模式以及私人管理模式。政府管理指各地政府自行设立会展机构负责管理公共会展场馆；委员会管理即成立非营利性管理委员会负责公有展览中心业务；私人管理则是聘请专业展览管理公司管理公有会展场馆，同时在多个专门的行业协会的协助下进行市场化的公平竞争。政府和市场共同参与会展场馆的管理，双方各司其职，利用各自的优势资源为会展业提供服务。

（四） 展览中心运营模式分析

目前国际展览中心主要运营模式大致可分为 4 类：场地租赁、自行筹办展览、提供增值服务和管理顾问服务。

1. 场地租赁

展览中心的场地管理者通过签订合约将展览场地租赁给专业展览筹办单位(Professional Exhibition Organizer, PEO)举办展览活动以收取租金，并可视展览面积进行区域规划，将不同展区提供给不同展览主题或不同主办单位同时举行展览，此外，部分展览中心也规划长期摊位出租，提供停车位，设置餐饮区、金融服务区、物流区与办公区等，出租给相关业者赚取租金。此为展览中心传统的运营模式，注重资产的有效利用，通过提高使用率来获利。

2. 自行筹办展览

展览中心除了传统的场地租赁业务外，也可涉足展览筹办业务，扮演 PEO 的角色，通过自行办展，除了可提高展览中心的使用率外，也有利于将业务板块延伸至产业链下游，拓展经营范围，达到增加获利的目的。然而要从场地管理者涉足展览筹办业务，须有展览活动专案管理、国际营销规划等相关人才，因此组织内部须整合相关资源，方可发挥综合效应。

3. 提供增值服务

筹办展览活动涉及交通、餐饮、住宿、广告、工程搭建、休闲购物等多方面，随着产业发展渐趋成熟，展览中心意识到 PEO、参展商与参观者的需求趋向全方位多元化，因此，展览中心为满足多样化需求，提供各类因展览活动而衍生的增值服务，满足个性化需求，提升服务满意度，达到建立服务差异化优势。

4. 管理顾问服务

管理顾问服务是展览中心在其管理水准达到成熟时，通过提供管理顾问服务的方式，经营其他展览中心，实现以管理方法创新营收的目的。展览中心可将其管理经验向外提供顾问服务，不仅使较成熟的管理方法与经验得以扩大发展，提升展览中心的品牌形象，同时建立其在市场上的领导地位，并达到增加获利的目的。

如，新加坡新展场馆管理公司目前负责新加坡最大的会展中心——新加坡博览中心以及 MAX Atria 会议中心的管理和运营，并为中国天津滨海国际会议展览中心(BICEC)、中国重庆国际博览中心(CQIEC)、中国成都国贸中心等项目提供会展场馆顾问服务。

四、会展城市品牌营销

会展城市品牌是全球化竞争中的营销利器，结合当地优势产业、自然、人文、休闲等有利因素发展会展活动，可源源不断地吸引参展商和观众，建立长期的城市竞争优势，如，“时尚之都”巴黎结合时装、化妆品、香水等当地特色产业，培育时装展、化妆品展等诸多国际著名会展；德国的科隆五金工具展览会，涵盖了整个欧洲五金工具生产制造和销售行业；纽伦堡的国际玩具展则是世界玩具最大的盛会；在汉诺威举办的欧洲机床展，代表了整个欧洲乃至世界机械行业的发展。亚洲方面，新加坡积极招揽金融、生物医学、保健、环境、资源等重点产业的相关会展活动，着力于建立新加坡为亚洲产业创意中心；首尔则积极推动再生能源、矿物资源、林业、渔业等领域，将会展与策略产业结合产生经济综合效益，并以会展产业(meeting, incentives, conventions, exhibitions, MICE)为核心，发展全新城市发展计划。

（一） 新加坡：多元文化创新融合

新加坡位于东南亚马来半岛南端，毗邻马六甲海峡并连接印度洋和南中国海，是亚洲主要海运枢纽之一，被视为通往东南亚市场的重要途径。新加坡拥有世界一流的基础设施，包括高质量的公路、港口和航空运输设施。新加坡是亚洲主要能源及石油化工中心和世界三大石油贸易和精炼中心之一。生产性服务业是支撑新加坡经济的主要行业，电子、医药、零售、金融服务和化工行业贡献了大部分 GDP，并长期保持对外国投资者的吸引力。有超过 7 000 家跨国公司及诸多国际知名企业的区域总部设于新加坡，商务聚集效应显著。新加坡的展览更注重区域性，安排紧凑，并与会议相互关联，关注的不只是贸易，还包括思想领导内容和知识的交流。

1. 会议市场小幅回升　展览规模持续扩大

根据 ICCA 公布的数据，新加坡 2015 年共举办会议 156 场，较 2014 年增长 9.86%，全球排名第 7 名，2011—2015 年 5 年来稳居国际会议举办城市亚洲排名第一(图 9.5)。

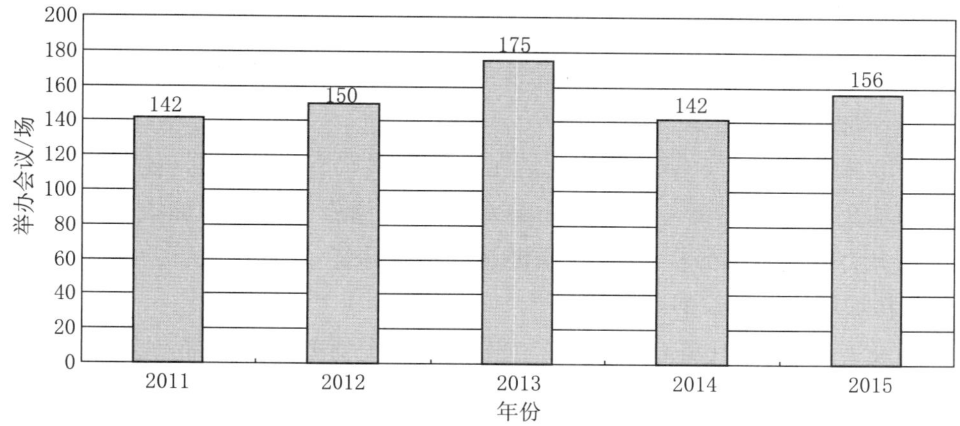

图 9.5　2011—2015 新加坡举办国际会议数量

资料来源：ICCA，A Modern History of International Association Meetings 1963—2012，The Association Meetings Market 2013—2015.

根据 UFI 统计报告，2015 年新加坡共举办专业展览 72 场，展出面积约 34 万平方米，与 2014 年相比，展览数量减少 16 场，展出面积约增加 3 250 平方米。2011—2015 年新加坡举办国际专业展览数量略有下降，但展出规模持续扩大(图 9.6)。

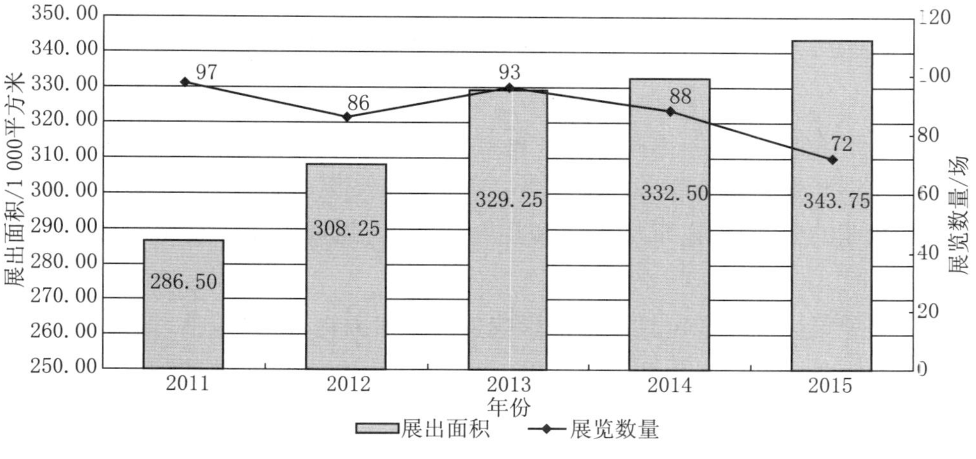

图 9.6　2011—2015 新加坡举办专业展览数量与展出面积

资料来源：UFI，The Trade Fair Industry in Asia-12th，2016.

2. 主要会展产业机构与组织

(1) 新加坡旅游局(STB)

机构职能为建立区域旅游枢纽，承担相关事务及长期规划任务，包括在世界各地设立办事处，开展以新加坡作为旅游目的地的全球推广事务。会展隶属机构六大分组之一的体验发展组，其职责包括目的地的规划与发展，目的地体验的包装与管理、营销推广、积极拓展国际旅客。

新加坡旅游局将在 5 年内投入 7 亿元推动多项旅游发展计划，包括通过新加坡商业活动基金（Business Events In Singapore）资助商旅会展业者加大行销力度。旅游局也将大力推动数据分析，深入了解游客的消费趋势，以提供更符合需求的服务。

（2）新加坡展览会议署（SECB）

新加坡展览会议署（SECB）成立于 1974 年，负责商务旅游与推动会展相关业务、配合会展公司推展工作、向国际营销新加坡优良的商务与会展环境、吸引国际会展业者进驻，其主管范围包含：会议、展览、商务旅游、整合型度假村等业务。

3. 政府主导促进相关产业资源共享

新加坡会展产业采用政府主导型综合运作模式，新加坡展览会议署作为新加坡会展产业主管机关，其会展营销策略是紧密结合政府机关、会展相关产业和关键部门的发展，集合三方合作成为新加坡主要会展经济驱动器，吸引会展活动至新加坡举办。

在政府机关方面，新加坡会展产业的市场营销主要由新加坡展览会议署（SECB）负责，以政府作为主导优化资源整合。新加坡政府机关重点营销策略包括参与国际专业组织、选定会议大使、奖励计划三大内容，旨在推广新加坡国家会展目的地的专业形象。

在会展相关产业方面，由新加坡展览会议署牵头，积极配合政府、引导企业，并以市场手段促进并整合会展相关产业资源，增强产业运作的整体性、互动性，同时挖掘会展相关产业的公共资源、市场资源和社会资源，达到资源充分利用，有助于整体营销策略的运行。

新加坡展览会议署选定具有经济影响力的十大关键部门（包括：设计、教育、医疗保健与生物医学、创新、媒体和数字内容、社会部门、运动、运输与物流、旅游、城市解决方案），利用重点产业的既有优势，进行集群营销活动，充分利用重点产业的凝聚能量。新加坡旅游局联合 MICE 行业于 2014 年公布了《MICE2020 发展蓝图》，旨在让新加坡继续保持亚洲商务、会奖、展览目的地的领先优势，向“智慧 MICE 城市”迈进。

（二）首尔：国际化、智能化进程加快

韩国首都首尔是韩国政治、经济、科技、教育、文化中心，韩国著名的跨国公司三

星(SAMSUNG)、乐金(LG)、现代(Hyundai)、起亚(KIA)和SK集团等总部皆设在首尔,世界诸多跨国公司也将首尔设为总部所在地。首尔会展产业发达,具备一流的硬件设施,辅以首尔国际会议展览局(Seoul Convention Bureau)的服务支持,有望持续发展成为世界级会展举办城市。

近年来,首尔展览业国际化、智能化进程加快,本土主办方赴中国、越南、马来西亚等亚洲其他国家办展规模扩大,如亚洲第一大咖啡展——首尔咖啡展(Seoul Café Show)在中国举办了中国国际咖啡展(Exporum Café Show in China),同时,跨国主办方进军本土市场力度也在持续加大,全球最大的组展商励展博览集团在首尔成立了韩国子公司。硬件设施方面,首尔展览馆正致力于朝"智能化"方向加速发展,如首尔Coex会展中心配备了beacon交互通信设备,韩国国际展览中心(KINTEX)提升物联技术在展馆设施中的应用。

1. 会议市场回升明显　展览实现场次规模双增长

首尔2015年ICCA全球城市排名第13,亚洲排名第2,2015年共举办会议117场,较2014年增长18.2%。2011—2015年的统计数据显示,首尔稳居亚洲前五大会议举办城市(图9.7)。

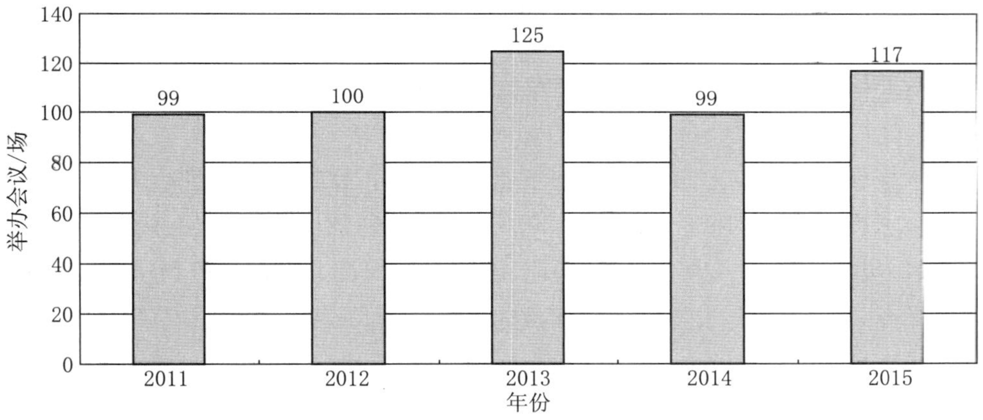

图9.7　2011—2015首尔举办国际会议数量

资料来源:ICCA, A Modern History of International Association Meetings 1963—2012, The Association Meetings Market 2013—2015.

根据UFI统计报告,2015年韩国共举办专业展览160场,展出面积约95万平方米,与2014年相比,展览数量增加2场,展出面积约增加3.425万平方米。2011—2015年韩国举办国际专业展览数量略有增加,且展出规模呈现持续扩大的趋势(图9.8)。

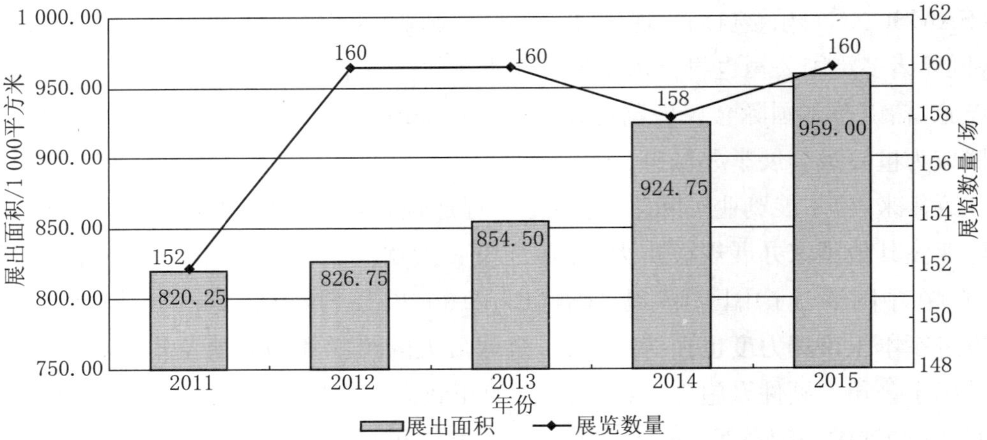

图 9.8　2011—2015 韩国举办专业展览数量与展出面积

资料来源:UFI, The Trade Fair Industry in Asia-12th, 2016.

2. 主要会展产业机构与组织

(1) 首尔国际会议展览局(Seoul Convention Bureau, SCB)

首尔国际会议展览局成立于 2008 年,为首尔旅游局的分支机构,主要负责会展之都首尔的国际营销及公共关系管理,为首尔主办的每项活动提供各种服务和支持,包括财务、招标、推广、运营及信息支持,此外,还负责专业培训课程的开发(为会展专家提供指导培训)、业务活动范围拓展及会展产业前景规划。

(2) 首尔会展联盟(Seoul MICE Alliance, SMA)

首尔会展联盟由首尔市政府及首尔旅游局经营,旨在促进该市会展基础设施建设及向全球进行首尔的推广营销,至 2015 年 9 月,联盟已拥有涵盖多个领域的成员共 195 名,包括首尔会展中心、特别场地、旅馆及旅行社。除此之外,还包括其他相关服务提供商,如交通、娱乐公司、精选购物中心、翻译及设备租赁机构。

(3) 韩国展览业振兴会(Association of Korea Exhibition Industry, AKEI)

韩国展览业振兴会是韩国展览产业的代表机构,隶属韩国产业通商资源部,主要负责制定关于韩国展览产业的政策,给政府部门提供相关建议。韩国展览业振兴会的会员主要以韩国会展中心运营商协会、韩国展览主办方协会、韩国展览服务供应商协会以及韩国展览装饰协会四大协会为主。

3. 结合 MICE 产业提升综合竞争力

2009 年 1 月韩国政府发布十七大新成长动力产业,会展产业位列其中,划归高附加值服务领域。2013 年韩国政府发布的《2013 年经济政策方向》提出结合旅游与会展的"培育创造型服务产业"计划,强化会展支持,将旅游、会展产业纳入八大新成长动力产业之中，通过强化国际竞争力使首尔发展成为世界级城市，为此，首尔市政府发布《首尔旅游 MICE 发展总体规划(2014—2018)》，展开全面的产业培育，2016 年初，首尔市发布了《2016 年 MICE 产业培育计划》。2017 年，首尔市政府公布了《2017 年扶持 MICE 产业五大规划》，计划划拨 100 亿韩元(约合人民币 5 964 万元)用于 MICE 产业，推出提供各种支援与优惠的全套服务“See you in SEOUL Special”，透过系统性的营销模式，挖掘市场潜在需求，扩大引进会展活动，主要营销模式如下。

(1) 挖掘潜在需求及招商营销

- 在国际会议协会(ICCA)国际会议数据库中挖掘招商可能性较高的国际会议；
- 运用海外跨国企业的国内分公司，寻求企业型会议(含奖励旅游)招揽机会；
- 运用韩国旅游发展局、韩国贸易投资振兴公社及民间企业的海外分公司，进行共同营销；
- 参加海外会展博览会、说明会及宣传；
- 与海外当地旅行社进行共同营销；
- 邀请海外主要会展媒体进行体验之旅、广告刊登，进行在线营销。

(2) 提高企业型会议(含奖励旅游)辅助金，支持举办会展活动

(3) 建立会展综合资讯系统并公开资讯

推出面向展会供应商的在线登记平台，改变以往供应商必须亲自到展览中心拜访登记的业务操作模式，通过在线服务系统，供应商可便捷登记发布相关信息，成为周边区域所有展览中心的合作机构，节省了大量时间和金钱成本。

(4) 增强城市会展生态体系，培养会展专业人才，提高市民对会展的认知，建立市民、企业与首尔市共同运营的 MICE 治理体制，为创造出更多青年就业岗位而运营“MICE 人才库项目”。

(5) 对整座城市的历史文化资源进行故事化包装，在当地居民主导下发掘 422 个洞的故事，打造一座可令游客访问社区每个角落的首尔。

(三) 曼谷：Thailand Connect 定位亚洲会展枢纽

泰国在东盟市场占据重要的门户地理位置，近年来，泰国会展市场作为东盟大市场的一部分，呈现出蓬勃活力。泰国实行自由经济政策，属外向型经济，泰国在汽车制造业、农业、房地产、医药保健、信息科技及旅游业等产业发展潜力较大，国际跨国企业、金融机构云集曼谷，让曼谷成为亚洲主要的商务中心之一，其经济占全泰国经济总量约 40%，良好的产业发展及商业机会成为曼谷发展会展产业的有力基础。曼谷具

备海空港优势，有利于贸易及商业发展，其独特的文化及观光资源，使旅游业发展成为重要的经济支柱，曼谷市内聚集着国际品牌酒店，一年接待约 1 500 万的国际游客。

1. 会议场次大幅攀升　展览业增长稳定

曼谷 2015 年 ICCA 全球城市排名第 16，亚洲排名第 4，2015 年共举办会议 103 场，较 2014 年大幅增长 41%。2011—2015 年的统计数据显示，曼谷持续位居亚洲前十大会议举办城市(图 9.9)。

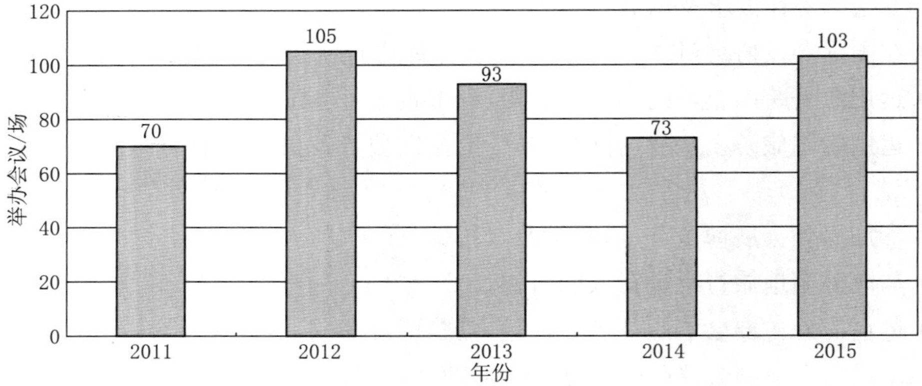

图 9.9　2011—2015 曼谷举办国际会议数量

资料来源：ICCA, A Modern History of International Association Meetings 1963—2012, The Association Meetings Market 2013—2015.

根据 UFI 统计报告，2015 年泰国共举办专业展览 99 场，展出面积约 57 万平方米，与 2014 年相比，展览数量增加 11 场，展出面积增长 4.1%。2011—2015 年的总体数据呈现逐年增长态势，显示其展览产业处于成长阶段(图 9.10)。

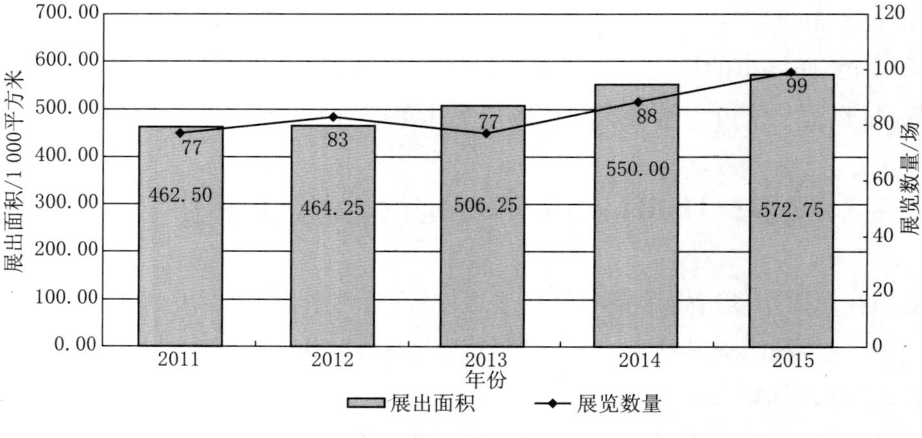

图 9.10　2011—2015 泰国举办专业展览数量与展出面积

资料来源：UFI, The Trade Fair Industry in Asia-12th, 2016.

2. 主要会展产业机构与组织

泰国会展局(TCEB)于 2002 年 9 月 28 日由泰国皇室谕令宣布成立,并于 2004 年正式营运,TCEB 与全球性的行业组织开展业内合作,提升泰国展览行业知名度并推广泰国的会展资源。为积极推动会展产业发展,泰国国会通过将原本隶属于泰国观光部国际会议处的职权、义务、责任、活动、资产、权益、负债及可用预算等全部移转至泰国会展局,扩大泰国会展局之职权,并由泰国总理府直接监督管理。

泰国会展局工作内容包含建立会展国家品牌形象(Thailand CONNECT),制订营销推广活动、规划并实施奖励办法,协助泰国会展业者争取国际会展活动,扮演政府与民间业者的沟通合作桥梁等。此外,泰国会展局除了在曼谷设立总部外,为了更接近目标市场,也在其他国家设立海外分处。

3. 明确城市定位　锁定高端会展客户群

(1) 以会展产业锁定高端客户群

泰国的展会以特色取胜,展会主办方在细分行业领域举办展会,并通过创新不断提升展会品质。泰国政府借鉴欧美等发达国家做法,通过发展会展产业吸引高消费的会展人士,泰国政府成立会议展览局专职负责推动泰国会议产业的发展,针对会展人士提供高质量服务。

(2) 整合营销资源

泰国将发展会展产业的资源集中交由泰国会展局进行统筹和总体规划,由泰国会展局制定泰国会展产业的整体营销策略、各项优惠及奖励措施及营销推广计划,同时肩负与曼谷及其他城市的沟通协调工作。

为吸引更多买家团和参展商前往泰国参展、观展,TCEB 推出了一系列鼓励措施,如,支持买家团体的“商务连接(connected businesses)”和支持参展商组织者的“参展泰国(exhibiz in market)”。

(3) 明确城市定位

泰国会展局选定曼谷、芭提雅、普吉、清迈和孔敬作为官方主推的五大会展城市,分别给予明确的定位,首都曼谷的城市景观与购物天堂、芭提雅的海滩胜景、普吉的小岛风情、具备历史遗迹及文化遗产风貌的清迈及孔敬的自然景观与古代文化,各自展现其特色,确立五大会展城市的定位,创造城市间健康的竞合关系。

(四) 东京:力争成为世界前三大 MICE 举办城市

身为日本首都与最大城市的东京,同时也是国际会展重镇,每年日本举办的国际会议中，超过 1/4 的场次在东京举办，而在展览方面，东京拥有世界三大食品展之一的“东京国际食品饮料展(FOODEX JAPAN)”，以及全球知名的“日本国际机床工具展(JIMTOF)”。

1. 会议场次小幅回升　展览规模发展受限

东京作为日本举办国际会议主要目的地，举办会议场次约占日本总量的 20%～25%。2015 年 ICCA 统计显示东京举办会议 80 场，较 2014 年减少 10 场，全球会议城市排名第 28，亚洲排名第 22，较 2014 年小幅下降(图 9.11)。

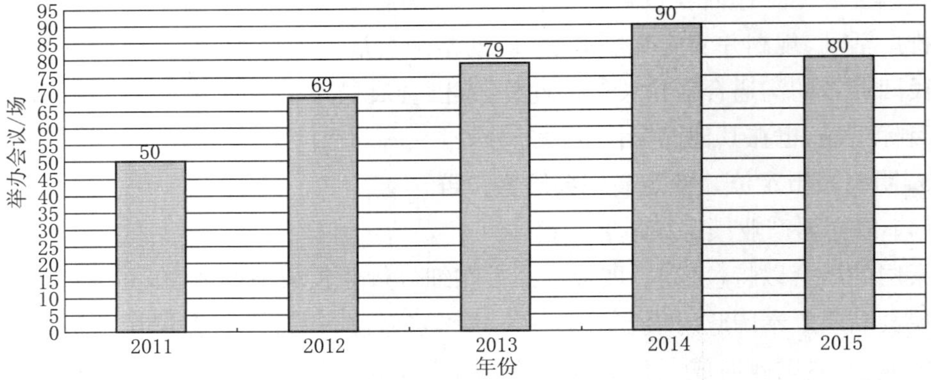

图 9.11　2011—2015 东京举办国际会议数量

资料来源：ICCA, A Modern History of International Association Meetings 1963—2012, The Association Meetings Market 2013—2015.

根据 UFI 统计报告，2015 年日本共举办专业展览 339 场，与 2014 年基本持平，展出面积约 205 万平方米，较 2014 年增长 1.2%。2011—2015 年的总体展出规模仍维持增长态势(图 9.12)。

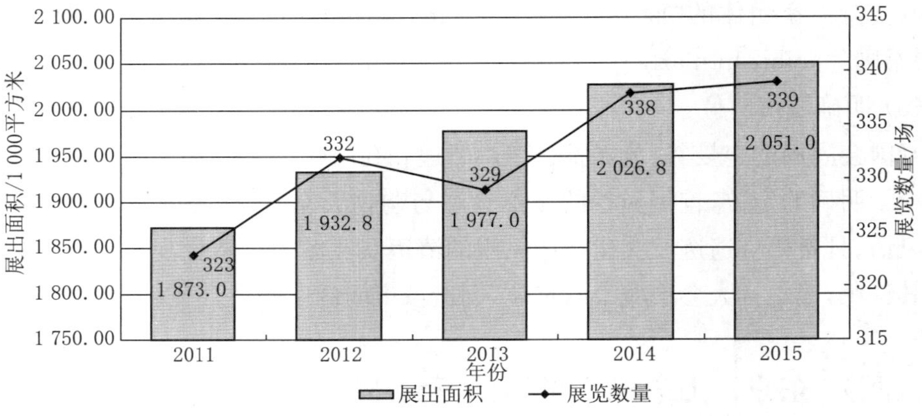

图 9.12　2011—2015 日本举办专业展览数量与展出面积

资料来源：UFI, The Trade Fair Industry in Asia-12th, 2016.

日本共有14个展览场馆(场地面积近36万平方米),东京共有3个展览场馆,场地面积约10万平方米,占全日比重约28%。日本展览业总体呈现空间集群化发展态势,主要集中在关东(主要包括东京、神奈川、琦玉、千叶)、中部(主要包括名古屋、静冈、爱知)和近畿(主要包括大阪、兵库)三大区域,其中以关东特别是东京展览业最为发达。日本POP株式会社出版的《商品交易展览会总览》显示,东京举办展会约占日本的55%,展会净面积占60%以上。

2. 主要会展产业机构与组织

东京会展产业地方主管机构为东京都产业劳动局观光部,地方推动机构为TCVB(Tokyo Convention & Visitors Bureau, TCVB)。

(1) 东京都产业劳动局观光部

东京都产业劳动局是东京都下辖局处之一,主要业务为东京产业活性化、雇用相关政策、促进农林水产业与观光产业等。产业劳动局下属观光部就是东京都内推动MICE的政府部门,其主要任务是向海外宣传东京观光的魅力,制订相关战略性措施,如2015年7月提出的"东京都MICE招揽战略"。

(2) 公益财团法人东京观光财团(TCVB)

成立于1997年的TCVB是东京官方观光组织,由东京商工会议所及私人企业所建立,拥有400家观光产业伙伴,提供一站式观光服务。主要的工作职能是推广东京旅游目的地以提升海外旅客人次,吸引国际会议赴东京举办,提升海外旅客满意度,支持区域发展。

3. 充分调动观光、科研、技术等要素发挥地域综合优势

根据"东京都MICE招揽战略",东京会展产业目标是"确立东京为MICE举办都市之地位",希望在2024年之前成为世界前三大MICE都市,主要营销策略如下。

(1) 有效活用东京的优势资源

- 促进历史建筑物或文化设施等独特场地之利用,如结合当地美术馆、博物馆、音乐厅及日本独有的艺术文化内容进行推广营销;
- 制作并提供介绍地区特色技术、观光资源的手册。

(2) 促进与各相关主体的合作,如支持与东京都内高校合作,举办国际学术会议,制作介绍东京都内大学及研究机构的手册进行推广

(3) 构筑与日本国内其他城市间的协同机制,吸引日本国内周游型的奖励旅游,在国际会议或企业会议举行期间,推广到其他城市的参观访问提案

参考文献

[1] 谌怡如.从 2015SITE 会展望全球奖励旅游趋势[J].台湾会展,2016, 19:12—13.
[2] 德国展览业协会网站.http://www.auma.de/en/Seiten/Default.aspx.
[3] 国际大会与会议协会网站.http://www.iccaworld.org.
[4] 林月云.聚焦数字发展、扩增场馆面积,亚洲会展城市持续进化[J]. Conference & Exhibition Taiwan, (20):8—9.
[5] 全球展览业协会网站.http://www.ufi.org.
[6] 世界展览网站.http://www.exhibitionworld.co.uk.
[7] 苏希玲.应时而变　聚焦转型中的展览业[J].中外会展,2016,(12):31—44.
[8] 外贸协会市场研究处.德法美展览中心所有权与管理模式概述[R].2016.
[9] 外贸协会市场研究处.国际间展览中心经营模式探讨[R].2015.
[10] 外贸协会市场研究处.亚洲会展城市行销策略暨个案研究[R].2016.
[11] 驻大阪总领馆经商室.日本展览业发展现状及特点[R].2015.
[12] 2016 年奖励旅游业调查报告[J].中国会展,2016, (10):34—39.
[13] AMR International. Globex-The global exhibition organising market: assessment and forecast to 2020[R]. 2016.
[14] Andrea Doyle.厚积以待薄发　二三线目的地城市的发展之道[J].孙淑华编译.中国会展,2016, (24):68—70.
[15] IAEE. Future Trends Impacting the Exhibitions and Events Industry[R]. 2016.
[16] Leo Jakobson.聚焦知识枢纽型目的地[J].孙淑华编译.中国会展,2016,(18):60—62.
[17] Matt Alderton. What Makes a Millennial Meeting Venue? [EB/OL]. http://www. successfulmeetings. com/Strategy/Meeting-Strategies/Millennial-Meeting-Venues-Zephyr-Radisson-RED-Long-Beach, 2017-01-10.

本章撰写:周　寅

第十章　国际主题乐园发展动态

1952 年荷兰建成世界上第一个微缩景观主题乐园“马都洛丹”(Madurodam),成为当时的新生事物。1955 年美国洛杉矶迪士尼乐园开业则成为现代主题乐园诞生的标志。进入 21 世纪,主题乐园已经遍布世界各地,形成颇具规模的产业,它不仅成为城市经营的重要方式,促进社会经济发展,还承载着休闲娱乐功能,成为大众在快节奏的工作之余,家庭聚会、社会交往和放松身心不可缺少的公共场所。

从全球角度来看,主题乐园行业处于成熟阶段,客流量稳步增长,主题乐园市场依旧保持着 7%的年增长率。本章介绍近年来国际主题乐园发展的总体现状和趋势,并对各地区的主题乐园市场进行分析,择要介绍具有代表性的主题乐园的发展动态。

一、国际主题乐园发展总体现状与趋势

(一) 国际主题乐园市场稳步增长

近年来,本轮金融危机的余波未尽,全球经济低迷,但由于新技术和新兴市场的发展,全球主题乐园市场仍然呈现稳步增长的态势。据国际游乐园及景点协会(IAAPA)2017 年 1 月发布的报告,2015 年国际主题乐园的全球消费总额达 404 亿美元,较 2014 年增长了 7.4%。消费总额的增长主要由国际主题乐园客流量的增长带动,2015 年国际主题乐园客流量较 2014 年增长了 5.2%。而从人均消费来看,2015 年较 2014 年增长了 2.2%,是自 2011 年以来增速最慢的一年,这主要是由于欧洲和美国增速放缓,而市场份额逐渐扩大的中国消费结构相对较低(表 10.1)。

表 10.1　国际主题乐园市场概况

项　目	2010 年	2011 年	2012 年	2013 年	2014 年	2015 年	2010—2015 年均复合增长率/%
客流量/100 万人	830.5	867.3	893.6	931.2	956.5	1 005.8	
变化/%		4.4	3.0	4.2	2.7	5.2	3.9
人均消费/美元	34.53	35.25	36.50	37.99	39.28	40.13	
变化/%		2.1	3.5	4.1	3.4	2.2	3.1
消费总额/100 万美元	28 674	30 575	32 614	35 379	37 568	40 362	
变化/%		6.6	6.7	8.5	6.2	7.4	7.1

项　目	2016 年	2017 年	2018 年	2019 年	2020 年	2015—2020 年均复合增长率/%
客流量/100 万人	1 053.7	1 126.5	1 171.8	1 218.7	1 268.9	
变化/%	4.8	6.9	4.0	4.0	4.1	4.8
人均消费/美元	41.07	41.82	43.09	44.34	45.71	
变化/%	2.3	1.8	3.0	2.9	3.1	2.6
消费总额/100 万美元	43 279	47 111	50 489	54 034	58 001	
变化/%	7.2	8.9	7.2	7.0	7.3	7.5

说明：2016—2020 年的数据为预测值。
资料来源：IAAPA Global Theme and Amusement Park Outlook 2016—2020 (Jan. 2017).

现代主题乐园已呈现出与文化产业、房地产、住宿业、度假疗养、商业等产业融合发展趋势，在经济缓慢复苏的过程中，主题乐园市场往往成为先导领域。自 2012 年以来，国际主题乐园全球消费总额的增速超过全球名义国内生产总值(GDP)的增速，预计至 2020 年仍将保持如此(图 10.1)。当前，消费者的娱乐消费正逐渐从购买过渡至体验，这一趋势将使主题乐园获益。

(二) 北美仍然是主题乐园发展的第一重镇

北美、欧洲和亚太地区是世界经济的三极，也是主题乐园的主要分布地区。从消费总额来看，2015 年北美地区的主题乐园消费总额达 211 亿美元，欧洲地区的主题乐园消费总额达 61 亿美元，亚太地区的主题乐园消费总额达 127 亿美元(表 10.2)。主题乐园选址要求在经济发达、流动人口多的大城市或发达城市群，以保证有良好的

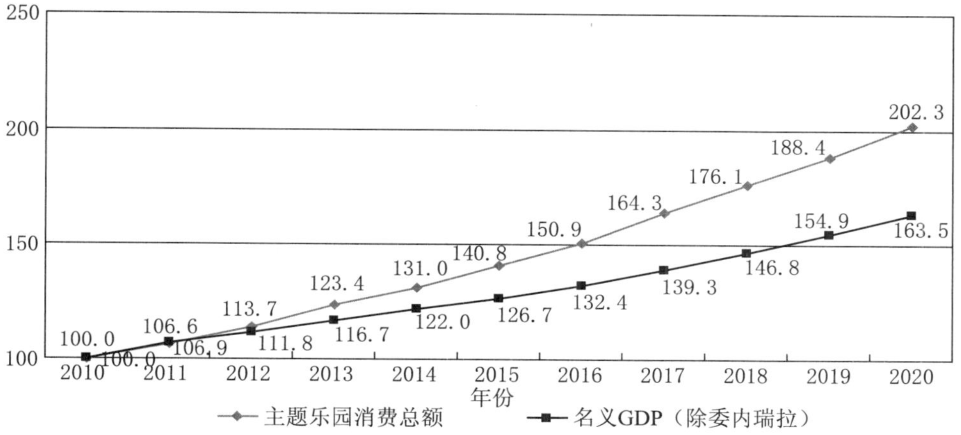

图 10.1　国际主题乐园消费总额与名义 GDP 增长趋势比较

说明：图中纵轴数据为主题乐园消费与名义 GDP 的指数，均设定 2010 年的值为 100；2016—2020 年的数据为预测值。

资料来源：IAAPA Global Theme and Amusement Park Outlook 2016—2020 (Jan. 2017).

客源条件。客源市场不仅要有充足的“量”，而且要有一定的“质”。主题乐园的游客主要是中、高档目标消费群体。同时，主题乐园是一种高投入、高产出的旅游项目，一个成功的大型主题乐园也将带动相关区域第三产业的发展。

表 10.2　各大地区国际主题乐园消费总额增长　　单位：100 万美元

项　目	2010 年	2011 年	2012 年	2013 年	2014 年	2015 年	2010—2015 年均复合增长率/%
亚太地区	8 008	8 705	9 486	10 633	11 659	12 747	
变化/%		8.7	9.0	12.1	9.6	9.3	9.7
欧洲地区	5 121	5 432	5 452	5 635	5 925	6 121	
变化/%		6.1	0.4	3.4	5.1	3.3	3.6
北美地区	15 215	16 077	17 306	18 718	19 566	21 068	
变化/%		5.7	7.6	8.2	4.5	7.7	6.7
拉丁美洲地区	278	288	287	305	325	338	
变化/%		3.6	−0.3	6.3	6.6	4.0	4.0
中东/北非地区	52	73	83	88	93	88	
变化/%		40.4	13.7	6.0	5.7	−5.4	11.1
总　计	28 674	30 575	32 614	35 379	37 568	40 362	
变化/%		6.6	6.7	8.5	6.2	7.4	7.1

续表

项　　目	2016 年	2017 年	2018 年	2019 年	2020 年	2015—2020 年均复合增长率/%
亚太地区	14 045	16 017	17 444	18 976	20 661	
变化/%	10.2	14.0	8.9	8.8	8.9	10.1
欧洲地区	6 352	6 665	6 985	7 348	7 932	
变化/%	3.8	4.9	4.8	5.2	7.9	5.3
北美地区	22 405	23 752	25 187	26 680	28 278	
变化/%	6.3	6.0	6.0	5.9	6.0	6.1
拉丁美洲地区	359	381	412	438	468	
变化/%	6.2	6.1	8.1	6.3	6.8	6.7
中东/北非地区	118	296	461	592	662	
变化/%	34.1	150.8	55.7	28.4	11.8	49.7
总　计	43 279	47 111	50 489	54 034	58 001	
变化/%	7.2	8.9	7.2	7.0	7.3	7.5

说明:2016—2020 年的数据为预测值。
资料来源:IAAPA Global Theme and Amusement Park Outlook 2016—2020 (Jan. 2017).

从数量占比上看,北美地区目前仍是全球主题乐园的主要市场,2015 年全球排名前 25 名的主题乐园中,有 10 家主题乐园位于美国。但从全球地理区位上看,表现出向亚太地区转移的趋势。近年来,亚洲的主题乐园市场显著增长。目前,亚洲是全球第二大主题乐园市场,每年入场人次预计超过 3 亿,占全球主题乐园入场人次逾 1/3,仅次于北美地区。北美地区景点数量占比从 2006 年的 52%下降至 2015 年的 47%;而亚太地区全球景点数量占比从 2006 年的 35%上升至 2015 年的 42%,并呈现逐年增长的趋势。

(三) 中国有望成为全球最大的主题乐园市场

受益于亚太地区新兴经济体的发展成果,亚太地区旅游消费日益旺盛,成为主题乐园全球市场中最为重要的组成部分。相比较而言,欧美地区主题乐园市场历经多年发展已步入成熟阶段,增速逐渐平稳,而亚太地区主题乐园正处于建设发展期,中国、日本及韩国以至新加坡及马来西亚，均有新主题乐园将在未来数年陆续开幕。随着未来几年内新主题乐园建设完成，亚太地区将有望取代北美，成为全球主题乐园数量占比最高的地区。

在亚太地区，中国主题乐园的发展势头尤为突出。以游客接待量计，2015 年全球排名前 10 位的主题公园集团中，中国的华侨城、长隆、华强方特、宋城分列第 4、7、8、10 位。其中，华强方特旗下主题乐园累计接待游客量达到 2 309 万人次，同比增长 77.4%，成为一匹黑马。排名前 3 的则是老牌主题乐园集团迪士尼、英国默林娱乐集团（Merlin Entertainments Group）以及美国的环球影城。至于全球排名前 25 位的主题乐园中，中国内地和香港地区一共有 5 家上榜，分别为位于珠海横琴的长隆海洋王国（第 13 位）、香港海洋公园（第 15 位）、杭州的宋城主题乐园（第 17 位）、香港迪士尼（第 19 位）以及云南丽江的宋城旅游区（第 25 位）。[1]

另外，据第三方旅游行业研究及咨询机构美国 AECOM 集团的预测，目前中国旅游市场的规模为 6 100 亿美元，预计到 2020 年将达到 1.22 万亿美元，入场人次将为 2.21 亿，是 2015 年的两倍，届时中国将超越美国，成为全球最大的主题乐园市场。与此同时，二胎政策将为主题乐园游客增长提供支撑。主题乐园类的亲子游活动是家长带孩子出行的首选，随着国家二孩政策的出台，携儿童出游的游客数将稳步增长，而主题乐园作为亲子游首选的旅游目的地，将充分获益。二孩政策、中等收入家庭数量增加、消费结构升级等因素都将促进未来中国主题乐园相关产业的发展，黄金发展期已经到来。

二、全球五大地区主题乐园发展动态

（一） 亚太地区

过去 5 年中，亚太地区主题乐园市场一直保持着稳健的增长。2015 年亚太地区主题乐园消费总额较 2014 年增长了 9.3%，虽然与 2014 年的增长率（9.6%）相比略有下降，但仍然是全球增长最快的地区。2015 年亚太地区主题乐园的客流量增长率与人均消费增长率也较为平稳，分别为 7.3%和 1.9%（表 10.3）。

---

[1] 具体排名情况可以参见本章第二节表 10.19 和表 10.20。

表 10.3　亚太地区主题乐园市场概况

项　　目	2010 年	2011 年	2012 年	2013 年	2014 年	2015 年	2010—2015 年均复合增长率/%
客流量/100 万人	296.6	318.3	335.5	366.9	390.0	418.5	
变化/%		7.3	5.4	9.4	6.3	7.3	7.1
人均消费/美元	27.00	27.35	28.27	28.98	29.89	30.46	
变化/%		1.3	3.4	2.5	3.1	1.9	2.4
消费总额/100 万美元	8 008	8 705	9 486	10 633	11 659	12 747	
变化/%		8.7	9.0	12.1	9.6	9.3	9.7

项　　目	2016 年	2017 年	2018 年	2019 年	2020 年	2015—2020 年均复合增长率/%
客流量/100 万人	451.0	504.5	532.0	562.5	595.0	
变化/%	7.8	11.9	5.5	5.7	5.8	7.3
人均消费/美元	31.14	31.75	32.79	33.74	34.72	
变化/%	2.2	2.0	3.3	2.9	2.9	2.7
消费总额/100 万美元	14 045	16 017	17 444	18 976	20 661	
变化/%	10.2	14.0	8.9	8.8	8.9	10.1

说明：2016—2020 年的数据为预测值。
资料来源：IAAPA Global Theme and Amusement Park Outlook 2016—2020 (Jan. 2017).

1. 中国是亚太地区主题乐园增长的主要拉动力量

2015 年中国主题乐园消费总额的增长率是亚太地区中增长率最高的，达 24.7%，在 2015 年亚太地区主题乐园消费总额增长中贡献了 68%的增加值，中国已然成为亚太地区主题乐园增长的主要拉动力量(表 10.4)。中国主题乐园消费增速快的主要原因在于：一是 2015 年中国有 21 家规模较小的主题乐园开园；二是中国经济增速放缓以及人民币的贬值使得中国出境人次减少，这部分人转而访问本地的主题乐园，因而中国主题乐园客流量有所上升。

2. 日本环球影城新游乐项目巩固其在亚太地区主题乐园中的领先位置

2015 年日本主题乐园消费总额是亚太地区国家中最高的，达 58.3 亿美元。日本环球影城 2015 年的经营情况非常好，客流量超过 1 390 万人次，高出其前一年记录的 18%，使其超过东京迪士尼海洋公园成为亚洲第二、世界第四的位置，在亚洲仅次于东京迪士尼乐园。这一成绩主要应归功于哈利波特系列景点第一个整年运行(表 10.5)。

表 10.4　亚太地区各国家/地区主题乐园消费总额增长率

单位：%

国家/地区	2011 年	2012 年	2013 年	2014 年	2015 年	2010—2015 年均复合增长率	2016 年	2017 年	2018 年	2019 年	2020 年	2015—2020 年均复合增长率
中国大陆	16.9	4.8	15.5	16.8	24.7	15.6	24.3	27.3	9.2	12.3	9.1	16.2
其他国家/地区	50.0	33.3	25.0	0.0	20.0	24.6	0.0	16.7	0.0	14.3	0.0	5.9
新加坡	73.9	2.5	7.3	6.8	11.2	17.8	6.2	6.8	4.6	5.2	5.0	5.6
印　度	15.0	11.6	15.2	7.9	9.1	11.7	10.2	11.0	9.9	9.5	8.9	9.9
菲律宾	8.2	12.0	−4.9	7.1	8.6	6.0	7.0	9.8	9.7	10.2	9.9	9.3
日　本	2.6	11.2	12.7	8.3	5.3	8.0	5.2	8.8	8.7	7.1	8.8	7.7
马来西亚	8.9	5.8	5.5	8.3	4.8	6.6	8.3	7.6	17.3	6.7	7.5	9.4
泰　国	5.0	9.5	4.3	4.2	4.0	5.4	7.7	7.1	3.3	6.5	3.0	5.5
印度尼西亚	7.1	−3.9	8.5	−1.1	3.0	2.6	4.4	5.3	5.3	6.0	7.5	5.7
中国台湾	8.6	2.6	5.1	7.3	2.3	5.2	2.2	2.2	4.3	4.1	3.9	3.3
澳大利亚	0.8	15.8	1.7	1.9	1.6	4.2	3.4	4.2	4.9	4.6	4.8	4.4
韩　国	5.2	8.1	12.1	3.8	1.4	6.1	6.1	7.2	16.0	6.1	15.6	10.1
越　南	0.0	25.0	10.0	9.1	0.0	8.4	16.7	14.3	25.0	10.0	9.1	14.9
中国香港	23.0	11.3	9.2	10.4	−4.0	9.6	−6.4	−1.0	3.1	3.8	3.9	0.6
总　计	8.7	9.0	12.1	9.6	9.3	9.7	10.2	14.0	8.9	8.8	8.9	10.1

说明：2016—2020 年的数据为预测值。
资料来源：IAAPA Global Theme and Amusement Park Outlook 2016—2020 (Jan. 2017).

表 10.5　亚太地区各国家/地区主题乐园消费总额

单位：100 万美元

国家/地区	2010 年	2011 年	2012 年	2013 年	2014 年	2015 年	2016 年	2017 年	2018 年	2019 年	2020 年
日　本	3 976	4 081	4 539	5 115	5 541	5 834	6 136	6 675	7 259	7 778	8 462
中国内地	1 811	2 117	2 219	2 562	2 993	3 733	4 639	5 905	6 448	7 240	7 897
中国香港	526	647	720	786	868	833	780	772	796	826	858
韩　国	597	628	679	761	790	801	850	911	1 057	1 121	1 296
澳大利亚	357	360	417	424	432	439	454	473	496	519	544
印　度	180	207	231	266	287	313	345	383	421	461	502
印度尼西亚	240	257	247	268	265	273	285	300	316	335	360
新加坡	92	160	164	176	188	209	222	237	248	261	274
菲律宾	85	92	103	98	105	114	122	134	147	162	178
马来西亚	79	86	91	96	104	109	118	127	149	159	171
中国台湾	35	38	39	41	44	45	46	47	49	51	53
泰　国	20	21	23	24	25	26	28	30	31	33	34
越　南	8	8	10	11	12	12	14	16	20	22	24
其他国家/地区	2	3	4	5	5	6	6	7	7	8	8
总　计	8 008	8 705	9 486	10 633	11 659	12 747	14 045	16 017	17 444	18 976	20 661

说明：2016—2020 年的数据为预测值。
资料来源：IAAPA Global Theme and Amusement Park Outlook 2016—2020（Jan. 2017）.

3. 中国香港和韩国主题乐园市场明显萎缩

2015 年香港主题乐园消费总额下降 4%，是亚太地区主要国家和地区中主题乐园消费总额出现下滑的唯一地区。尽管香港本地游客市场仍然强劲，但由于来自内地的游客数量减少，海洋公园和迪士尼乐园的游客人次均有所下滑。自 2015 年 7 月至 2016 年 6 月底，香港海洋公园入场人次约 600 万，按年跌 18.8%。自 2015 年 10 月至 2016 年 9 月底，香港迪士尼乐园的入场人次减少至 610 万，相比 2015 财年的 680 万下滑 10.3%，入场人数亦连续两年下降。内地游客人次的大幅下跌，是香港两大主题乐园业绩下滑的主要原因。同样依赖于内地游客人数，2015 年韩国主题乐园消费总额较上年增长仅 1.4%，该增长率是自 2010 年以来最低的。

4. 东南亚及印度主题乐园表现良好

新加坡环球影城 2015 年的游客量迅猛地增长了 9%，推动 2015 年新加坡主题乐园消费总额增长了 11.2%，增速在亚洲地区主要国家和地区中仅次于中国。

印度主题乐园市场虽相对较小，但 2015 年的增长率达到了 9.1%，主要原因是其国内收入水平提高以及国内旅游业的增长。

2015 年菲律宾魔法王国的游客人次达到 180 万，其客流量和业绩均达到自开园以来的 20 年间的峰值，由此也推动了菲律宾主题乐园市场的增长，2015 年菲律宾主题乐园消费总额的增长率达到 8.6%。

5. 新建主题乐园开园将成为亚太地区市场新动力

未来 5 年亚太地区将有多家新建主题乐园开园，这将成为亚太地区主题乐园市场未来 5 年发展的主要驱动力量。IAAPA 报告预计，2015—2020 年亚太地区主题乐园客流量的年均复合增长率为 7.3%，2020 年亚太地区主题乐园客流量将达到 5.95 亿人次，占全球主题乐园客流量的 47%，比 2015 年 42%的占比有所提升。同时，2015—2020 年亚太地区主题乐园人均消费的增速预计较 2010—2015 年的增速稍快，一方面由于新建大型主题乐园的消费水平较高将推升人均消费，另一方面亚太地区很多国家生活水平仍然较低的事实将抑制人均消费增长太快。2020 年亚太地区主题乐园消费总额将由 2015 年的 127 亿美元增长至 207 亿美元。

从国家和地区来看，2015—2020 年中国主题乐园消费总额年均复合增长率预计为 16.2%，位居亚太地区首位，主要由于多家新建主题乐园的开园。2017 年 6 月，上海迪士尼乐园完成第一个完整年运营，开业首年的客流量超过 1 100 万人次，远超预期，成为全球开业首年接待人次最多的主题公园。六旗公司在浙江嘉兴的海盐和重庆璧山的项目都已经落地，预计 2019 年的年中到年底建成开业。六旗公司计划在越南建造两个乐园，预计将推动 2015—2020 年越南主题乐园消费总额年均复合增长率提升至 14.9%。

日本和马来西亚也有新建主题乐园即将开放。任天堂主题乐园将于 2020 年前进驻日本环球影城。马来西亚正在迅速成为“东南亚地区主题乐园之都”。新建的动画影城(Movie Animation Park Studios)即将于 2017 年第二季度开园，是亚洲首座动画主题乐园。全国共有 16 家主题乐园在建，至少有 10 家预计在未来几年相继开放，这很大程度上会加强马来西亚的经济发展。

(二) 北美地区

2015 年北美地区主题乐园市场的增长率为 7.7%，高于 2014 年的增长率(4.5%)。北美地区市场增速变快主要是由于客流量的增长，2015 年北美地区主题乐园客流量增长了 4.4%，而 2014 年客流量下滑了 0.8%。2015 年北美地区主题乐园人均消费的增长率为 3.2%，处于 2011 年以来的低位(表 10.6)。

表 10.6　北美地区主题乐园市场概况

北美地区	2010 年	2011 年	2012 年	2013 年	2014 年	2015 年	2010—2015 年均复合增长率/%
客流量/100 万人	349.3	358.1	368.9	374.9	371.9	388.1	
变化/%		2.5	3.0	1.6	−0.8	4.4	2.1
人均消费/美元	43.56	44.9	46.91	49.93	52.61	54.28	
变化/%		3.1	4.5	6.4	5.4	3.2	4.5
消费总额/100 万美元	15 215	16 077	17 306	18 718	19 566	21 068	
变化/%		5.7	7.6	8.2	4.5	7.7	6.7

北美地区	2016 年	2017 年	2018 年	2019 年	2020 年	2015—2020 年均复合增长率/%
客流量/100 万人	401.2	412.9	423.8	433	442	
变化/%	3.4	2.9	2.6	2.2	2.1	2.6
人均消费/美元	55.84	57.52	59.43	61.62	63.98	
变化/%	2.9	3.0	3.3	3.7	3.8	3.3
消费总额/100 万美元	22 405	23 752	25 187	26 680	28 278	
变化/%	6.3	6.0	6.0	5.9	6.0	6.1

说明：2016—2020 年的数据为预测值。
资料来源：IAAPA Global Theme and Amusement Park Outlook 2016—2020 (Jan. 2017).

1. 美国占北美主题乐园绝大多数市场份额

美国是北美主题乐园市场的主要力量，在北美主题乐园市场份额高达 98%。2015 年，美国主题乐园市场强劲发展，增长率达 7.7%，高于 2014 年的增长率(4.6%)。美国目的地主题乐园和区域主题乐园均呈现快速增长，推动了美国主题乐园市场的强劲增长。2016 年美国主题乐园市场消费总额增长率预计将降至 6.4%，2015—2020 年均复合增长率为 6.1%，2020 年美国主题乐园市场消费总额预计达 278 亿美元(表 10.7)。

表 10.7　北美地区各国家主题乐园消费总额　　单位：100 万美元

北美地区	2010 年	2011 年	2012 年	2013 年	2014 年	2015 年	2010—2015 年均复合增长率/%
美　国	14 892	15 719	16 958	18 346	19 184	20 670	
变化/%		5.6	7.9	8.2	4.6	7.7	6.8
加拿大	323	358	348	372	382	398	
变化/%		10.8	−2.8	6.9	2.7	4.2	4.3
总　计	15 215	16 077	17 306	18 718	19 566	21 068	
变化/%		5.7	7.6	8.2	4.5	7.7	6.7

北美地区	2016 年	2017 年	2018 年	2019 年	2020 年	2015—2020 年均复合增长率/%
美　国	21 989	23 317	24 731	26 202	27 779	
变化/%	6.4	6.0	6.1	5.9	6.0	6.1
加拿大	416	435	456	478	499	
变化/%	4.5	4.6	4.8	4.8	4.4	4.6
总　计	22 405	23 752	25 187	26 680	28 278	
变化/%	6.3	6.0	6.0	5.9	6.0	6.1

说明：2016—2020 年的数据为预测值。
资料来源：IAAPA Global Theme and Amusement Park Outlook 2016—2020 (Jan. 2017).

2015 年，美国主题乐园客流量的增长率达 4.5%，是过去 5 年中最高的，增长率峰值的出现主要是由于上年客流量负增长(−0.8%)所致，预计未来 5 年的增长率仍将与 2010 年至 2015 年的年均复合增长率保持一致(表 10.8)。从人均消费来看，截至 2015 年人均消费仍是美国主题乐园市场增长的主要推动力，而到了 2015 年主要推动力是客流量的增长。预计未来 5 年中，人均消费仍将是美国主题乐园市场增长的主要推动力。

表 10.8　美国主题乐园市场概况

美　　国	2010 年	2011 年	2012 年	2013 年	2014 年	2015 年	2010—2015 年均复合增长率/%
客流量/100 万人	334.8	343.2	353.3	359.5	356.6	372.5	
变化/%		2.5	2.9	1.8	−0.8	4.5	2.2
人均消费/美元	44.48	45.80	48.00	51.03	53.80	55.49	
变化/%		3.0	4.8	6.3	5.4	3.1	4.5
消费总额/100 万美元	14 892	15 719	16 958	18 346	19 184	20 670	
变化/%		5.6	7.9	8.2	4.6	7.7	6.8

美　　国	2016 年	2017 年	2018 年	2019 年	2020 年	2015—2020 年均复合增长率/%
客流量/100 万人	385.2	396.5	407.0	415.8	424.5	
变化/%	3.4	2.9	2.6	2.2	2.1	2.6
人均消费/美元	57.08	58.81	60.76	63.02	65.44	
变化/%	2.9	3.0	3.3	3.7	3.8	3.4
消费总额/100 万美元	21 989	23 317	24 731	26 202	27 779	
变化/%	6.4	6.0	6.1	5.9	6.0	6.1

说明：2016—2020 年的数据为预测值。
资料来源：IAAPA Global Theme and Amusement Park Outlook 2016—2020 (Jan. 2017).

2. 美国目的地主题乐园市场强劲发展

美国目的地主题乐园包括 8 家位于佛罗里达州奥兰多/坦帕地区的主题乐园(迪士尼奇幻王国、迪士尼未来世界、迪士尼好莱坞影城、迪士尼动物王国、佛罗里达环球影城、环球影城冒险岛乐园、奥兰多海洋世界和坦帕湾布希公园)和 3 家位于加州洛杉矶/安纳海姆地区的主题乐园(迪士尼乐园、加州迪士尼冒险乐园和好莱坞环球影城)。这些主题乐园被称为是目的地主题乐园是因为它们的大部分客流量主要由非本地的游客构成。2015 年，美国目的地主题乐园市场的增长率达到 10.9%，客流量增长率也创下了 5 年来的新高。华特迪士尼公司和环球影业母公司康卡斯特(Comcast)在 2015 财年均呈现两位数增长。

2016 年,多家目的地主题乐园引入动态定价机制,门票涨价可以在增加收入的同时,有效控制高峰期的客流量。预计 2016—2020 年美国目的地主题乐园的客流量年均复合增长率与 2011—2014 年持平。而受区域经济因素影响,从拉丁美洲到美国的游客人数出现下降,预计 2016 年美国目的地主题乐园业绩增速将放缓。

3. 美国区域主题乐园消费总额较目的地主题乐园市场小

相对于目的地主题乐园,区域主题乐园规模通常较小。由于美国各地都有驾车可达的区域主题乐园,因此美国区域主题乐园的客流量比目的地主题乐园相对较高。2015 年美国区域主题乐园的客流量是目的地主题乐园的两倍多,但人均消费比目的地主题乐园低 61%,因而美国区域主题乐园的消费总额略低于目的地主题乐园的消费总额。

美国区域主题乐园一系列新建项目将引入虚拟现实和增强现实技术,将吸引客流量的增长,预计客流量增长也将成为美国区域主题乐园未来 5 年的主要增长动力。此外,低油价和稳定的经济将持续助推美国区域主题乐园发展。

4. 加拿大市场预计将稳步增长

虽然加拿大主题乐园市场在北美占比小,但其 2015 年的增长率为 4.2%,较 2014 年(2.7%)也有所提升。2015 年增长率的提升主要是受加拿大奇幻乐园业绩反弹的影响。雪松会娱乐集团旗下的加拿大奇幻乐园是加拿大最大的主题乐园,2015 年新推出了 Slingshot 项目,该云霄飞车项目费用不包含在门票费用内。此外,位于蒙特利尔的六旗轮舞乐园是加拿大第二大的主题乐园,2015 年也新推出了名为 Maison Rouge 的恐怖迷宫项目。与 2016 年美国主题乐园市场增长预计放缓相反,加拿大主题乐园市场预计将持续增长,2016 年增长率预计为 4.5%,2020 年加拿大主题乐园消费总额预计达 4.99 亿美元(表 10.9)。

表 10.9　加拿大主题乐园市场概况

加拿大	2010 年	2011 年	2012 年	2013 年	2014 年	2015 年	2010—2015 年均复合增长率/%
客流量/100 万人	14.5	14.9	15.6	15.4	15.3	15.6	
变化/%		2.8	4.7	−1.3	−0.6	2.0	1.5
人均消费/美元	22.28	24.03	22.31	24.16	24.97	25.50	
变化/%		7.9	−7.2	8.3	3.4	2.1	2.7
消费总额/100 万美元	323	358	348	372	382	398	
变化/%		10.8	−2.8	6.9	2.7	4.2	4.3

续表

加拿大	2016 年	2017 年	2018 年	2019 年	2020 年	2015—2020 年均复合增长率/%
客流量/100 万人	16	16.4	16.8	17.2	17.5	
变化/%	2.60	2.5	2.4	2.4	1.7	2.3
人均消费/美元	26.00	26.55	27.15	27.80	28.50	
变化/%	2.0	2.1	2.3	2.4	2.5	2.2
消费总额/100 万美元	416	435	456	478	499	
变化/%	4.5	4.6	4.8	4.8	4.4	4.6

说明:2016—2020 年的数据为预测值。
资料来源:IAAPA Global Theme and Amusement Park Outlook 2016—2020 (Jan. 2017).

(三) 欧洲地区

2015 年欧洲主题乐园市场增占了 3.3%,较 2014 年 5.1%的增长率有所放缓。2015 年欧洲主题乐园市场的客流量增长率比 2014 年高了 0.3 个百分点,但人均消费的增长率出现下滑,仅为 0.4%。客流量的增长主要是 2015 年夏季欧洲大陆天气状况良好,且几家主要主题乐园开放了新项目和新设施。人均消费增速放缓主要受市场结构变化影响,人均消费高于平均水平的英国主题乐园市场在欧洲主题乐园市场中的占比减少(表 10.10)。

表 10.10 欧洲地区主题乐园市场概况

欧　洲	2010 年	2011 年	2012 年	2013 年	2014 年	2015 年	2010—2015 年均复合增长率/%
客流量/100 万人	152.1	157.4	156.8	156.7	160.8	165.5	
变化/%		3.5	−0.4	−0.1	2.6	2.9	1.7
人均消费/美元	33.67	34.51	34.77	35.96	36.85	36.98	
变化/%		2.5	0.8	3.4	2.5	0.4	1.9
消费总额/100 万美元	5 121	5 432	5 452	5 635	5 925	6 121	
变化/%		6.1	0.4	3.4	5.1	3.3	3.6

欧　洲	2016 年	2017 年	2018 年	2019 年	2020 年	2015—2020 年均复合增长率/%
客流量/100 万人	166.5	170.2	174	178.2	185.2	
变化/%	0.6	2.2	2.2	2.4	3.9	2.3

续表

欧　洲	2016 年	2017 年	2018 年	2019 年	2020 年	2015—2020 年均复合增长率/%
人均消费/美元	38.15	39.16	40.14	41.23	42.83	
变化/%	3.2	2.6	2.5	2.7	3.9	3.0
消费总额/100 万美元	6 352	6 665	6 985	7 348	7 932	
变化/%	3.8	4.9	4.8	5.2	7.9	5.3

说明：2016—2020 年的数据为预测值。
资料来源：IAAPA Global Theme and Amusement Park Outlook 2016—2020 (Jan. 2017).

1. 英国主题乐园市场出现负增长

尽管英国多年来一直是欧洲主题乐园市场最大的国家，但 2015 年英国主题乐园消费总额下降了 7.3%，是欧洲地区唯一一个主题乐园消费总额负增长的主要国家(表 10.11)。消费总额的下降一方面是由于英国最大的主题乐园奥尔顿塔游乐场 6 月发生事故后奥尔顿塔游乐场和索普公园业绩急剧下滑，另一方面是由于英镑走强导致欧元区国家前往英国的成本增加，从而影响了英国主题乐园市场的增长。

表 10.11　欧洲地区各国家主题乐园消费总额　　单位：100 万美元

国　家	2010 年	2011 年	2012 年	2013 年	2014 年	2015 年	2016 年	2017 年	2018 年	2019 年	2020 年
英　国	1 248	1 289	1 248	1 371	1 462	1 355	1 428	1 501	1 567	1 674	1 994
法　国	1 086	1 147	1 183	1 152	1 165	1 255	1 240	1 295	1 358	1 423	1 489
其他国家	760	820	810	815	860	890	925	970	1 020	1 070	1 125
德　国	558	585	611	644	680	746	785	824	863	898	934
荷　兰	395	420	438	440	468	503	529	552	576	599	622
丹　麦	288	308	319	345	377	410	434	458	481	506	531
瑞　典	253	270	264	281	290	307	323	338	352	367	383
西班牙	212	252	256	254	278	301	320	343	367	389	411
意大利	258	275	254	261	269	278	291	303	317	334	350
挪　威	63	66	69	72	76	76	77	81	84	88	93
总　计	5 121	5 432	5 452	5 635	5 925	6 121	6 352	6 665	6 985	7 348	7 932

说明：2016—2020 年的数据为预测值。
资料来源：IAAPA Global Theme and Amusement Park Outlook 2016—2020 (Jan. 2017).

英镑升值不仅影响了本国主题乐园市场的发展，也对欧洲主题乐园市场的发展产生了影响。2015 年，英镑对欧元及其他货币汇率均呈上升态势，因此换算成美元后，英国主题乐园的人均消费高于欧洲平均水平，而英国在欧洲主题乐园市场中的占比减少导致了欧洲主题乐园市场整体人均消费增长的放缓。

2. 法国经济回暖推动主题乐园市场增速提升

法国是欧洲地区主题乐园市场中的第二大国家，2010 年以来每年的消费总额均在 10 亿美元以上。2015 年法国主题乐园市场的增长率达 7.7%，是自 2011 年以来的最高值。法国经济整体表现不错助力主题乐园市场的发展。巴黎迪士尼乐园 2015 年业绩有所改善，狂人国公园和未来影视城也显示出强劲增长。

但 2015 年 11 月巴黎恐怖袭击时间的发生给法国主题乐园市场带来了冲击，巴黎迪士尼乐园等一些主题乐园的业绩因此受到影响。预计 2016 年恐怖袭击的阴霾将继续影响法国主题乐园市场，至 2017 年反弹，2017—2020 年预计保持 4%以上的消费总额增长率。

3. 德国、丹麦和西班牙的主题乐园增长较快

2015 年，德国、丹麦和西班牙主题乐园市场在欧洲增速最快，增长率分别为 9.7%、8.8%和 8.3%。位于德国鲁斯特的欧洲主题乐园 2015 年迎来了 40 周年庆，游客人次骤增了 10%，新增加的住宿接待服务也使其获利不少。在过去 10 年内，这家乐园的复合增长率达到每年 3.4%左右，非常稳定。此外，德国的梦幻乐园和海德公园也呈增长态势。另外，丹麦的趣伏里公园和比隆乐高乐园均保持健康增长，西班牙的华纳公园也呈两位数增长（表 10.12）。

表 10.12　欧洲地区各国家主题乐园消费总额增长率　　单位：%

国　家	2011 年	2012 年	2013 年	2014 年	2015 年	2010—2015 年均复合增长率	2016 年	2017 年	2018 年	2019 年	2020 年	2015—2020 年均复合增长率
德　国	4.8	4.4	5.4	5.6	9.7	6.0	5.2	5.0	4.7	4.1	4.0	4.6
丹　麦	6.9	3.6	8.2	9.3	8.8	7.3	5.9	5.5	5.0	5.2	4.9	5.3
西班牙	18.9	1.6	−0.8	9.4	8.3	7.3	6.3	7.2	7.0	6.0	5.7	6.4
法　国	5.6	3.1	−2.6	1.1	7.7	2.9	−1.2	4.4	4.9	4.8	4.6	3.5
荷　兰	6.3	4.3	0.5	6.4	7.5	5.0	5.2	4.3	4.3	4.0	3.8	4.3
瑞　典	6.7	−2.2	6.4	3.2	5.9	3.9	5.2	4.6	4.1	4.3	4.4	4.5
其他国家	7.9	−1.2	0.6	5.5	3.5	3.2	3.9	4.9	5.2	4.9	5.1	4.8
意大利	6.6	−7.6	2.8	3.1	3.3	1.5	4.7	4.1	4.6	5.4	4.8	4.7
挪　威	4.8	4.5	4.3	5.6	0.0	3.8	1.3	5.2	3.7	4.8	5.7	4.1
英　国	3.3	−3.2	9.9	6.6	−7.3	1.7	5.4	5.1	4.4	6.8	19.1	8.0
总　计	6.1	0.4	3.4	5.1	3.3	3.6	3.8	4.9	4.8	5.2	7.9	5.3

说明：2016—2020 年的数据为预测值。
资料来源：IAAPA Global Theme and Amusement Park Outlook 2016—2020 (Jan. 2017).

4. 伦敦派拉蒙娱乐度假村项目的开发将助推欧洲主题乐园市场增长

欧洲地区主题乐园市场增速放缓的主要原因多源自外部，潜在的市场仍较为强劲。2015 年法国、德国和荷兰主题乐园市场的增长率均创 5 年来的新高，丹麦和西班牙也保持着 2014 年的强劲增长。对于主题乐园市场的投资使得各大主题乐园新建游乐项目，新增住宿服务，客流量也呈上升趋势。

未来 5 年欧洲将开发伦敦派拉蒙娱乐度假村项目，这是与派拉蒙公司合作的好莱坞主题乐园，将提供各种游乐设施、现场表演、音乐活动和嘉年华等，号称要打造成“英国人自己的好莱坞”，预计于 2020 年开业。作为未来 5 年欧洲最大的主题乐园项目，该主题乐园的开业预计将使 2020 年英国主题乐园市场增长 19％，整个欧洲市场将增长 7.9％。由于对该项目的预期，英国将成为未来 5 年欧洲主题乐园市场增速最快的国家，2015—2020 年均复合增长率预计将达 8.0％。

（四） 拉丁美洲

2015 年拉丁美洲地区主题乐园增长相对平缓，消费总额增长率为 4.0％，较 2013 年和 2014 年有所放缓。2015 年客流量增长仅 0.3％至 3 080 万人次，由此可见 2015 年拉丁美洲地区主题乐园消费总额的增长主要源于人均消费的增长（增长率为 3.6％）。2015 年拉丁美洲地区主题乐园市场的增长恰好反映了 2010—2015 年的年均增长情况（表 10.13）。

表 10.13　拉丁美洲地区主题乐园市场概况

项　　目	2010 年	2011 年	2012 年	2013 年	2014 年	2015 年	2010—2015 年均复合增长率/％
客流量/100 万人	30.6	30.9	29.5	29.7	30.7	30.8	
变化/％		1.0	−4.5	0.7	3.4	0.3	0.1
人均消费/美元	9.08	9.32	9.73	10.27	10.59	10.97	
变化/％		2.6	4.4	5.5	3.1	3.6	3.9
消费总额/100 万美元	278	288	287	305	325	338	
变化/％		3.6	−0.3	6.3	6.6	4.0	4.0

续表

项　　目	2016 年	2017 年	2018 年	2019 年	2020 年	2015—2020 年均复合增长率/%
客流量/100 万人	31.4	31.8	33.0	33.7	34.3	
变化/%	1.9	1.3	3.8	2.1	1.8	2.2
人均消费/美元	11.43	11.98	12.48	13.00	13.64	
变化/%	4.2	4.8	4.2	4.2	4.9	4.5
消费总额/100 万美元	359	381	412	438	468	
变化/%	6.2	6.1	8.1	6.3	6.8	6.7

说明：2016—2020 年的数据为预测值。
资料来源：IAAPA Global Theme and Amusement Park Outlook 2016—2020 (Jan. 2017).

1. 墨西哥是拉丁美洲地区主题乐园市场最大的国家

2015 年，墨西哥主题乐园市场达 1.05 亿美元，是拉丁美洲地区最大的主题乐园市场，市场份额达 31%（表 10.14）。位于墨西哥坎昆的伊施卡瑞特生态主题乐园 2015 年的业绩在拉丁美洲地区表现最为强劲，其业绩良好主要受益于汇率优势带来的大量美国游客。

拉丁美洲地区的很多新建主题乐园和新建项目都选址墨西哥。位于墨西哥城的六旗主题乐园 2016 年与美国同步引进了广受期待的“正义者联盟：城市之战”项目；Grupo Vidanta 集团投资的太阳马戏团主题乐园预计于 2018 年竣工。墨西哥地理位置与美国相近的优势将推动墨西哥成为主题乐园目的地。

表 10.14　拉丁美洲地区各国家主题乐园消费总额　　单位：100 万美元

国　家	2010 年	2011 年	2012 年	2013 年	2014 年	2015 年	2016 年	2017 年	2018 年	2019 年	2020 年
墨西哥	72	77	88	93	99	105	114	121	132	140	148
巴　西	71	68	56	60	65	71	75	79	86	90	95
智　利	35	36	34	37	39	37	39	42	44	46	48
其他国家	23	25	26	27	28	29	30	31	33	34	35
阿根廷	24	24	25	26	26	26	27	29	30	32	34
哥伦比亚	17	21	19	22	26	26	27	29	31	33	35
委内瑞拉	21	21	22	23	24	25	27	30	35	41	50
秘　鲁	15	16	17	17	18	19	20	20	21	22	23
总　计	278	288	287	305	325	338	359	381	412	438	468

说明：2016—2020 年的数据为预测值。
资料来源：IAAPA Global Theme and Amusement Park Outlook 2016—2020 (Jan. 2017).

2. 巴西

巴西拉丁美洲主题乐园市场第二大的国家，2015 年消费总额达 7 100 万美元，同时也是 2015 年拉丁美洲主题乐园市场增长最快的国家(表 10.15)。位于巴西佩尼亚的贝托卡雷洛世界乐园是拉丁美洲最大的主题乐园，2015 年表现强劲。2015 年巴西经济衰退，货币贬值，使得更多人留在本土，由此也推动了贝托卡雷洛世界乐园客流量的增长。

表 10.15　拉丁美洲地区各国家主题乐园消费总额增长率　单位：%

国　家	2011 年	2012 年	2013 年	2014 年	2015 年	2010—2015 年均复合增长率	2016 年	2017 年	2018 年	2019 年	2020 年	2015—2020 年均复合增长率
巴　西	−4.2	−17.6	7.1	8.3	9.2	0.0	5.6	5.3	8.9	4.7	5.6	6.0
墨西哥	6.9	14.3	5.7	6.5	6.1	7.8	8.6	6.1	9.1	6.1	5.7	7.1
秘　鲁	6.7	6.3	0.0	5.9	5.6	4.8	5.3	0.0	5.0	4.8	4.5	3.9
智　利	2.9	−5.6	8.8	5.4	−5.1	1.1	5.4	7.7	4.8	4.5	4.3	5.3
委内瑞拉	0.0	4.8	4.5	4.3	4.2	3.5	8.0	11.1	16.7	17.1	22.0	14.9
其他国家	8.7	4.0	3.8	3.7	3.6	4.7	3.4	3.3	6.5	3.0	2.9	3.8
阿根廷	0.0	4.2	4.0	0.0	0.0	1.6	3.8	7.4	3.4	6.7	6.3	5.5
哥伦比亚	23.5	−9.5	15.8	18.2	0.0	8.9	3.8	7.4	6.9	6.5	6.1	6.1
总　计	3.6	−0.3	6.3	6.6	4.0	4.0	6.2	6.1	8.1	6.3	6.8	6.7

说明：2016—2020 年的数据为预测值。
资料来源：IAAPA Global Theme and Amusement Park Outlook 2016—2020 (Jan. 2017).

3. 货币贬值与新建项目将推动拉丁美洲地区主题乐园市场的增长

由于拉丁美洲地区整体经济低迷，当地货币兑美元汇率下跌，从拉丁美洲到美国主题乐园的游客减少，拉丁美洲地区本地的游客量预计将有所上升，2015—2020 年拉丁美洲地区主题乐园客流量年均复合增长率预计为 2.2%。而委内瑞拉的恶性通货膨胀以及墨西哥和巴西更高票价主题乐园的开放将拉升拉丁美洲地区主题乐园人均消费，预计 2015—2020 年拉丁美洲地区主题乐园人均消费年均复合增长率为 4.5%。因此 2015—2020 年拉丁美洲地区主题乐园消费总额年均复合增长率预计达 6.7%，2020 年消费总额将增长至 4.68 亿美元。

虽然名义上 2015—2020 年委内瑞拉主题乐园消费总额年均复合增长率为 14.9%，但实际上委内瑞拉经济持续萎靡，预计主题乐园市场将持续低迷。

（五）中东/北非地区

2015 年，中东/北非地区主题乐园市场下滑 5.4%，主要原因在于全球原油价格下跌导致的经济萎缩。2015 年中东/北非地区主题乐园客流量下降 6.5%，人均消费增长 1.1%。但 2015 年的下滑并不代表未来中东/北非地区主题乐园市场的走势（表 10.16）。阿联酋致力于成为主要的主题乐园目的地，2016 年起迪拜有一系列的大型主题乐园开园。

表 10.16　中东/北非地区主题乐园市场概况

项　目	2010 年	2011 年	2012 年	2013 年	2014 年	2015 年	2010—2015 年均复合增长率/%
客流量/100 万人	1.9	2.6	2.9	3.0	3.1	2.9	
变化/%		36.8	11.5	3.4	3.3	−6.5	8.8
人均消费/美元	27.37	28.08	28.62	29.33	30.00	30.34	
变化/%		2.6	1.9	2.5	2.3	1.1	2.1
消费总额/100 万美元	52	73	83	88	93	88	
变化/%		40.4	13.7	6.0	5.7	−5.4	11.1

项　目	2016 年	2017 年	2018 年	2019 年	2020 年	2015—2020 年均复合增长率/%
客流量/100 万人	3.6	7.1	9.0	11.3	12.4	
变化/%	24.1	97.2	26.8	25.6	9.7	33.7
人均消费/美元	32.78	41.69	51.22	52.39	53.39	
变化/%	8.0	27.2	22.9	2.3	1.9	12.0
消费总额/100 万美元	118	296	461	592	662	
变化/%	34.1	150.8	55.7	28.4	11.8	49.7

说明：2016—2020 年的数据为预测值。
资料来源：IAAPA Global Theme and Amusement Park Outlook 2016—2020 (Jan. 2017).

1. 未来 5 年中东/北非地区将是增长最快的主题乐园市场

尽管 2015 年中东/北非地区主题乐园市场出现下滑，但 2016 年是中东/北非地区主题乐园市场发展的拐点。预计 2020 年中东/北非地区主题乐园市场将达到 6.62

亿美元，是 2015 年的 7 倍多，2015—2020 年年均复合增长率预计达 49.7%，中东/北非地区预计将成为全球增长最快的主题乐园市场（表 10.17，表 10.18）。

表 10.17 中东/北非地区各国家主题乐园消费总额 单位：100 万美元

国 家	2010 年	2011 年	2012 年	2013 年	2014 年	2015 年	2016 年	2017 年	2018 年	2019 年	2020 年
阿联酋	39	57	66	71	78	76	105	279	444	571	637
其他国家	13	16	17	17	15	12	13	17	17	21	25
总 计	52	73	83	88	93	88	118	296	461	592	662

说明：2016—2020 年的数据为预测值。
资料来源：IAAPA Global Theme and Amusement Park Outlook 2016—2020 (Jan. 2017).

表 10.18 中东/北非地区各国家主题乐园消费总额增长率 单位：%

国 家	2011 年	2012 年	2013 年	2014 年	2015 年	2010—2015 年均复合增长率	2016 年	2017 年	2018 年	2019 年	2020 年	2015—2020 年均复合增长率
阿联酋	46.2	15.8	7.6	9.9	−2.6	14.3	38.2	165.7	59.1	28.6	11.6	53.0
其他国家	23.1	6.3	0.0	−11.8	−20.0	−1.6	8.3	30.8	0.0	23.5	19.0	15.8
总 计	40.4	13.7	6.0	5.7	−5.4	11.1	34.1	150.8	55.7	28.4	11.8	49.7

说明：2016—2020 年的数据为预测值。
资料来源：IAAPA Global Theme and Amusement Park Outlook 2016—2020 (Jan. 2017).

2. 迪拜新建主题乐园开园将推动中东/北非地区主题乐园市场发展

2016 年起迪拜有一系列的大型主题乐园开园，这将有助于阿联酋成为主题乐园目的地。2016 年下半年有 4 家主要的主题乐园开园，另有一家主题乐园将于 2017 年下半年开园，2 家于 2018 年开园。预计新建主题乐园的开园将使中东/北非地区主题乐园客流量在 2016 年增长 24.1%，2016 年开园的新建主题乐园完成首个整年运营后，2017 年主题乐园客流量增长率预计达 97.2%。2017 年和 2018 年新开园的主题乐园也将推动 2018—2019 年主题乐园市场的发展。预计 2015—2020 年中东/北非地区主题乐园客流量年均复合增长率将达 33.7%，2020 年的客流量预计为 1 240 万人次。另外，迪拜将主办 2020 年世博会，游客量从 2015 年的 1 420 万人次提升至 2020 年的 2 000 万人次。

新建主题乐园所公布的票价高于原有主题乐园的票价，预计 2017 年与 2018 年主题乐园人均消费增长率均在 20%以上，人均消费将从 2015 年的 30.34 美元提高至 53.39 美元。

三、典型主题乐园/代表性主题乐园发展态势

2015 年，尽管全球经济低迷，但受新技术和全球主题乐园市场不断扩大影响，主题乐园行业整体仍保持 7%以上持续而稳定的增长，全球排名前 25 的主题乐园本身游客量已巨大，仍保持了超过 5%的市场增长率。这一强劲增长背后主要是因为亚洲和美国主题乐园的快速发展，其中包括长隆、宋城、迪士尼和环球影城。

当前，国外主题乐园运营商因产业背景、商业基础、发展历程的不同，其经营模式可大致划分为两种。一种是依托强大 IP(知识产权)，整合娱乐资源，实现业务多元化，形成完整产业链的综合性集团，如迪士尼、环球影城等。他们通常以内容生产(如电影、动画长片等)作为驱动力，发展媒体网络、衍生品销售及主题乐园度假区等。主题乐园业务一般以特许经营方式在全球各地开发，并拓展至房地产、旅游观光、酒店等，将 IP 价值挖掘到极致。

另一种则是以主题乐园为主业，业务类型相对单一的专业化集团，如英国的默林娱乐和美国六旗娱乐等。他们主要通过跨国并购形成规模化的主题乐园和旅游景点等，再通过简单联结形成规模经济优势。

尽管发展进路不同，但几乎所有主题乐园进入成熟期后，盈利模式都不再单纯依靠门票收入，而是以品牌为核心进行延伸开发，只不过在开发的路径选择上各有所长。

（一） 全球主题乐园排名

1. 2015 年全球排名前 10 位的主题乐园集团

与 2014 年相比，全球排名前 10 的主题乐园发展态势良好。在排名方面，前 6 名主题乐园集团没有发生任何变化；在增长率方面，默林娱乐集团从 2014 年的 5%跌落至 0.2%，六旗集团增长率则由 2014 年的－1.8%提升至 11.4%，雪松会娱乐公司游客增长从－0.9%跃至 4.9%，其余 3 家客流量增长率则提高了 1%左右，考虑到这些主题乐园集团巨大的游客基数，1%的数量仍然十分可观(表 10.19)。

2. 2015 年全球排名前 25 位的主题乐园

全球主题乐园行业快速发展，2015 年全球排名前 25 的主题乐园累计接待游客 2.3 亿多人次，年均增长 5.4%。10 年来，每年 TEA(Themed Entertainment Association)都会评选出排名全球前 25 位的主题乐园，这也成为观测全球主题乐园发展的风向标(表 10.20)。

表 10.19　全球排名前 10 位的主题乐园集团

排名	公　司　名　称	变化率/%	2015 年客流量/人次	2014 年客流量/人次
1	迪士尼集团	2.7	137 902 000	134 330 000
2	默林娱乐集团	0.2	62 900 000	62 800 000
3	环球影城娱乐集团	11.8	44 884 000	40 152 000
4	中国华侨城集团	7.8	30 180 000	27 990 000
5	六旗集团	11.4	28 557 000	25 638 000
6	雪松会娱乐集团	4.9	24 448 000	23 305 000
7	长隆集团	26.4	23 587 000	18 659 000
8	华强方特(新进入榜单)	77.4	23 093 000	13 020 000
9	海洋世界娱乐集团	0.3	22 471 000	22 399 000
10	宋城集团	53.4	22 338 000	14 560 000
2015 年排名前 10 位主题乐园集团的客流总量			420 360 000	382 853 000

资料来源:TEA/AECOM 2015 年主题公园报告和博物馆报告:全球主题景点游客报告。

表 10.20　全球排名前 25 位的主题乐园

排名	乐　　园	所在国家/(地区)和城市	变化率/%	2015 年客流量	2014 年客流量
1	迪士尼魔法王国	美国,佛罗里达州,布纳维斯塔湖	6.0	20 492 000	19 332 000
2	迪士尼乐园	美国,加利福尼亚州,安纳海姆	9.0	18 278 000	16 769 000
3	东京迪士尼乐园	日本,东京	−4.0	16 600 000	17 300 000
4	日本环球影城	日本,大阪	17.8	13 900 000	11 800 000
5	东京迪士尼海洋	日本,东京	−3.5	13 600 000	14 100 000
6	迪士尼未来世界	美国,佛罗里达州,布纳维斯塔湖的华特迪士尼世界	3.0	11 798 000	11 454 000
7	迪士尼动物王国	美国,佛罗里达州,布纳维斯塔湖的华特迪士尼世界	5.0	10 922 000	10 402 000
8	迪士尼好莱坞影城	美国,佛罗里达州,布纳维斯塔湖的华特迪士尼世界	5.0	10 828 000	10 312 000
9	巴黎迪士尼乐园	法国,马恩拉瓦	4.2	10 360 000	9 940 000
10	环球影城	美国,佛罗里达州,奥兰多	16.0	9 585 000	8 263 000
11	迪士尼加州冒险乐园	美国,加利福尼亚州,安纳海姆	7.0	9 383 000	8 769 000
12	冒险岛	美国,佛罗里达州,奥兰多环球影城	8.0	8 792 000	8 141 000

续表

排名	乐　园	所在国家/(地区)和城市	变化率/%	2015 年客流量	2014 年客流量
13	长隆海洋王国	中国,珠海横琴湾	36.0	7 486 000	5 504 000
14	爱宝乐园	韩国,京畿道	0.6	7 423 000	7 381 000
15	海洋公园	中国,香港特别行政区	−5.2	7 387 000	7 792 000
16	乐天世界	韩国,首尔	−3.9	7 310 000	7 606 000
17	杭州宋城旅游区	中国,杭州	25.5	7 289 000	5 810 000
18	好莱坞环球影城	美国,加利福尼亚州,环球市	4.0	7 097 000	6 824 000
19	香港迪士尼乐园	中国,香港特别行政区	−9.3	6 800 000	7 500 000
20	长岛温泉乐园	日本,桑名市	4.3	5 870 000	5 630 000
21	欧洲主题乐园	德国,鲁斯特	10.0	5 500 000	5 000 000
22	佛罗里达海洋世界	美国,佛罗里达州,奥兰多	2.0	4 777 000	4 683 000
23	趣伏里主题乐园	丹麦,哥本哈根	5.7	4 733 000	4 478 000
24	艾夫特琳主题乐园	荷兰,卡特斯维尔	6.4	4 680 000	4 400 000
25	丽江宋城旅游区	中国,丽江	170.4	4 678 000	1 730 000
2015 年排名前 25 位娱乐/主题乐园的客流总量				235 568 000	220 920 000

资料来源:TEA/AECOM 2015 年主题公园报告和博物馆报告:全球主题景点游客报告。

纵观全球主题乐园发展,呈现出以下 3 个特点。

(1) 18 家主题乐园牢牢占据 Top25 榜单

虽然每年的排名都会稍有变化,但仍有 18 家主题乐园连续 10 年进入排行榜。从 2006—2015 年,Top25 主题乐园的游客人次从 1.87 亿增长到 2.36 亿,年均增长率达到 2.6%,而这 18 家主题乐园的游客人次则是从 1.5 亿增长到 1.92 亿,年均增长率达到 2.7%(图 10.2)。

(2) 亚太地区成为全球主题乐园热区

亚洲已经成为全球主题乐园市场的重心,市场份额从 10 年前的 35%,已经增长到目前的 42%,而北美市场则从 10 年前的 52%跌落至 2015 年的 47%。从全球排名前 25 位的主题乐园来看,亚太地区的主题乐园数量已经超过北美地区,前 25 位主题乐园中有 11 家在亚太地区,10 家在北美地区,4 家在欧洲地区(图 10.3)。

(3) 少数大型主题乐园占据全球主要市场份额

就所有权而言,尽管有许多新的优质运营商进入本行业,但实际上,主要市场份额仍操控在两大运营商手中:迪士尼集团和环球影城(图 10.4)。

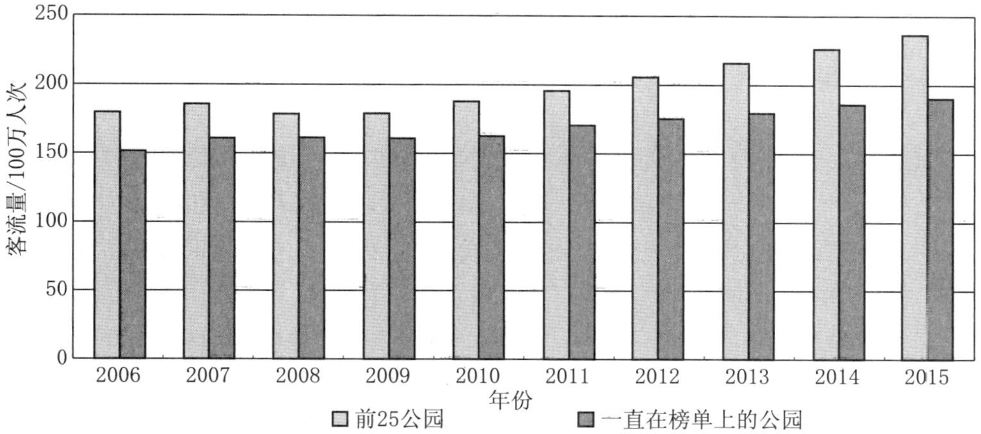

图 10.2　2006—2015 全球排名前 25 位及一直在榜单上的主题乐园客流量

资料来源：TEA/AECOM 2015 年主题公园报告和博物馆报告：全球主题景点游客报告。

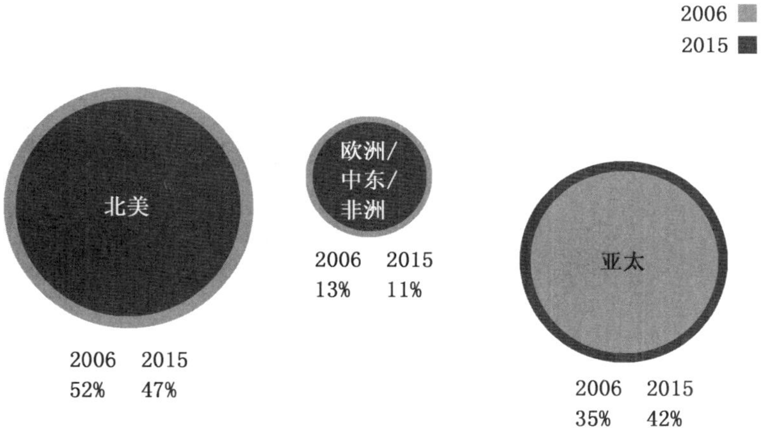

图 10.3　2006 年与 2015 年全球各大地区主题乐园市场份额分布

资料来源：TEA/AECOM 2015 年主题公园报告和博物馆报告：全球主题景点游客报告。

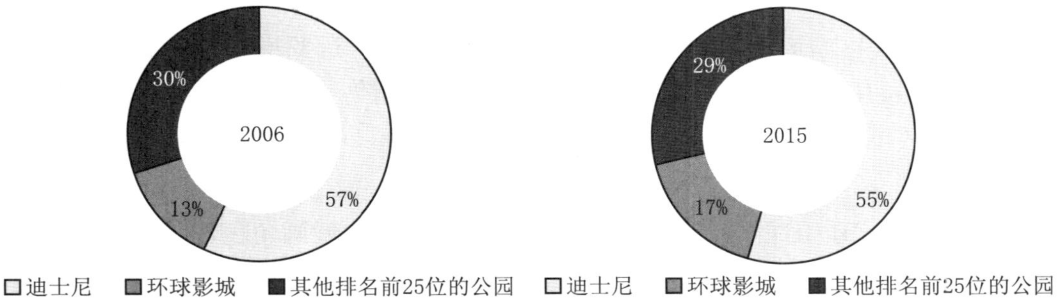

图 10.4　2006 年与 2015 年少数大型主题乐园市场份额比较

资料来源：TEA/AECOM 2015 年主题公园报告和博物馆报告：全球主题景点游客报告。

（二） 迪士尼

迪士尼是一家拥有完整文化娱乐产业链的公司，2016 财年的总收入为 556.32 亿美元，较上年上涨 6%，连续第 6 年创下业绩新高。迪士尼产业链以 IP 为核心，包括媒体网络（电视）、影视娱乐（电影）、公园度假区（主题乐园）、消费产品（衍生品）和互动娱乐（游戏）五大板块。

1. 形成“电影—电视电台—衍生产品—迪士尼乐园”完整产业链

迪士尼主题乐园处于整条产业链的下游方向，迪士尼影视娱乐是整个产业链的核心动力。运营模式为以创意的电影偶像为载体，建立一个主题乐园，吸引游客到乐园游玩，并产生附加价值，带来衍生品等其他收益。通过影视作品塑造和传播主题形象，再建设主题乐园，因此较为容易被游客熟悉和认知。对 IP 商业价值的挖掘和运用成为迪士尼不断扩大其影响力的重要手段。

迪士尼影业 2016 财年所获得成就惊人。2016 年，迪士尼拥有不菲的全球票房，并成为世界上第一个年收入突破 75 亿美元的电影公司，包括《星球大战：原力觉醒》《美国队长 3》《海底总动员 2》和《疯狂动物城》在内的 4 部电影取得了 10 亿美元以上的全球票房。《星球大战：原力觉醒》获得了逾 20 亿的全球票房成绩，成为史上票房第三高的电影。

业内人士分析指出，如果单纯依靠门票收入，只能基本维持员工的工资，能够作为利润的部分极少。因此门票经济并非迪士尼乐园营收的全部，甚至只占到乐园全部营收的很小一部分，乐园 60%的收益来自于衍生品等二次消费。米老鼠、汽车总动员、星球大战等电影中虚拟人物造就了迪士尼衍生品的产业链，其开拓了电影、乐园、邮轮、服饰、出版物、音乐剧、玩具、食品、教育、日用品、电子类产品等一系列消费品。

2. 极致的 IP

在实际经营中，迪士尼乐园始终注重将电影 IP 和人造梦境完美结合，为保持其可玩性提供强有力的支撑，以真实重现电影梦幻吸引游客。同时，为了保持乐园新鲜感，除了经久不衰的米奇系列等动画卡通角色，2006 年、2009 年、2012 年，迪士尼分别以 74 亿美元、42 亿美元和 41 亿美元收购皮克斯动画、漫威工作室和卢卡斯电影公司。收购具有优质 IP 的 3 家公司使迪士尼获得多个经典漫画角色，拥有了当下流行的娱乐热点和热衷的话题内容。迪士尼会对这些新 IP 形象进行人物内容实地测试，确认游客对人物的喜爱度，然后进行开发并引入乐园。迪士尼在电影方面的强大原创能力，为将园区打造成一个完整童话梦境提供不竭灵感。而为营造全方位的沉浸式体验，任何与相关主题冲突的元素都不能出现在游客的视野中。2016 年上半年，迪士尼制作或旗下发行的 5 部在中国上映的影片，总票房近 50 亿人民币。大热的动画电影不仅可以使迪士尼在全球获得巨大的票房收益，也凭借众多经典的卡通形象促使游客前往迪士尼主题乐园。

3. 以合资模式加快海外布局

为了更直接的参与项目受益分配，巴黎乐园、香港乐园以及上海迪士尼项目都采取了直接参股的合资模式，仅东京迪士尼是许可经营模式，由迪士尼将相关知识产权许可给日本 OLC 公司，日常运营由 OLC 公司负责，迪士尼不参与到项目的运营，每年仅收取一定比例的许可费。该费用比例不是与经营利润挂钩，而是与项目营业总额挂钩，这直接考验着日方在经营管理和运维方面的能力。而上海迪士尼属于合资形式，由国有企业申迪集团与华特迪士尼共同投资、建设和运营，共同承担项目的收益和风险。此模式下，迪士尼将获得比许可模式下更高的收入。

4. 高科技应用

过去 60 年中，迪士尼一直致力于利用科技优化游乐设施的设计与体验。高新技术在主题乐园行业具有强大的影响力。一方面青年游客需要更大、更高、更快、更刺激、更复杂的过山车，一方面人口老龄化需要提供比较轻松的娱乐，这些不断变化的需求都要求主题乐园不断采用最新的高科技来满足。目前，主题乐园最新的高科技产品主要包括高清晰度电影、飞行模拟器和虚拟现实空间。

5. 进驻中国标志主题乐园进入全新时代

上海迪士尼乐园于 2016 年 6 月 16 日盛大开园。作为中国内地第一个、亚洲第三个、世界第六个迪士尼主题乐园，引起了社会的广泛关注。迪士尼首次来到中国内地，除首发精彩景点及项目外，中国元素成为上海迪士尼的独特看点：标志性餐厅漫月轩设有代表中国不同地域的餐食；首次以中文演出音乐剧《狮子王》；化身迪士尼动画角色的中国十二生肖也被融入其中。众多中国元素的设计，在保证原汁原味迪士尼的同时又增加了本土特色，游客的新鲜感和熟悉感倍增。

上海迪士尼乐园于 2017 年 6 月迎来了开幕一周年。开业首年入园人次超 1 100 万，首年收入估计为 70 亿元左右，包括门票和其他消费。上海迪士尼乐园的开园也具有辐射效应带动产业链上下游发展。上海迪士尼公园将重点覆盖距上海三小时车程内的 3.3 亿人口，而 1 期成熟后或将带来 3 000 万客流。其中，市外增量游客占 80%，预计将带动其他旅游线路的预订量；同时，迪士尼的溢出效应还将辐射到房地产、交运、餐饮商贸等消费行业。预计迪士尼周边酒店入住率将稳步提升，经济型酒店房价也将相应上涨。

（三） 默林娱乐

默林娱乐集团(Merlin Entertainments Group)是英国知名的优质家庭娱乐景点营运公司，也是全球第二大的旅游景点营运公司。目前集团规模超越环球片场，仅次于迪士尼。集团旗下拥有乐高乐园(LEGOLAND)、杜莎夫人蜡像馆(Madame Tussauds)、伦敦眼(The London Eye)、水族馆(SEA LIFE)、加达云霄乐园(Gardaland)及伦敦地牢(Dungeons)等国际知名景点。仅 2014 年，全球接待游客人数就达到 0.628 亿人次。

1. 专业化主题乐园

与全产业链模式的显著不同在于，默林集团旗下的各个主题乐园品牌都相对独立，多数都基于单个 IP 或者景点进行设计开发。虽不采取一个园区内整合配置的做法，但是也出现了像乐高乐园、海洋生物馆等全球品牌。在强化自身品牌、充分利用客流量方面，默林集团通过发售年度通行票实现旗下资源共享和互补，谋求价值最大化。

(1) 乐高乐园

全球以乐高积木为主题的乐园目前有 6 家，因兼具娱乐性、创造性、趣味性、游戏性和知识性而深受喜爱。乐高乐园基本都有内部分区，迷你城市建筑区往往是热门区域，而为了体现地域特点，吸引本地游客，乐高迷你城市通常会有代表该地区的著名建筑和场景。此外，还设置了积木创造学习区、幼儿积木专区、驾驶区以及城镇区等。

(2) 海洋生物馆

默林旗下的“海洋生物馆”已经成为世界最大的海洋馆品牌，目前在英国、北美和亚洲区域都进行了开发建设。所有的海洋生物馆都以“新奇发现”为主题，同时还兼有海洋生物教育，海洋生物保护等教育、宣传的多样化功能。直观形象、寓教于乐、新奇有趣的游玩体验，吸引了无数儿童和大朋友。

2. 并购扩张

默林娱乐通过品牌收购使自身业务规模大幅提升。默林娱乐集团成立于 1999 年，之后于 2005 年收购乐高公园(LEGOLAND Park)，2006 年收购卡斯德尔诺游乐园(Gardaland)，2007 年收购杜莎集团(Tussauds Group)，3 年内营业规模扩大 10 倍，目前旗下拥有乐高乐园、杜莎夫人蜡像馆、海洋世界、伦敦眼等知名娱乐产品。截至 2015 年 8 月，默林娱乐集团涵盖四大洲，共 23 个国家，拥有 111 旅游景点、12 家酒店、4 个度假村、2.6 万名员工。

3. 以乐高探索中心试水中国市场

默林娱乐集团将以合资形式在上海及周边开发"乐高乐园",并专注于中小型室内外现场娱乐及主题乐园项目。目前,默林娱乐在上海、香港、北京、武汉拥有 4 家杜莎夫人蜡像馆及上海长风海洋世界。除在上海及周边地区建设乐高乐园外,默林娱乐将在全国范围内开发一系列中小型现场娱乐及主题乐园项目。作为试水项目,乐高探索中心于 2016 年春在上海运营。乐高探索中心是默林集团下属一个主要面对 3～10 岁儿童家庭的品牌。目前,全球一共开设 17 家,其中亚洲 3 家,2 家在日本东京和大阪。

目前,乐高乐园在美国、英国、丹麦、马来西亚等地拥有 6 座乐园,基于全球知名拼插玩具"乐高"的品牌、主题、形象等,提供寓教于乐的休闲体验,备受全世界儿童和家庭的喜爱。2015 年 10 月,默林娱乐与华人文化产业投资基金达成协议,将共同在上海及周边地区开发家庭娱乐主题乐园——乐高乐园,表明又一国际主题乐园集团看准中国市场。

近年来,默林集团又致力于中国市场开拓和发展,在上海已拥有长风海洋世界、杜莎夫人蜡像馆品牌景点,并将迎来第三个展馆——乐高探索中心。同时集团也将布点扩展到了北京、武汉、重庆等地。

参考文献

[1] International Association of Amusement Parks and Attractions. *IAAPA Global Theme and Amusement Park Outlook 2016—2020*[R], 2016.

[2] PWC. *UAE's transformation into a world-class Leisure & Entertainment destination*[R], 2016.

[3] Themed Entertainment Association. TEA/AECOM 2015 年主题公园报告和博物馆报告:全球主题景点游客报告[R], 2016.

[4] 上海申迪文化发展研究院,上海图书馆(上海科学技术情报研究所).2015 全球主题乐园行业发展报告[R], 2016.

本章撰写:徐　佳

第十一章　分享经济下商务发展新模式和新业态研究

“分享经济”也被称为“共享经济”，这一理念最早是由美国德克萨斯州立大学社会学教授马科斯·费尔逊和伊利诺伊大学社会学教授琼·斯潘思于 1978 年在论文《社区结构和协同消费》中提出的。近年来，随着互联网和信息技术的飞速发展、城市人口密度的显著增加，以及人们对资源危机的日益重视，分享经济的规模日渐扩大，重要性日益凸显。分享经济作为互联网下的“新经济”“新商业”形态，借助网络等第三方平台，将供给方闲置资源使用权暂时性转移，通过提高存量资产的使用效率为需求方创造价值，促进社会经济的可持续发展。

一、分享经济发展概述

（一）定义与内涵

根据国家信息中心信息化研究部、中国互联网协会分享经济工作委员会发布的《中国分享经济发展报告 2016》对其的定义是：分享经济是指利用互联网等现代信息技术整合、分享海量的分散化闲置资源，满足多样化需求的经济活动总和。根据上述定义，可以看出分享经济至少包含以下三个内涵（图 11.1）。

1. 分享经济是信息革命发展到一定阶段后出现的新型经济形态

互联网（尤其是移动互联网）、宽带、云计算、大数据、物联网、移动支付、基于位置的服务（LBS）等现代信息技术及其创新应用的快速发展，使分享经济成为可能。

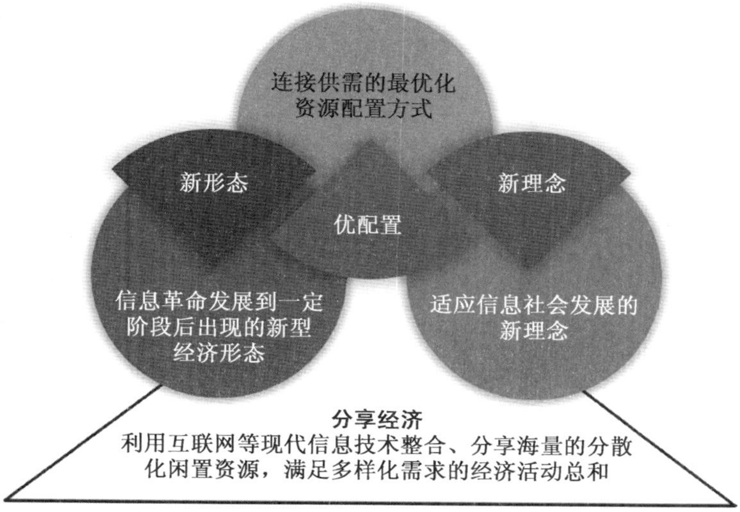

图 11.1 分享经济的定义与内涵

资料来源：国家信息中心信息化研究部与中国互联网协会分享经济工作委员会，《中国分享经济发展报告 2016》。

2. 分享经济是连接供需的最优化资源配置方式

面对资源短缺与闲置浪费共存的难题，分享经济借助互联网能够迅速整合各类分散的闲置资源，准确发现多样化需求，实现供需双方快速匹配，并大幅降低交易成本。

3. 分享经济是适应信息社会发展的新理念

工业社会强调生产和收益最大化，崇尚资源与财富占有；信息社会强调以人为本和可持续发展，崇尚最佳体验与物尽其用。分享经济集中体现了新的消费观和发展观。

从分享经济发展的内在需要来看，闲置资源是前提，用户体验是核心，信任是基础，安全是保障，大众参与是条件，信息技术是支撑，资源利用效率最大化是目标（图 11.2）。

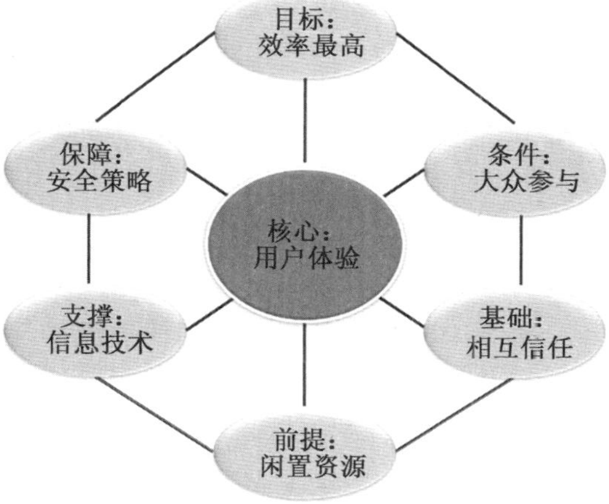

图 11.2 分享经济的关键要素

资料来源：国家信息中心信息化研究部与中国互联网协会分享经济工作委员会，《中国分享经济发展报告 2016》。

（二） 基本特征

作为互联网时代全新的经济形态，与传统经济模式相比，分享经济具有以下典型特征（图 11.3）。

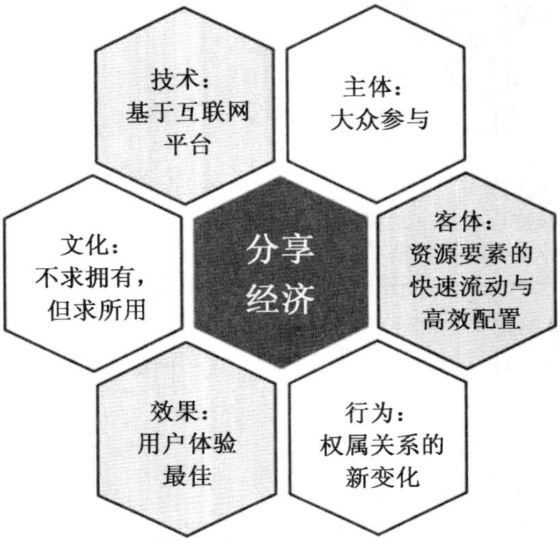

图 11.3 分享经济的六大特征

资料来源：国家信息中心信息化研究部与中国互联网协会分享经济工作委员会，《中国分享经济发展报告 2016》。

1. 技术特征：基于互联网平台

正是因为有了互联网尤其是智能终端的迅速普及，使得海量的供给方与需求方得以迅速建立联系。互联网平台并不直接提供产品或服务，而是将参与者连接起来，提供即时、便捷、高效的技术支持、信息服务和信用保障。离开互联网，现代意义上的分享经济将不复存在。

2. 主体特征：大众参与

足够多的供方和足够多的需方共同参与是分享经济得以发展的前提条件。互联网平台的开放性使得普通个体只要拥有一定的资源和一技之长，就可以很方便地参与到分享经济中来。同时，分享经济属于典型的双边市场，即供需双方通过平台进行交易，一方参与者越多，另一方得到的收益越大，两个群体相互吸引，相互促进，网络效应得到进一步放大。在分享经济中，参与者往往既是生产者又是消费者，个体潜能与价值得到最大限度发挥。

3. 客体特征：资源要素的快速流动与高效配置

现实世界的资源是有限的，但闲置与浪费也普遍存在，如空闲的车座、房间、设备、时间等。分享经济就是要将这些海量的、分散的各类资源通过网络整合起来，让其发挥最大效用，满足日益增长的多样化需求，实现“稀缺中的富足”。

4. 行为特征：权属关系的新变化

一般而言，分享经济主要通过所有权与使用权的分离，采用以租代买、以租代售等方式让渡产品或服务的部分使用权，实现资源利用效率的最大化。从实践发展看，分享经济将渗透更多的领域，股权众筹等业态的出现已经涉及所有权的分享。

5. 效果特征:用户体验最佳

在信息技术的作用下,分享经济极大地降低了交易成本,能够以快速、便捷、低成本、多样化的方式满足消费者的个性化需求。用户评价能够得到及时、公开、透明的反馈,会对其他消费者的选择产生直接影响,这将推动平台与供给方努力改进服务,注重提升用户体验。

6. 文化特征:“不求拥有,但求所用”

分享经济较好地满足了人性中固有的社会化交往、分享和自我实现的需求,也顺应了当前人类环保意识的觉醒。

(三) 发展历程

从全球来看,分享经济的发展可以划分为三个阶段(图 11.4)。

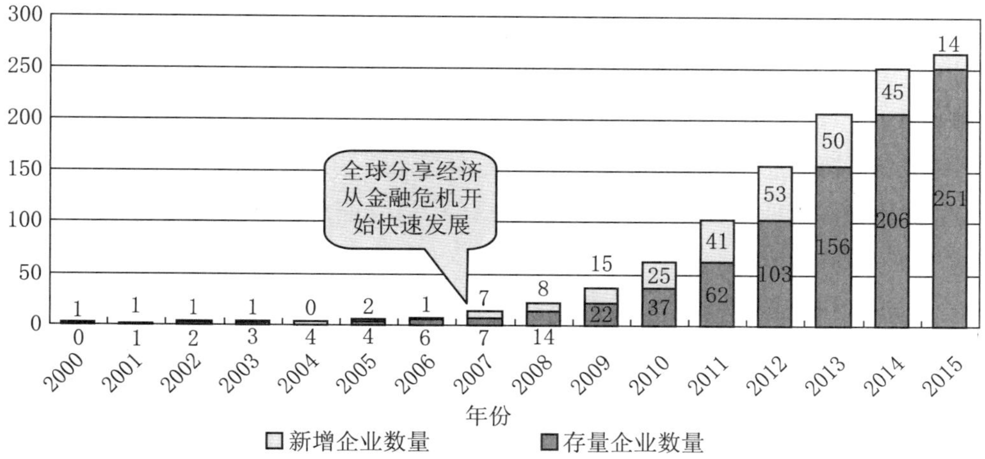

图 11.4 全球分享经济初创企业数量

资料来源:国家信息中心信息化研究部与中国互联网协会分享经济工作委员会,《中国分享经济发展报告 2016》。

1. 原型期

2007 年之前。在互联网商业化发展初期,分享经济原型企业出现,例如在线二手交易 Ebay 于 1995 年成立、在线影片租赁 Netflix 于 1997 年成立、在线雇佣 Elance 于 1999 年成立。2000 年,汽车分时租赁鼻祖 Zipcar 成立。2004 年 P2P 网贷公司 Zopa 成立,手工艺品共享网站 Etsy 2005 年成立。这些企业的分享业务一直处于不温不火的状态，量小而分散，不成规模。大规模发展是接下来的事。

2. 高速成长期

2007—2014 年。2008 年美国金融危机大大催动了分享经济发展，分享经济平台迎来了爆发期。出行巨头 Uber 于 2009 年成立，短租巨头 Airbnb 于 2008 年成立，办公共享巨头 Wework 成立于 2010 年，食品共享网站 GrubWithUs 于 2010 年成立。其中，分享经济的初创企业在 2010—2014 年进入爆发期，保持着同比将近 50%的增速发展。

3. 平稳期

2015 年至今。经过爆发式发展，海外分享经济于 2014 年进入平稳发展期，新增企业数量稍有回落，相比金融危机之前，仍保持着快速增长态势。

就分享形式来看，分享经济的演变历程大致可分为三个阶段：无偿分享、信息在线分享和分享经济（图 11.5）。无偿分享行为古已有之，主要指亲朋邻里之间，以面对面交流为主要形式的对实物或信息的分享行为。分享过程在熟人之间展开，通常不获取任何经济收益。随着互联网的建立与普及，在线分享逐渐兴起。由于网络的无限性和虚拟特性，分享主体由熟人群体扩展至陌生人群体，分享内容以信息、知识等虚拟物品为主。进入 21 世纪后，信息技术和移动互联技术飞速发展，互联网用户规模持续扩大，分享行为从线上延伸至线下，并逐渐演变为陌生人社交的新渠道和获取实际收益的新来源，形成分享经济。从分享主体看，分享经济面向陌生人群，而非局限于熟人圈子内；从分享途径看，分享经济通过第三方信息化平台进行，而非局限于面对面交换；从分享结果看，分享经济是一种有偿行为，而非单纯的互通有无。

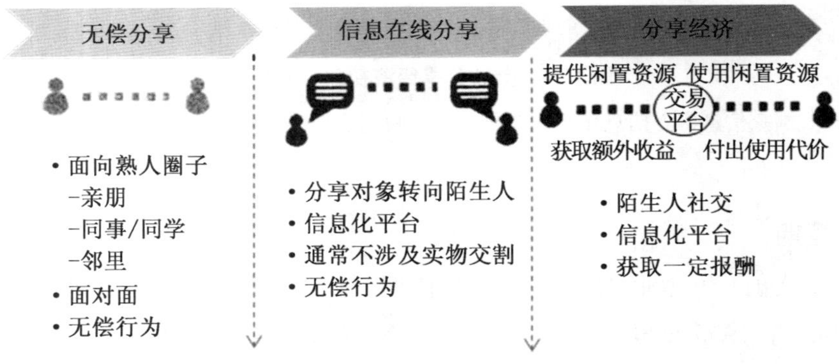

图 11.5　分享经济的演变过程

资料来源：长城战略咨询.分享经济：经济发展新范式。

（四） 主要类型

目前，对分享经济的类型划分尚未形成一个统一标准，角度不同，划分的类型不同（图 11.6）。

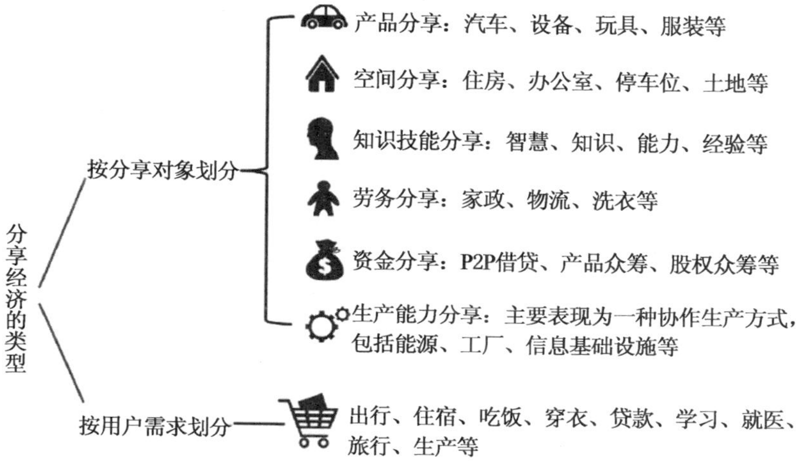

图 11.6 分享经济的类型

资料来源：国家信息中心信息化研究部与中国互联网协会分享经济工作委员会，《中国分享经济发展报告 2016》。

按分享对象划分，分享经济主要包括以下类别：①产品分享：如汽车、设备、玩具、服装等，代表性平台企业有滴滴出行、Uber、Rent the Runway、易科学等。②空间分享：如住房、办公室、停车位、土地等，代表性平台企业有 Airbnb、小猪短租、Wework、Landshare 等。③知识技能分享：如智慧、知识、能力、经验等，代表性平台企业有猪八戒网、知乎网、Coursera、名医主刀等。④劳务分享：主要集中在生活服务行业，代表性平台企业有河狸家、阿姨来了、京东到家等。⑤资金分享：如 P2P 借贷、产品众筹、股权众筹等，代表性平台企业有 LendingClub、Kickstarter、京东众筹、陆金所等。⑥生产能力分享：主要表现为一种协作生产方式，包括能源、工厂、农机设备、信息基础设施等，代表性平台企业有 Applestore、Maschinenring、沈阳机床厂 I5 智能化数控系统、阿里巴巴“淘工厂”、WiFi 万能钥匙等。

从满足用户需求的角度，分享经济也可以划分为以下种类：出行（滴滴出行/Uber）、住宿（Airbnb/小猪短租）、吃饭（回家吃饭/妈妈的味道）、穿衣（Rent the Runway/那衣服）、贷款（LendingClub/人人贷）、学习（Coursera/MOOC 中国）、就医（春雨医生/名医主刀)、旅行(蚂蜂窝/百度旅游)、生产(Applestore/淘工厂)等。

二、分享经济发展现状

(一) 市场规模

近年来,全球分享经济规模呈现爆发式增长态势。根据 Massolution 公司的数据,分享经济全球市场规模从 2010 年到 2013 年几乎每年都以接近 90%的速度增长,2010 年全球市场规模仅为 8.5 亿美元,2013 年则达到 51 亿美元(图 11.7)。另据英国市场研究机构 Juniper Research 发布的数据,2015 年全球分享经济的市场规模约为 64 亿美元,预计到 2020 年将达到 204 亿美元,约是 2015 年规模的 3 倍多。普华永道对全球分享经济规模的预测更是乐观,认为到 2025 年,全球分享经济市场规模将增加至 3 350 亿美元。

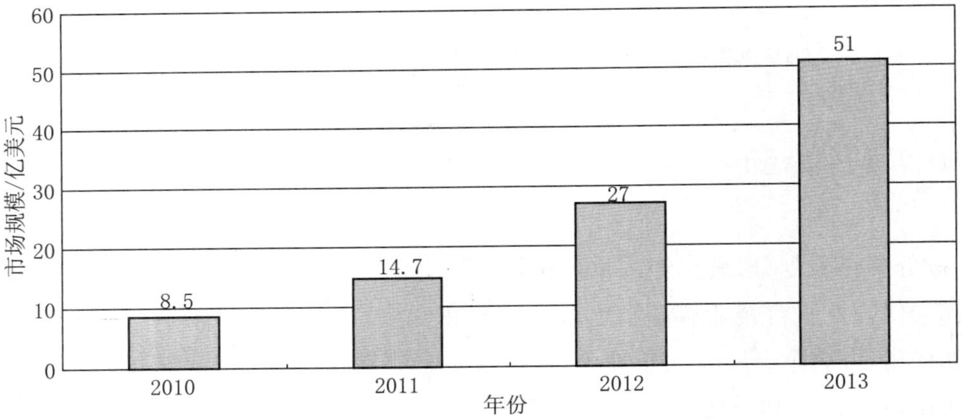

图 11.7　2010—2013 年全球分享经济市场规模

资料来源:Massolution.

(二) 地域分布

从各地区分享经济企业数量和融资规模看,分享经济在全球范围内呈现三级阶梯格局——美国、中国两强争霸,率先发展;亚洲新兴国家、欧洲老牌资本主义国家紧随其后;南美、非洲萌芽初现,但整体规模依然较小。

具体来看,在美国,分享经济融资规模近 200 亿美元,企业数量已超过 450 家,独角兽企业不断涌现，如交通出行领域的 Uber、旅行房屋租赁领域的 Airbnb 等，引领全球分享经济发展潮流。在中国，分享经济融资规模超过 200 亿美元，位居全球首位，发展前景广阔。在英国，分享经济企业数量达到 100 余家，是老牌资本主义强国中分享经济发展前景最为乐观的一个（表 11.1）。值得注意的是，在全球范围内，英国是最早从国家层面出台分享经济详细发展规划和配套支撑政策的国家，英国政府计划通过实施分享经济发展战略，将英国打造成为未来的“全球分享经济中心”。

表 11.1　分享经济在部分国家的发展情况

国　家	企业数量	融资规模/美元
美　国	超 450 家	近 200 亿
中　国	超 150 家	超 200 亿
英　国	超 100 家	近 10 亿
巴　西	20 家以下	1 亿以下
韩　国	10 家以下	1 亿以下

资料来源：长城战略咨询.分享经济：经济发展新范式。

1. 北美地区率先领跑

据 Justpark 网站的统计，目前全球半数以上的分享经济企业集中在北美地区，尤其是作为分享经济的发源地，美国在这股浪潮中独占鳌头。不论是践行分享经济理念还是开拓新兴商业模式，不管是谈及发展水平或是对行业的渗透程度，美国都是首屈一指的。全球的分享经济企业中，有一半以上总部在美国，西海岸的旧金山更有“全球分享经济之都”的称谓，全球每 6 家分享企业中就有一家的总部设在这里；东岸的大都市纽约则位列第二，拥有全球 10%的分享企业。位于旧金山、纽约、波士顿和洛杉矶 4 个城市的分享经济企业总数，比整个欧洲的企业数量都要多。截至 2015 年末，全球 18 家分享经济独角兽企业中，有 12 家是美国公司，其中的佼佼者当属估值超过 100 亿美元的 Uber、Airbnb 和 Wework。从参与人数来看，2015 年美国有 2 170 万成年人使用过分享经济服务，预计 2019 年将增长至 3 730 万。以 Uber 为例，2015 年美国的 Uber 司机从 16 万增至 40 万人。最新的调查结果表明，每 5 个美国人当中就有一人是分享平台的服务提供者，而使用过平台服务的用户数量更是翻了一番。

在加拿大，2015 年一项针对安大略省居民的民意调查显示，40%的 18 至 34 岁的年轻人参与了分享经济；45%的人表示愿意将自己的财产租借给别人，绝大部分人希望以此获取收入。该省居民通过 Airbnb 出租房屋每月平均获得 450 美元的额外收入。除了 Uber 等国外企业，加拿大本土企业也在私厨、借贷、职业平台等领域积极布局，如线上职业信息平台 Jobblis、个人借贷平台 Borowell、物品分享平台“厨具馆”和“工具箱”等。

2. 亚太地区你追我赶

2015 年中国分享经济市场规模约为 19 560 亿元。2015 年中国分享经济领域参与提供服务者约为 5 000 万，约占劳动人口总数的 5.5%。保守估计，参与分享经济活动的总人数已经超过 5 亿人。预计未来 5 年分享经济年均增长速度在 40%左右，到 2020 市场规模占 GDP 比重将达到 10%以上。未来 10 年中国分享经济领域有望出现 5～10 家巨无霸平台型企业。

韩国尽管分享经济发展起步较晚，但发展迅速。据韩国商务资源部测算数据，2015 年其分享经济规模约合 4.25 亿至 6.58 亿美元，占全球分享经济规模的 2.8%～4.4%。预计到 2025 年将达到 76.5 亿～118.5 亿美元。从发展领域上看，分享经济在韩国的汽车、住房、旅行、办公室、社交餐饮、知识技能和个人物品等多个领域都有较快的发展，最为活跃的是交通、住宿和二手物品交易等领域。

日本分享经济也已出现在住宿、拼车与停车、医疗、家政、物流等多个领域，并正在向时尚、动漫等领域渗透。矢野经济研究所的报告显示，2014 年日本国内分享经济规模同比增长 134.7%。可圈可点的是，业内翘楚的房屋分享企业 Airbnb 在日本市场迎来最快速的增长，自 2014 年 5 月 Airbnb 正式在日本进驻之后的一年时间里，在日本创造了 2 200 多亿日元的经济效益，创造了 2 万余个工作岗位。2015 年日本的房屋出租的房客人数是 2014 年的 5.29 倍，而线上列出的短租房源也增加到 2.1 万间，是 2014 年的 3.73 倍。2015 年上半年，日本 Airbnb 的房东总收入约为 88 亿日元。

澳大利亚政府也在积极促进分享经济的发展。在新南威尔士州，澳大利亚首都地区和西澳大利亚州已经合法化分享汽车行程。而汽车分享类软件类似 Uber，已经从澳大利亚出租车市场抢占了 5 亿美元的生意。在 2015 年 12 月，澳大利亚国家词典中心评选出的年度热词，正是“分享经济”。

此外，在印度，据《华尔街日报》网络版报道，截至 2015 年 4 月，印度最大的打车服务提供商 Ola 已完成了 4 亿美元 E 轮融资，估值 25 亿美元。

3. 欧洲国家不甘落后

欧洲是北美地区以外分享经济企业最为聚集的地区。有调查结果表明，欧洲南部国家的人最乐意参与分享经济，其次为北欧和东欧。

分享经济在欧盟呈飞速增长的趋势，2014—2015 年间分享平台的收入几乎翻了一番。根据 2016 年发布的欧盟《分享经济简报》统计数据，2015 年欧盟的分享平台创造了约 280 亿欧元的总收入。2016 年一项“欧盟晴雨表调查”显示，超过半数的欧盟公民听说过分享经济，有 1/6 的人是分享经济的参与者，约有 1/3 的分享经济平台用户曾有过一次以上的提供服务的经历，即超过 5%的欧盟人口已经在此类平台上提供过产品或者服务。从发展趋势上看，鉴于欧盟委员会对分享经济的积极态度，以及欧盟单一市场的政策与法律对各个欧盟国家的指导作用和约束效力，欧盟的成员国家们都在国内原有政策的基础上转变原有的态度或是加强支持的力度。

在英国，2014 年政府就提出了将其打造成“分享经济全球中心”的计划，并从政策层面给予大力支持。伦敦也是欧洲国家中拥有最多分享经济企业的城市。根据英国商务部的数据，大约 25%的英国成年人有过网上分享彼此财产、技能等闲置资源的经历，而如果分享经济实践层面如能变得更加便捷，这一比例将上升到 70%。普华永道的研究表明，目前英国的分享经济市场约为 5 亿英镑，预计到 2025 年可增长至 90 亿英镑。尼尔森的一项有关共享社区的全球调查显示，在 60 个国家有超过 3 万受访者表示愿意参与分享经济活动，其中英国人占 1/3。从企业发展的角度看，英国较强的分享经济企业主要集中在 P2P 借贷和融资、短期租赁与家政外包、在线雇佣、C2C 租房、拼车、知识和技能共享等领域。如 Funding Circle 是全球第一家允许融资资金超过 1 亿英镑的股权融资网络平台。

在德国，民宿代替酒店、通过网络预订入住私人住宅，逐渐成为德国人外出旅行的新选择；叫车代替打车，越来越多的德国人使用优步软件预订出租车，比原本循规蹈矩地电话订车或只能去指定地点打车灵活了许多……种种现象表明，分享经济已在德国兴起，涉及零售、酒店餐饮、交通运输、私人金融、文化传媒等各个领域。同其他领域相比，德国交通领域的分享经济更为成功。如今，汽车分享服务已经将触角伸到了近 500 个德国市镇。这预示着，随着消费者尤其是年轻一代消费习惯的改变，分享经济在德国的发展将走上快车道。德国企业早就发现了分享经济的商机。德国汽车分享联邦协会甚至将汽车分享称为一种新的“移动文化”，德国拥有汽车的人对此兴趣日益浓厚。据统计，截至 2015 年初，共有超过 100 万人在德国提供汽车分享服务的 150 个商家注册。除了汽车分享之外，分享衣服，甚至食品等也在德国人尤其是年轻人中悄然兴起。德国网站“城市交换”定期在科隆等城市举行聚会，鼓励人们将衣橱中不太穿的衣服拿出来交换。通过交换，人们可以在不花钱或者少花钱的情况下获得自己需要的东西。

在意大利，有超过 25%的网民称已经使用过分享经济的服务，而有 74%的民众表示今后乐意参与到分享经济之中。据意大利国会估算，目前可归于分享经济的国内生产总值约 45 亿欧元，而这一数字到 2025 年将增长逾 20 倍，总计达到 900 亿欧元。

在荷兰，据荷兰国际集团估算，荷兰分享经济年交易额约为 4 000 万～6 000 万欧元,大约有 8%的家庭参与分享经济。从发展领域看,由于当地外卖种类少且价格昂贵,使得饮食行业的分享经济发展十分活跃。

在芬兰,金融领域的分享经济发展很快,主要因为当地的电子政务系统较为完善,很早便使用了电子身份认证,简化了在线借贷流程,为金融分享平台建设打下了良好基础。

4. 非洲市场成为新的掘金地

非洲地区幅员广阔,人口稠密,蕴涵丰富的市场机会,也有许多分享经济的掘金者们盯上了这一块未被充分开发的广袤大地。

以 Airbnb 为例,2015 年 7 月在南非举行的发布会上,Airbnb CEO 布莱恩·切斯基便向当地媒体表达了进军非洲市场的野心。当时虽然该公司尚未正式进驻非洲,但是已经有许多非洲人在使用 Airbnb,仅在南非市场就有 9 400 间房屋在线上可供出租,而一年之间,南非的线上房源增加了 1.38 倍,房客增加了 2.57 倍,市场潜力巨大。

(三) 行业分布

截至目前,分享经济模式已在交通出行、房屋住宿、生活服务等多个领域实现成功应用,几乎覆盖了人们日常生活、工作的方方面面。根据分享内容本质属性的不同,分享经济大致分布于五大领域(表 11.2),并在供需匹配的实际过程中,衍生出众多细分领域,全方位覆盖消费需求。

表 11.2 分享经济五大领域

领　域	分享内容	细分领域	典型案例
物　品	闲置物品使用权	交通出行　服装饰品 机械设备　书籍光碟	Uber、滴滴打车 Zipcar、Spinlister
空　间	闲置空间使用权	住宿空间　宠物空间 办公场所　零售空间	Airbnb、DogVacay WeWork、StoreFront
金　融	闲置资金价值使用权	P2P 网贷　股权众筹	陆金所、Lending Club 人人贷、众筹网
知识技能	闲置认知盈余使用权	教育培训　医疗健康 科研开发　设计策划	猪八戒网、知乎 TED、在行、小红书
服　务	闲置劳动力使用权	日常生活服务 供能服务	EatWith、人人快递 TaskRabbit、觅食

资料来源:长城战略咨询.分享经济:经济发展新范式。

具体来看,金融领域市场规模最为庞大。统计数据显示,仅中美两国 P2P 借贷市场规模就高达 1 700 亿美元,而在中国,金融分享已占国内分享经济总体规模的 90% 以上。交通出行领域发展较早,市场最为成熟。究其原因:首先,交通出行传统服务模式饱受诟病,无论是供给规模还是服务质量均难以满足消费者需求。其次,较之其他行业,交通出行属于刚性需求,客源稳定且需求量常年保持高位;最后,交通出行领域行业利润率较高,更易受到风投垂青。

三、分享经济发展趋势

(一) 分享经济成为热点

金融危机后,全球分享经济快速发展,从欧美不断向亚太、非洲等地区的上百个国家扩张。例如,截至 2015 年底,Airbnb 已经在全球 190 多个国家和地区开展业务,覆盖 3.4 万多个城市,拥有 200 多万个房源,超过 6 000 万房客从中受益,市场估值 255 亿美元。Uber 也进入 68 个国家和地区。领先企业的成功吸引了大量创业者加入分享经济领域,平台企业不断增加,投资分享经济领域的机构数量也迅速增加。据 Crowd Companies 统计,在美国,2010 年只有不到 20 家机构投资于分享经济,而截至 2015 年 4 月底已增加到 198 个。同时,风险投资金额呈爆发式增长,据 Crowd Companies 统计,2014 年和 2015 年分享经济的投资额分别为 85.0 亿美元和 142.06 亿美元(两年合计 227 亿美元),而自 2000 年到 2013 年全球流向分享经济的投资额累计才 43 亿美元。分享经济的崛起对现有法律、政策以及传统行业发展都产生了巨大影响,使其成为政府及社会各界关注的焦点。

(二) 分享领域不断拓展

全球分享经济正进入快速扩张期,加速渗透到人们衣食住行的诸多领域,深刻改变着人们工作和消费的方式。从最初的汽车、房屋迅速渗透到金融、餐饮、空间、物流、教育、医疗、基础设施等多个领域和细分市场,并加速向能源、生产城市建设等更多领域扩张,参与分享的主体也不再仅仅是个人,出现了企业级分享的趋势。未来一切可分享的东西都将被分享,人们的工作和生活方式将因之发生深刻变化。正如分享经济的倡导者瑞恩·格丽(Ryan Gourley)所言:“分享经济从一个城市开始,逐步扩展到一个地区,进而渗透到整个国家,最后形成一个分享的世界。”

（三） 初创企业快速成长

分享经济的崛起催生了大量市场估值超过 10 亿美元的“独角兽”企业。根据调研公司 CB Insights 的数据，截至 2016 年 2 月 4 日，全球价值在 10 亿美元以上的私营公司有 151 家，其中有分享汽车的滴滴出行、Uber、Lyft、Olacabs、BlablaCar 以及 Grab Taxi，分享房屋的 Airbnb、途家网，分享网络存储空间的 Dropbox，分享开源软件的 Github，分享邻里信息的 Nextdoor，分享办公空间的 WeWork，分享医生咨询和预约的挂号网，提供金融 P2P 服务的 Funding Circle、Social Finance，以及生活类服务的 Delivery Hero、HelloFresh、饿了么、Instacart 等。更重要的是，这些公司创业时间多数不到 5 年就达到上亿甚至上百亿美元的市场估值。随着分享领域的拓展以及商业模式的不断创新，更多的巨无霸企业将接踵而来。

（四） 竞争格局尚不稳定

全球分享经济尚处在起步阶段，成长迅速，竞争激烈，尚未形成稳定的格局。目前看，只有在个别领域，少数起步较早的企业获得了一定的先发优势，初步形成相当用户规模和较高市场占有率，开始建立起成型的盈利模式。一般而言，分享型企业的收入来源渠道主要有中介收费、搜索排名、流量广告、金融收益等。但对于更多的领域和初创企业而言，还处在探索过程中，尚未形成可持续发展能力。从地区发展的角度看，美国是分享经济发展的领头羊，但欧洲、亚洲各国的平台企业也在迅速崛起，全球竞争格局仍处在快速变化中。

四、分享经济的商业模式研究

分享经济已经在租车、P2P 网络借贷、众筹、住宿等行业进行了广泛应用，其中分享经济的龙头企业 Uber 和 Airbnb 公司市值分别高达 600 亿美元、250 亿美元，远远高于从事相同或相似服务的传统企业估值。这里基于分享经济相关公司盈利模式研究，构建出分享经济的商业模式，并通过对比传统经济商业模式分析分享经济的商业模式优势。

（一） 分享经济案例分析

这里选取分享经济中发展最好、最快且盈利模式清晰的两家公司 Uber 和

Airbnb进行案例分析。Uber和Airbnb分属于不同行业龙头企业，具有分享经济代表性。

Uber公司盈利模式：首先，将线下闲置车辆资源聚合到平台上。Uber公司不拥有车辆资源等固定资产，针对是闲置车辆资源，即为供给者提供了灵活工作方式以及提高了车辆利用效率，并获取一定额外收入。其次，Uber公司对闲置车辆进行了差异化定位，包括了Uber SUV高端、Uber X与Uber Black中端、Uber Taxi低端，为每个人提供不同出租车服务，其业务对象拓展到出租车之外的其他通勤服务，如轮渡、摩托车、直升机、快递等。在价格方面，Uber公司为避免最需要服务的高峰时段司机供给反而偏少的情况，设计了高峰定价技术，根据不同时段制定不同价格水平。再次，Uber公司客户群的主体比较广泛，涉及自身没车、体验高质量通勤服务、不想自己驾车参与某项活动、低价出租车服务等，主体主要为城市上班族。最后，Uber公司通过LBS定位技术、大数据挖掘和云计算，将平台上需要用车的乘客和距离最近的司机进行匹配，避免传统出租行业拒载现象。司机接受订单之后，司机的详细个人信息和预计到达时间会一同发送给订车人，订车人可以实时查看司机当前位置，订车人接受服务之后可以对司机的服务进行评价。从Uber公司盈利模式不难看出：Uber公司属于O2O模式，注重线上线下资源整合；Uber公司是轻资产运营，属于第三方平台公司；Uber公司通过双向补贴吸引用户，培养用户消费习惯，增加用户黏性。

Airbnb公司盈利模式：首先，将线下闲置住房资源聚合到平台上，Airbnb公司不拥有住房资源等固定资产，针对闲置住房资源，为供给者提高住房利用效率，获取一定额外收入；其次，Airbnb公司提供的是非标准产品，不同于标准化酒店服务，为客户提供了本地化、独特体验的情感社区，满足客户个性和定制化服务需求；再次，Airbnb公司平台机制注重个人品牌、信誉，在Airbnb上提供优质独特住宿体验的房东，通过客户评价机制会形成个人品牌；最后，Airbnb公司将供需双方用户通过网络或手机应用程序发布、搜索度假房屋租赁信息并完成在线预订。从Airbnb公司盈利模式不难看出：Airbnb公司跟Uber公司一样，同属于O2O模式，注重线上线下资源整合；Airbnb公司跟Uber公司一样都是轻资产运营，不拥有提供服务的固定资产所有权，属于第三方平台公司；Airbnb公司降低供需成本，提升配置效率，Airbnb公司向消费者收取佣金，个体服务者不需要支付任何费用，同时Airbnb公司个体供给方共享服务价格低于酒店企业服务价格，Airbnb平台聚集大量客源，节省寻找客源的时间成本。以上分析具体如图11.8所示。

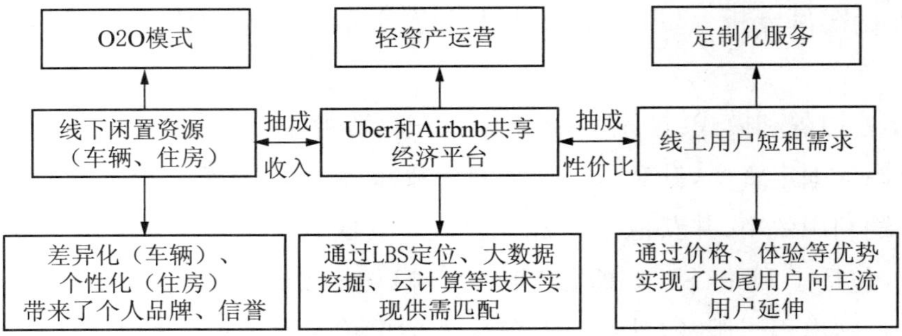

图 11.8　Uber 和 Airbnb 公司盈利模式

资料来源：郑志来.共享经济的成因、内涵与商业模式研究[J].现代经济探讨，2016 年第 3 期。

（二） 分享经济的商业模式

通过 Uber 和 Airbnb 公司案例分析，可以看出分享经济商业模式的核心基础是“闲置＋价值＋回报”。产品和服务供给方拥有闲置资源或碎片化时间，通过在特定时间内出让资源使用权或提供服务。需求方不直接拥有资源的所有权，而是通过租、借等共享方式使用物品，为需求方创造价值，从而为供给方带来一定的金钱或精神回报。

分享经济平台通过双向补贴和体验等方式吸引供给方和需求方，分享经济平台足够多的供给方为需求方多样需求提供了选择，分享经济平台足够多的需求方为供给方提供了稳定持续客源。根据产品和服务供给方个性化程度进行分类：总体上分为标准化成品和非标产品。标准化产品按标准化程度从高到低进行分类定价，非标产品在产品差异性基础上根据需求方要求进行适当的调整，满足其定制化服务需求。产品和服务供给方组织形式包括适应规模化供给的 B2C 模式，以及对产品和服务需求个性化和场景化的 C2C 模式。分享经济平台根据产品和服务需求方群体，将具有相似特征个体或企业进行细分，并深入当地消费者的核心需求和人文特点，进行适应性功能开发和品牌定位，对需求方交易后评价进行完善的搜集和处理反馈。分享经济平台不直接拥有提供服务的物品所有权，这决定了分享经济平台运营固定资产投入少、成本低。分享经济平台实行的是按需分配，将大量供给按照大数据算法推送给最方便客户。分享经济平台建立供给方和需求方连接，由于供需双方具有延展性和叠加性，分享经济平台潜力巨大，而平台资源、平台规模等扩大反过来增强供需双方用户黏性。分享经济平台注重社交网络、征信机构帮助供给方和需求方建立信任关系。政府相关职能部门加强对第三方分享经济平台监管。如 P2P 网络借贷平台“跑路”现象。政府明确监管主体、对中间资金账户实行第三方托管,加大 P2P 平台监测力度,建立市场准入和退出机制、P2P 平台信息披露制度、P2P 平台再保险制度来加大对第三方分享经济平台监管。

分享经济平台盈利模式主要有三个方面:一是对供需双方进行抽成。根据供给方和需求方对平台依存度、获利大小等特点,分别对供给方或者需求方进行抽成。Uber 公司对供给方每笔业务进行提成获取收入,Airbnb 公司对需求方收取佣金;二是供需双方客户资源价值。第三方分享经济平台掌握大量客户资源,客户为分享经济平台带来了流量和人口,截至 2015 年 9 月 Uber 公司用户数超过 3 000 万,截至 2015 年 5 月 Airbnb 公司用户数超过 3 500 万;三是对平台资源延伸服务价值,基于大量客户资源大数据分析进行相关服务延伸,拓展其服务边界,Uber 公司通过乘客出行计划大数据分析与交通管理部门进行合作。以上分析具体见图 11.9 所示。

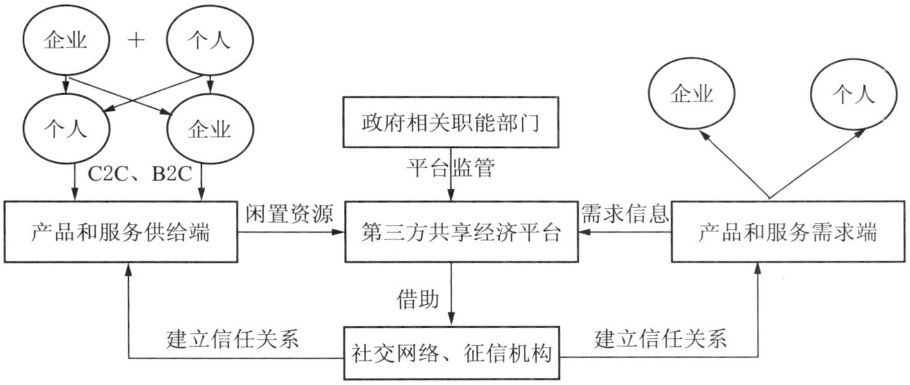

图 11.9 分享经济下的商业模式

资料来源:郑志来.共享经济的成因、内涵与商业模式研究[J].现代经济探讨,2016 年第 3 期。

(三) 分享经济的商业模式优势分析

分享经济不同于传统经济商业模式,传统经济商业模式是供给方与需求方基于企业与企业、企业与客户之间交易层层加码,涉及产业链上下游企业,企业与客户之间的中间商、渠道商,不难看出传统经济商业模式供给方与需求方中间链条过长,每层之间利润加码转嫁给客户,就会带来了较高价格。传统经济商业模式具体如图 11.10 所示。

分享经济商业模式的优势主要体现在以下六个方面:①为客户解决了产品利用率问题,传统经济商业模式主要为客户提供新产品或服务,没有为客户解决其产品利用率问题。分享经济商业模式基于现有闲置资源，将闲置资源使用权转移给需求方获取一定收入。②降低分享经济平台运行成本，传统经济商业模式企业进行大量固定资产投入，拥有大量沉没成本，企业运营成本高、转型慢，分享经济平台借助于供给方闲置资源，不需要进行固定资产投入，属于典型轻资产公司，运营成本低、转型快。③满足了需求个性化和定制化需求，传统经济商业模式为客户提供产品或服务是标准化的，分享经济商业模式由于供给者从商业组织演变成个体或企业，大量为供给方提供了非标准化产品或服务，这也满足了需求方个性化和定制化服务需求。④分享经济具有价格优势，传统经济商业模式供给方与需求方之间涉及供应商、制造商、渠道商等交易主体，众多交易主体带来巨大的交易成本，分享经济商业模式供给方与需求方直接进行匹配，双方直接进行动态定价，没有中间商利润侵蚀，具有明显价格优势。⑤解决了长尾客户问题，传统经济商业模式主要为主流客户服务，长尾客户不具有规模效应，成本与收入不对称，分享经济商业模式客户对象往往是传统经济商业模式不关注的长尾客户，通过对长尾客户切入再进入到主流客户。⑥分享经济实现了社会可持续发展，传统经济商业模式是基于资源要素不断投入，创造新产品或服务获取收入，分享经济配置对象是存量闲置资源，最大化提高其利用率，不需要对资源要素进行投入，实现了经济社会绿色可持续发展。

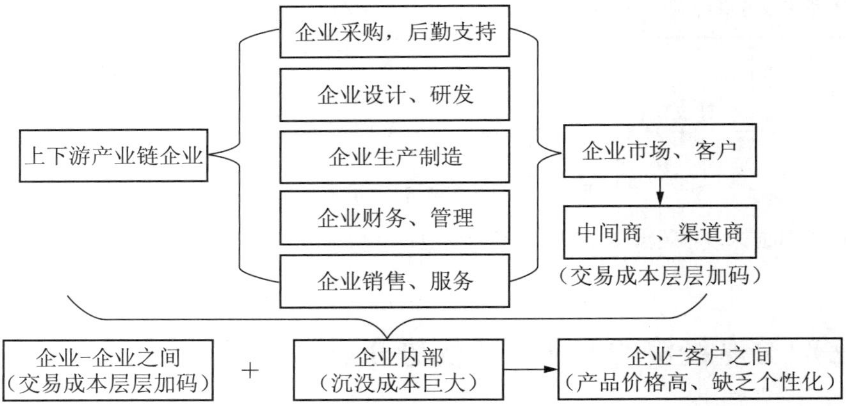

图 11.10　传统经济下的商业模式

资料来源：郑志来.共享经济的成因、内涵与商业模式研究[J].现代经济探讨，2016 年第 3 期。

五、分享经济颠覆传统经济发展模式

分享经济对经济社会发展的方方面面产生了诸多影响，颠覆传统经济发展模式，主要表现在以下几个方面。

（一） 新动能：助力大众创新

创新是生产要素的重新组合，通过分享、协作的方式搞创业创新，门槛更低，成本更小，速度更快，能够让更多的人参与进来。一方面，分享经济的发展使得生产要素的社会化使用更为便利，企业和个人可以按需租用设备、厂房及闲置生产能力，在更大范围内实现了生产要素与生产条件的最优组合，让创新变得更容易；另一方面，分享经济的发展降低了创新创业风险。对于很多创业者来说，借助分享经济平台进行低风险的"微创新"是实现更大创新的第一步。

（二） 新业态：打造新增长点

从理论上看，分享经济通过刺激消费、提升生产效率、提高个人创新与创业能力，对于经济增长和社会福利都有积极作用。美国行动论坛的研究认为，2014 年 Uber、Lyft 和 Sidecar 带来了 5.19 亿美元的经济增长。Airbnb 在旧金山的一项调查显示，房屋分享带来了 14%的新客户；在日本的一项调查表明，独特的旅游体验让游客会有再次旅游和重复旅游的欲望，28%的游客表示如果没有房屋分享将会缩短在当地的停留时间。

（三） 新模式：扩大有效供给

在传统模式下，企业无法准确把握消费者需求，产能过剩、库存高压普遍存在，而在分享经济模式下凡是"下单"的都是有需求的，需求变得清晰可见。同时，分享经济可以快速调动各类社会资源，提高供给的弹性和灵活度，能够较好地适应不断变化的消费需求。基于网络的互动评价系统可以及时反映供需双方的意见和要求，有利于提高供给的有效性。

（四） 新组织：激发创新活力

分享经济使得人们可以在边际成本趋于零的条件下通过协作进行生产、消费和分享自己的商品和服务，这就会带来经济生活组织方式的新变化。在分享经济模式下，越来越多的个体可以通过平台直接对接用户，不必再依附于传统专业机构；另一方面，越来越多的企业、机构也会参与到分享经济中来，通过众包、众创等方式组织整合社会资源，参与到创新活动中来，大大提升创新效率，并大幅降低成本。比如企业可以通过分享经济模式让全球最合适的人参与产品的设计营销等活动中，政府部门也可以通过众包方式提供公共服务。

（五） 新理念：实现低碳生存

分享经济对于环境保护的作用越来越被人们所认知。《共享经济》作者蔡斯认为，美国有 1/5 的家庭生活用品从以前的购买转向租用，平均每年减少近 1 300 万吨的使用量，从而降低了 2%的二氧化碳排放量。法国学者德马依（Demailly）和诺威尔（Novel）认为，在分享经济充分发展的情况下，服装、汽车、家具、电话、电视、玩具、体育用品以及园艺工具等都是可分享的物品，可以减少 20%的碳排放。汽车分享对环保的积极影响方面有更加翔实的数据支撑，如美国分享经济协会数据显示，每分享 1 辆汽车，可以减少 13 辆汽车的购买行为。滴滴出行发布的《中国智能出行 2015 大数据报告》显示，仅快车拼车和顺风车两个产品一年下来能节省 5.1 亿升汽油燃烧，减少 1 355 万吨碳排放，相当于多种 11.3 亿棵树的生态补偿量。Uber 提供的资料显示，其在杭州的拼车出行减少的碳排放相当于每 3 天增加一个西湖面积大小的森林。

（六） 新生活：促进灵活就业

分享经济打破了传统的“全时雇佣”关系，在使就业方式更加灵活的同时，也增加了就业渠道与岗位。纽约大学教授 Sundararajan 研究称，2013 年 Uber 在芝加哥创造了 1 049 个新增就业岗位。在中国，整个家政行业的分享经济都是以灵活就业群体为主，全国家政行业大约有 65 万家企业，从业人员超过 2 500 万。分享经济给富有创造力的个人提供了一种全新的谋生方式，人们不必依托组织即可供应自己的劳动力和知识技能，使得拥有弹性工作时间的个人和缺乏弹性劳动力的企业或机构均能利益最大化。

（七） 新治理：走向多元协同

分享经济为社会治理体系创新提供了机会窗口。一方面，分享经济的发展对创新治理体系提出了新要求;另一方面,分享经济也为构建新的治理体系提供了经验和支撑。如出行、住宿、网络金融、在线教育等领域的分享实践面临诸多制度空白或制约,原有的法律法规和政策需要进一步修改完善。同时,分享平台在发展过程中也逐步建立起基于大数据的治理机制,在保证平台正常运行的同时,也为社会治理积累了宝贵经验,为推动社会治理向多元化、开放性协同治理转型创造了良好条件。

六、分享经济对商务行业的渗透和影响

Uber 和 Airbnb 两个巨无霸的崛起让“分享经济”一词异常火热,作为分享经济最具代表性的两家企业,Uber 和 Airbnb 分别为出租车业和酒店业带来了革命性的改变,也让人们看到了分享经济在未来的巨大潜力。分享经济这种新的经济模式并不只会在出租车业和酒店业发挥作用,它几乎可以渗透到各行各业。下面以零售业和物流业为例研究分享经济对商务行业的渗透和影响。

(一) 零售业

近年来,随着移动互联网和分享经济的快速发展,零售业正在面临一场广泛而深刻的变革,一种全新的购物模式正在兴起,消费者通过手机购买附近商超的商品,由商超、平台自建或组织的第三方物流团队进行配送,完成交易。这种全新的购物方式与“传统”的电商有很大的不同:传统的电商最快也许能够实现当日或隔日送达,而这种新型平台却完全能够实现一小时达;传统的电商从仓库发货,经漫长的物流配送到各个节点,再配送到消费者手中,而后者没有仓库,因为它们把线下的所有商超商铺都作为它们的仓库;这种“商超代买、配送”平台的物流团队只需把商品从消费者最近的商超商铺配送到消费者手中,而不用经历采购、仓储这两个环节。

通信网络技术的提升、智能手机的普及、移动互联网的到来让人们完全可以实现这种购物方式。这类平台目前没有一个准确的、普遍认同的名称:由于其社区属性,这类平台被称为社区 O2O 平台;由于不实际提供商品、只是代买配送,这类平台又被称为是物流 O2O 平台(物流众包);由于与商超便利店进行线上与线下的合作,这类平台又被称为是商超便利店 O2O 平台。这类平台以及这种理念的创立者是美国的 Instacart。目前,国内类似 Instacart 的企业或者 Instacart 的模仿者很多,这类为消费者提供周边商超物品代买和配送服务的企业大多起步于 2014 年,在 2015 年进入爆发期。这其中有很多是创业企业,也有些是从外卖平台切入到商超代买配送领域的

巨头，比如有京东到家、百度外卖、饿了么、美团外卖、Dmall(多点)、生活圈 C、本来便利、爱鲜蜂、社区 001、闪电购、小 e 到家、500mi、小美快购、喵喵便利、送到家、乐来、送到家等等。

1. Instacart

Instacart 成立于 2012 年 6 月，起步于旧金山。它的理念就是通过移动互联网，用户在手机应用上就可以购买到附近商超的任何商品。所有商品由 Instacart 配送员进行配送，收取一定的配送费。在配送上，Instacart 的理念是分享经济。Instacart 采用轻资产的模式，不拥有自己的配送员，其理念与 Uber 和 Airbnb 一样，正在成为一种潮流。与 Instacart 合作的商超包括全食、好事多等等。Instacart 为这些商超带来了销量，同时为顾客提供快捷方便移动购物体验。

创立一年后，2013 年 7 月，Instacart 即获得 Sequoia Capital(红杉资本)850 万美元 A 轮融资；2014 年 6 月获得 Canaan Partners、Khosla Ventures、Sequoia Capital、Andreessen Horowitz 的 4 400 万美元 B 轮融资；2014 年 12 月获得包括 Sequoia Capital 在内的 2.1 亿美元 C 轮融资。此轮融资过后，Instacart 估值超过 20 亿美元。

在美国也有不少与 Instacart 模式和理念类似的创业公司。比如有同城按需配送的 Postmates、专注蔬菜配送的 Farmigo 等等。

2. 京东到家

2015 年 3 月，京东上线其具有战略属性的 O2O 产品——“拍到家”，2015 年 4 月，京东把旗下 O2O 项目“拍到家”更名为“京东到家”。京东到家采用社会化物流众包模式来缩减成本。京东到家的目标是整合城市内大街小巷上能提供品质商品和服务的连锁品牌商家，利用它们提供的库存资源，发动更多的社会闲散运力来做配送，3 公里内生活服务消费圈的商品实现 2 小时内送达。目前，京东到家 App 已上线商超、生鲜、外卖美食、鲜花蛋糕、医药健康、家政、洗衣和按摩美业等 8 个业务板块，不过，它的切入点和目前的核心业务是消费频次高的商超和生鲜。

3. 百度外卖、饿了么、美团外卖

与京东到家一样，百度外卖、饿了么、美团外卖也上线了商超代购服务。通过与商家进行合作、接入系统，由这些外卖平台配送员完成购买和配送。这三者在商超代买配送领域，具有巨大的流量优势及品牌优势。从外卖切入到商超代买、配送领域，这些外卖平台做的只是一个服务种类的扩充。

4. Dmall(多点)

Dmall(多点)创立于 2015 年 4 月，隶属于多点新鲜(北京)电子商务有限公司。2015 年 4 月 Dmall(多点)就获得了由 IDG 投资的 1 亿美元天使投资。创立之初，

Dmall(多点)的定位是生鲜电商，近期其重新定位，与商超进行合作，品类涵盖超市大部分商品，转型商超代买配送平台。在北京地区，目前 Dmall(多点)主要与物美等大型超市进行合作。Dmall(多点)采用的是自建物流进行配送。此外，Dmall(多点)在某些商超只提供到店自提服务，由多点员工打包，顾客可到专门的自提点提取商品。

5. 爱鲜蜂

2014 年才成立的爱鲜蜂，2015 年 9 月获得 C 轮 7 000 万美元的融资，其目标是与万家小店合作，通过软硬件技术的方式，将线下商品纳入线上，实现 3 公里配送。爱鲜蜂是典型的利用闲置资源组建最后一公里配送的案例，其配送员被称为“鲜蜂侠”，基本上是住宅及办公周边的小卖部店主，这个群体的特点是闲暇时间多，距离用户近，后台将订单分发到距离用户最近的小卖部店主那里，再由店主完成最后环节的配送。爱鲜蜂负责向供应商采购，同时在各行政区自建仓库，向行政区内小卖部供货，用户下单后，由距离最近的店主负责送货，同时完成支付。爱鲜蜂搭建了一个平台，连接了上游和下游以及有需求的用户，是目前国内零售领域分享经济的实验体。目前，爱鲜蜂覆盖的城市有北京、上海、广州、佛山、深圳、南京、苏州、成都、杭州、三河等 10 地，用户量在 500 万量级。

6. 芝麻到家

芝麻到家也是一家商超代买和配送的生活服务平台。与一般平台都要求数十元起送不同，芝麻到家提供一元起送、免配送货、30 分钟送达的服务。芝麻到家创立于 2014 年 9 月，隶属于北京灵犀互动科技有限公司。据其官网介绍，芝麻到家已经获得千万美元风险投资。

7. 本来便利

本来便利是本来生活网 2015 年 8 月上线的超市生鲜食品代买的生活服务平台，隶属于北京本来工坊科技有限公司。本来生活网是生鲜、食品电商平台，2013 年 1 月获得鼎晖投资 A 轮数千万美元投资；2015 年 1 月获得高榕资本与鼎晖投资数千万美元 B 轮融资。本来便利与全家便利店进行合作，由便利店进行配送。目前，本来便利主要覆盖了北京、上海、广州和深圳 4 个城市。

目前，商超代买、配送平台还有很多，比如还有北京的“有米有”、隔壁老王，成都地区的隔壁铺子，无锡的喵喵便利，山东的指动生活、小 e 到家、500mi 云超市等等。Instacart 的模式就是代买、配送。在医药领域，近期也爆发了医药代买和配送的众多企业，比如有快方送药、药给力、叮当快药等等。在专门的物流配送领域，也出现了如风先生、e 代送、最鲜到、极客配送、UU 跑腿等创业企业。这些创业项目大都爆发于最近的两年之中。

（二） 物流业

目前分享经济也已经渗透到物流行业。例如，众多的企业采用分享经济的模式在物流领域创业，例如车货匹配、物流外包、设备租赁等等。在不远的未来，我们会看到越来越多的基于物流共享的高效协作平台。

1. 分布式的联合运输

目前物流业的模式大部分是由物流公司雇佣全职员工进行货物配送，物流业是个重资产的模式，它最大的资源需求就是人力，特别是快递行业，人力一旦紧缺就会导致快递的延误，影响用户体验。每年快到过年的时候，由于大批快递员提前回家，人员紧缺便会导致快递的延后。

分享经济模式下的物流业相对于传统物流业来讲必然是轻资产模式，一个商家在平台发出送货需求，附近的有车人员接到需求后到商家所在处取货然后送至目的地。对于同城物流来说这是一种比传统快递更快捷也更节省时间的方式，对于异地物流来说，递送可以分段进行。杰里米·里夫金曾在《零边际成本社会》中论证了这种方式：就物流互联网而言，传统的点对点和中心辐射型运输应该让步于分布式的联合运输：一个司机负责从生产中心到卸货地点的全部卸货，然后接一批在返回路上的交付货物。分享经济的模式是这样的：第一个司机在比较近的中心交付货物，然后拉起另一拖车的货物返回，第二个司机会装运货物送到线路上的下一个中心，可以是港口、铁路货场、飞机场，直到整车货物抵达目的地。

事实上 Uber 已经开始了这种模式的探索，在美国 Uber 推出了同城快递服务 UberRush，用户可以在 Uber 上叫快递，然后，由司机将物品派送到目的地，用户可以看到物品预计的到达时间和物品的实时位置。

分享经济下的物流业可以充分利用全社会拥有空闲时间的人员，因而在人员问题上要好于传统物流业，而基于地理位置寻找最近人员的方式也使快递的时间得到了节约。

2. 资源共享下的物流终端模式

在分享经济影响下，物流终端也悄然有了变化，朝着节省资源合作共赢的模式发展。

（1）国外物流终端的多种模式

发达国家很早就开始推广终端配送资源共享的模式，物流公司不再承担最后一个送货员，而是将这个资源与其他闲置资源的个体和公司合作，形成一种互利互惠的模式，列举几种终端模式如表 11.3 所示。

表 11.3　发达国家的物流终端模式

终端模式	经典案例	优　　势	弊　　端
政府投资建设社区物流公共设施	德国多特蒙德的全天塔计划	24 小时自助寄取件，不用下车即可快速投递，划分不同的温控区，送达后自动发短信或邮件给买方，可以转账或刷卡支付	前期投资成本巨大，且修建后难以扩展或移动，具有很大的局限性
电商企业主导的社区门店自提模式	英国电商阿戈斯（Argos）	降低店铺货物仓储空间要求，提升商品展示机会，相对节省店铺经营成本，24 小时营业，自提也不受时间限制，还能享受商品配送返现	社区门店的服务质量和服务范围是关键，社区居民还得有自提的习惯
物流快递企业推广的自提站与智能快递柜模式	德国敦豪快递（DHL）自提站（Packing Station）	有效节约投递与收件的等待时间。推广的智能快递柜无需人工看守，化零为整，为白天上班但没法签收货的上班族提供方便	不同商品对快递柜要求不同，快递柜普及前期投入大，后期运营维护成本较高
电商物流企业与便利店合作模式	西欧接力星（RelayStar）	便利店作为寄存点，减少了电商物流企业前期成本投入，便利店也会因为居民上门取件而带来可观的人流量	商品在便利店的保存和商品验货质量监控都存在盲区，售后纠纷难以解决
其他模式	出租车兼职服务模式——优步（Uber）推出的速递服务——优步快跑（UberRush）	在服务区域，买家通过移动智能终端下单后，该区域的速递员通过步行或是私家车等为消费者提供送递小型包裹服务，依据送递距离收服务费。这项创新整合促进了行业间的交互发展，使得社区配送服务深化融合	起步晚，模式较新，需要社区居民培养信任，行业标准和法规不完善

资料来源：黄芸.共享经济下物流终端配送模式发展的探讨[J].商场现代化，2015 年第 25 期。

（2）我国电商物流终端模式现状

我国电商物流发展起步较晚，但是发展速度惊人。据统计，2014 年全国网络零售销量达到 2.8 万亿元，仅 2014 年“双十一”网络零售交易额就达到 571 亿元。而 2014 全年，全国快递业务量已经达到了总量 140 亿件。如何让配送服务跟上网络销量的高速增长，目前国内已有以下几种模式：①电商快递企业合作自提模式：国内很多大型电商，主要收发模式选择发展便利店为居民自提点。如买家在天猫网站下单并填写收货地点后，系统会自动匹配出周边的服务站点代收货。目前天猫已经对新加盟的店面实行收费，可见便利店成为自提点带来的好处。亚马逊中国更是成为国内自提点最多的电商，有 5 000 多家。快递企业也开始尝试这一模式。顺丰的“嘿客”是社区服务 O2O 店，整合自身资源为客户提供四大体验服务：商品在线订购、货物线下体验、便民服务、快件寄取自提。京东还尝试移动自提模式，客户可以在“移动自提车”窗口领取自己购买的包裹。这是一种配送末端自提形式的新变化。

② 智能快递柜模式：智能快递柜是一种集快件投递与提取多功能于一体的全天 24 小时自助服务设备，带有视频监控和支付取件智能终端。柜门必须使用身份证、密码才能打开。

目前国内智能快递柜已经悄然入驻了居民社区和办公写字楼，由 5 家快递公司持股的丰巢科技，刚刚获得 5 亿人民币融资，但大多数快递柜目前并不收费，而是靠软广告赢利。菜鸟、中国邮政等公司也相继投入到此类智能柜的开发和推广中去，这一领域未来将在资金和地域发生激烈竞争。但到目前为止，快递柜使用频率并不太高，2015 年 4 月调查了全国 50 个城市，统计使用智能快递柜完成派件数量为 1.13 亿件，仅占全国比例 1%。

3. 增强对未来的掌控能力

物流的分享经济发展到这个阶段远没有结束。伴随着移动互联网的兴起，传统的物流分享经济 1.0 被快速的颠覆，出现了物流分享经济 2.0。这个时代的分享经济本质是一个由第三方创建的、以信息技术为基础的市场平台，用户通过这个市场平台来增强对未来的波动性、不确定性、复杂性和模糊性的掌控能力。这一类的典型案例如下。

（1）做仓库共享的 Flexe

Flexe 是仓库资源共享平台，整合有剩余仓储位的出租者和有额外仓库空间需求的承租者。Flexe 带来了第一个真正灵活的仓储解决方案。

现阶段，Flexe 平台服务主要支持北美地区，其仓储网络的规模发展速度非常快，仅用了一年时间就从原 100 家仓库扩大到 370 家仓库，为客户提供超过 40 万个出租存储空间单位。有额外仓库空间需求的承租者可以使用 Flexe 的搜索引擎，快速容易地找到匹配其具体需求的仓库设施，使得客户能够便捷地处理库存高峰，执行产品促销，测试新的市场，并对不可预见的反应事件更快、更容易。对于仓库出租者来说，Flexe 的仓库出租过程同样简单：只需要一份每个仓库的存储能力、规格和功能以及工作时间、可用容量和类型的材料，之后 Flexe 会提供一份包括存储和材料处理费用的报价列表，如果仓库出租者接受报价，立即就可以在 Flexe 的仓储网络开展业务。

Flexe 的业务模式和 Airbnb 有些类似，Airbnb 是把空闲房屋有效利用起来，出租给旅客，并从中获利；Flexe 则是有效利用了空闲的仓储空间，允许客户按照自己所需的存储空间支付费用，这种“即买即付”解决方案完全取代了传统的固定仓库租赁模式，帮助电商按照销售旺季（或淡季）的实际需求订购仓储空间。Flexe 仓储管理平台可以将空闲的仓库空间有效利用起来，帮助电商公司、物流公司以及其他有仓储需求的企业管理库存。

（2）做同城配送的 UberRush

Uber 优步在美国推出的预约制“信使”（ODMCourier）服务 UberRush，可以让用户通过手机上的 Uber 应用预约自行车速递员，到指定地点接单并运送货物。简单来说，如果你在 Uber 所划定的 5 个区域内，就可以像用 Uber 叫车那样叫快递，Uber 的司机——在这里叫做 Messenger（信使）就会来取件并派送到你指定的位置。和 Uber 过去的服务不同，Messenger 不是司机，他们可能会骑自行车，也可能是步行。用户可以在 Uber 上看到 Messenger 取件的预计到达时间，也可以随时检查自己的物品移动的位置。

（3）做物流快运的 Shipster

Shipster 可以在 20 分钟之内把所要托运的物品——无论是档案文件还是需要运到爱尔兰的一箱家具全部打包好。它们与所有大型物流机构——如联邦速递、UPS、DHL 达成了合作，并且雇用了一个大约 100 人的取件团队，通过步行、单车、轿车、面包车和卡车来满足用户的各种需求。自从 2014 年 11 月在纽约登陆后，Shipster 每个月为成百上千的企业运送的包裹数量已经突破了 1.1 万大关。它们服务的对象包括科技初创公司 Squarespace 以及高端时尚品牌 Diane Von Furstenburg 等。它们自称可以以最快的速度把任何东西送往任何地点。

（4）做临时工招募的 Wonolo

现在流行的“按需工人”平台是 Wonolo（Wonolo 是 Work、Now 和 Locally 的缩写），Wonolo 是一个临时工招募平台，现阶段其主要是针对企业临时工招募，服务企业涵盖了小型初创企业到世界 500 强。在企业招聘通过 Wonolo 贴出之后，其中一个用户（作为 Wonoloers，程序会广泛审查）几分钟或者几小时之后，可以申请这份工作并报到上班。假设一个在线的零售商突然意识到他短缺了几位物流装配工人，那么他只需要把相应工作招聘广告发布到 Wonolo 网站，在当天就会找到他需要的大批的劳动力。

七、主要国家发展分享经济的政策举措

分享经济借助移动互联网技术，实现资源有效对接，可以最大限度地释放经济增长潜能，同时也引发投资、生产、消费、服务及城市基础设施的改变。发达国家从多个

层面纷纷提出分享经济战略，推动分享经济发展。

（一） 美国："分享经济"的发源地

被称为"创意之都"的旧金山，历来不缺乏新奇的想法和成功的企业，既有英特尔、谷歌等已经成熟的高技术企业，又有在不断孕育具有成长潜力和价值的科技型中小企业，其中就包括 2008 年成立的 Airbnb。截至目前，Airbnb 已经分布到全球 190 个国家的 3.4 万多个城市，在最近一轮融资中，Airbnb 成功获得 4.5 亿美元，其价值已达到 130 亿美元。

美国政府对"分享经济"基本持积极的态度。美国政府虽然有时会迫于传统行业压力，对涉及"分享经济"的行业给予处罚，如，2014 年末，纽约州就曾因违反了整套公寓出租不得少于 30 天的法律而起诉 Airbnb，但更多时候都对"分享经济"能够创造出的效益予以肯定，并认为 Airbnb、Uber 等在线短租房屋和汽车共享行业能够鼓励酒店和出租车行业的公平合理竞争。有报道指出，美国联邦贸易委员会（Federal Trade Commission）即将对 Uber、Airbnb 以及其他涉及"分享经济"的企业展开严格审查，但审查的目的并不是阻止和取缔分享经济在美国的发展，而是通过对这些企业的审查，更进一步地保护消费者和参与分享者的权益，更好地促进公平竞争。

此外，美国一些传统行业也积极转型，迅速扩张业务至"分享经济"市场。如国际大型连锁酒店万豪在 2012 年与办公室租赁平台 LiquidSpace 合作，推出按小时或按天出租酒店会议设施的分享经济服务，并且此项服务的合作对象不局限于酒店内部客人，同时也接受外部预订。该模式一经推广便迅速得到社会认可，目前合作范围已经扩大到万豪旗下的 432 家酒店。

（二） 英国：力争打造全球"分享经济"中心

依托全球最大的金融中心，英国伦敦为打造全球"分享经济"中心提供了良好的经济环境和系统性支撑。首先，英国政府从制度、法律等层面支持并鼓励建立和创新"分享经济"的企业和公司，并且已初见成效，如，在英国皇室和伦敦发展促进署（London & Partners）的共同推动下成立了首个分享经济中心——旅行科技实验室（Travel Tech Lab），进驻实验室的初创团队可以共享开放式的办公场所。

英国政府在回复《开放分享经济——独立观点》的批文中表示，要大力支持和鼓励"分享经济"的发展，包括：①开展"分享经济"试点城市工作。决定以利兹和曼彻斯特两市作为全面实行“分享经济”的试点城市，在试点城市鼓励和推广交通工具、公共空间、健康和社保的分享。②开展创新创意竞赛。计划开展一场“创意竞赛”以支持针对“分享经济”的新数码科技的发展。③给出“分享经济”的标准化评估。英国国家统计局将会对如何度量“分享经济”进行一次系统评估。④开放犯罪记录，方便人们在网上搜索信息。⑤鼓励传统产业部门，如保险机构参与“分享经济”等。

除此之外，英国政府还提出了专门针对房屋短租的优惠政策，如，对于租金每年不超过 4 250 英镑的房屋，可以享受到分享出租房间的免税待遇；积极敦促保险商为“分享经济”设计更多的保障服务。英国政府也在积极修改关于短期租赁的法律制度，以此鼓励开放更多的在线房屋短租。

（三） 德国：节约型生活方式

早在 2013 年 3 月，在德国召开的汉诺威消费电子、信息及通信博览会就把主题定为“分享型经济”，并把“分享型经济”定义成为未来 IT 领域的发展趋势。德国财经网指出，“分享经济”在德国悄然兴起，与欧债危机有一定关联。在经济出现拮据时，共享型消费模式节省了开支，但生活质量并没有因此下降。

现阶段，“分享经济”消费模式在德国已经涉及很多领域。作为“汽车王国”，汽车共享已经跨出有力一步。国际知名汽车制造商戴姆勒于 2008 年率先在德国的乌尔姆实施 Car2go 项目，将商业模式在售卖产品的基础上扩展至售卖产品的使用权。目前，该项目已经在华盛顿、柏林、多伦多等 29 个城市投入约 12.5 万辆车，成功开启了传统汽车制造业与互联网结合的新型商业模式。其他多家汽车制造商，如宝马、大众和奔驰，也纷纷开启汽车共享，且已经有百万会员。统计数据也证实了这种汽车文化的变化：从 2000—2011 年间，德国 18～29 岁的年轻人中，每千人拥有的私家汽车数量下降了 34％，而同期使用汽车共享服务的人数增加了 375％。

此外，德国政府利用“分享经济”模式，积极推广新型能源。受到传统电力能源在环保、成本等方面的限制，德国政府积极鼓励民众使用太阳能、风能等新型能源，而民众只需在初期支付太阳能电池板等设备的费用，无须对资源的使用进行再次支付。因此，德国民众正在逐渐形成以小区为单位的“电力生产合作社”，分享电能等资源。

德国的“分享经济”除了是现有消费模式和生活方式的补充，也创造出了一些新型慈善和公益的发展模式，如，柏林街头的公共书柜、公共衣柜等“共享式街头公益”也开始在各地兴起。

参考文献

[1] 国家信息中心信息化研究部.中国分享经济发展报告 2016[R].2016.2.

[2] 黄芸.共享经济下物流终端配送模式发展的探讨[J].商场现代化,2015(25).

[3] 煦凌.日益崛起的分享经济[J].政工导刊,2016(6).

[4] 于凤霞,徐清源.全球分享经济发展态势[J].信息化建设,2016(8).

[5] 长城战略咨询.分享经济:经济发展新范式[R].2016.7.

[6] 郑志来.共享经济的成因、内涵与商业模式研究[J].现代经济探讨,2016(3).

[7] 中国互联网协会分享经济工作委员会白皮书组委会.分享经济的全球发展态势和我国发展概况分析[J].2016.5.

本章撰写:王德生

第十二章 全球技术贸易发展状况分析

在全球经济努力寻求复苏的进程中,技术进步的作用尤为重要。近年来,以技术为交易标的贸易越来越活跃,呈现出一些新特点。本章在简述技术贸易概念的基础上,介绍了全球技术贸易市场的发展现状,分析了技术贸易的一些新方式,并专门论述了技术贸易展示平台的发展动态及其经验。

一、技术贸易的概念辨析

论及技术贸易,需要廓清与此相关的概念——技术转移(technology transfer)和技术转让。

所谓技术转移,《联合国技术转移行动守则草案》将其定义为转让制造产品、应用工艺或提供服务的系统知识。一般来说,技术转移是技术从一个领域传向另一领域或从一个地区传向另一个地区的过程,既包括国家内不同地区的移动,也包括世界上不同国家之间的移动。技术转让是技术供方以出售、赠予、援助的方式将技术的所有权或使用权转让给技术受方的活动,是特定双方的主动有意识行为,可以发生在一个国家的境内,也可以发生在不同的国家和国家之间。与技术转移相比较,技术转让是人为意识的技术转移,是技术转移的一种特殊形式,同属于知识产权范畴。不管是技术转移还是技术转让,都是技术通过商业或非商业途径的流通行为。商业方式是指技术输出方与技术输入方通过技术交易的形式完成技术转移,包括专利许可与转让、专有技术许可、技术服务、跨国技术研发等形式,属于有偿方式;非商业方式指通过跨国界技术合作、技术援助、专业人员交流与培训、学术会议、科技文献等方式实现技术转移,其技术流通过程通常是无偿的。

技术贸易则是指技术供求双方按照一定的商业条件买卖技术的商业行为。如果交易是在一国之内进行,称之为国内技术贸易;如果这种交易跨越国界,则称之为国际技术贸易。从一个国家的立场上,这种国际技术流通包括技术出口和技术引进两个方面。与技术转移和技术转让相比较,技术贸易是有偿的技术转让,或技术的商业转让。在现实生活中,特别是在国际经济交往中,绝大多数涉及产品和生产技术的转让都是私有技术通过有偿方式进行。私有技术具有私有财产的重要特征,具有独占性和排他性,受法律保护,任何人未经权利人的许可不得享有和使用该项权利,否则就构成对权利人的知识产权的侵权行为并应承担法律责任,这是技术贸易的法律依据。

国际技术贸易是当前国际贸易的重要组成部分。其主要内容包括专利、商标及其他各种工业产权,各种专有技术或技术诀窍,提供工程设计,工厂设备安装、操作和使用,与技术转让有关的机器、设备和原料交易等。需要说明的是,商标虽然不是直接的技术,但它与技术密切相关,因此也是国际技术贸易的重要内容之一;其次,技术贸易的交易内容是技术,技术是无形的。在贸易活动中,有些是纯粹的软件贸易,有些是硬件贸易过程中伴随着软件贸易,即进口设备与技术相结合。硬件设备购买方一般在贸易中既购入设备,又需要转让方在贸易进行中对其设备使用、应用提供一定技术服务。因此,技术贸易既包括了技术知识的买卖,也包括了与技术转让密切相关的机器设备等货物的买卖行为。

二、全球技术贸易市场的现状

(一) 全球技术贸易市场规模不断扩大

技术贸易是国际贸易的重要组成。技术贸易的发展,促使技术更多地参与地区经济发展,加速生产要素在地区间转移,促进科学技术在世界范围内普及和提高。

欧洲首先出现技术知识的买卖肇始于欧洲 18 世纪构建的专利制度。19 世纪,随着西方各国技术发展加快,技术发明数量增多,相应的技术贸易活动也日渐活跃,但主要限于国内市场进行贸易活动。19 世纪末 20 世纪初,大多数西方工业发达国家都建立了鼓励发明创造和保护发明者权利的专利制度,技术贸易迅速发展。第二次世界大战后,国际政治、军事等因素对技术贸易产生较多影响,直接投资、技术转让构成了企业经营活动重要内容,成为国际技术贸易的重要实体。技术作为一种特殊的商品成为贸易的重要对象，国际技术贸易额不断增加。20 世纪 60 年代中期，国际技术贸易额每年约为 30 亿美元，70 年代中期增至 100 多亿美元，80 年代中期增至 500 多亿美元，1990 年达 1 000 多亿美元，1995 年达到 2 500 亿美元，2000 年激增至 5 000 亿美元，2005 年突破 1 万亿美元。其增长速度从 60 年代的 16.5%逐渐攀升到平均每 5 年翻一番，不仅大大快于货物贸易，而且也快于其他的服务贸易；在国际贸易总额和国际服务贸易总额中的比重分别从 20 世纪 70 年代的 1/30 和 1/10 增长到 1/20 和 1/6。

近年来，伴随着发达国家知识经济的快速发展和发展中国家工业化进程的加速，全球技术贸易快速发展。根据《2016 年技术贸易发展报告》对全球技术产业趋势的分析，当前科技发展呈现交叉融合态势，绿色、健康和智能成为引领科技创新的重点方向；科技创新活动日益社会化、大众化和网络化，新型研发组织和创新模式显著改变创新生态；创新活动从一国的封闭研发向各国开放式融合研发转变，跨区域协同创新成为普遍趋势；各类创新要素争夺也更加激烈，优秀科技人才成为竞相争夺的焦点。各类科技创新活动激发全球技术贸易市场规模不断扩大。

（二） 发达国家长期保持领先地位，新兴国家快速增长

从全球范围来看，技术贸易与 GDP、研发投入、国民收入等有较高的相关性，其背后是各个国家和不同经济体在知识经济时代的话语权较量。

很长一段时期内，全球 80%以上的科技开发均在发达国家进行，由此发生的国际技术交易也成为发达国家之间的专属活动。特别是英、美、日、法、德少数几个国家，他们同时是技术进口和出口大国，2005 年技术贸易额占发达国家的 90%以上。而且，这一领先地位在接下去相当长一段时间内还会持续保持。根据美国国家科学基金会 2016 年初发布的《美国科学与工程指标》数据显示，当前全球研发支出主要集中在北美、欧洲、东亚和东南亚地区；美国仍然是全球科学与工程研发支出最多的国家，占全球研发经费总数的 27%。凭借其强大的综合国力、在技术上的领先优势、在文化上极强的渗透力、在信息技术行业很多关键技术领域的垄断能力以及富有活力的创新机制，美国在知识产权出口中处于绝对领先地位。根据 WTO 数据库统计，美国 2013 年知识产权出口总额是排名第二位的荷兰的 3.65 倍。

相比较发达国家，发展中国家和新兴国家在技术贸易方面处于劣势。从过去十多年的数据统计来看，发展中国家的技术进出口在国际技术市场上的占比相当有限，不到世界技术贸易总额的 10%。而且，由于经济发展水平低和技术水平相对落后，发

展中国家在国际技术市场上主要是接受者的角色，大多是新兴国家在工业化过程中从发达国家引进较先进技术，而且其中相当部分是一般性技术或常规技术。随着综合国力的日益提升、经济总量的不断提高以及对技术创新的持续加大投入，许多新兴国家加速发展，对技术的需求不断增加，技术合作和交流也更加频繁。特别是亚太地区，已经成为与欧洲经济圈、北美经济圈并行的世界三大经济中心之一。2012 年 8 月召开的东盟 10 国、中国、日本、韩国、印度、澳大利亚和新西兰的经济部长会议提出组建区域全面经济伙伴关系（RCEP），旨在消除区域内部贸易壁垒、创造和完善自由的投资环境、扩大服务贸易以及加强在知识产权保护、竞争政策等多领域合作。虽然目前新兴国家的研发投入占 GDP 比例还远远低于发达国家，但是增长速度很快。例如从知识产权使用费和许可费出口在 2000—2013 年的复合增长率来看，美国是 7%，英国为 4%，而金砖四国中巴西为 13%、印度为 14%，俄罗斯是 17%、中国达到 20%。发展中国家和新兴国家的加紧追赶使其各项技术贸易在数量和种类上都有很大发展，逐渐缩小了与发达国家之间的领先优势，全球科技创新已经呈现东移趋势。

（三） 跨国公司垄断国际技术贸易市场

从技术力量对比来看，英、美、日、法、德少数几个发达国家产生了绝大部分的技术贸易交易额，而跨国公司又是这些国家的技术贸易主导者。发达国家跨国公司拥有雄厚的资金和强大的技术开发力量，设立众多科研机构从事新技术与新产品研发，拥有众多专利技术；并实施全球化战略，在国外投资建立子公司或合营企业，以控制外国市场为目的输出技术和资本；同时，跨国公司的存在实现了全球市场的内部化，尽可能地避免在技术交易中存在的较高技术转移成本。上述种种因素在当前技术发展国际化大趋势之下尤其得到强化，使得跨国公司成为各国技术资源横向整合最合适载体，作为世界技术的主要掌握者和转让者在全球技术贸易中处于垄断地位，在技术谈判中处于有利地位，不仅以垄断高价格向发展中国家出售，而且附加了诸如限制性采购等很多条件。自 20 世纪 80 年代以来，发达国家跨国公司控制了全球 80%以上的技术贸易额，发展中国家 90%以上也被这些公司所控制。

除了跨国公司之外，战略联盟也是当前国际技术转移和交易的重要载体。面对激烈竞争和复杂技术，一些企业特别是工业化国家中的大集团公司以专题研究、产品开发、技术合作为目的，以协定、条约为纽带，与科研机构相互联合而形成战略联盟，通过知识互补和技术支持，形成更强的研究开发和竞争能力，实现联盟成员的共赢。

（四）知识型、信息型等软件技术贸易占据主要地位

大量高新技术、新发明的问世，推动世界经济一体化和科技全球化，也同样深层次影响国际技术贸易的发展。

首先，信息技术促进技术贸易发展。在当今时代，信息技术通过办公自动化软件改变了企业内部沟通方式，通过资产管理系统、生产执行系统、财务管理系统等软件改变了企业内部管理方式，通过供应链管理系统改变了与供应商的沟通方式，通过电子商务改变了销售模式，通过分析、计算、设计等软件大大提升数据加工处理能力，未来还将通过大数据、云计算等实现人与人的互联、人与机器的互联、机器与机器的互联发展。信息技术的快速发展和信息网络设施的广泛应用，对生产经营与市场竞争的重要性日显凸显，大大缩短了国际技术贸易市场的空间距离，改善了国际技术贸易的运行环境，提高了国际技术贸易的市场效率，同时也增加了技术保密难度。

其次，有关信息产业的交易额急剧增加，高新技术及其产品成为技术贸易的重要组成部分。20 世纪 80 年代，信息产业快速发展。据统计，1982 年全世界信息产业销售额仅为 2 370 亿美元，到 1988 年即增加了 2 000 亿美元以上，到 2007 年突破 1.5 亿美元。众多国家增加科技投入，扩大高新技术及产品出口。1975—1985 年这 10 年间，这些国家技术出口额增长了 73.1%；1985—2005 年，技术出口额增长了 219.2%，其中日本、法国、美国更是增长了 2 倍以上。

第三，信息对生产和市场越来越重要，加快了软件形式的国际技术贸易发展进程。20 世纪 70 年代以前，国际技术贸易的主要方式是以硬件为主，软件交易形式非常少。而现实当中的情况往往是，购买国在购买硬件的同时兼得了软件。20 世纪 80 年代后，这种现象发生了彻底变化，软件交易以许可贸易的形式进行交易，并逐步占据主要地位，演变成为进口国在购买某项专利和技术的同时附带一些设备硬件。这一现象在发达国家之间的技术贸易中更为明显，软件技术转让已占其技术贸易额的 80%以上，而且还在以较高的速度发展。例如美国的软件销售额的年递增达到 30%。随着经济与技术的发展，发展中国家在引进技术的时候也逐渐改变了其原有引进宗旨，由只注重眼前的经济效益慢慢转变为开始注重技术引进后所产生的长远效益，硬件技术的引进越来越少，软件技术逐渐成为引进的重中之重，其技术贸易中知识性、信息型软件技术贸易倾向愈来愈明显。

三、技术贸易方式的发展

技术贸易包含在服务贸易之中，其贸易内容既包括知识产权和技术转让，也包括含有知识产权和技术转让内容的设备买卖。其贸易合同中涉及的技术设备及其技术知识，有一般的技术知识，也有专利和专有技术，以众多方式在国家之间进行交易。

（一） 多类型传统技术贸易方式

国际技术贸易的传统方式包括许可贸易、特许专营、技术开发委托与合作、技术服务与协助、技术咨询、工程承包等。

许可贸易(licensing)是专利权所有人或商标所有人或专有技术所有人作为许可方(licensor)向被许可方(licensee)授予某项权利，允许其按许可方拥有的技术实施，制造、销售该技术项下的产品，并由被许可方支付一定数额的报酬。许可贸易有三种基本类型，包括专利许可、商标许可和专有技术转让(许可)。专利许可是最早的技术贸易方式，由 18 世纪首现于欧洲的技术知识买卖发展而来，其后内容逐步扩大为专有技术和商标。在目前的技术贸易中，这三种方式有时单独出现，但多数情况是以某两种或三种类型的混合方式出现。其贸易模式特点是许可方允许被许可方对其技术进行使用，但并不转让其技术所有权。

特许专营(franchising)是一种商业技术转让合同，指由一家已经取得成功经验的企业，将其商标、商号名称、服务标志、专利、专有技术以及经营管理方法或经验转让给另一家企业，接受的企业向转让的企业支付一定金额的特许费(franchise fee)。在特许专营中，受方与供方经营的企业，生产出售的商品、提供的服务以及使用的商号名称(商标或服务标志)都完全相同，甚至有的商店的门面装修、用具、职工工作服、产品制作方法、提供服务方式也完全一样。最典型的例子莫过于麦当劳，在世界各地都有其技术被受人，所提供的服务与美国的总店完全一样，所生产和销售的汉堡包等食品味道也大致相同。特许专营的特点是，使用同一商号名称的特许专营企业并不是由一个企业主经营的，被授权人的企业不是授权人的分支机构或子公司，也不是各个独立企业的自由联合，它们都是独立经营、自负盈亏的企业。授予人不保证被授人企业一定能获得利润，对其企业的盈亏也不负责任。与许可贸易相比，商号、商标的转让直接关系到转让方的声誉，因此特许专营的特许方涉入对方业务活动的程度更深，从而使其符合特许方之要求。

技术开发委托与合作是在当事人之间为新技术、新工艺、新产品、新材料机器系统的研究开发的贸易行为，包括委托开发和合作开发两种方式。委托开发是指受委托人按照约定，运用自己的人力、物力、技术、经验等，为委托人研究开发新技术、工艺、经验等贸易行为。合作开发是指当事人按照约定，以有形或无形资产进行投资、相互分工合作，共同参与设计、开发新的技术、产品、工艺等贸易行为。除非双方在合同中有特殊的约定，否则开发出的技术成果由双方共同分享。

技术服务与协助是技术供方通过言传、示范等传授方式对于技术受方传授转让公开的和秘密的技术知识和经验，以弥补书面资料的难以表达实现。这是很多技术贸易中必不可少的环节，既可以包括在技术转让协议中，也可以作为特定项目签订单独合同。提供技术服务与协助的方式有两种，一是受方派出技术人员和工人到技术供方的工厂或使用其技术的工厂培训实习；二是供方派遣专家或技术人员到受方工厂，协助受方调试设备、指导生产、讲授技术。

技术咨询是指独立的专家和专家小组及咨询机构作为服务方应委托方要求，就某一个具体的技术课题向委托方提供建议或解决方案，并由委托方来支付一定的技术服务费的活动。技术咨询的范围和内容相当广泛，包括项目可行性研究、技术方案设计和审核、招标任务书拟定、生产工艺或产品技术开发、设备购买与改进、产品质量控制、工程项目监督指导、成果推广等。这种案例在技术力量不足或对解决某些技术课题缺少经验的发展中国家企业较多，聘请外国工程咨询公司提供咨询服务，可以弥补自身技术力量的不足，减少失误，加快发展速度。其咨询费一般按工作量计算，也采用技术课题包干定价，相当于项目总投资的5%左右。

工程承包是委托工程承包人(contractor)按规定条件包干完成某项工程任务，亦即负责工程设计、土建施工、机器设备提供、施工安装、原材料供应、技术提供、人员培训、投产试车、质量管理等全部过程的设备和技术。这是一种综合性的国际经济合作方式，也是国际劳务合作的一种方式，其中包括大量的技术转让，所涉及的环节较多，项目营建时间也较长。

（二） 直接投资成为技术贸易重要方式

企业兼并是市场竞争的结果。在过去，企业兼并主要是企业间的“以强吞弱”。在这种技术先进型企业吞并技术落后型企业的情况中，技术转让或贸易的成分并不明显，甚至根本不存在。随着以知识为基础的国际竞争的加强，当前的企业国际兼并活动很多是企业以直接获取或附带获取先进技术为目的进行兼并或直接投资，或者是技术先进企业间的“强强联合”，在兼并的过程中伴随着诸多国际技术合作、转让或贸易存在，以进一步壮大实力，使其资金、技术和产品流通能在较短时间里跃上一个新台阶。这一类型的企业兼并活动，国际技术贸易与国际资本转移交织在一起，使得纯粹的技术商品买卖行为拓展为以技术商品为中心的复合型的国际经济技术合作，事实上已成为直接获取国外先进技术的特殊贸易方式。

根据联合国贸易和发展组织 2016 年 6 月发布的《世界投资报告》数据，2015 年全球外国直接投资（FDI）流入总量快速增长 38%，达到 1.76 万亿美元，这是 2008 年全球金融危机爆发以来的最高水平。其中，发达国家经济体 FDI 流入量几乎增加了一倍，达到 9 620 亿美元，占全球 FDI 的比重从 2014 年的 41%猛增至 2015 年的 55%；对外投资同比增长 33%，达到 1.1 万亿美元，比 2007 年的峰值低 40%。发展中国家经济体 FDI 流入总量增长 9%，达到 7 650 亿美元新高。大规模的公司重组带来大量跨国兼并和收购交易，导致相关国家国际收支资本项下的巨额资金流动。这其中就有相当部分企业的对外直接投资附带了技术输出，实质上即是以投资为媒介实施技术转移或贸易。

（三） 部分技术专利投资与经营公司转型发展

随着新技术革命的到来，技术更新速度加快，应用周期缩短；各学科、各领域之间的联系越来越紧密，学科之间相互渗透、相互交叉、综合发展的趋势越来越明显；各类新知识、新成果向政治、经济、文化、教育、军事等各领域传播的速度大大提升，渗透程度也大大加强，使得各类技术的应用越来越具有综合性。当代技术的这些发展趋势使得技术创新过程更加复杂，再加上各国技术进出口政策和知识产权保护情况的差异性，对技术服务提出了更高的要求。20 世纪 90 年代，美国和欧洲出现技术经营（management of technology）理论研究；2000 年后在日本韩国等亚洲国家得到高度关注。这一理论研究旨在解决研发活动中存在的死亡之谷问题，即“很多科研成果没有办法走向市场，被埋没在从基础研究到商品化的途中”，鼓励企业积极利用外部资源，通过购买和联合开发等方式获取战略性技术。相比较普通的技术转移和技术转让，技术经营是对产品技术有意识的经营行为，从战略高度将技术和专利转移过程作为赢利的手段，在整合各项技术创新链条基础上更快更准确地找到市场需求的创新点。在这种背景下，一些公司购买专利，通过专利授权和专利诉讼获取利润，被业内称为“专利怪物”（patent trolls）或“非专利实施实体”（non-practicing entity, NPE）。根据 Patent Freedom 统计数据，截至 2011 年 1 月 1 日全球有 380 家 NPE。随着技术经营的日益成熟和普遍化，专业从事发明与专利交易的大型企业兴起，将发明和专利本身作为产品进行投资和经营，形成发明与专利的资本市场和产业链。这类企业的规模非常庞大，通过经营专利获取的利润也非常惊人。

先列举两个典型的以专利侵权诉讼为主要业务的 NPE：阿卡西亚研究公司和 Uniloc 公司。

成立于 1992 年的阿卡西亚研究公司（Acacia Research Corporation），拥有 250 多个专利组合，在 99 个技术领域的专利授权协议数量超过 1 000 个，按照技术领域不同成立多家子公司，各子公司在其领域内利用所掌握的专利开展诉讼。例如阿卡西亚的子公司 Acacia Technologies，是一家纯粹型专利投资公司，自成立以来已发起近 400 起专利侵权诉讼，诉讼对象包括微软公司、三星电子公司、雅虎公司等。根据阿卡西亚 2010 年的年度报告数据，该公司累积专利授权 960 次，2010 年的 31 次专利授权费用超过 13 亿美元。2013 年，阿卡西亚被同样是 NPE 的 Uniloc 公司收购。

Uniloc 公司 1992 年成立于澳大利亚，旗下拥有 4 家子公司，2003 年与微软的专利诉讼案使其一战成名。2013 年 Uniloc 起诉索尼、杀毒软件提供商 McAfee、全球顶级互动娱乐软件出版商 Activision、印刷排版软件提供商 Quark、游戏制作公司 Aspyr Media 以及软件公司 Borland Software，2016 年起诉华为、Tencent（腾讯）、谷歌、LINE、KAKAO 等企业。据统计，自 1996 年开始的 20 年间，Uniloc 以专利（US5490216 号专利）起诉过 75 家企业，其中 1/3 的企业选择庭外和解和授权，其余则大多在法庭败诉，Uniloc 凭借这一专利获得了共计数十亿美元的收益。

再例如成立于 2000 年的高智发明公司（Intellectual Ventures，IV），是全球最大的从事发明投资的专业公司之一，是美国前 5 位最大的专利所有者之一，拥有 7 万件专利，涵盖农业、汽车、电子通信、半导体、能源、纳米技术、生命科学、医疗健康、建设等 50 多个专业技术领域，以其独特的“发明资本”经营管理模式、60 多亿美元的投资承诺、成立至今 30 多亿美元的业务收入以及高管团队成员，投资业务遍布美国、澳大利亚、新西兰、加拿大、爱尔兰、新加坡、中国、印度、日本、韩国等国家。IV 拥有 3 支相互独立的基金，包括侧重于内部研发以形成专利技术的 ISF（Intellectual Science Fund），侧重于外部研发资助、与发明人合作并获得经营其发明专利相关业务权利的 IDF（Intellectual Development Fund），侧重于收购具有市场开发潜力的发明创造和专利经营权进行二次开发和组合打包成大型专利组合然后许可、转让并从中获利的 IIF（Intellectual Investment Fund）。IV 将上述 3 种业务模式下形成的专利汇入“专利图书馆”，打包形成大型的专利组合，授权给企业使用，收取专利许可使用费，并对其专利使用提供策略指导或其他服务。同时，IV 设立众多“空壳公司”，如 CORPS of Discovery、BenFranklin Patent Holding、Zen Corp、earete, LLC、Curley Company 等参与诉讼。其诉讼案例包括 2010 年 Oasis research 起诉十几家技术公司，2011 年 Lodsys 公司起诉 Google 安卓平台 3 个应用程序开发商侵权，甚至对 Google、XILINX 为代表的部分 IV 股东企业也直接提出诉讼。除了主动进攻型的诉讼业务，IV 将其专利许可出售给一些遭遇专利侵权诉讼的企业，以协助其建立自己的防御体系或解决专利纠纷。通过技术和专利代理经营与采购、专利诉讼、专利风险投资、专利共同防御基金等运作，IV 获得巨额收益，仅 2010 年一年收益就高达 7 000 万美元。2014 年 8 月，IV 主要针对其诉讼业务裁员 20%，设立一些初创公司并与中小企业及大型企业成立若干合资企业，将业务重心更多转向知识产权分布较领域（例如农业）的发明。

还有韩国的创智发明（Intellectual Discovery），成立于 2010 年，是韩国政府和企业应对高智发明进入韩国的产物。该公司从三星电子、LG 等韩国大企业及投资人筹集约 700 亿韩元组成创意资本基金，除了购买专利、为韩国企业和海外投资企业提供专利诉讼咨询外，也通过孵化的方法获得专利，设立专项基金（Invention Capital）和与首尔国立大学建立合作协议来支持大学教授和研究人员发明专利。此外，2011 年创智发明启动一批专利联盟，以提高与企业之间的合作，推动专利的购买和管理能力。

（四） 专利许可使用权证券化成为新兴贸易模式

知识产权作为一项权利资产，拥有转让、出售、商业化、许可、质押等多种多样实现利润和价值回报的方式。知识产权证券化是通过证券化实现知识产权的货币化，是知识产权利用的重要形式之一。证券具有市场定价和流动性强的特点，这种方式可以吸引和筹集社会闲置资金，不仅为投资人开辟了一条新的增值投资渠道，也可以为知识产权运用募集到足够的转化资金，能够有效提高知识产权货币化的效率，降低知识产权货币化的成本。

知识产权证券化在美国发展数十年，业务量正快速增长，其中版权交易占了大部分，专利和商标的证券化交易还较少。美国国际知识产权交易所公司（Intellectual Property Exchange International, INC.，简称 IPXI 公司）创设的专利许可使用权证券化项目是这一领域典型案例。

IPXI 由美国和欧洲投资者出资建立，包括芝加哥期权交易所的母公司 CBOE Holdings Inc.，荷兰皇家飞利浦电子公司（Royal Philips Electronics）和美国著名的知识产权资本化综合性服务集团海洋托莫(ICAP Ocean Tomo, LLC., Ocean Tomo),是全球首家通过市场定价和标准化条款促进知识产权非独家授权和交易的金融交易所。IPXI公司创设了一种以专利许可使用权为标的的融资交易项目:专利权人通过 Unit Offering Scenarios(UOS,单位提供情况)文件与 IPXI 公司达成协议,以 Unit License Right TM Contract(ULR,单位许可权合约)的形式将专利独占许可给 IPXI 公司所设立的 Special Purpose Vehicle(SPV,特殊目的载体),并在 ULR 合约中约定专利普通许可的份数、发行费率等,由 SPV 在基于 Ocean Tomo 的两项商业方法专利(US20110071961A1、US7987142B2)基础上构建的电子交易平台向外发售 ULR 合约,购得者获得专利的普通许可使用权,可直接实施专利,也可在该交易平台上再次出售其所购得的 ULR 合约。

这里要说明的是,UOS 文件是 IPXI 公司向专利权人提供的一份有关专利权情况的格式文本,包含内容主要有专利权内容、适用领域、权属情况和许可情况,由专利权人填写,由 IPXI 公司及其设立的遴选委员会审查。ULR 合约是 IPXI 与大学、科研单位等专利权人发起发行的专利权单位许可权合同,实质上是专利权人将其专利使用权设计成以次数单位计算的许可使用权合同,许可购买者非独占性使用权,合约购买者购买了合约,就享有了合约上约定次数的专利许可使用权,有权在其生产、销售或服务中按规定次数使用此项专利权。这种方式的优点在于,将专利技术许可使用权转变为可按份定量交易的产品。在法律方面,有非独占的、非歧视性的、标准化的和商品化的、可消费的特征;在金融和经济方面,有市场定价的、可实现价值发现的、具有资产的潜在属性、能发掘供给和需求的特点。一方面,专利权人通过在交易市场定量转让非独占许可权可快速获得收益;另一方面,企业等专利实施方能以市场价格定量按其需求购买专利权,并能主动尽快地在其生产经营活动中投入使用,从而有效实现专利权的产业化。整个交易过程分为提交、接收、管理、出售和审计 5 个环节。IPXI 公司获得许可证交易的 20%利润,另外成员单位要交注册费和会员费。

IPXI 公司的这一专利许可使用权证券化项目,将专利权的使用价值与商业价值相结合,通过融资推动专利权在产业中的运用;将专利权市场交易与专利权运用相结合,通过证券化交易方式以公开透明的价格许可专利使用权,在降低交易成本的同时减少权利人因打击侵权而产生的诉累[1],有利于专利权保护和运用;将专利权的融资与专利权交易市场的构建相结合,把专利独占许可权拆分成等额的普通许可权,在一级市场与二级市场之间进行流动,既缓解融资压力,又能充分体现专利许可使用权

[1] 法律术语,指因诉讼所带来的麻烦和风险。

的价值。但是,IPXI 专利许可使用权证券化融资机制也存在以下风险:一是无论是单个权利人的一揽子许可还是在不同权利人构建的专利池都可能存在被认定为专利权滥用和垄断(如专利许可权搭售)的风险;二是即使有了审查制度,仍不排除审查成员即投资人或专利许可使用权需求方的可能性,较易出现提前利用信息投机和操纵价格的情况,同时私募市场投资人也可能会以诉讼作为坐地起价的资本;三是将知识产权融资的环节提前,以权利对价的方式让投资人承担高风险,即要求挂牌专利有较大的市场价值以能吸引二级市场购买者,较易引发 NPE 等攻击。

四、技术贸易展示交易平台的发展

许多全球知名的技术展示交易平台是由国家政府出资成立并赋予一定知识产权交易职能的,例如美国国家技术转移中心(NTTC)、欧洲企业服务网(EEN)、德国创新市场(IM)、日本 Technomart、韩国技术交易所(KTTC)等建立的网络信息系统,所提供的功能结合了线上的信息整合、授权、咨询、评估、辅导与培训,以及线下的谈判、交易等。也有许多市场化运作机构,例如 Yet2.com、Tynax、InnoCentive 等,在线提供更多技术展示交易功能,愈发趋向开放式创新发展。

(一) 全球知名技术转移机构与技术展示交易平台

全球知名技术交易和技术转移机构有美国国家技术转移中心(NTTC)、欧洲企业服务网(EEN)、德国创新市场(IM)、日本 Technomart、韩国技术交易所(KTTC)等,大多由政府出资成立,其功能设置包含信息汇集、建立技术资源大数据库、技术资源配置、专业技术评估和咨询服务、区域技术创新、开展国际合作等,部分机构的平台设计中提供线上和线下技术交易功能。

除了这些由政府出资或资助成立的技术交易和技术转移机构之外,还有一些市场化技术展示交易机构或平台。例如英国技术集团(BTG)虽然是由英国国家研究开发公司(NRDC)和国家企业联盟(NEB)合并而成,并具有由英国国家授权的专利保护和技术许可证颁发职能,但在引入风险投资后已实现私有化与上市,实现市场化经营;Yet2.com 是全球第一个利用网络进行虚拟技术交易的开放式创新服务平台,也是目前全球最大的网络技术交易市场平台;Tynax 公司是一家全球化知识产权与技术交易平台,拥有大规模知识产权商业化交易系统;InnoCentive 平台是众包模式的领导者和成功的实践者,是化学和生物领域的重要研发供求网络平台。

表 12.1 部分全球知名技术转移与交易机构

名称	概况	功能
美国国家技术转移中心(NTTC)	非营利性独立机构,1989 年国会同意拨款成立,是国家技术交易市场平台,成为美国各联邦实验室、太空总署与美国各大学对企业界提供技术转移等各项服务的重要机构	(1) 整合性技术交易信息平台:负责维护超过 700 个联邦实验室与 100 所大学每年所产生的 10 万个价值 7 000 多万美元研发成果资料,对其整合并进行分析归类,建设成信息网站;连接美国航空署(NASA)以及各联邦研发实验室,结合各单位提供的可交易技术、小企业创新研究计划(SBIR)、小企业技术转移计划(STTR)与先进技术计划(ATP)等技术商业化资源信息,提供联邦技术资源信息支持; (2) 提供技术交易专业服务:提供专业咨询、技术交易事项辅导(包括技术授权辅导、技术评估、技术评价等)、技术商业化辅导(包括产品设计辅导、原型试验、生产制造等)、专业培训服务和技术转移出版物发行; (3) 形成技术交易网络:在全美建立 6 个区域技术转移中心,连接美国航天全球技术交易市场平台与太空总署建立的商业网络,向企业推广联邦实验室、大学等研究成果
欧洲企业服务网(EEN)	2008 年由欧洲创新转移中心(IRC)与欧洲信息中心(EIC)合并而成	拥有欧洲最大商业服务平台企业数据库和技术数据库,涵盖 600 多个技术转让与商业支持机构,覆盖全球 53 个国家,拥有 5 000多名员工,整合和改进 IRC 与 EIC 服务,为中小企业提供"一站式(one-stop shop)"解决方案,包括技术信息自动匹配、电子杂志定制、招投标、供需对接、技术评估、技术透视、技术经纪、创新融资和资助基金、知识产权服务等
德国创新市场(IM)	1998 年由德国联邦教育研发部成立,通过 INSTI 计划执行	其技术交易网站信息分成创新寻求资金、创新寻求企业、企业寻求创新三个主题,技术资料通过审查与评估程序确定品质,由分布德国各地区的 18 个创新伙伴负责进行;提供可交易技术摘要报告撰写、技术评估、营运规划、法律咨询等与技术交易相关服务
日本 Technomart	1985 年成立,日本国家级技术交易市场平台;1997 年由财团法人 Technomart 创立,2002 年重整归入日本立地中心(JILC)	采用会员制,分为一般会员、情报会员与支持会员;会费分为入会费与年会费两种,依享受权益不同而收取不同的费用;会员可通过 E-Technomart 登录平台,优先参与 Technomart 所受理的各类技术研讨会与商谈会等活动,利用 Technomart 新设立的技术交易中介平台联络专家与查阅资料库,进一步进行技术交易; 强调地域性推动,着重商谈与展览活动、技术信息网站以及技术交易服务人员实时联络等
韩国技术交易所(KTTC)	成立于 2000 年 4 月,由政府和民间共同出资创办,隶属于韩国产业资源部	通过建立国家技术转让数据库和网络,为技术供求双方提供技术交易平台及技术交易支持系统; 主要模式包括技术交易、技术评估、企业并购等
中国香港特区生产力促进局(HKPC)	成立于 1967 年,是香港特区的工业支援单位	针对《内地与香港关于建立更紧密经贸关系的安排》(CEPA)第二阶段开放措施,设立网上知识产权交易平台,促进科技产权交易中心项目与投资企业配对合作

资料来源:上海科学技术情报研究所(ISTIS)分析整理。

1. 英国技术集团(BTG)

英国技术集团(British Technology Group, BTG)于 1981 年由英国国家研究开发公司(National Research Development Company, NRDC)和国家企业联盟(National Enterprise Board, NEB)合并而成;1991 年 12 月转让给由英国风险投资公司、英格兰银行、大学副校长委员会和 BTG 组成的联合财团,售价 28 万英镑,实现私有化;1995 年在伦敦股票交易所上市。

BTG 总部设在伦敦,是英国技术开发和技术转移的核心机构;在美国费城、日本东京设有分支机构,其 75%以上的收入来自英国以外的业务;拥有科学家、工程师、专利代理、律师和会计师等具有技术和商业知识的雇员 200 多人;拥有超过 25 种主要技术、超过 85 项专利,在医学、自然科学、生物科学、电子和通信等技术领域进行许可证贸易、出版物与文献交流服务、合同研究开发、技术咨询、技术人员转移、支持投资创办新技术企业、授予技术专有权以及采购科技成果等业务经营。

BTG 具有由英国国家授权的专利保护和技术许可证颁发职能,每年在全世界范围内从公司、大学、研发机构中预选 400 项技术和专利,从中筛选和评估出 100 项最有商业市场价值的技术项目,帮助实现专利申请或实施专利授权,强化专利运营,资助技术进一步开发达到实际应用程度再转让给买方。其运行机制包括技术评估、专利保护、技术开发、市场化、专利转让、协议后的专利保护与监督、收益分享等 7 个阶段:众多国内外发明人或企业把自己的专利、发明等成果委托给 BTG, BTG 经审议后替发明人支付专利申请费用和代办申报,颁发许可证,获得知识产权法律保护,然后对专利等开发成果进行转让,并可在其认为有实用价值的领域对有关项目给予资金支持,建立新的风险投资企业进行再开发及投产,实现利润分成。

2. Yet2.com 平台

Yet2.com 是全球第一个利用网络进行虚拟技术交易的开放式创新服务平台,也是目前全球最大的网络技术交易市场平台。

Yet2 于 1999 年由 Venrock、3i、DuPont、Procter & Gamble、Honeywell、Caterpillar、NTT Leasing、Bayer、Siemens 等 10 余家国际知名企业投资成立,总部设于美国马萨诸塞州;2002 年 Yet2 被英国上市公司 Scipher 并购;2004 年 Yet2 结合其子公司 QED 知识财产顾问服务取回经营主导权,Scipher 保留 20%股权;2006 年 Yet2 与国际技术转移服务中心合作,相互协助对方寻找新技术许可和转让机会;2007 年 Yet2 与业务增长联盟(LLC)合作,帮助业主识别非核心技术资产的价值,由此成为美国首屈一指的知识产权市场和咨询顾问;2009 年 Yet2 建立通过内部高感兴趣区数据库提取最受欢迎的技术提供给客户的系统,开启种子项目资助计划为具有高技术含量和可商业化的技术提供资金，并在平台上开展代表客户匿名收购专利业务，在全球范围内寻找新技术和匹配相应的买家；2009 年 Yet2 和连接创新和创新解决者的平台 ideaken 共同开发出新的创新技术侦察方式；2011 年 Yet2 创办 Yet2 风险投资基金，帮助小企业成长并对其进行后续投资；2012 年 Yet2 和印度知识产权销售与购买机构 innoget 推出顾问服务；2015 年 Yet2 风险投资基金的资产管理已达到 5 000 万美元。目前 Yet2 在全球设有 5 个分部，拥有 14 万用户，集聚许多风险投资基金；拥有广泛的全球技术人员，线下超过 9 万名技术专家帮客户筛选项目。

通过一系列发展历程，Yet2 形成了知识产权全方位服务体系，其业务内容有开放式创新咨询、技术侦察、许可颁发与技术营销、开放式创新门户管理、专利交易、Yet2 市场等服务。包括为 3M、Bayer、Dupont、Boeing、P&G、Philips、NTT-AT、Ford 等 8 000 余家使用者提供分包软件系统，利用可视性/访问全球网络开展 Yet2.com 技术交易市场平台服务；提供技术取得与授权、知识财产顾问咨询、知识财产组合分析、专利维护、评估与诉讼支援、资金核查等知识财产专业服务，运用专利评分算法对投资组合进行评价，建立专利转让数据库，开发季度跟踪报告，协助客户建立目标识别专利、监控市场活动、过滤专利办理能力、直接购买专利咨询等专利采集程序，进行技术转让。

Yet2 的所有服务均收费，包括信息发布费、交易费和增值服务费。无论是技术供给者还是技术需求者，发布 1 条信息就必须交纳 1 000 美元费用，有效时限为 1 年；每笔交易收费至少为 1 000 美元，一般为总交易额的 15%；增值服务费则视客户所要求服务类型的不同而有不同的收费档次。

3. Tynax 平台

Tynax 公司成立于 2003 年，位于硅谷，是一家全球化知识产权与技术交易平台，拥有大规模的知识产权商业化交易系统，为科技中介服务机构提供知识产权查询、展示和营销。

Tynax 平台目前在售 34 175 件专利，超过 35 万件专利可供查询，覆盖汽车与交通、消费类电子产品、医疗健康、互联网及数码媒体、材料科学、电信、半导体、软件和无线通信九大专业领域。其在线交易平台为客户提供自动配对系统，保证高效对接潜在需求与现有技术与专利；为专利买家提供采购管理控制台，实现在线控制，以跟踪专利候选人和专利评估和采购的管理过程；提供协作工具，简化专利评估和信息沟通过程；设立自有品牌专利准入制度，将客户的专利采购管理控制台连接到自有品牌提交系统，以实现自我展示。Tynax 作为中介方促成的交易案例中，平均每件交易标的约 100 万美元。

4. InnoCentive 平台

InnoCentive 平台创立于 2001 年，由医药制造商礼来公司资助成立，2005 年获得纽约 Spencer Trask 投资，2012 年收购英国 OmniCompete，现为私人持有、风险投资支持。InnoCentive 是众包模式的领导者和成功的实践者，是为企业提供创新解决方案的第三方开放式在线创新平台，现已成为化学和生物领域的重要研发供求网络平台。

InnoCentive 平台运行模式主要体现在“需求”与“供给”快速配对。首先，需方与 InnoCentive 签约，交付一定会费，在平台上发布难题，有兴趣的供方查询到难题后，通过平台提供的特定程序递交“解决方案”，平台团队负责与双方之间的沟通，直至难题解决。具体形式有“悬赏制”和“招标制”，企业根据自身情况选择最佳方式发布需求。从创建至今，已有数千个涉及数十个行业的技术难题通过 InnoCentive 平台发布，发布者包括波音、杜邦和宝洁等众多世界著名跨国公司；技术难题破解率已经超过挑战总量的 30%，每个解决方案支付的费用为 1 万至 10 万美元；当前其解决者社区包括了来自近 200 个国家的 35.5 万人，65.8%持有博士学位，从平台分享的奖金已超过 3 500 万美元。

与传统的雇佣研发人员的做法相比，这种技术交易的难题破解效率要高出 30%。2006 年 InnoCentive 曾与洛克菲勒基金会签署非盈利项目协议，为发展中国家紧迫问题提供科技解决方案，在其后 3 年中平台发布 10 项挑战，成功解决率高达 80%。全球众多国家政府，非盈利性组织和商业企业，如博思艾伦咨询公司、礼来公司、生命科技公司、美国航空航天局、自然出版集团、流行科学杂志、宝洁公司、罗氏公司、洛克菲勒基金会和经济学家等，都与 InnoCentive 公司展开合作以更快和更低的成本解决问题。

（二） 国外知识产权展示交易平台建设经验

不论是美国国家技术转移中心（NTTC）、欧洲企业服务网（EEN）、德国创新市场（IM）、日本 Technomart、韩国技术交易所（KTTC）等政府出资成立的技术交易和技术转移机构，还是英国技术集团（BTG）、Yet2.com、Tynax、InnoCentive 平台等市场化技术展示交易机构或平台，都运用现代计算机和网络技术构建电子网络平台，线上和线下相结合进行技术展示与交易。

大多电子网络平台包含企业基本信息管理、机构管理、人员管理、知识产权登记管理、知识产权审核、新闻通告、最新动态、知识产权交易管理、知识产权展示、经典案例分析、企业沟通平台、短信通知管理、综合查询、报表统计等多个管理子系统，可进行信息发布与检索、技术匹配与评估，并进行协议、招标、拍卖、竞价等多种交易方式，既提高了交易效率，又降低了交易成本，增强价格发现功能，促进要素资源在流动重组过程中的保值增值(图 12.1、图 12.2)。

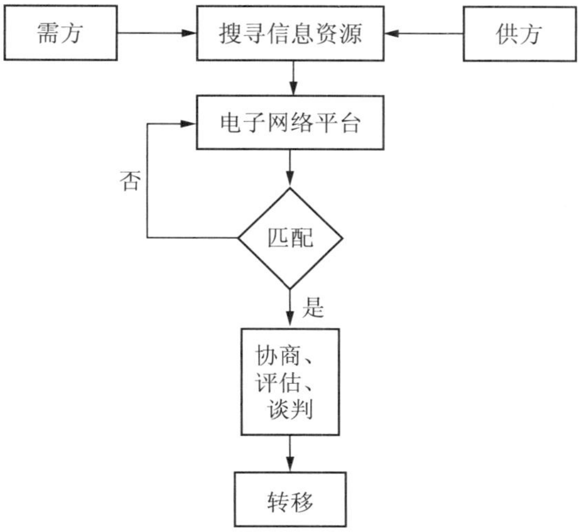

图 12.1　知识产权交易流程图

资料来源:刘军永,仲珂.知识产权在线交易网络平台系统架构[J].智能计算机与应用,2015(6):27—28.

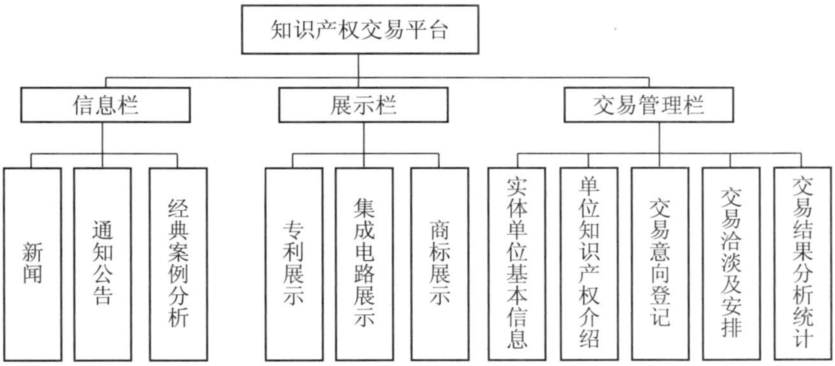

图 12.2　知识产权交易平台系统结构图

资料来源:李赵兴.知识产权展示交易平台的设计与实现[J].电子设计工程,2013(1):9—16.

在实际运作中，很多技术展示交易机构或平台建立了一系列保障制度，包括会员制度、知识产权评估制度、数据安全制度等，采用风险投资、基金、知识产权股权化等多种融资方式，进行知识产权证券化等多种技术交易模式。

1. 完善制度建设，保障系统安全运行

大部分电子技术交易系统的功能设计中，除了信息发布、信息检索、信息推广（包括自然排名和竞价排名）模块之外，设置了会员制度、知识产权评估制度、数据安全制度，以保障系统安全运行。

设置会员制度，对机构或个人实行认证制管理，赋予其信息发布、信息检索、宣传与推广、即时在线通信、在线竞价、在线许可购买等功能，并对其进行收费。一是可以构建用户信息数据库，跟踪用户交易过程，以实现在线管理；二是可以在数据库基础上，对其技术需求进行二次分析，以进行技术筛选和匹配，并按照需求分析进行创新技术侦察和开发。

设置知识产权评估制度，真实地评估产权价值，为知识产权交易提供可靠的价格基础，是技术交易公平、公正、合理地顺利进行的重要保障。相应的，所需评估从业人员必须具备较高的专业素质和职业道德。

设置数据安全制度，包括网络的安全、服务器硬件的安全、服务器系统的安全和数据库系统的安全。将安全策略、硬件和软件等方法组合起来构建统一的防御系统，有效地阻止非法用户进入网络系统；对在线交易过程、网络流量等重要运行参数进行实时监控，对系统数据访问采用数据加密，减少信息截获被读取的风险；建立实时备份机制，快速重新组织被破坏了的数据和应用，最大限度地减少损失，确保技术展示交易系统的安全运行。

2. 风险投资、基金、知识产权股权化多种融资方式相结合

很多技术展示交易平台特别是市场化运作的平台公司在建立与运作时皆有风险投资注入，例如英国技术集团（BTG）、高智发明公司（IV）、Yet2.com、InnoCentive 平台等。技术带动资本，资本推动技术的多轮、螺旋式发展。

有一些机构建立基金协助业务运作。例如高智发明公司（IV）建立的三支基金 ISF、IDF、IIF 侧重不同领域专利技术，汇成“专利图书馆”，打包为大型专利组合以牟利。也有一些知识产权交易平台获得国家或有影响力的投行与基金支持，建立知识产权基金引导、配套、跟投额度比例，对拥有自主知识产权且有望快速增长的创新型科技企业进行投资，通过被投资企业上市、并购或者管理层回购等方式退出。这种方案一般要经过一系列过程，包括相关基金投资委员会的咨询和经营管理委员会的批准，管理人与标的企业进行谈判并签订协议，托管银行向被投资企业账户划拨投资款等。原则上不是一次性向被投资企业注入所有的投资，而是根据进度采取分期投入方式，每期投资以企业达到事先设定的目标为前提。

除了风险投资和基金支持外，知识产权股权化是知识产权企业以金融技术为依托，以知识产权及企业的整体信用为担保，以企业股权为载体的一种融资方式。这是金融资本与知识资产的一种有效结合，将知识产权预期能产生的收益回报，评估出其价值，通过作价注入公司股本的方法转变为公司的实际资产，然后以企业股权进行融资。与转让知识产权的所有权来获得资金相比，这种模式并不会导致科技型企业知识产权所有权的丧失，可以更好地保护企业核心技术。如果以科技型企业的知识产权为质押进行商业银行贷款，一旦科技型企业无力偿还商业银行贷款，企业的知识产权就会被拍卖，其转让和许可将改变知识产权的所有权，使企业失去核心竞争力。知识产权股权化为科技型企业提供的融资途径，可以避免企业失去知识产权的所有权，当企业基础资产达到一定规模时，科技型企业可以利用该资金偿还原有债务，降低资产负债率，提高自身信用等级，为今后的低成本负债融资奠定良好资信基础。

3. 推动知识产权证券化

除了进行许可贸易、特许专营、技术开发委托、技术咨询等许多传统技术交易之外，知识产权证券化成为新的技术贸易之一，深入开发知识产权的经济价值。

知识产权证券化是通过证券化实现知识产权的货币化。这种技术交易方式在美国发展数十年，业务量快速增长，但大部分为版权交易，专利和商标的证券化交易还较少，典型案例即美国国际知识产权交易所公司（IPXI 公司）的专利许可使用权证券化项目。整个交易过程由知识产权交易平台设计，并在知识产权交易平台完成交易，交易主体包括政府、知识产权所有人、投资者和许多特殊目的机构（Special Purpose Vehicle, SPV）[1]。政府要成立知识产权交易相关的管理机构，以利于知识产权交易的有序进行。知识产权所有人将知识产权出售给 SPV；在技术市场中，SPV 兼具特设机构和承销商功能，一方面以特设机构身份进行专业的证券化，另一方面以承销商身份将证券于不同时机出售给投资者。投资者包括知识产权受让机构、风险投资机构和一般的投资者。一般投资者通过对证券资产投资，预期获取投资回报；知识产权受让机构和风险投资机构是成果证券的最终购入者，知识产权受让机构通过购买证券化成果实现知识产权的转移。知识产权交易平台作为承销商和投资者的交易平台引入做市商，平台上的担保、评估、律师团队通过对知识产权考察，提出专业建议，以降低各方风险。

[1] 指接受发起人的资产组合并发行以此为支持的证券的特殊实体，其职能是在离岸资产证券化过程中，购买、包装证券化资产和以此为基础发行资产化证券，向国外投资者融资。

参考文献

[1] Inno Centive 平台.http://www.innocentive.com.
[2] Tynax 平台.http://tynax.com.
[3] Yet2 平台.http://www.yet2.com/.
[4] 毕强,姜毓锋.我国网上技术市场发展模式及对策研究[J].图书情报工作,2009(22):30—34.
[5] 邓志云,管怀明,吴达,高续波,严静.知识产权交易平台建设[J].天津科技,2015(9):95—97.
[6] 董丽丽,张耘.国际技术转移新趋势与中国技术转移战略对策研究[J].科技进步与对策,2013(14):99—102.
[7] 宦静.国外和我国台湾地区网上技术市场发展现状与模式简析[J].杭州科技,2012(6):51—53.
[8] 冀瑜,项珍珍,魏辰雨,李旭.美国 IPXI 公司专利许可使用权证券化融资机制探析[J].浙江金融,2013(5):48—50.
[9] 李健.基于国际技术转移的中国技术市场发展研究[D].合肥:中国科学技术大学,2011.
[10] 李赵兴.知识产权展示交易平台的设计与实现[J].电子设计工程,2013(1):9—16.
[11] 刘金蕾,李建玲,刘海波.高智发明模式的价值链分析与启示[J].知识产权,2012(5):91—96.
[12] 刘军永,仲珂.知识产权在线交易网络平台系统架构[J].智能计算机与应用,2015(6):27—28.
[13] 青岛市科学技术协会.创新驱动与转型发展——青岛市第十一届学术年会论文集[C].青岛,2013.
[14] 汪名立.全球技术贸易发展呈现新趋势[N].国际商报,2015-04-24.
[15] 魏世杰,付忠名.国外专利投资公司商业模式分析[J].科技创新与生产力,2012(8):14—18.
[16] 谢秀红.国内外技术转移机构的调查与研究[J].江苏科技信息,2016(12):64—66.
[17] 杨伟民,邓志云,张友轩,高续波,高文.知识产权交易平台建设探索[J].天津科技,2015(7):94—98.

[18] 应辉辉.新形势下我国国际技术转移的应对策略研究[J].今日科技,2015(1):49—51.

[19] 余涛,翁凌崚.国际技术贸易发展趋势及我国的对策选择[J].经济师,2008(11):55—56.

[20] 张鸿博.技术贸易及贸易模式演变探究[D].沈阳:东北大学文法学院,2014.

[21] 张艳,秦锦义.基于Yet2全球服务平台的知识产权中介服务模式研究[J].科学和产业,2016(5):100—103.

[22] 知识产权授权和交易新模式:IPXI交易平台[J].中国专利与商标,2013(1):92.

[23] 朱建栋.美国市场化技术转移机构运营模式探讨与启示[J].中国科技纵横,2013(9):190—191.

本章撰写:祝 毓

第十三章　全球贸易功能平台发展现状与趋势研究

随着数字应用环境的日趋成熟，贸易活动得到了不断完善的创新服务的支撑。互联网环境下的平台促进了贸易集约化，形成了强大的资源配置能力，降低了交易及服务成本，这些都成为贸易功能平台的关键价值，是“平台经济”的重要条件。本章阐述全球贸易功能平台的内涵及其作用，选择具有代表性的贸易功能平台，分析其发展现状和发展模式，介绍韩国、新加坡等国家在打造贸易公共服务平台方面的经验，并对全球贸易功能平台的未来趋势作简要的分析。

一、全球贸易功能平台的内涵与作用

（一）贸易功能平台的内涵

贸易功能平台的服务多种多样，基本覆盖可交易的所有物品及服务类目，平台以交易及促进交易的服务为两大主旨。平台叠加各种运营活动，不仅包括交易与支付，还覆盖各类功能及服务延伸，其功能涵盖信息撮合、展示、账户、交易、支付、通信、资讯、管理、专业服务（物流、通关、退税等）等，且多种功能可叠加在同一平台上，另外多个平台之间也可实现联动。

目前，全球贸易功能范畴的平台，依交易及服务内容来分，大致包括大宗商品交易平台、知识产权交易平台（技术、文化等）、数据交易平台、消费服务电商平台、贸易相关专业服务平台（物流、金融、资讯等）、以促进贸易为核心的公共服务平台等（表 13.1）。

依平台模式来分，大致包括第三方平台和独立平台，包括：交易信息撮合平台，例如阿里巴巴国际站；交易服务平台，例如阿里巴巴速卖通，eBay 等；贸易综合服务平台，例如韩国 KTNET 贸易信息通信平台；以及简化供应链、服务中小零售商的独立平台，如敦煌网等。

贸易平台的运营主体各有不同，直接关联平台的贸易服务功能。目前，主要的运营主体包括政府、企业、组织团体，且除了独立平台和第三方平台以外，还有一些联合运营已形成规模化，如美国 TheSeam 棉花电子交易平台。

表 13.1 部分贸易功能平台及其功能

平台分类	功能范畴	案例平台
贸易促进公共服务平台	公共服务、贸易促进	欧盟在线争端解决平台（Online Dispute Resolution，ODR） 韩国 KTNET 贸易信息通信平台 德国汉堡电子系统（EDP） 新加坡电子贸易清关系统（TradeNet） 日本自动货物清关系统（NACCS） 中国香港贸易通（Tradelink） 美国国际贸易数据系统（ITDS）与“自动化商业环境”计划（ACE）
大宗商品交易平台	能源产品、工业基础材料及农副产品	芝加哥商业交易集团 CME Globex 平台 荷兰 FloraHolland 公司 FloraMondo 花卉交易平台 全球乳品贸易平台（Global Dairy Trade，GDT） 美国棉花交易平台（the Seam）
数据交易平台	数据	微软数据市场（Azure Market place） 亚马逊公共数据集（Amazon Public Data Sets） 甲骨文在线数据交易（Oracle BlueKai）
知识产权交易平台	技术、版权等	英国版权中心（Copyright Hub）、PubMatch 世界知识产权组织绿色技术交易平台（WIPO Green） 亚洲知识产权交易平台
专业服务交易平台	物流、金融、资讯等	美国 Transwork 物流交易服务平台、美国 Prosper 网贷平台
消费品交易平台	境内电商平台	淘宝网（非国际版）、苏宁易购、Uber、
	跨境电商平台	敦煌网、亚马逊“全球开店”交易平台、阿里巴巴全球速卖通、天猫国际

资料来源：上海科学技术情报研究所（ISTIS）整理编制。

（二） 贸易功能平台的作用

贸易功能平台围绕促进贸易和提供贸易服务为中心，平台的发展为贸易带来了重要的影响，主要体现以下几个作用。

一是促进了贸易模式的创新与变革。信息技术的应用激活了贸易的互动性、主动性，扩大了贸易的时空范围，促进了直接贸易，大幅提高了贸易流通效率。平台交易撮合功能增强，实现了多元资源的整合及共享，协调及辅助贸易活动。以国际贸易为例，平台的嫁接大大提高了国际贸易的效率。如2016年，亚马逊在中国推出了“制造+”项目(即，有别于从工厂经过出口商、进口商、批发商、零售商，再到消费者的传统外贸模式，采取从工厂直接到消费者的跨境电商模式)，为中国制造企业拓展电子商务出口业务，打造制造商直接面向消费者的新贸易模式(图13.1)。

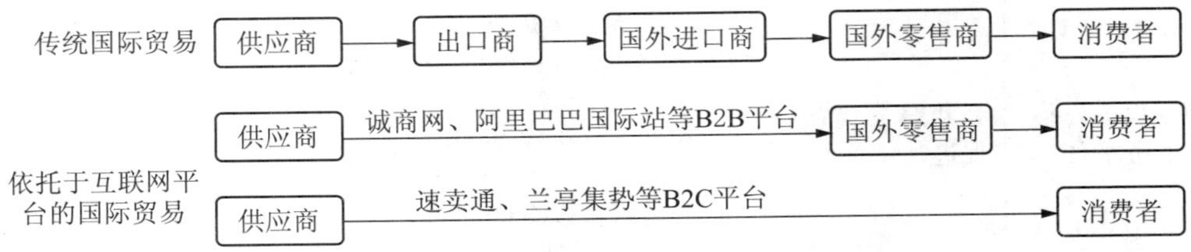

图13.1 互联网平台对国际贸易的影响

资料来源：http://i.aliresearch.com/file/20150613/20150613141309.pdf.

二是促进了公平交易，推动普惠贸易。①在同一平台上，实现贸易要素的透明化、公开化，实现了信息对称，刺激了市场机制的发挥，快速搭建供需纽带。②贸易流程更为便捷，实现了随时随地交易。③平台发挥价格发现功能。贸易功能平台促进了市场的集中和规模化，有助于形成权威价格，利于参与国际定价。④贸易参与主体扩大，如中小企业等弱势群体也可顺利参与到范围更广的贸易活动中。⑤贸易功能平台还有助于通过对交易规则进行完善，起到管理和指导的作用，有利于推动贸易规范化，建立贸易指标体系。

三是促进产业间的协同发展。贸易功能平台促进了产业融合，平台实现围绕贸易的多类服务功能环环相扣，实现了产业链的整合，推动了资源整合与优势叠加，综合服务功能增强。如，第一、第二产业物资通过金融服务、物流服务等快速实现流转，及时应对及满足贸易需求。与此同时，平台还激发了运营模式的创新，如创新海外仓库等物流应对方案等。

四是贸易功能平台是贸易便利化的重要途径。企业、政府、第三方机构利用平台效应，提供贸易便利服务，协调及改进贸易活动。贸易功能平台使服务集中高效，相关贸易资源有效配置，利于形成产业集聚，推动联盟式发展。政府主导的贸易促进及公共服务平台种类众多，涵盖了贸易信息服务、展示、交易撮合、单一窗口、知识产权保护、争端解决等，而私营企业也开始涉足贸易单一服务窗口建设，不断优化贸易流程，如提供通关、融资、退税、商检等进出口环节相关服务(图 13.2)。在发达国家，贸易基本依存市场行为，政府和相关机构通过平台促进及服务贸易活动。如 2016 年，欧盟推出了在线争端解决(online dispute resolution, ODR)平台，以帮助欧盟消费者和贸易企业解决交易争端。

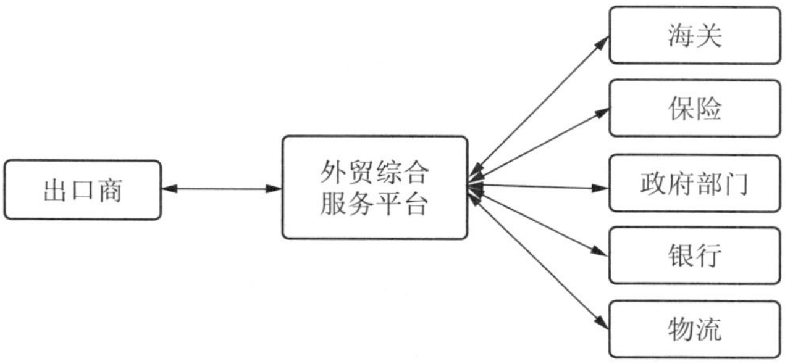

图 13.2 外贸综合服务平台综合整合能力

资料来源：http://i.aliresearch.com/file/20150613/20150613141309.pdf.

二、全球贸易功能平台发展现状

贸易功能平台门类繁多，本节选择大宗商品交易平台、数据交易平台、知识产权交易平台，以及消费服务电商平台等较有代表性的平台，对其发展现状做简要分析。

（一） 大宗商品交易平台

1. 平台交易成为大宗商品期货交易的首要形式

作为全球贸易的重要门类之一，大宗商品的电子交易平台建设日趋成熟，平台交易量快速增长，且集中度较高。大宗商品交易平台大大实现了产品链的高效协同整合，区别于传统交易模式，交易过程由第三方提供服务，且交易数字化方式为大宗商品交易提供了新的技术和交易场所。

国际上大宗商品主要包括能源产品、工业基础材料及农副产品，其价格主要在少数欧美发达国家的期货市场交易中产生，且掌握着大宗商品的定价权，如芝加哥商品交易集团(CME)、纽约商业期货交易所(NYMEX)和伦敦金属交易所(LME)交易平台。这些全球主要的大宗商品交易所电子交易平台的特点在于：①交易商品门类齐全；②交易实现高速处理；③覆盖及链接全球市场；④突破了交易的时空界限。大宗商品交易平台充分利用了电子商务环境下的商品流通方式，通过集约化的电子平台，为查找货源、价格及交易流转提供了便捷通道。以芝加哥商品交易集团(CME)的 Globex 交易平台为例，其交易市场覆盖全球 150 个国家和地区，交易产品数以千计，覆盖农产品、金属、能源、房地产、天气期货与期权等可交易大宗商品门类。芝加哥商品交易集团(CME)的交易量占到美国大宗商品交易的约 40%左右，其中平台交易就超过 90%。

2. 现货交易平台推动多种特色商品的全球贸易

除交易所大宗商品期货交易平台之外，还有针对某一品类的交易平台，如鲜花交易平台、棉花交易平台、乳品交易平台、再生能源交易平台等。部分交易平台规模大，在全球范围内搭建贸易合作。以荷兰最大的花卉拍卖交易公司 FloraHolland 为例，其承载着 90%的荷兰鲜花贸易，年销售额约为 46 亿欧元，旗下 FloraMondo 平台是全球最大、花卉植物种类最齐全的在线贸易平台，平台进行全球最大的网络花卉拍卖，并同时提供在线小规模交易的拍卖及直购通道。平台上的花卉种植供应商超过 1 200 多家，海外供应商占到约 10%，并有超过 750 个全球买家，平台交易额占到 FloraHolland 公司总交易额的 65%。数据显示，越来越多的花卉交易通过 FloraMondo 平台实现，平台交易在 2016 年底开始显示出成倍增加的趋势，平台每周活跃花卉种植商已从 2015 年内的 200 家增加到 2016 年的 1 000 余家。

还有部分大宗商品交易平台以商业联合的形式搭建运营，对于贸易全球化具有重要的作用。例如，美国 TheSeam 棉花电子交易平台，其由多个棉花生产加工企业联合形成。目前，90%的美国棉花卖家通过该平台进行交易，海外买家也正在不断加入。目前，中国棉花交易市场(CNCE)与美国 The Seam 就美国棉花现货采购进行合作，共同推出网上超市 e 棉网(www.cottoneasy.com)，促进国内买家与美国棉花资源直接对接。

又如全球乳制品贸易平台(Global Dairy Trade, GDT)是新西兰恒天然公司旗下独立运营的全球性乳制品拍卖交易公司，旗下包括两大互补的在线交易平台，分别是 GDT Events 及 GDT Marketplace(表 13.2)。平台联合全世界各地乳业及食品公司，发布乳品行业参考价格及指数，并利用数据分析、数字化交易便利设施服务以及透明价格等措施，提供公平公正的乳品交易环境。其中，GDT Events 是全球主要乳品交易与参考价格发布及拍卖平台，交易品类主要包括脱脂奶粉、全脂奶粉、无水乳脂肪、黄油、白脱乳粉、奶酪、乳糖和酪蛋白等乳品配料产品，销售商包括印度 Amul 乳品公司、欧洲 Arla 食品公司、欧洲 Arla 食品原料公司、美国乳业公司(Dairy America)、欧洲乳清公司(Euroserum)、恒天然(Fonterra)、澳洲迈高乳业(Murray Goulburn)等。

自2008年成立以来，平台每月进行两次拍卖，由美国波士顿的一家独立交易经理公司——Charles River Associates(CRA)主持网站拍卖交易活动，以维持公平公正，并采用多个投标轮次来进行的向上叫价时钟拍卖方式。目前，GDT Events 的投标人来自全球80多个国家和地区，平台的年平均销售额约为30亿美元，每年售出超过86万吨的产品，占可供销商品的97%。旗下GDT Marketplace则是另一个乳制品配料交易平台，没有产品、时间、数量及地点的限制，大幅提升了平台的在线交易量。此外，平台推出GDT Insight数据服务，提供平台交易数据及分析服务，包括发布已交易活动摘要数据、售出产品数量、历史数据分析、各产品供需比率、平均价等。

表13.2 GDT Events与GDT Marketplace平台的比较

功　能	GDT Events	GDT Marketplace
产品列表格式	同时时钟拍卖所有可供产品	由销售商选择固定价格或非公开招标产品列表格式
透明定价	公开价格发现——在每个交易活动结束后立即公布所有结算价格	私密价格发现——个别价格不予公布。仅向获得批准的买家提供固定价格产品列表的详情
可供产品类型	通用乳制品配料	任何产品——通用或专用
供货数量	每年不少于5 000吨	任何数量(无最小或最大数量限制)
供货持续性	在每个交易活动中持续提供相同的通用产品	可能在每个交易活动中提供相同或不同的产品
交易活动时间表	根据GDT安排的时间表，每月举办两个交易活动	销售商随时自主安排上市交易时间
服务市场	旨在进行国际产品交易	旨在进行国际或国内产品交易
何时使用此购销渠道	希望享有价格透明度并有意购买或销售大量的通用产品	希望以便利、灵活和私密的方式购买或销售任何数量的各类乳制品

资料来源：GDT平台 http://www.globaldairytrade.info/cn/gdt-marketplace-cn/compare-cur-online-trading-platforms-cn/.

(二) 数据交易平台

数据产业迅速发展，数据交易业务市场不断扩大，数据交易平台已经成为数据产业结构中的重要节点。近年来，全球范围内，数据交易中心及平台建设加快，大量数据交易平台涌现，如，微软数据市场(Azure Market place)、亚马逊公共数据集(Amazon Public Data Sets)、甲骨文在线数据交易(Oracle BlueKai)、富士通数据市场(FUJITSU Data Plaza)、Factual数据交易平台、BDEX大数据交易平台等。

目前，主流的数据平台交易模式大致有 B2B 模式、B2B2C 模式两种。

B2B 模式中，数据平台以中间商的身份进行交易撮合，平台提供交易支持。代表平台有 Factual、Datamarket、Azure、Infochimps 等。

B2B2C 的混合模式中，平台进行数据收集，并进行处理、分析、管理及转让，是其中发展势头最为快速的一种，例如 Acxiom、Corelogic、Datalogix、eBureau、ID Analytics 等。这些平台除了提供数据交易以外，正在不断加强自身数据处理及分析的能力，拓展 DMP 平台（Data Management Platform）能力。

以甲骨文在线数据交易平台（Oracle BlueKai）为例，它是美国较为成熟的在线数据拍卖及交易平台，其平台拥有高级别数据供应商，且数据领域涉猎较广。甲骨文 BlueKai 在线数据交易平台采用对采购数据进行整合、分类等加工工序后转手的模式，并以网络竞拍的方式进行售卖。

（三） 知识产权交易平台

目前，以平台形式促进知识产权贸易在近年来已经发展得较为成熟。具知识产权属性的专利、商标、版权作品或设计，特别是以科学、文学、艺术、工业等智力活动所创造的权利在平台上实现快速传播、共享及利用。

全球范围内，发达国家和地区为推动知识产权产业发展，活跃知识及创意资源，积极建立及运营知识产权交易促进及服务平台。如在中国香港，香港贸易发展局于 2013 年建立了免费的在线知识产权交易平台——亚洲知识产权交易平台。截至目前，该平台拥有专利、版权、商标及外观设计等可交易知识产权项目 2.5 万件，覆盖科技、医学、出版等多个行业领域。目前，平台会员数逾 1.52 万人，平台与超过 30 家机构达成战略合作，是目前香港乃至亚洲最大的知识产权平台项目。

近年来，知识产权交易平台领域如下一些发展动态值得关注。

1. 技术贸易服务平台加速服务技术转移

为加快绿色技术创新及传播，世界知识产权组织（WIPO）于 2013 年启动了绿色技术在线交易市场，通过平台为技术合作应用牵线搭桥。目前，平台覆盖建筑、医药、先进材料、能源、污染及废物处理、绿色产品、农林业、运输、水资源等多个绿色技术领域，全球合作伙伴达 75 家，如 GE 公司、西门子公司、美国公共利益知识产权顾问组织（PIIPA）等，平台拥有包括美国商务部等政府用户，以及知名高校及企业用户。

目前，很多国家的知识产权服务平台主要提供供需嫁接及相关服务，包括知识产权登记、数据库、资讯等服务，配合部分线上拍卖等交易前奏，最终的交易达成主要依靠线下运作。例如,韩国知识产权局就建设了线上及线下相结合的知识产权交易市场——IP market(图 13.3),提供部分技术的在线拍卖,线下完成交易。2015 年该平台实现 434 件技术交易。类似的案例还包括如美国的 Yet2.com、美国创新中心 Innocentive、英国技术集团(BTG)、欧洲创新转移中心(IRC)等。

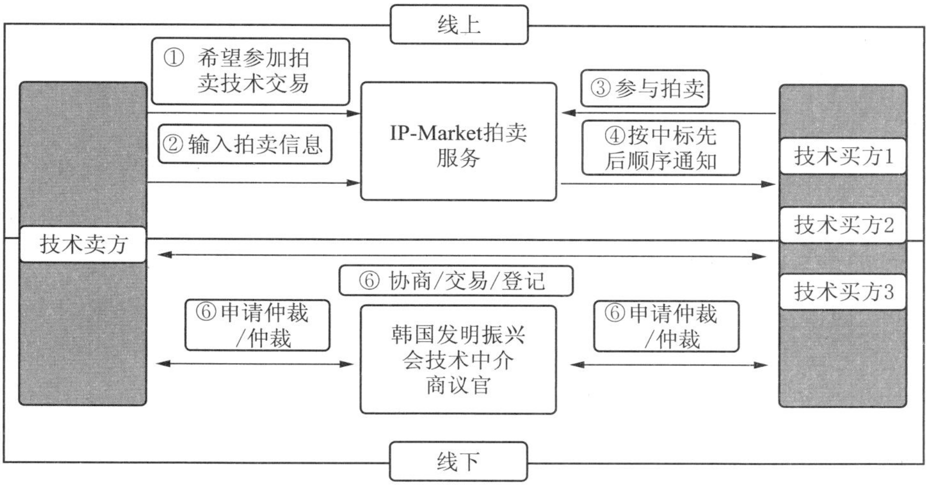

图 13.3 韩国 IP Market 交易服务体系

资料来源:http://www.ipmarket.or.kr/.

2. 版权交易平台发展活跃

线上版权交易升温。例如,由美国《出版商人周刊》(*Publishers Weekly*)和联合书展公司(The Combined Book Exhibit)联合建立的 PubMatch 是目前全球领先的图书版权交易平台,提供版权及数据管理、搜索、版权买卖交易、社区及通信、相关资讯等在线服务,服务面向全球范围内的作者、出版商、经纪公司、其他服务商。迄今,PubMatch 平台拥有来自全球 151 个国家和地区的 1 万多名会员用户,登录版权作品 10 万余件。在该平台上,用户可进行实际的版权交易,作者上传版权作品,并声明权利,进行定价,并可生成电子交易合同,同时支持在线支付,此外以上程序也可请代理人代理交易。

类似的平台还如英国 IPR License 版权交易平台,该平台成立于 2012 年,获得来自法兰克福书展和美国版权结算中心的投资。目前,平台拥有 500 多个单位或个人会员,在线进行超过 1 400 万条的版权展示,来自全球 201 个国家和地区通过平台进行浏览。在该平台上,同样可进行版权搜索、洽谈,并在线完成版权授权及许可交易。

英国于 2013 年打造了一个基于创意产业的数字版权交易中心——“英国版权中心(Copyright Hub)”平台，作为英国版权信息门户网站及版权集成中心，该平台提供版权作品登录及使用服务，专注简化版权许可等。该平台获得英国政府以及来自英国、澳大利亚及美国等创意产业企业的大力支持。经过多年悉心运营，截至目前，平台共推出了 9 个移动应用(APP)，如最新推出 Clixta 应用程序，专门用于老照片分享及交易。有多个公共服务机构如牛津大学图片社等正在利用该平台。目前，该平台仅提供图片版权共享及交易服务，未来将逐步发展音乐、影视等版权交易活动。

除了以上综合性的版权交易平台，还出现了某专业领域的独立平台，如 Envato 素材交易平台、Distrify 视频交易平台等。

3. 艺术品平台促进交易市场繁荣

全球艺术品在线交易呈现繁荣景象。据 2015 年德勤《艺术与金融报告》显示，收藏家中的 77%、艺术从业者中的 69%看好艺术品在线拍卖。《TEFAF 2016 全球艺术品市场报告》显示，目前艺术品线上交易规模大约占到 7%，近年的增长率至少为 25%。到 2020 年，线上艺术品交易额会有望超过 100 亿欧元。

全球艺术品交易平台有如美国 Artnet(纽约)艺术品交易平台、苏富比(Sotheby's)艺术品网上拍卖平台、亚马逊艺术品平台等老牌平台以及 Auctionata、Artsy、Paddle 8 等艺术在线拍卖及交易平台新秀。此外，还有艺术品租赁交易平台、艺术品定制交易平台等线上交易模式的创新，如 My-ArtMap(http://myartmap.de)、Artsicle(https://www.artsicle.com)、EveryArt(http://www.everyart.com)、Twyla 艺术家画作交易平台等，这些平台融入了展示、社交、交易等多种功能，衍生及创新了在线交易相关服务，成为艺术品流通及价值的再现。

目前，还出现了在线艺术品抵押贷款服务等创新业务平台。如网上抵押贷款平台 Borro，向高资产人群提供艺术品抵押和抵押贷款服务。数据显示，2014 年该公司共放贷 7 500 万美元，总收入为 2 000 万美元。

(四) 消费服务电商平台

在传统零售服务步履维艰的形势下，电子商务的发展却越来越强劲。市场调研公司 eMarketer 的数据显示，至 2020 年，全球电商零售额将达到 4.058 万亿美元，占到总零售额的约 14.6%。电子商务的发展依托电商平台，从全球电商平台销售实绩来看，中国的阿里巴巴集团及美国的亚马逊集团的电商销售额几乎占到全球电商销售市场的近40%，阿里巴巴的销售额占到中国在线零售业总额的约8成，而亚马逊平台销售也占到美国在线零售额的约1/3(图13.4)。近年来，消费服务电商平台的发展呈现以下新动态。

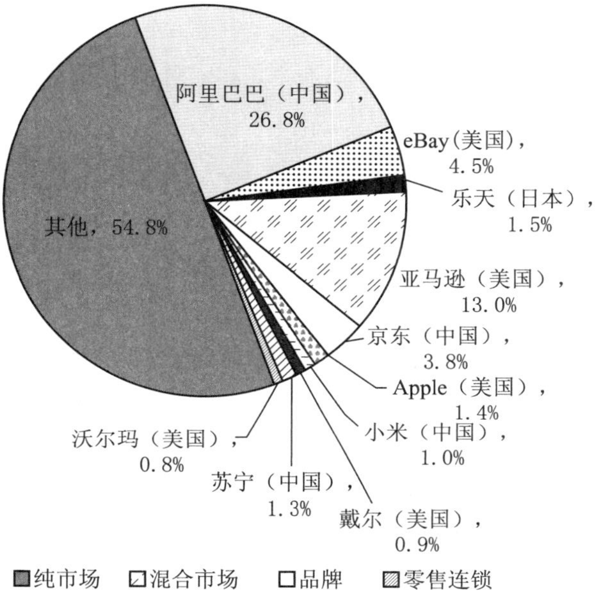

图13.4　全球十大电商平台销售规模占比

说明：销售额为2015年数值，全球电商的总体市场规模为1.74万亿美元。

资料来源：https://www.internetretailer.com/2016/08/05/global-1000-spotlight-top-10-e-retail-players-dominate.

1. 全球跨境贸易平台综合服务功能不断延展增值

目前，贸易平台服务功能体系不断趋于完善，已基本建立了信息资讯、撮合、交易、物流、金融、支付等综合服务体系，国际贸易服务平台则进一步打通进出口环节，提供通关、融资、退税、商检及国际运输等线下一站式服务，实现线上平台至线下增值，企业成本缩减，贸易活动迅速发展。

以国内阿里巴巴一达通为例，该平台为外贸活动提供通关、外汇、退税服务，覆盖所有环节的贸易融资服务，海陆空全方位物流服务，以及包括代理操作一系列后台工作等一站式外贸解决方案。

又如亚马逊"全球开店"(Global selling)业务平台，其提供专业B2C出口贸易服务，平台基于出口全方位整合解决方案以及优质物流服务，帮助卖家拓展北美、欧洲和日本等多个地区市场。如亚马逊平台延伸物流服务FBA(Fulfillment by Amazon)

为平台卖家提供仓储、拣货、打包、配送、收款及退换货等服务，已经成为亚马逊销售额的主要增长源。亚马逊同时借助第三方网络服务为平台商家提供包括税务、法律咨询、品质合规检测、国际物流、国际退货服务、广告优化、商品图片处理及产品目录翻译等。

2. 电商平台创新拓展新型服务内容及模式

电商平台升级催生新模式、新业态，如 Uber、Airbnb 等覆盖旅游出行、饮食、体育等多领域的分享电商模式，如 Grasswire、Reddit 众包新闻以及 postmates、taskrabbit 限时物流及任务众包平台等众包模式，EveryArt 艺术品定制交易平台等定制化服务，亿贝等多家电商巨头纷纷涉足的 VR/AR 购物，亚马逊、宝马等公司的制造业在线直营业务，以及农产品交易的智能化变革等。

工业电子商务新兴发展，制造商直接参与在线贸易活动，带动市场定位、运营模式、品牌建设等多方变革。如 2015 年，宝马率先在英国推出自己的在线零售平台——BMW Retail Online，平台提供全线车型浏览、订购、金融、零部件更换、在线咨询导购等服务，用户同时可以通过智能手机进行全线购买操作。

以农产品现货交易为例。目前，农产品电商推动了农产品交易的智能化、规模化，平台深度整合供应链，实现了 O2O 模式运营下的平台分销。在国外，农食产品电子交易在零售消费领域的创新模式非常丰富，覆盖了聚合式、分享式、众包式等多种营销模式。例如，出现了以社区为中心的农产品交易平台发展，如美国的 Local Harvest、Farmingo、Blue Apron 等，这些平台嫁接消费者与本地农场，并开发农场管理软件等商户服务，推出定制化配菜、社区团购等创新服务，带动了区域中小农场产品的本地流通。

3. 消费服务电商越来越重视移动平台的应用

移动电商平台发展迅速，移动端的发展速度是 PC 端电子商务的 3 倍。在美国，目前移动电子商务占到全部电子商务的约 50%。预计至 2018 年全球移动零售电商销售将达到 7 700 亿美元。2016—2022 年，全球移动电商市场的复合增长率将可能达到 33.1%。

2016 年，亚马逊在线销售额占到美国电子商务销售额的 43%，其月移动端访客达到 7 万人，是沃尔玛移动端和亿贝移动端客户的 2.5～3 倍，美国近一半的在线购物者使用亚马逊移动端平台。另一家零售巨头沃尔玛则收紧了新店扩张，进一步专注拓展在线及移动端服务功能。数据显示，2016 财年沃尔玛的移动端销售增长 40%，其推出了 Walmart Pay 移动支付功能及 Online Grocery、Pickup Today 等移动端服务功能。沃尔玛不断升级移动服务，如 2017 年初推出了药品及金融服务的移动端快速通道等。沃尔玛公司利用移动 APP 服务进一步拓展国际市场，在除美国以外的加拿大、中国等地开展移动端服务业务，如在中国，沃尔玛向京东和新达达投资5 000万美元，通过“京东到家”APP 合作移动端快递服务。

三、不同国家建设贸易功能平台的经验

技术进步为全球贸易功能平台的发展创造了条件，每个国家都致力于抓住这一机会促进贸易发展，提升国家竞争力。在具体的做法上，各个国家不尽相同，本节重点选择韩国、新加坡，介绍其在建设贸易功能平台方面的经验。

（一）韩国

1. 打造一站式贸易电子化综合服务平台

韩国贸易协会下属 KTNET(Korea Trade Network)是韩国政府于 1992 年指定认可的贸易自动化项目服务机构，目前承担韩国电子贸易基础设施项目建设，在韩国贸易电子化及贸易服务创新进程中发挥了重要的作用。其建设实现了韩国复杂进出口贸易活动的全流程电子化，年经济产出达到 6 万亿韩元。

在 KTNET 的建设服务下，韩国建设了基于通关、物流、进出口、国际贸易合作等贸易服务需求的多个服务窗口。其中，uTradeHub(https://www.utradehub.or.kr/)是韩国综合贸易单一窗口，其整合了政府机构、金融机构、物流机构、通关服务机构、信用调查机构等业务功能，促进各贸易服务机构间的业务协同，将市场、交易、外汇、通关、物流、结算、全球合作、FTA 等所有贸易业务环节集合于一个平台之上，整合了电子物流平台——ULogisHub、在线原产地管理系统——UFTAKorea、购买确认书综合信息服务平台——ULocal、集合信用证书、购买确认书及退税等服务的综合服务平台——ULocal、通关业务电子服务平台——cTradeWorld、电子提单(e-B/L)服务平台——e-B/L Korea、电子贸易实践教室——uTradeEdu、贸易公证服务平台——TradeSign、公认电子文件服务平台——Docuon、电子商务出口服务平台——goGlobal，贸易法务服务平台、B2B 云平台等多个贸易平台服务，大大提升了贸易业务处理的便利性，实现了全流程一站式贸易服务。

2. 优化贸易信息化服务

韩国利用平台加强贸易信息服务。如 Trade NAVI 综合贸易信息服务平台，发挥了贸易信息整合发布的功能，包括贸易资讯、FTA 及关税、贸易规则、海外市场、

海外企业信息、贸易统计、贸易政策及项目、贸易法律、贸易知识以及相关贸易调查报告、贸易信息咨询服务等。如通过平台可查询全球58个国家的税率、产品HS编码,并与50多个机构实现直连,贸易信息高效整合。自2012年该平台服务开通以来至2016年末,用户数增长了4倍,2016年提供贸易信息超过10.8万条。此外,韩国与中国建立贸易合作,共同搭建韩中贸易投资信息平台(http://koreachina.mke.go.kr/),提供两个国家的贸易投资资讯、政策、新闻等信息服务,进一步加深合作。

3. 扶持中小企业拓展线上国际贸易

韩国贸易协会为扶持韩国国内中小企业拓展海外市场,建立了名为tradeKorea.com的B2B在线交易市场服务平台。tradeKorea.com实现了多个国际贸易功能的整合,包括出口商品宣传、海外合作嫁接撮合、出口支援、售后管理支援、海外买家资讯、线上线下海外市场支援服务等,同时建立了移动应用服务。

tradeKorea.com平台为中小企业提供微型网页(Minisite)页面设计服务,同时还开设在线展示馆,定期进行不同商品类别的在线展示。为方便会员企业进行出口交易贷款,平台推出了KITA ePAY海外信用卡结算服务。平台还建立了海外买家数据库,供企业进行搜索及搭建交易合作。同时,平台与新加坡、日本、中国、马来西亚等多国贸易机构及在线贸易市场实施合作,及时发布海外买家采购需求,进行贸易撮合。

韩国贸易协会建立了Kmall24在线商城,这是韩国国内唯一的海外直营在线商城。Kmall24不仅建有独立的在线商城,同时还借助天猫、亚马逊、亿贝等国际电商平台进行更大范围及曝光度的全球销售,并提供外汇精算服务。

4. 多渠道打造知识产权交易服务平台

韩国主要有3个知识产权交易服务平台,分别是未来技术广场、IP-market以及KIBO Tech-Bridge,这3个平台都通过线上线下相结合的方式提供交易服务。

未来技术广场(http://rnd.compa.re.kr/)主要聚合了来自国资研究所、大学、特区振兴财团、软件技术资产银行等机构待产业化开发的优质技术信息,平台提供技术搜索服务,并借助技术领域专家,为技术需求方提供技术转化嫁接服务。

IP-Market是韩国国家知识产权交易平台。其提供知识产权买卖需求登记、嫁接等服务,为线上线下结合的服务架构。知识产权购买者通过平台登记购买需求,同时可搜索已经登记在案的知识产权目录,可选择进行公开或非公开交易,以及直接交易或平台介入实施线下交易支援。平台还同时进行知识产权竞拍。IP-Market其中一个IP-PLUG服务板块,为IP供需方,风投机构及银行,韩国知识产权战略院及韩国

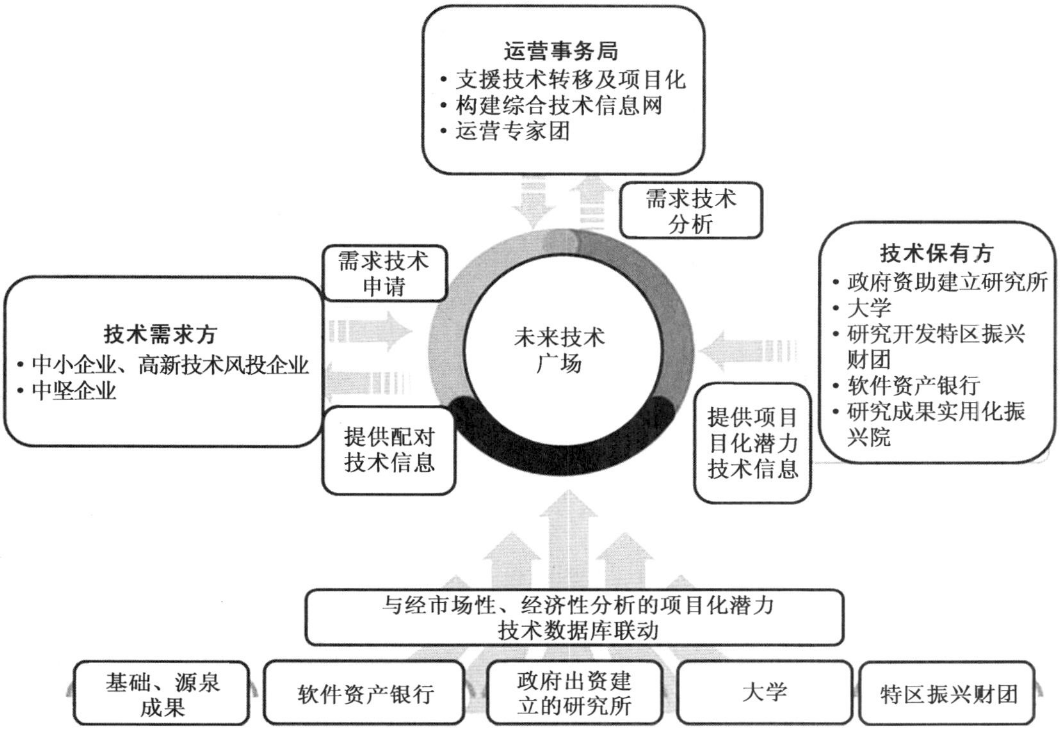

图 13.5　韩国“未来技术广场”平台服务体系

资料来源：http://rnd.compa.re.kr/.

发明振兴院等 IP 管理运营专家及中介机构，以及民营 IP 交易机构提供合作平台，专门针对企业的瓶颈技术及技术转化需求，提供技术转化、投融资、产业化研发等线上线下相结合的支援服务。

KIBO Tech-Bridge 也主要提供大学、研究所与中小企业间的技术供需合作嫁接。平台建有技术供给数据库，同时建有国内唯一一个技术需求信息库。此外，平台提供技术嫁接以及一站式技术转移及产业化融资服务。

与此同时，韩国拥有多个知识产权交易相关信息服务平台。如韩国专利厅的 IP-BIZ 信息服务平台（https://ip-biz.kr/exchTech.do），其集合了知识产权、技术、市场、R&D 领域的综合信息，包括国内外专利信息、知识产权纠纷信息、技术及市场动向、国家科研课题、企业技术情报、技术交易信息、学术情报等。其他还包括 NTB 技术银行（www.ntb.kr）、e-专利国家（www.patentmap.or.kr）、韩国知识产权信息服务 KIPRIS（www.kipris.or.kr）等。

艺术品方面，2016 年，韩国上线“韩国美术市场信息系统 K-artmarket”平台，该平台由韩国文化体育观光部主推建设。平台提供画廊、艺术交易会、拍卖公司交易的美术作品信息及相关交易统计、市场动向分析等，同时为新人作家、画廊等提供宣传的平台。

版权方面，韩国建有数字版权交易所服务平台（Korea Digital Copyright Exchange: KDCE/www.kdce.or.kr）。平台对音乐、文字、图片、新闻等内容的版权作品进行综合版权编号管理，在线提供版权信息搜索服务及电子合同服务。

（二） 新加坡

1. 开发新一代国家贸易平台

新加坡自 1989 年建成 TradeNet 后，国家贸易实现电子化，使得新加坡成为全球颇具竞争力的贸易枢纽。TradeNet 平均每年处理 900 万次贸易许可，创造的贸易价值是新加坡 GDP 的 2 倍。2007 年，新加坡推出 TradeXchange 贸易服务系统，协助企业提高与供应链合作伙伴间的数据处理效率。至 2016 年，TradeXchange 为企业节省了 7 500 个人力小时，相当于 7 280 万新加坡元的经济价值。

目前，新加坡政府正在加紧建设新一代贸易信息管理单一窗口——国家贸易平台（National Trade Platform, NTP），新窗口致力于优化贸易服务，建设贸易及物流电子信息化生态，实现贸易流程的无缝化，推动贸易金融等邻近产业发展，同时将提供基于数据分析的贸易观察。NTP 平台企业登录信息将同时与海关及其他贸易监管审批对接。平台将十分有利于中小企业进一步提高贸易效率，节约贸易成本。

NTP 平台建成后有望每年节省约 6 亿新加坡元的人力支出，将会取代目前使用的 TradeNet® 和 TradeXchange® 系统。系统虽然还未建成，但已经获得 2016 年 IDC 智能城市亚太奖。预计平台将于 2017 年底建成开通。

NTP 将主要提供 B2G 和 B2B 服务，计划设置企业综合信息、企业数据库、社区网络以及任务、公告和留言等四大板块，服务对象包括进出口商、物流服务运营商、贸易金融服务商、保险公司、应用创新开发人士等。其中，政府服务方面将包括：高级 HS 码搜索、海关建议申请、申报及许可管理、库存管理、计划及许可证管理、贸易商登记及管理。企业服务方面则包括：开发者沙盘及数据图书馆、数字化贸易连接、文件数据转化、贸易文件数字化、增值服务市场。增值服务方面，新 NTP 平台将提供围绕供应链的多元服务，包括市场、采购、文件管理、金融、货运、清关、支付等，从而优化贸易流程，推动端到端贸易。NTP 平台还将被设计为开放平台，企业可根据需要进行应用开发（表 13.3）。

表 13.3　新加坡 NTP 平台主要的增值服务

分　类	主　要　内　容
市　场	专家在线问答；市场观察分析；贸易资讯；贸易运营规划
采　购	产品及服务众包；合作方可视化及企业信贷资料中心；贸易孵化
文　件	企业公用事业（云端企业资源计划 ERP）；文件处理；海外目的地落地成本管理
金　融	一站式贸易金融在线申请平台；贸易统一合规（利用新加坡海关及 NTP 数据作为额外输入进入银行筛选过程）
货　运	企业公用事业（云端货代管理系统 FMS）；多式服务（整合从货运代理所获得的数据，从而向货主提供基于成本、货物及效率的价格扫描及路由计算服务；NTP 的公司信息库便于信息共享及多文档自动填表）；危险品货运规划（承运人通过智能数据库对危险货品与船只的容量和功能进行比对，从而规划危险品运输）
清　关	国际化连接（简化跨境文件认证，且是一站式政府咨询服务门户）；优化 FTA 企业服务
货运跟踪	预警及货运状态更新
报告及支付	多渠道 B2B 支付（当地及国际支付网络）；供应链风险筛选（通过供应链不同利益相关者提供的文件来识别潜在供应链不当行为）；货运对账（利用公司信息库文件提高货运对账准确性，减少繁琐人工对账工序）

资料来源：https://www.customs.gov.sg/about-us/national-single-window/national-trade-platform/.

2. 产业技术交易平台

新加坡贸易与工业部设立了下属新加坡知识产权中介所（Intellectual Property Intermediary），其主要聚焦产业技术需求，为技术供需双方搭建全球范围内的技术合作及交易网络与平台，主要提供技术采购、技术搜索、技术配对和技术评估等四大服务，合作伙伴遍布全球的高校、政府部门、研究机构、企业、技术中介机构等。

新加坡知识产权中介所（IPI）的功能是通过推动技术应用许可、科研合作和技术合资来推动国家技术应用转化。其建有一个在线技术市场（online marketplace），技术供需双方在平台发布技术供给及需求信息，覆盖医药、电气、能源、环境、食品、医疗、通信、科学、制造业、个人护理、绿色建筑、材料、垃圾处理等多个领域，服务对象面向全球。平台设置技术上线提醒功能——TechAlert，第一时间为用户提供技术需求与供给消息。

该在线技术市场实行线上线下结合的服务方式，用户线上搜索浏览后，进行在线问询，后续线下接洽搭桥。在线下，每年会举办 TECHINNOVATION 技术展示及交易会，目前是新加坡最大的产业技术配对及交易活动。

（三） 其他国家

1. 英国的一站式服务平台

开放商业是英国近年来持续并将长期大力推广重要举措。为带动英国出口贸易，推动英国作为全球投资及商业目的地，英国最新建立了一站式服务平台 www.great.gov.uk。平台提供英国贸易、投资等信息及服务，同时也兼顾旅游观光及教育服务。其中，相关国际贸易事务推进主要由英国国际贸易部（The Department for International Trade，DIT）负责，主要服务英国企业的贸易出口。www.great.gov.uk 平台贸易出口服务功能主要如下。

① 为英国国内的出口商提供出口支援及建议，在线提供出口指南；

② 提供在线销售工具（Selling online overseas tool），协助出口商选择全球在线市场，并享受部分由英国政府成功协商的特别优惠。英国政府推行电子出口计划（E-Exporting），线下为英国零售商及品牌商扩大国际电商贸易活动提供咨询及相关支援。例如，作为电子出口计划（E-Exporting）的一部分，英国贸易投资总署（现英国国际贸易部）与上海自贸区、亚马逊等签订了合作协议，协助英国公司扩大全球电子商务销售；

③ 在线“出口机会（export opportunities）”板块实时提供海外产品需求，供英国国内企业根据不同的产业领域、地区、行业性质、合同金额进行搜索及申请洽谈；

④ 在线“找卖家服务（find a buyer service）”板块为企业提供展示企业基本信息、形象及产品的空间，可在线与买家对话，平台同时提供政府支持的出口活动信息；

⑤ 在线了解海外出口政策，搜索出口相关的活动、交易会、宣传会、研讨会信息，申请参加活动各类海外展示活动等。

与此同时，平台还整合了在英投资的相关信息，包括投资政策，以及包括先进制造业、航空业、创意产业、能源产业等在内的特别产业信息，为海外投资提供便利。目前，平台主要为来自巴西、德国、印度、日本、西班牙、英国、中国的投资者提供在线投资、创业信息和服务指南，并还在扩大服务范围。在线“找供应商（find a supplier）”板块，供海外投资商根据产业领域进行搜索，为海外买家提供与英国企业沟通的渠道，便于投资者寻找及锁定合作目标。平台同时还延伸至线下，提供金融、物流等多重贸易服务支援。

此外，据悉英国正在开发新海关申报服务（Customs Declaration Service，CDS），以更便捷、更灵活的数字化服务取代目前的海关申报服务。

2. 马来西亚的官方服务平台

马来西亚对外贸易发展局（MATRADE）的官方平台是马来西亚重要的在线贸易

服务枢纽，为马来西亚对外出口和海外投资提供便利。

平台简单地将服务对象分为本地出口商及海外投资者，分别提供相应的贸易便利服务。

针对马来西亚本地出口商，平台提供相关出口指南，发布各类出口扶持项目信息并接受申请，发布贸易及市场数据、资讯及分析，以及提供国际贸易咨询、合作嫁接等服务。其中主要的在线服务包括项目、展会、咨询、金融等在线申请，MyBayar 在线支付服务，MyExport 在线贸易资讯服务，MySMS 在线通信，以及在线学习等，同时还上线了两个移动 APP，MyExport 和 Trade 2 Media。如其中的 MyExport 贸易资讯服务提供市场提醒、国际招投标信息、贸易合作联络、贸易分析、贸易新闻、贸易知识等服务内容。

对于海外投资者，平台登录了马来西亚主要商品及服务目录，以及马来西亚品牌名录，目录分类清晰，可供搜索查询。同时平台还提供马来西亚贸易信息、数据以及其他资讯，供投资者参考。

2016 年，平台供受理各在线申请 27 398 次，包括会员申请、咨询、各类项目及展会申请等，申请量较 2015 年增长 68.5%。

四、全球贸易功能平台发展新趋势

（一） 构建世界电子贸易平台顺应全球化

2016 年 B20 峰会[1]发布了《2016 年 B20 政策建议报告》，其中提出了建立“世界电子贸易平台（eWTP）”这一政策建议。该想法是由 B20 中小企业发展工作组主席单位阿里巴巴集团董事局主席马云在 2016 年博鳌亚洲论坛上首次提出的，其呼吁通过建立跨境平台帮助中小企业、妇女、青年创业者创办企业，进入全球市场。报告中提出了多项实施规则建议，包括与国际组织紧密合作，强化贸易便利化协定中的相关条款，优先推动跨境电商发展；促进跨境电商领域的公私对话，优化商业环境，商议和简化制定跨境电商法规标准及税收一致化等关键领域规则；推动基础设施建设及完善等。建议中的世界电子贸易平台（eWTP）将会是开放、透明及非盈利的平台，需要借助政府、国际组织、中小企业等多方的关注与合作。

[1] B20 峰会，即 Business 20，汉译为二十国集团工商峰会，是国际工商界参与全球经济治理和国际经贸规则制定的重要平台，以举办议题工作组会议和峰会为主要内容开展年度工作，就全球经济增长的关键性问题深入探讨，形成并向 G20 峰会提交政策建议报告，为促进全球经济强劲、平衡、可持续增长建言献策。2016 年 B20 峰会于 9 月 3 日至 4 日在中国杭州举行。

根据阿里研究院与埃森哲联合发布的《全球跨境 B2C 电商市场展望——数字化消费重塑商业全球化》报告的分析显示，全球跨境 B2C 电商将以 27%的高增长率快速增长，至 2020 年有望达到 9 940 亿美元，占到全球 B2C 电商交易额的 29.3%和全球消费品进口的 13.4%，其中亚太地区交易额将占到 53.6%，跨境 B2C 电商消费者的年增长率会超过 21%，预计将达到约 9.43 亿人。跨境 B2C 电商发展将成为跨境消费品贸易增长的新推动力。

报告预测了未来跨境 B2C 电商发展将呈现如下三大趋势。

(1) 交易平台服务增值

由平台实现环节的集聚，数字化交易催生新服务需求，有关消费者、交易、运营的数据分析，以及信息安全及消费者保护等带动新服务的产生。交易平台升级，由单一交易平台向集合交易各方、实现服务交易和信息共享的平台转变。

(2) 服务一体化及集约化、线上线下平台融合

线上环节以数字化方式快速且低成本进行，线下环节(物流、通关及售后服务)基于线上数据分析，为线下服务提供了加速服务的基础，实现了集中及体验优化。

(3) 交易平台/模式融合，创造无缝消费体验

未来，跨境 B2C 电商将实现平台整合。数字化交易将促进海关、税务、物流的数字化、自动化，实现平台整合；跨境平台将与境内平台融合，实现无缝跨平台消费及交易；线上平台将与线下跨境旅游消费互相推动促进(图 13.6)。

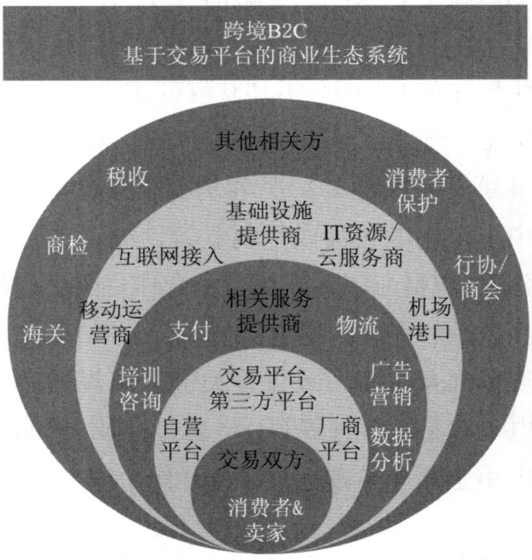

图 13.6　跨境 B2C 基于交易平台的商业生态系统

资料来源:《全球跨境 B2C 电商市场展望——数字化消费重塑商业全球化》(2015.6)，http://i.aliresearch.com/file/20150611/20150611113848.pdf.

倡议发出之后即在 2017 年 3 月，阿里巴巴董事局主席马云与马来西亚总理纳吉布宣布达成战略合作，将联合建设中国以外的第一个 eWTP“试验区”——马来西亚“数字自由贸易区”，打造“一站式”跨境贸易综合服务枢纽，建成物流、支付、通关、数据一体化，推动东南亚地区参与全球贸易。

（二） 贸易平台化发展将顺应共享经济趋势

全球贸易平台化将会是共享经济趋势中的一种重要形式。近年，共享经济快速发展，其鼓励产品及服务的再生产、再分配、再交易、再消费等，个人、企业、政府等各方利用各类平台扩充社交、资源、市场、服务平台，促进了成本节约及资源利用的最大化，增加了选择及自由度，提高了透明度，经济、社会效益不断附加叠生。贸易功能平台化作为共享经济的重要特征，借势共享经济新模式进一步发展，拓展产品及服务功能。在共享经济概念下，如著名的实体家居店——宜家家居建立了在线销售平台，并创立转售平台，以推动购买和分享的方式不断扩充市场。贸易平台化实现了贸易的移动化、数据化，实现了信息共享，推动了政府、企业、消费者、平台等各方的共同参与，同时共享经济的推广，很大程度依赖平台化及平台化的普及程度。随着贸易功能平台不断深化，其服务共享经济的趋势将会愈发明显。

（三） 贸易平台发展得益于大数据的应用

数据是新经济时代的重要基础设施，贸易平台化发展以数据为底层驱动力，其推动贸易合作、运营模式、供应链等升级、重构，贸易发生根本性变化。大数据趋势下，贸易平台利用数据分析，研判市场形势，洞察商业及服务机遇，创新产品及服务方案，快速匹配交易和服务。在消费及使用者导向地位被推高的形势下，借大数据拓展客制化商机，打造靶向服务，实现精确化贸易。部分平台企业开始开放交易、服务数据，与金融等其他机构合作，跨境部署大数据平台，推动跨境大平台合作，推动贸易供应链升级。如 eWTP 跨境大平台模式就十分利于数据的整合及挖掘，会成为跨境贸易活动的重要决策辅助。公共服务领域，以服务及推进贸易为主的大数据应用兴起，如台湾地区的外贸协会开发了“海外参展决策辅助平台”，通过展览资料、展览效益指标分析、全球主要展览舆情分析等，为政府、协会、企业参展提供帮助。

在大数据配置下，未来将不断推动新外贸、新商机，全球买卖也将更为便利。2017 年 1 月，世界银行启动了一个名为 TCdata360 的大数据平台，免费提供全球贸易与竞争力数据，其整合世界银行、世界经济论坛、世贸组织等 20 多个来源的公开数据，平台数据视觉化，具有建议性及互动性，可下载及分享，并提供应用程序接口（API）等工具，为政策制定、经济研究、贸易活动等提供参考及分析基础。

（四） 贸易平台呈现向大平台集聚趋势

未来，贸易功能以及优质资源向大平台集聚趋势将会愈发明显，一是流程全覆盖，形成多式连业的集约式平台。公共服务领域，政府主导建设及优化单一贸易服务平台，推动资源整合及服务对接。电子商务领域，贸易平台形成消费者、需求者、客户的市场集成，平台进一步规模化发展。此外，通过电子商务和政府管理平台的连接，实现流程再造，将形成新贸易流、信息流。新流通体系形成多式连业、无缝连接，企业间、企业与政府间共建混合单一窗口，实现如关检税汇服务一体化、线上化等流程一站式。贸易服务电子化、平台化、一站式、集约化将是现代流通创新发展的重要特征。如敦煌网于 2017 年 3 月推出首个跨境服务云平台，推出关务、国际物流、支付、金融等功能模块，提供一体化外贸综合服务，成为国内首个与中国国际贸易单一窗口直连的跨境电商服务平台；二是向体量大的少数平台集中，寡头化趋势加剧。目前，全球范围内亚马逊、亿贝、淘宝等少数平台优势十分明显，行业规模领先，在国内和海外的市场影响不断提升。未来，跨境贸易空间巨大，发展将进入快车道，市场争夺会不断加剧，各大平台突破国界的全球化寡头格局或进一步凸显并长期存在。

（五） 专业化是贸易平台发展的另一路径

在贸易功能平台向大平台集聚化发展的同时，随着贸易需求升级，贸易服务原始功能向多元及细分个性化需求发展，平台的明确定位将成为核心竞争力，专注于细分领域的贸易功能平台将大量涌现。因此，垂直细分化、专业化的平台服务也将成为未来贸易功能平台发展的另一条路径，它们将更注重内容细分、人群细分、需求细分。如荷兰鲜花交易平台、全球乳制品交易平台等。垂直细分型平台顺应需求发展规律，更适合进行服务反向定制。同时，将利于推广、获得市场地位，以及确立运营模式。越来越多的贸易平台将专注专业性打磨，深度发展优势产品及服务，在基础服务之上，升级各环节服务，打造细节服务，推出更多贸易活动协同解决方案及资源整合，建立更为便利、专注度高的数字贸易服务生态。

参考文献

[1] 亚马逊公司网站 www.amazon.com.
[2] 阿里研究院 www.aliresearch.com.
[3] 芝加哥商品交易集团(CME)www.cmegroup.com.
[4] 荷兰 Royal FloraHolland 公司 www.royalfloraholland.com/.
[5] TheSeam 棉花电子交易平台 www.theseam.com/.
[6] 全球乳制品贸易平台(GDT, Global Dairy Trade)www.globaldairytrade.info/en/.
[7] 方文渊,戴美.大数据交易前景几何?[J].中国电信业,2016(5).
[8] 亚洲知识产权交易平台 www.asiaipex.com.
[9] WIPO GREEN 绿色技术交易平台 www3.wipo.int/wipogreen/en/.
[10] PubMatch 版权交易平台 www.pubmatch.com/.
[11] IPR License 版权交易平台 http://iprlicense.com/.
[12] 英国版权中心(Copyright Hub)www.copyrighthub.co.uk/.
[13] TEFAF.TEFAF 2016 全球艺术品市场报告[R].2016.
[14] eMarketer. Worldwide Retail Ecommerce Sales Will Reach $1.915 Trillion This Year[EB/OL](2016-8-22) https://www.emarketer.com/Article/Worldwide-Retail-Ecommerce-Sales-Will-Reach-1915-Trillion-This-Year/1014369.
[15] 阿里巴巴集团 www.alibabagroup.com.
[16] 沃尔玛集团 www.walmart.com/.
[17] 韩国 KTNET(Korea Trade Network)www.ktnet.co.kr/.
[18] 韩国 B2B 交易平台 tradeKorea www.tradekorea.com/.com.
[19] 韩国未来技术广场(http://rnd.compa.re.kr/).
[20] 韩国 IP-Market http://www.ipmarket.or.kr/eng.
[21] 韩国 KIBO Tech-Bridge tb.kibo.or.kr/.
[22] 新加坡海关 www.customs.gov.sg/.
[23] 新加坡知识产权中介所(Intellectual Property Intermediary)www.ipi-singapore.org/.
[24] 英国 Great 服务平台 www.great.gov.uk.
[25] 马来西亚对外贸易发展局(MATRADE)www.matrade.gov.my.

本章撰写:朱苏远